中国语言文学文库·学人文库　吴承学　彭玉平　主编

李炜汉语语言学论集

李　炜　著

中山大学出版社
·广州·

版权所有　翻印必究

图书在版编目（CIP）数据

李炜汉语语言学论集/李炜著．—广州：中山大学出版社，2020.4
（中国语言文学文库．学人文库/吴承学，彭玉平主编）
ISBN 978-7-306-06853-8

Ⅰ.①李… Ⅱ.①李… Ⅲ.①汉语—语言学—文集 Ⅳ.①H1-53

中国版本图书馆 CIP 数据核字（2020）第 042833 号

出 版 人：	王天琪
策划编辑：	嵇春霞　王旭红
责任编辑：	王旭红
封面设计：	曾　斌
版式设计：	曾　斌
责任校对：	陈晓阳
责任技编：	何雅涛
出版发行：	中山大学出版社
电　　话：	编辑部 020-84110283，84111996，84111997，84113349
	发行部 020-84111998，84111981，84111160
地　　址：	广州市新港西路 135 号
邮　　编：	510275　传　真：020-84036565
网　　址：	http://www.zsup.com.cn　E-mail: zdcbs@mail.sysu.edu.cn
印 刷 者：	广州市友盛彩印有限公司
规　　格：	787mm×1092mm　1/16　22.375 印张　390 千字
版次印次：	2020 年 4 月第 1 版　2020 年 4 月第 1 次印刷
定　　价：	76.00 元

如发现本书因印装质量影响阅读，请与出版社发行部联系调换。

中国语言文学文库

主　编　吴承学　彭玉平

编　委（按姓氏笔画排序）

　　　　王　坤　王霄冰　庄初升

　　　　何诗海　陈伟武　陈斯鹏

　　　　林　岗　黄仕忠　谢有顺

总　序

吴承学　彭玉平

中山大学建校将近百年了。1924 年，孙中山先生在万方多难之际，手创国立广东大学。先生逝世后，学校于 1926 年定名为国立中山大学。虽然中山大学并不是国内建校历史最长的大学，且僻于岭南一地，但是，她的建立与中国现代政治、文化、教育关系之密切，却罕有其匹。缘于此，也成就了独具一格的中山大学人文学科。

人文学科传承着人类的精神与文化，其重要性已超越学术本身。在中国大学的人文学科中，中国语言文学学科的设置更具普遍性。一所没有中文系的综合性大学是不完整的，也几乎是不可想象的。在文、理、医、工诸多学科中，中文学科特色显著，它集中表现了中国本土语言文化、文学艺术之精神。著名学者饶宗颐先生曾认为，语言、文学是所有学术研究的重要基础，"一切之学必以文学植基，否则难以致弘深而通要眇"。文学当然强调思维的逻辑性，但更强调感受力、想象力、创造力和语言表达能力。有了文学基础，才可能做好其他学问，并达到"致弘深而通要眇"之境界。而中文学科更是中国人治学的基础，它既是中国文化根基的重要组成部分，也是中国文明与世界文明的一个关键交集点。

中文系与中山大学同时诞生，是中山大学历史最悠久的学科之一。近百年中，中文系随中山大学走过艰辛困顿、辗转迁徙之途。始驻广州文明路，不久即迁广州石牌地区；抗日战争中历经三迁，初迁云南澄江，再迁粤北坪石，又迁粤东梅州等地；1952 年全国高校院系调整，始定址于珠江之畔的康乐园。古人说："艰难困苦，玉汝于成。"对于中山大学中文系来说，亦是如此。百年来，中文系多番流播迁徙。其间，历经学科的离合、人物的散聚，中文系之发展跌宕起伏、曲折逶迤，终如珠江之水，浩浩荡荡，奔流入海。

康乐园与康乐村相邻。南朝大诗人谢灵运，世称"康乐公"，曾流寓广州，并终于此。有人认为，康乐园、康乐村或与谢灵运（康乐）有关。这也许只是一个美丽的传说。不过，康乐园的确洋溢着浓郁的人文气息与诗情画意。但对于人文学科而言，光有诗情是远远不够的，更重要的是必须具有严谨的学术研究精神与深厚的学术积淀。一个好的学科当然应该有优秀的学术传统。那么，中山大学中文系的学术传统是什么？一两句话显然难以概括。若勉强要一言以蔽之，则非中山大学校训莫属。1924 年，孙中山先生在国立广东大学成立典礼上亲笔题写"博学、审问、慎思、明辨、笃行"十字校训。该校训至今不但巍然矗立在中山大学校园，而且深深镌刻于中山大学师生的心中。"博学、审问、慎思、明辨、笃行"是孙中山先生对中山大学师生的期许，也是中文系百年来孜孜以求、代代传承的学术传统。

  一个传承百年的中文学科，必有其深厚的学术积淀，有学殖深厚、个性突出的著名教授令人仰望，有数不清的名人逸事口耳相传。百年来，中山大学中文学科名师荟萃，他们的优秀品格和学术造诣熏陶了无数学者与学子。先后在此任教的杰出学者，早年有傅斯年、鲁迅、郭沫若、郁达夫、顾颉刚、钟敬文、赵元任、罗常培、黄际遇、俞平伯、陆侃如、冯沅君、王力、岑麒祥等，晚近有容庚、商承祚、詹安泰、方孝岳、董每戡、王季思、冼玉清、黄海章、楼栖、高华年、叶启芳、潘允中、黄家教、卢叔度、邱世友、陈则光、吴宏聪、陆一帆、李新魁等。此外，还有一批仍然健在的著名学者。每当我们提到中山大学中文学科，首先想到的就是这些著名学者的精神风采及其学术成就。他们既给我们带来光荣，也是一座座令人仰止的高山。

  学者的精神风采与生命价值，主要是通过其著述来体现的。正如司马迁在《史记·孔子世家》中谈到孔子时所说的："余读孔氏书，想见其为人。"真正的学者都有名山事业的追求。曹丕《典论·论文》说："盖文章，经国之大业，不朽之盛事。年寿有时而尽，荣乐止乎其身，二者必至之常期，未若文章之无穷。是以古之作者，寄身于翰墨，见意于篇籍，不假良史之辞，不托飞驰之势，而声名自传于后。"真正的学者所追求的是不朽之事业，而非一时之功名利禄。一个优秀学者的学术生命远远超越其自然生命，而一个优秀学科学术传统的积聚传承更具有"声名自传于后"的强大生命力。

  为了传承和弘扬本学科的优秀学术传统，从 2017 年开始，中文系便组织编纂中山大学"中国语言文学文库"。本文库共分三个系列，即"中国语言文学文库·典藏文库""中国语言文学文库·学人文库"和"中国语言文学文库·荣休文库"。其中，"典藏文库"主要重版或者重新选编整理出版有较高学术水平并已产生较大影响的著作，"学人文库"主要出版有较高学术水平的原创性著作，"荣休文库"则出版近年退休教师的自选集。在这三个系列中，"学人文库""荣休文库"的撰述，均遵现行的学术规范与出版规范；而"典藏文库"以尊重历史和作者为原则，对已故作者的著作，除了改正错误之外，尽量保持原貌。

一年四季满目苍翠的康乐园，芳草迷离，群木竞秀。其中，尤以百年樟树最为引人注目。放眼望去，巨大树干褐黑纵裂，长满绿茸茸的附生植物。树冠蔽日，浓荫满地。冬去春来，墨绿色的叶子飘落了，又代之以郁葱青翠的新叶。铁黑树干衬托着嫩绿枝叶，古老沧桑与蓬勃生机兼容一体。在我们的心目中，这似乎也是中山大学这所百年老校和中文这个百年学科的象征。

我们希望以这套文库致敬前辈。

我们希望以这套文库激励当下。

我们希望以这套文库寄望未来。

2018年10月18日

吴承学：中山大学中文系学术委员会主任、教授
彭玉平：中山大学中文系系主任、教授

序　言

唐钰明

　　我的学术基础是古文字学，先后师从容庚先生、商承祚先生七年，可我对古文字形体之学始终处于懂和不懂之间。因为我的兴趣早就随王力先生倒向了汉语史，也就是说，由甲骨文、金文向下推移，直到明清和现代。李炜的学术基础是现代汉语，他的老师是中大的老前辈黄伯荣先生。1998年，李炜想要调离中大，在我的劝说下读了我的博士生。我收的学生既有研究古代汉语的，也有研究现代汉语、少数民族语言的。我的观点是：凡是以动态的流动的观点研究汉语，都可归入汉语史。李炜难道就不能由现代往上追溯到明清吗？

　　我和日本大东文化大学濑户口律子是老朋友，20世纪90年代开始就和她有较深的交往。2001年我访问大东文化大学，2002年我当东京大学客座研究员，对濑户口以及她的研究有了更深入的了解。2003年李炜应聘到大东文化大学时，我就告诉李炜，我曾在东京大学中文系留言本写下"视野要广阔，研究要精深"一句话，叮嘱他要特别关注并协助濑户口老师做好琉球官话的研究。不久，他从日本兴奋地打电话告诉我对琉球官话课本时代的重大发现。他先后完成两篇初稿，然后和濑户口讨论定稿，从而开始了他对琉球官话以及南方汉语官话的开创性研究。在这一点上，我们算是殊途同归。我们的共同目标是探寻近代汉语的下限以及现代汉语的上限（亦即现代汉语的起源）。我们的目的达到了吗？至今，也许结果还是喜忧参半，希望还在于学生一代啊。

　　李炜多才多艺，做、打、念、唱很在行，学谁像谁，比如学黄天骥讲粤式普通话、学韩国人讲韩语等，无不令人捧腹大笑。他的语感很强，北京话、兰州话、广州话说得非常流利，英语口语也不错。他访问过英国、美国、澳大利亚、墨西哥、韩国等，因而视野开阔，研究广泛。现代汉语、明清官话、汉语方言、社会语言学、少数民族语言，都成为他考察的范围。中国式的神经语言学是李炜一件未了的心愿。他认为汉语汉字给予人类精神的作用巨大，原来西式的研究明显有缺陷，他打算开拓一条和传统神经语言学不一样的道路。可惜"出师未捷身先死"，今后我们只能在梦中相知和相会了。

　　清代顾炎武说："人之患，在好为人序。"有鉴于此，我从不为朋友或学生作序。李炜曾要我为他的《清代琉球官话课本语法研究》作序，我没答应，最后他只好将我的评审意见列为序言。这次，我义不容辞，第一次也是最后一次为他人作序，写下了这一篇不似序言的序言。

目 录

兰州方言给予句中的"给"
　　——兼谈句子给予义的表达 ································· 1
北京方言中的"丫" ··· 12
兰州方言的两种"一个"句 ·· 15
口语中的"N 给 V 了" ··· 24
"将"字句和"把"字句 ··· 35
甘肃临夏一带方言的后置词"哈""啦" ······························ 44
句子给予义的表达 ·· 50
京×话
　　——一级京兰话、京广话语法问题例析 ····················· 62
兰州话、河州话两种混合语及其关系
　　——兼谈西北话的阿尔泰化 ····································· 69
兰州方言名词、量词的重叠 ·· 79

从《红楼梦》《儿女英雄传》看"给"对"与"的取代 ············ 84
清中叶以来使役"给"的历时考察与分析 ··························· 92
加强处置/被动语势的助词"给" ······································ 98
清中叶以来北京话的被动"给"及其相关问题
　　——兼及"南方官话"的被动"给" ···························· 108
北京话、兰州话、西安话中第三人称代词的尊称形式 ········ 118

琉球官话课本编写年代考证 ··· 125
琉球官话课本中表使役、被动义的"给" ··························· 139
从版本、语言特点考察《人中画》琉球写本的来源和改写年代 ········ 147

清中后期两种北京话口语材料中含"给"字的给予句及其给予义的
　　表达 ………………………………………………………………… 157
两种"给"字系统与清代南北官话
　　——兼谈鲁迅与赵树理作品中的"给"字使用差异 ……………… 169
清中叶以来北京话的"跟"及相关问题 ………………………………… 178
北京话"您"的历时考察及相关问题 …………………………………… 191
琉球写本《人中画》的与事介词及其相关问题
　　——兼论南北与事介词的类型差异 ……………………………… 199

北京话与事介词"给""跟"的语法化及汉语与事系统 ……………… 213
西南官话的"跟"
　　——从《华西官话汉法词典》说起 ………………………………… 231
从给予句 S_2、S_3 的选择看汉语语法地域类型差异 ……………… 241
从多功能词"给"的不同表现看汉语官话语法类型 …………………… 254
重论"我唱给你听" ……………………………………………………… 264
从给予、使役、被动范畴看清代官话语法的类型差异 ………………… 278

口语中对称的使用 ………………………………………………………… 295
《语法研究入门》读后
　　——向青年语法研究爱好者推介一本好书 ……………………… 300
清代"小琉球""大琉球"考 …………………………………………… 314
陈小奇歌词作品中的规范与创新 ………………………………………… 322

一目十行
　　——汉、英母语者篇章加工的模式差异及其在语言障碍诊疗中的
　　价值 ………………………………………………………………… 328

作者其他论著 ………………………………………………………… 344

编后记 ………………………………………………………………… 346

兰州方言给予句中的"给"*

——兼谈句子给予义的表达

引 言

兰州方言里的给予句①式只有一种,即:$N_1 + 给 + N_2 + V + 给 + N_3$。如"我给他送给一本书"。这种句式中至少得有两个"给"字出现,有时还可以三个"给"字同时出现:"我给$_1$他给$_2$给$_3$一本书。"我们把这三个"给"字依次记作"给$_1$""给$_2$""给$_3$"。

普通话里的给予句式可分为下列四种②:

S_1:$N_1 + V + 给 + N_2 + N_3$(我送给他一本书。)
S_2:$N_1 + V + N_3 + 给 + N_2$(我送一本书给他。)
S_3:$N_1 + 给 + N_2 + V + N_3$(我给他写一封信。)
S_4:$N_1 + V + N_2 + N_3$(我送他一本书。我给他一本书。)

以上四种句式都只出现一个"给"字,或者不出现。

为了便于和普通话比较,我们先假定普通话里也有"给$_1$、给$_2$、给$_3$":"给$_1$"出现在S_3里③,"给$_2$"出现在S_4里,"给$_3$"出现在S_1和S_2里。显然,这三个"给"一般是出现在不同句式中的,往往不同时出现在一种句式中。

---

* 《兰州方言给予句中的"给"——兼谈句子给予义的表达》,原刊于《兰州大学学报(社会科学版)》1987年第3期。

① 我们把可以表达给予义的句子简称"给予句"。

② 见《现代汉语语法研究》(商务印书馆1980年版)第151–168页《与动词"给"相关的句法问题》,本文中所涉及的朱德熙先生的观点大都指这篇文章。

③ 这里所说的"S_3"的范围比朱先生所定的要大,包括"给$_d$"(动词)和"给$_p$"(介词)两种,也包括他所说的"给$_{d+p}$",即所谓重合的"给"。

朱德熙先生认为 S_1—S_4 里的"给"都是动词,都包含给予义,并且在某些给予句里(指 S_3)"给"似乎成了句中唯一负载给予信息的词。

一

下面谈谈兰州话"给$_1$"的问题。先看例句:

(1) 我给他卖给一斤果子。(我卖给他一斤水果。)
(2) 队里给我们分给了一亩三分地。(生产队分给我们一亩三分地。)
(3) 他给我发给了一个证明。(他发给了我一个证明。)
(4) 我妈给我寄给了二十块钱。(我妈寄给了我二十块钱。)
(5) 他给尕李子买给了一辆车子。(他买了辆自行车给小李。)
(6) 他给我偷给了一个凳子。(他偷了一条凳子给我。)
(7) 你给客人沏给一杯茶。(你沏杯茶给客人。)
(8) 我给你们炒给一碟子菜。(我炒一盘菜给你们。)
(9) 他给我写给了一封信。(他写了一封信给我。)

以上所举的九例都是给予句,其中(1)—(4)的意思普通话一般用双宾语的形式表示(即 S_1 或 S_4),"给"不能出现。而在兰州话里一定得有"给$_1$",普通话里的间接宾语变成了兰州话里"给$_1$"的宾语。例句(5)—(9)的意思普通话里可以用 S_2 的形式。"给$_1$"也不能出现。至于能够出现"给$_1$"的普通话 S_3,由于它本身常常有歧义(即有时表达给予义有时却不能),所以与兰州话的给予句不能"对译"。

兰州话的"给$_1$"不仅出现在给予句中,而且也出现在大量的非给予句里,例如:

(10) 你给我们把桌子擦一下。(你给我们擦桌子。)
(11) 我给你们唱个歌儿。(我给你们唱个歌。)
(12) 他给我把杯子砸掉了。(他把杯子给我摔了。)
(13) 他的车子给汽车撞上了。(他的自行车跟汽车撞上了。)
(14) 小黄给我笑了一下。(小黄冲我笑了笑。)
(15) 他今个早上已经给我们告别了。(他今天早上已同我们告别了。)

(16) 我很想给大家讲一下。（我很想和大家讲一讲。）
(17) 我们要给人民负责。（我们要向人民负责。）
(18) 你不了给我担心。（你不用为我担心。）
(19) 你连客人喧去，我给你炒菜。（你和客人聊天去，我替你炒菜。）
(20) 他给我点了个头。[他朝（向）我点了点头。]

以上例句中（10）—（12）普通话与兰州话差不多，都用"给$_1$"。例句（13）—（20）普通话分别用介词"跟""和""同""对""向""为""替""冲""朝"等，而在兰州话里却一律用"给$_1$"。需要补充的是，普通话里所有用"给"或可以用"给"的地方兰州话都一定用"给$_1$"。从此我们得出一个结论：兰州话的"给$_1$"，要比普通话的"给$_1$"范围大得多。

兰州话与普通话的"给$_1$"并不相等，它们之间无论在形式上或是意义上都是有差异的。

普通话里的"给$_1$"是介词还是动词，语法学界一直有争议。因为"给$_1$"确实有同动词相一致的形式特征，比如否定词"不"出现在"给$_1$"之前，"给$_1$"还可以有"×不×"以及"×……不×"的形式：

(21) 不给你捆行李。
(22) 给不给你捆行李。
(23) 给你捆行李不给。

兰州话里"给$_1$"的情形就不一样了，从形式上看：①它的前面不能出现"不"，"不"只能出现在动词前面，因此，只能说"他给你不捆行李""她给我们不唱歌""我给妹妹不买车子"。②"给$_1$"不能有"×不×"的形式，只能说"他给你捆不捆行李""你给他打不打毛衣""你给妹妹买不买车子"。③"给$_1$"也不能有"×……不×"的形式，只能说"你给他打毛衣不打""你给妹妹买车子不买"等。

普通话的"给$_1$"与兰州话的"给$_1$"情形完全相反。如果说普通话的"给$_1$"与动词在形式上有共同之处的话，那么兰州话的"给$_1$"与动词在形式上就是完全对立的。

从意义上看，普通话的"给$_1$"很难概括出一个共同的语法意义，这有两层意思。

第一，"给$_1$"有时难以辨别它包含着动词的意义，还是包含介词意义，朱德熙先生在他的文章中曾经说过："……B 类句子里的'给'（指"你给客人沏杯茶"等）是介词还是动词不容易判定，因为在这类句子里，给予的意义老是伴随着服务的意义一起出现。其中的 M'（指 N_2）可以看成受者，也可以看成服务的对象……。B 类句式是 B 给$_p$（指介词）和 B 给$_d$（指动词）两种同形的句式重合在一起的结果。"所以"我给他买一辆车"有歧义：作为"给$_d$"表示给予（买车给他），作为"给$_p$"表示服务（替他买车）。

第二，即使我们假定普通话所有的"给$_1$"都是介词，它们也难以有一个共同的语法意义，"给$_1$"总是包含很多意义（也可叫作义项），一般来说可以有这样一些义项：①引进交付、传递的接受者；②引进动作的受益者；③引进动作受害者；④同"为""替"（类似于"服务义"）；⑤同"朝""向""对"。（这是比较粗糙的解释）①

兰州话里所有的"给$_1$"都包含着一个共同的语法意义：引进与动作、行为有关的对象。它只表示一种关系或介绍的语法意义。比如"我给他买给一斤苹果"，"给"的作用是将"他"——与动作行为有关的对象介绍给其后的"买给一斤苹果"；"我给你捆行李"的"给"也是将"你"介绍给"捆行李"。前面我们还提到兰州话一部分"给$_1$"相当于普通话的"和、跟、同、对、象"等，这并不奇怪，翻开《现代汉语八百词》我们会看到这些词的其中一个义项都有类似"指示与动作（行为）有关的对象""引进动作的对象"等解释，这和我们对兰州话"给$_1$"所做的意义上的解释相吻合。

以上我们通过和普通话"给$_1$"的比较，对兰州话的"给$_1$"从形式和意义上进行分析，得到了以下结论：兰州话"给$_1$"在语法特征上是和动词完全对立的，意义上包含着比普通话"给$_1$"更抽象、更概括的语法意义，是一个更高层次上的意义。因此，我们说兰州话的"给$_1$"是一个地道的介词（相对普通话的"给$_1$"）②，"给$_1$"即使出现在表示给予的句子［如上例（1）—（9）］中也不负载任何"给予"的信息。

---

① 参见吕叔湘主编《现代汉语八百词》，商务印书馆 1980 年版，第 197 页。
② 兰州话除"给$_1$"外，"把"字等也是地道的介词，形式上与"给$_1$"一致，意义上也只表句法意义。普通话里很典型的双宾语句，兰州话是用"给$_1$"和"把"将其中一个（或两个）"宾语"提前，都是非双宾句。截至目前我们还没有在兰州话里发现双宾语句。介词"给$_1$"和"把"等介词起了很重要的作用。

二

"给₂"和"给₃"的问题。

兰州话里当三个"给"字共现时（我给你给给一本书），第二个"给"就是"给₂"，但是不是等于普通话的"我给你一本书"的"给"呢？朱德熙先生认为这个"给"从理论上说应当是"给给"的紧缩形式，普通话里没有"给给"的说法，"这是因为两个接连出现的'给'字融合成为一个。跟'了+了-了''的+的-的'是同类的现象"。这个观点是相当精辟、正确的。这里的"给"实际等于"给₂+给₃"，在普通话里合并为一个"给"，而兰州话里"给₂"和"给₃"是分离的。

兰州话里"给₃"总是要和它前面的动词一起出现，组成"V给"的形式（包括"给给"）。离开了动词而在句中出现的"给₃"是不存在的，看来动词"V"与"给₃"之间的关系是相当密切的，普通话也不例外。

朱德熙先生通过对普通话的四种给予句式（即 S_1—S_4，参看本文第一节）的变换分析，对可进入这四种句式的动词进行分类，确定出给予义动词和非给予义的动词，其中一个重要的环节就是拿"给₃"来定义"V"的给予义，认为能出现在 S_1（N_1 + V + 给 + N_2 + N_3）里的动词是包含有给予义的。这类动词统称为 D_a 类，这个大类下面又可分出两类：一类是 D_{a2} 类（包括"卖、送、分"等），一类是 D_{a1} 类（包括"寄、汇、发、写、留、擞"等）。前者是"强式"的表给予义的动词（包含固有的给予义），后者是"弱式"的（有时包含给予义，有时不包含）。除此之外还有 D_b 类动词（包括"偷、买、抢"等）表示"取得义"，再就是 D_c 类动词［包括"炒、沏、打（～①毛衣）"等］表示"制作义"。② 无论怎么说，能在"V给"这个位置上出现的动词不是一定包含给予义的就是可以包含给予义的。

好在普通话里的确有些动词可以出现在"V给"的位置上，有些却不能，于是把"V"分成两大类（是否包含给予义）就成为可能。兰州话的实际情况却是能在"V给"位置上出现的动词包括了能在普通话 S_1—S_4 里出现的所有动词（即 D_a + D_b + D_c）。下面再选几个例子：

---

① 本书中，代字号"～"表示括号前的字，下同。——编者注
② 详见《现代汉语语法研究》，商务印书馆1980年版，第151-168页。

（24）他给我打给了一件子毛衣。（他打了一件毛衣给我。）
（25）我给你剁给一块子肉。（我剁一块肉给你。）
（26）他给我们做给了几样子家具。（他做了几样家具给我们。）
（27）他给我抢给了几张电影票。（他抢了几张电影票给我。）
（28）他妈给他娶给了一个媳妇。（他妈妈娶了个媳妇给他。）
（29）我给他领给一套工作服。（我领一套工作服给他。）

（24）—（26）例属 D_c 类动词，（27）—（29）例属 D_b 类动词，按朱先生的观点都不属于包含给予义的动词，但这些句子又都是给予句，面对这种情况，人们也许会说表示给予义的是"给$_3$"。如果说表示给予义的是"给$_3$"，那就得证明"给$_3$"是一个动词，因为只有动词才能包含实义（这里指给予义），才能表示实际的动作过程。但是"给$_3$"的词性问题也是一直存在争议的，有的认为是介词①，有的认为是动词②，有的认为是助词③，有的认为还可分为动、助两类④。差不多把所有"给$_3$"的归属的可能性都说完了。我们认为"给$_3$"不但没有理由说它是动词，而且它连词的身份都值得怀疑，它本身不包含给予义（理由见本文第四节）。这样一来很多给予句中就找不到给予义的承担者了，那句子的给予义又是怎样表达的呢？

三

有关给予的定义朱先生已描述得十分清楚。

给予的过程实际上也就是 N_3 由 N_1 转移到 N_2 的过程，能够完成这个"转移"，给予义也就表达出来了。

在分析给予句时，人们总是要力图在一个具体句子序例中寻找到一个给予义的承担者，具体地说或者是"给"本身（如"我炒一盘菜给他"），或者是"给"的"等价物"（如"我送他一本书""我寄给他一封信"），似乎整个句子的给予信息只能由某个或某几个词来负载，表达句子的给予义只能通过语义——确切地说是词汇意义——的手段。

---

① 参见杨欣安《说"给"》，载《中国语文》1960年第2期。
② 参见朱德熙《语法讲义》，商务印书馆1982年版。
③ 参见向若《关于介词"给"的词性》，载《中国语文》1960年第2期。
④ 参见施关淦《"给"的词性及与此相关的某些语法现象》，载《语文研究》1981年第2期，第31–38页。

我们认为句子体现给予（这个转移过程）主要是通过语法的手段，具体说是特定的句子格式或者是句子中各特定要素之间的相互联系。

表达给予义的特定格式对于动词的选择是有共同的限制的。这些格式也都有 N_1、N_2、N_3 这三项名词的存在，其中 N_3 前面都带有数量词。

这些格式一经进入使用（成为动态的句子）时，句中的三项名词都各自充当了一定的角色：N_1 对于整个行为动作来说充当了主事者（Agent）的角色，同时对具体的"转移"过程来说又充当了起点（或叫"来源"Source）的角色；N_2 则充当了"转移"过程的终点（或叫"目标"Goal）的角色；而 N_3 已不再是和"V"的那种低层次的意义上动作所及的对象了，而是受到整个句子所体现的动作行为影响的对象（Patient）了。如图所示：

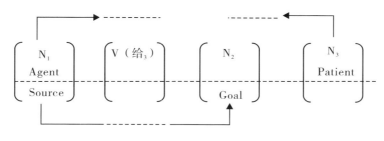

图 1　"给予"的语义模式

朱先生认为给予义就是 N_1 主动地使 N_3 由 N_1 转移至 N_2。这正是对上面的语义模式的最切当的解释。

我们这样分析给予句，好像无视"V"的存在，其实不然，我们只是说无法从语法形式上证明给予句中"V"的某一部分一定包含给予义。无论怎么说，朱先生所分出的 D_a、D_b、D_c 三类动词在形式上（只指普通话）确实存在着对立，这些动词之所以属于不同的类是由不同的语义特征所决定，但不一定必然和能否表示给予相联系。比如在兰州、临夏、宜兴等方言的给予句中，D_a、D_b、D_c 三类动词就不存在形式上的对立；反过来说，这三种方言的特定格式里所能容纳的动词又是一致的，又刚好等于普通话 S_2 里所能出现的所有动词。这个事实又告诉我们：所有能在给予句中出现的动词一定具有与整个句式所要求的有关该要素的一些基本条件不相违背的语义特征。这方面有待于更深入、更细致的研究，同时我们还不能忽视名词（尤其是 N_3）对于"V"的制约性。

四

在本文第二节里我们说无论是兰州话还是普通话的"给$_3$"不仅不是动词,甚至算不上是一个词。理由如下:我们认为"给$_3$"与它前面的动词"V"形成一个整体——"V给",形式上表现为。

第一,"给$_3$"在语音上没有声调,读轻音,重音和声调都在前面的"V"上。

第二,语音停顿不在"V"与"给$_3$"之间,而在"给$_3$"之后:"我送给他/一本字典"(普通话),"他给我送给/一本书"(兰州话)。

第三,动态助词"了""过"不在"V"后,而在"给$_3$"后。如"我送给了他一本字典"。那种认为"V给"的"给"是介词的观点,在这儿碰到了困难,总不能说介词可以带动态助词。

第四,"给$_3$"一经和"V"结合,"V"本身也发生了变化,比如不能有持续体〔"我卖着给他一斤肉呢"*(普通话),"我正给他卖着给一斤肉"*(兰州话)〕、尝试体("卖卖给"*"卖给卖给"*),不能与N_3直接发生语法上的联系(必须通过"给$_3$")。

"V给"作为一个整体,是说它是处于词与非词之间的东西,作用上相当于一个动词,但又不是一个独立的词(指词典意义上的),当然更不是词组。这个现象胡裕树、张斌、朱德熙诸先生早就注意到过①。应当注意的是,"整体"就是不可分。

"给$_3$"在句中提示了N_2(受者亦即"转移"过程的终点,目标)的存在,与句中的动词互相配合,将N_1、N_2、N_3联系在一起,共同体现给予义,同时它隔断了"V"与"N_3"之间低层次意义上的关系,规定了"N_3"只能是表示确指的名词(见本文第五节)。

兰州话与普通话的"给$_3$"又存在着相异之处,表现在普通话的"给$_3$"必然要求N_2出现在它后面:"我送给他一本书",或者"我送给他",而不能说"我送给一本书(他)"。兰州话里"给$_3$"后面不能出现N_2。它本身隐含着N_2,它是靠"复指"的作用来明确"N_2"的内容的,"他给我端给了一碗牛肉面(他端了一碗牛肉面给我)"。"给$_3$"复指"我",同时也是

---

① 参见胡裕树主编《现代汉语》(增订本),上海教育出版社1981年版,第329页;朱德熙《现代汉语语法研究》,商务印书馆1980年版,第127页注①。

"给₃"隐含的内容。在一定的语境中，如果 N₂ 在共知背景里已经明确，不出现在句子中，那"给₃"就只有隐含作用了。兰州话里"我给给了十块钱""书我送给了"是常说的，人们不会发生误解。自然会通过"给₃"联想到"N₂"的存在。这时的"给₃"在语法上只起隐含作用。我们可以这样认为，"我给他送给十块钱"的深层结构（Deep structure）应当是"我给他，送给他₂ + 十块钱"。由于"他₂"实际上不出现，就使得"他"既在形式上是"给₁"的宾语，又在意义上是受"V 给"支配的 N₂（Goal）。

单就兰州话的"我给他送给一本书"和普通话的"我送给他一本书"来看，"V 给"后紧跟着的名词在兰州话和普通话里情形刚好相反（如表 1 所示），但不能反过来（如表 2 所示）。

表 1

兰州话	普通话
我送给了一本书 我递给了一个笔 我借给十块钱	我送给了他 我递给了小王 我借给你
"V 给"后是"N₃"	"V 给"后是"N₂"

表 2

兰州话	普通话
我送给了他（一本书）* 我递给了尕王（一个笔）* 我借给你（十块钱）*	我送给了一本书* 我递给了一支笔* 我借给十块钱*

兰州话与普通话"给₃"还有一个差别，表现在普通话"V 给"的"V"只限于 D_a 类动词，兰州话"V 给"的"V" D_a、D_b、D_c 都可以，从这一点看，和临夏话的"Vdi"的"di"相同。不仅如此，兰州话的"给₃"与"给₁"一样还可以出现在非给予句中，例如：

(30) 书桌子上放给。（书放在桌子上。）
(31) 箱子床底下塞给。（箱子塞到床底下。）
(32) 墙上挂给。（挂在墙上。）

(33) 盆子里头搁给。(扔到盆儿里。)

这种"给"与给予句里的"给$_3$"无论在形式上、意义上都有一致性。它与前面的"塞"等动词也组成一个整体"V给",并且"给"也是复指前面的处所词的,而这个处所词又恰好是动作的终点(Goal)。由此可以看出,兰州话的"V给"的"V""给"都比普通话的范围要大得多。同时这又是证明兰州话"给$_3$"不包含给予义的一个很好的例证。

五

与"给$_3$"相联系的就是N_3的问题。

兰州话里所有的N_3前面都一定要有一个数量词,没有例外,不能说:"我给他送给书"*,宜兴话、临夏话也一样(指在特定格式里)。普通话一般也是如此。这一点朱德熙先生早就注意到了,他说:"这些句式(指S_1—S_4)似乎都有一种排斥由单独的名词充任直接宾语的倾向……总的说来,S_1—S_4里的M(即N_3)最占优势的形式是:数量词+名词。"

在表给予义的特定格式中,N_3不能是泛指的,只能是确指的或专指的。这是由特定的格式,也可以说是由"V给"决定的。

兰州话里"给他送给书"不能说,去掉"给","给他送书"可以说,但这时的"书"是泛指的了,可以表示任何书,句子也不能表示给予义了。因为"送书"这种动词加一个没有修饰词的名词,"说话人的注意力是放在做这件事的行为上,而宾语是非常不重要的。这里的宾语似乎只是满足动词的需要,至于它的数量、性质等等说话人没有考虑,认为没有必要传达有关这方面的信息"①。而"送给一本书"在句中则是相当重要的,它是通过"V给"(确切地说是"V给N_2")这个动作确定下来的某一个(或某一些,在"两本书"等情况下)事物,即"确指"的事物。它不是指同类事物的任何一个,而是受该动作控制的那一本或那一些(书)。

N_3还可以是一个专指的名词,这时它的前面一般可以没有数量词。但出现在句首充当主语或在"把"字之后充当"把"字的宾语,如"书我送给他了"(普通话),"书我给他送给了"(兰州话);"我把书送给他了"(普通话),"我把书给他送给了"(兰州话)。这时的"书"是专指的,往

---

① 王还:《"把"字句中"把"的宾语》,载《中国语文》1985年第1期,第49页。

往是说者和听者双方都明确的,这时的"书"同样受制于后面的动作。

当 N_3 是表示确指时,整个句子就会排斥否定形式,如"我不送给他一本书"*(普通话),"我给他不送给一本书"*(兰州话)。这一点应当注意,似乎确指形式都有一种排斥否定形式的倾向,这不仅表现在给予句中,比如"我不吃两个苹果"*"我不拿三本书"*都是不能成立的。

当 N_3 移动到主要动词左端表示专指时,句子又可以有否定形式了。如:"书我不送给他"(普通话),"我把书给他不送给"(兰州话)。

N_3 无论是确指的还是专指的,它都受到动作的影响即受制于"V 给",都处于被"转移"的状态中。因此,我们称它为受到影响的或处于某种状态的名词——"Patient"。

确定 N_3 是确指形式对于解决普通话 S_3 的问题很有价值。S_3 能不能表达给予义,或者说哪些 S_3 能够表达给予义,这也是一个争论不休的问题。提到 S_3 人们总要例举出诸如"我给他送了一本书""他给我沏了一杯茶""我给你炒一盘菜"之类的句子,但是谁也没有忘记丢掉数量词,如果去掉数量词"我给他送书""他给我炒菜",恐怕都会同意"给"是介词,句子不表示给予义。这给我们一个启示,N_3 的确指形式(在"V 给"右端)和专指形式(在"V 给"的左端)是构成给予句的条件之一。

后　记

本文的主要目的在于描写兰州的给予句以及"给"字,顺便谈到普通话及其他方言的一些有关问题,由于篇幅所限,这些问题不可能全面展开讨论,甚至有些问题就没有涉及,比如普通话的 S_2。

通过以上讨论,我们想在此表明一个总的观点:给予义是一个整体意义。我们没有必要也不应当把本来作为整体意义(Meaning)的给予义理解为仅仅由某一个动词所承担的意义(Semantic)。当然整体中的局部(句子格式中的各要素)在对表达整体意义所起的作用上还是有上下之分、重要与不太重要之分的,比如格式中的"V 给"就显得最为重要,从这个意义上说"V 给"能表达给予义是可以的。

北京方言中的"丫"*

《北京方言词典》中有一词条叫"丫定"，释义中只写着"同'丫挺的'"。① 至于"丫挺的"又是什么意思，就没有交代了。

在东四一个小胡同里曾听到过这样一段对骂：

甲：丫挺的！我非瓿了你丫［n̩］的不可。
乙：甭嚷嚷，有种你丫过来……

三两句话里分别出现了"丫挺的""丫［n̩］的""丫"三种说法。这三种说法最初的"全称"应为"丫头养的"，即私生子的意思。《骆驼祥子》中有一例：

放着你们这群丫头养的！招翻了太爷，妈的弄刀全宰了你们。（第184页）

用的就是"全称"。现在北京口语中几乎听不到这个"全称"了。

"丫头养的""丫挺的""丫［n̩］的""丫"这四种形式在语音上大概依次分为三个阶段：①"丫头养的"→"丫［t'iŋ］（挺）的"。［t'iŋ］是"头"和"养"的合音。有点儿像反切那样取"头"的声母［t'］和"养"的韵母中介音［i］及韵尾［ŋ］，合音为［t'iŋ］。丢失主要元音［a］可能是北京语音系统中没有［t'iaŋ］这个音的缘故。②"丫［t'iŋ］的"→"丫［n̩］的"。［t'iŋ］的声母［t'］、韵腹［i］都丢掉了，只保留了鼻韵母［ŋ］，［ŋ］又受到后面"的"声母［t］发音部位的逆同化作用变为［n］，这时［n］是自成音节的——［n̩］。③"丫［n̩］的"→"丫"。丢掉"［n̩］的"两个音节，只剩了个"丫"字。

---

* 《北京方言中的"丫"》，原刊于《中国语文天地》1987年第6期。
① 陈刚：《北京方言词典》，商务印书馆1985年版，第303页。

顺便说一句，北京方言里好像没有"丫定"这个说法。从语法上看，"丫挺的"和"丫［ņ］的"差不多，具有陈述和指称双重作用，例如：

(1) 这孙子也忒丫［ņ］（挺）的了。
(2) 丫挺的！……（类似呼语）
(3) 这丫［ņ］的真他妈欠揍！

(1) 句中的是陈述性的，(2)(3) 两句里的是指称性的。而最简略的形式"丫"则只具有指称性，而且只能有两种用法：

第一，紧跟在第二人称单数代词后面，如：

(4) 你丫昨儿怎么没来。
(5) 你丫甭跟这儿犯傻。

在这里，"你"是"丫"的出现条件。没有"你"，"丫"字不能出现。否则就成了第二种意思。

第二，作为第三人称单数代词的等价物。如果我们把上面两例中的"你"去掉，"丫"在意义上就只能等于"他"。和"你丫"不同的是，"丫"和"他"绝不能共现，没有"他丫"的说法。但如果是个指人名词，"丫"就可以跟在后面了，如：

(6) 高飞丫把这事儿给捅出去了。

两个以上指人名词并列在一起，后面又不能出现"丫"了，没有"高飞、刘平丫……"的说法，就像没有"丫们""你们丫"的说法一样。

从意义上（包括语用意义）看，既然这三种说法都源于"丫头养的"，所以在不同程度上都应当具有骂人或损人的意义。"丫［ņ］（挺）的"基本保持了这个意义，因此使用者在有意想骂想损对方时往往免不了要用到它们。但"丫"字则不同，在使用者口里这个意义已经大大削弱了，似乎更主要的是为了体现下列的语用意义（或者说是一种语用需要）：①借以显示自己北京话说得地道；②显示自己不拘小节、不在乎、幽默等；③在某些环境中还借以体现与对方的关系相当熟，因而很随便，等等，尤其"你丫"中更为明显。

这三种说法确切地说应是北京方言里的社会方言词汇。因为并非所有说北京话的人都说"丫〔ṇ〕（挺）的""丫"。就一般倾向性来看，这种话说得较多的主要是男性的工人（尤其是手工业者）、小商贩、社会青年、无职业者、郊区农民等。

当然，"丫〔ṇ〕（挺）的"也好，"丫"也好，北京民众仍视之为"粗话"甚至"脏话"，至少也是"贫嘴寡舌"的标志之一。所以，为了使自己的言谈文雅、健康，还是不要采用这样的说法为好。

兰州方言的两种"一个"句[*]

看到"一个",自然会让人联想到普通话及大量北方方言中常见的那个数量词组,如"吃一个苹果",这个"一"还常被省略,"个"是量词。有时"个"还可能是个非量词,如"吃个饭、打个球、游个泳"等。无论怎么说,"(一)个"都是分布在句中的。本文所要谈的是出现在句尾的"一个",这种现象在兰州方言里越来越多。本文的目的在于说明这些"一个"具有什么样的语法功能、分布特征,表达什么样的意义以及它们的出现条件等。

一、"一个$_1$"和"一个$_2$"

先看下面两组例子:

A

你是好人一个。
这个桌子是木头的一个。
那是书一个。(那是书。)
他吃的瓜一个。(他吃的是瓜。)
那个尕的个是谁一个?(那小孩是谁?)

B

今个把人挣坏了一个。(今天把人累坏了。)
你去不去一个?(你去不去?)
他哈吧来了一个吧!(他可能来了吧!)
我们下个馆子去哩一个。[我们要下饭馆(吃饭)去。]

---

[*]《兰州方言的两种"一个"句》,原刊于《宁夏大学学报(社会科学版)》1988年第2期。

上面两组句子的尾部都有"一个",统称为"一个"句。但 A 组句子中"一个"都紧跟在一个名词或名词性词语之后,而且全句一般都有判断动词"是"(或能加进"是")。B 组则没有这两个形式特征。据此我们将两组句子分别称作"一个$_1$"句、"一个$_2$"句。

1. "一个$_1$"的意义

"一个$_1$"并不表示数量。比如甲提了一兜苹果,乙问:"你提的是啥一个?"甲回答:"苹果一个。"当然,若真是一个苹果,也可以说"苹果一个"。"一个"在这里表明它前面的名词性成分代表某类事物,而不能是个体事物。与此相应的,这个名词性成分只能是近乎泛指意义的,而不能是专指的或者确指的①。让我们再看几组例子:

(1) 问:你看的是啥一个?
　　答:a. 报纸一个。
　　　　b.《中国青年报》一个。*
　　　　c. 一份报纸一个。*
(2) 问:那是谁一个?
　　答:a. 尕娃一个。(是小孩儿)
　　　　b. 王建一个。*
　　　　c. 我们厂的一个工程师一个。*
(3) 问:这是啥一个?
　　答:a. 花儿一个。
　　　　b. 她送下的花儿一个。*(是她送的花)
　　　　c. 两朵花儿一个。*
(4) 问:你吃的啥一个?
　　答:a. 面条子一个。
　　　　b. 你剩下的面条子一个。*
　　　　c. 一碗面条子一个。*

上例几组问答句里,a 句都成立,因为"一个"前面的名词性成分都是表现泛指的类的,b、c 句都不能成立,因为它们大多是代表个体事物的,而且不是专指的(如 b 句)就是确指的。所以,我们说"一个$_1$"是类的标志。

---

① 王还:《"把"字句中"把"的宾语》,载《中国语文》1985 年第 1 期,第 48 - 51 页。

需要声明的是这个"类"不是有些学者所说的某些量词能够给名词以分类的那种意义上的"类"（实际上可以说是词汇意义上的"类"），"一个₁"所标示的名词类是真正语法意义上的"类"，用逻辑的方法来表述的话就是类与非类意义上的"类"。例句中"啥"（什么）、"谁"也可以带"一个"，这是因为它们不但代表更高层次上的类，而且也是典型的泛指。

2. "一个₁"的功能及出现条件

"一个₁"还可以作为判断句的标志。普通话的判断句主要以有判断动词"是"为其标志，而兰州话的判断句除了"是"以外，"一个₁"也是判断句的标志，很多情况下没有"是"而有"一个₁"就够了：

我提的箱子一个。（我提的是箱子。）
那书一个。（那是书。）
票一个。[（这/那）是票。]
烟一个。[（这/那）是烟。]

在这里，如果去掉"一个₁"，就可能被人理解为一个光杆名词或名词性偏正词组。有了"一个₁"在兰州人的语感上就是一个判断句。但这话不能反过来说：只要是判断句就得出现"一个₁"。"一个₁"是有其较严格的出现条件的。

第一，由于"一个₁"句的后项名词只能是表示类的，因此这种判断句的前后项呈现一种类属关系（或归类关系）亦即成员与类的关系。"老舍是作家一个"能说，"老舍是《骆驼祥子》的作者一个"就不能说了，后者是同一关系①。

第二，出现"一个₁"的判断句只能是一个肯定形式，没有否定形式。前面例举的所有"一个₁"句只要加否定词都不能成立②。

第三，与第二相关的，从疑问句的角度看，"一个₁"句只能是一个判断形式的特指问，疑问词也只限于"啥"和"谁"，而判断形式的是非问、

---

① "老舍是一个作家一个"*不能说，因为"一个作家"应看作确指形式，不是泛指，尽管这个句子也可以认为是类属关系的判断句。

② 参见兰州大学中文系语言研究小组《兰州方言》，载《兰州大学学报（社会科学版）》1963年第2期，第134-185页。

选择问、正反问里都不能出现"一个$_1$",这是为什么呢?上面说过,"一个$_1$"句只能是一个肯定的判断,疑问和肯定本来是矛盾的(从逻辑意义上看),但我们可以从答句的可能性来看,如果答句只能是一个肯定的形式,那么相应的问句就成立;如果答句是一个否定形式或可能是一个否定形式,那问句也就不成立。用这个办法来分析,就能解释判断形式的特指问为什么能够出现"一个$_1$"。下面依次对四种疑问句进行检验:

A. 是非问:"这是桌子吗?"回答可能有两种:a."(这)是(桌子)";b."(这)不是(桌子)"。a 句记作"+",b 句记作"-"。

B. 选择问:"这是桌子还是椅子?"答:a."是桌子"(暗含"不是椅子");b."是椅子"(暗含"不是桌子")。呈现出非 a 即 b、非 b 即 a 的情形。如果 a 句是"+";b 句就是"-",反之亦然。

C. 正反问:"这是不是桌子?"答句情形同 A。

D. 特指问:"这是什么(啥)?"答:a."(这)是桌子(或其他)";b."(这)不是桌子(或其他)"*。显然,b 句根本不存在,问句没有要求回答不是什么,只要求回答是什么,因此 b 句("-")不成立。如下表所示。

表 1　四种疑问句及其回答形式

标号	问句	可能的回答形式		值
A	这是 x 吗?	是 x	不是 x	+ －
B	这是 x 还是 y?	是 x	(不是 y)	+ －
		是 y	(不是 x)	
C	这是不是 x?	是 x	不是 x	+ －
D	这是啥?	是 x	是 y……	+

上述分析表明只有特指问才能有唯一的肯定形式的答句,因此判断形式的特指问能够出现"一个$_1$"。

"一个$_1$"只分布于句末,但它不是直接和整个句子发生关系的,而是和它前面的名词性成分发生直接关系,组成一个直接成分,即:

我拿的是/苹果一个。
(我拿的是苹果/一个。*)

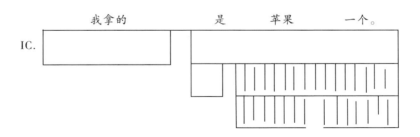

我们这样切分最主要的理由是"NP 一个$_1$"（名词性成分 + 一个$_1$）可以单说。"NP 一个$_1$"是名词性词组，但它的功能却常常是做谓语（没有"是"的时候）。

3. 小结

"一个$_1$"出现在肯定的判断句或判断性质的特指问句里，它分布于句末、名词性成分后面并与它们组成一个直接成分，意义上表示泛指的类。如果一定要把它归入某个词类的话（当然，"一个$_1$"是一个词，不是词组），只能勉强将它归入结构助词。

二、"一个$_2$"

先看一些例子：

我说不上一个。（我说不清。）
红着哩一个。（挺红的。）
我把车子给做坏了一个。（我把自行车给弄坏了。）
这个字儿怎们写着哩一个？（这个字怎么写来着？）
你吃馍哩吗还是吃面哩一个吵？（你是吃馒头呢还是吃面条呢？）
他哈吧来了一个吧！（他可能来了吧！）
价你打酒去一个吵！（你快点打酒去呀！）

从上面的例子中可以看出，这里的"一个"都不符合"一个$_1$"的出现条件。它们能够出现在各种不同的语法、语气的句型中，这种"一个"我们叫作"一个$_2$"。

1. "一个$_2$"的使用范围

在调查"一个"句时我们发现从使用者的角度看,"一个$_1$"的使用范围很大,一般的兰州人都很自然地使用它。"一个$_2$"则不同,它的使用范围很有限,很多人不使用或很少使用,并认为这种说法很别扭。而有一部分人却经常使用"一个$_2$",并认为这种说法很自然。其实"一个$_2$"是一种语言变异现象,造成这种变异的社会因素就是性别与年龄的差异。一般说来,真正普遍使用"一个$_2$"的集中在十五六岁到三十四五岁之间的女性中间。当然这只是表现为一种倾向性,并不意味着这个范围之外的人都不使用"一个$_2$",反之亦然。这属于社会语言学的问题,需要专门讨论。这里只提一提,以便下面的分析。

2. "一个$_2$"所体现的"口气"

与"一个$_1$"不同,"一个$_2$"可以出现在各种类型的句子中,并非某种语法结构的形式标志。从分布上看,它处于句末语气词的区域,尤其是这样的形式:"了一个吵""着哩一个吧"等,即"语气词$_1$ + 一个$_2$ + 语气词$_2$"。于是我们可以确定,分析"一个$_2$"应当在表示语气的范围内。

"一个$_2$"是处在语气词的区域里,但不能简单地说它就是一个语气词,它不像一般的语气词那样能够表达诸如疑问、祈使、感叹、陈述或停顿、测度等语气信息。在普通话的语气词词表里似乎找不到与之相当的词,而兰州方言里所有的语气词却都能找到与普通话相当的词,尽管不是一一对应。

"一个$_2$"主要是体现某种诸如娇嗔、矜持、亲昵甚至做作等"口气"①,因此,它使用范围的有限性也就可以理解了。正像许多男性调查对象所说的,如果用"一个$_2$"给人的感觉是女里女气的。用"女里女气"来概括"一个$_2$"所体现的口气是很恰当的。

由于普通话里书面上没有与之相应的形式(除非语调),所以我们只好通过下列两组句子来体会它的口气:

(5) A. (背景:快要吃饭的时候,孩子偷偷跑出去玩,很久才回来,

---

① 参见胡裕树主编《现代汉语》(增订本),上海教育出版社1984年版,第410页。我们认为,该书所说的口气词范围太大,现代汉语里到底哪些是"专职"的口气词还需进一步研究。可以说,兰州话里的"一个$_2$"应当算专职的口气词。

爸爸生气地说)

"你可又做啥去了吵?"(你又干什么去啦——严厉的责问)

B. (一向娇生惯养孩子的年轻妈妈,遇到同样的情况)

"你可又做啥去了一个吵?"(理性意义同A,但——温和的责问)

(6) A. (某工人对妻子说)

"明个下午我们厂里的弟兄们要来哩,你要把饭给我们做好哩……"
(明天下午我们厂里的朋友们要来,你得给我们把饭做好——直率的命令)

B. (女儿对妈妈说)

"明个下午我们厂的人要来哩一个,你要把饭给我们做好哩一个。"
(——略带撒娇的请求)

上举两组句子中,A句和B句的理性意义是完全一致的(包括语气词),但口气不一样,当然效果也不同。

3. "一个$_2$"的分布及其作用

尽管"一个$_2$"可以出现在几乎任何类型的句子里,分布极广,但它一经出现,其句中位置却是很有规律的。为了说明这一点,我们先把兰州话的语气词简单介绍一下。

兰州话的语气词计有:"了""着哩""者$_1$""哩""吗""吧""吵""哚""哒""来""嗤""者$_2$"等。其中前四个语气词总能表达一定的谓词形态(不限于动态),记作A类,后八个语气词或表示疑问、感叹,或表示停顿,或表示半信半疑、夸张、测度、催促等,记作B类。

"一个$_2$"的位置恰恰在A类之后、B类之前,这里再举几个例子:

我去过了一个。(我去过了。)
我吃哩一个。(我吃。——未然体)
他看书着哩一个吵?(他是在看书吧?)

"一个$_2$"和A、B两类语气词的排列顺序是:"A类+一个$_2$+B类"。三项都可以缺位,但这个顺序是不能够乱的。"一个$_2$"的这一分布特征倒意外地给我们分析兰州话语气词带来了很大便利,主要表现在。

第一,成为语气词的词与非词测试项。在没有"一个$_2$"的句子中,句尾语气词常有"了者""了吵""哩吵""哩者""着哩吵""了嗤"等复合形式,有时很难确定是一个复合语气词还是两个或三个语气词,"一个$_2$"提供了方便:大凡能被"一个$_2$"拆开的就是两个词,否则是一个词:

> 吃饭着哩一个。
> 吃饭着一个哩。*
> 去了一个哨?
> 去了哨一个?*

以此可证明"着哩"是一个复合语气词,"了哨"则是两个语气词。20世纪60年代有人提出兰州话的"了者""哩哨""哩噻"分别是一个复合语气词①,拿这一方法验证,"哩、噻、了、者、哨"各为一个词,而且从其他角度去分析也得出同样结论,又反证了以"一个$_2$"为测试项的有效性。

第二,"一个$_2$"恰巧将十几个语气词在形式上一刀切为两类,左端是A类(形态语气词),右端是B类(非形态语气词)。

第三,"一个$_2$"体现了兰州话语气词的组合层次。在主谓句中"一个$_2$"前的语气词(A类)是加在谓语上头的,它后面的语气词(B类)则一般是加在全句上的,"一个$_2$"本身也是加在谓语上头的(至少在形式上),A类和B类语气词不在一个层面上:

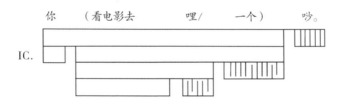

"一个$_2$"和A类语气词都加在谓语上头,但它们之间无任何直接关系,更不是一个复合词。非主谓句里也一样:

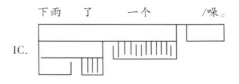

---

① 参见兰州大学中文系语言研究小组《兰州方言》,载《兰州大学学报(社会科学版)》1963年第2期,第134-185页。

B 类语气词仍是加在整个句子上的。同时由于中间隔了"一个$_2$"就更显示了 A 类和 B 类语气词之间在结构上没有直接关系。

这又反过来使我们确定了"一个$_2$"的另一个不同于"一个$_1$"的分布特征:"一个$_2$"出现在谓词性短语之后,是主谓句的时候就以充当谓语的谓词性词组或词为其出现条件,非主谓句时也是以句子本身的谓词性词组或词为其出现条件的。至于紧接着它前面的是不是一个名词性成分或什么样的名词性成分都是无关紧要的,因此,两者不在一个层面上。

4. 小结

"一个$_2$"是一个很特殊的词,它本身不表达什么语法意义。在句中处于语气词的区域,但又不同于一般语气词。句子的各种必要的语气信息都由相应的语气词来负载。它似乎只是在一个完整的句子上另加一个"多余信息",如果我们把一个完整的句子(包括结构、语气、语调)记作"S"的话,那就是:

$$S + 一个_2$$

句子的必要信息是不因"一个$_2$"的出现与否而增减的,它不能取代任何语气词来表达某种必要信息。它只是在句中另外添加了某种诸如娇嗔、亲昵、矜持等或者是说"女里女气"的信息,这在普通话里往往是由某种特殊的语调来体现的。我们不好说它是个语气词,它唯一能够表达的就是这种"口气",是处于某种语用上的(Pragmatic)需要。如果"口气词"(应当说很准确)的说法有困难的话,我们只好把它叫作特殊语气词。

需要说明的是我们只是对这种语言现象进行描写,但不做使用意义上的"好"与"坏"的评价。

口语中的 "N 给 V 了"*

引　言

口语中常有这样的说法：

饭给糊了、菜给凉了、纸给撕了、杯子给摔了、衣服给洗了、茶给沏了……

我们把它称作"N 给 V 了"式。为了能对这个结构做较为准确的分析，排除一些干扰因素，我们对这个结构加了一些必要的限制：N 是指物名词，V 是个光杆谓词。这样一来像"他给跑了、杯子给摔坏了、菜给炒好了、衣服给晒干了"等就不属于本文的讨论范围。

一、"N 给 V 了"中的谓词

先看下列三组例子：

（1）	（2）	（3）
杯子给摔了	衣服给缝了	墙给塌了
房子给烧了	茶给沏了	棍子给折了
墙给拆了	菜给炒了	汤给凉（liáng）了
纸给撕了	信给写了	饭给糊了
鸡给杀了	裤子给熨了	袜子给破了
树给砍了	饭给盛了	馒头给馊了
药给吐（tù）了	灯给装了	瓶子给倒了
钱给丢了	插座给安了	金鱼给死了
自行车给撞了	行李给捆了	裤子给湿了

---

* 《口语中的"N 给 V 了"》，原刊于《语言文字论集》，广东人民出版社 1990 年版。

　　　　酒给喝了　　　　花给浇了　　　　苹果给烂了

（1）（2）组结构中的谓词"V"乍一看大都是双向的，可以在"N"与"给"之间放进一个施动者：

　　　　（1）　　　　　　（2）
　　　酒我给喝了　　　茶他给沏了
　　　纸我给撕了　　　饭小王给盛了
　　　……　　　　　　……

（3）组结构中的"V"一般是单向的，所以不能说："墙他给塌了"*"饭我给凉了"*……单从这一点看，（1）（2）组与（3）组是对立的，我们把前两组结构分别称作 A_1 类和 A_2 类，把（3）组称作 B 类。

尽管我们把第（1）（2）组统称为 A 类，实际上这两类存在着很大的对立，比如作为 A_2 类的"V"可以有尝试体、持续体，"给"字前可加否定词"不"，等等。

　　尝试体：衣服给洗洗、行李给捆捆、裤子给熨熨
　　持续体：饭给盛着呢、汤给舀着呢、花给浇着呢
　　加"不"：灯不给装、衣服不给缝、茶不给沏

A_1 类则不行：

　　尝试体：药给吐吐*、自行车给撞撞*、鸡给杀杀*
　　持续体：杯子给摔着呢*、树给砍着呢*、纸给撕着呢*
　　加"不"：房子不给烧*、钱不给丢*、水不给泼*①

B 类更不行：

　　尝试体：袜子给破破*

---

① 这里应当包括"酒不给喝、饭不给吃"等，如果能够成立，也就不是我们所讨论的 A_1 类了，因为"给"可以理解为"让"，整个结构也就带有"致使性"了。参看本文第三节。

持续体：馒头给馊着呢*
加"不"：饭不给糊*

看来 A_1 类和 B 类更接近，为什么呢？

我们认为 A_1 类结构中的"V"主要不是体现动作，而是体现某种结果，表明一种从甲状态到乙状态的动态变化。比如"烧"这个动作一经发生就会导致"毁、糊、坏"之类的结果，所烧之物也就从完好、正常的状态变为"毁、糊、坏"之类的状态。"摔"导致"碎、破、烂"等结果，"撕"亦然，余类推。这种结果（即乙状态）可以看作是隐含着的。B 类结构中的"V"本身就表示结果，同时也体现一种动态的变化，这一点后面还要说明。A_2 类的"V"只表示单纯的动作、行为，并不隐含什么结果，也就不体现什么状态变化了。以下我们将证明 A_1、B 类"V"体现某种结果，A_2 类"V"不体现结果这个论点。

在不改变原义的前提下，将三类"N 给 V 了"的语境适当扩大。

A_1 类

（1）（×）
酒给喝了，还有两瓶。
馒头给吃了，还那么多。
碗给摔了，还好好的。
纸给撕了，没有破。
鸡给杀了，还活着。

（2）（√）
酒给喝了，只好再买。
馒头给吃了，吃饼吧。
碗给摔了，用盘儿吧。
纸给撕了，只好粘一下。
鸡给杀了，再养两只吧。

B 类

（1）（×）
房子给塌了，完好无损。
汤给凉了，喝了暖身子。

（2）（√）
房子给塌了，重新盖。
汤给凉了，热一下吧。

A_2 类

（1）（√）
衣服给熨了，平平展展的。
茶给沏了，浓香浓香的。
行李给捆了，牢牢实实的。
毛巾给洗了，很干净。
菜给炒了，香嫩可口。

（2）（√）
衣服给熨了，没熨平。
茶给沏了，没出味儿。
行李给捆了，不结实。
毛巾给洗了，还是不干净。
菜给炒了，炒糊了。

A_1 和 B 类里的第二组说法都能成立，第一组的说法不通。这是因为 A_1 类结构中的"V"所隐含的结果是必然要在结构中体现出来的，B 类"V"本身就表示结果。肯定这个"结果"句子就成立（第二组），否认它就会造成逻辑上的矛盾，也就不能成立（第一组）。而 A_2 类结构中的"V"不体现什么必然的结果，所以两种说法都成立，逗号后面的"结果"是可以任意"加"上去的。

"N 给 V 了"表示完成体，按说相应的否定式应为"N 没给 V"。这条规律在 A_2 类中是起作用的，可以说：

衣服没给缝、信没给写、事儿没给办、插座没给安、桌子没给修、茶没给沏……

而 A_1 类和 B 类一般都不能这样说：

房子没给烧*、钱没给丢*、杯子没给摔*（A_1 类）
房子没给塌*、东西没给坏*、饭没给糊*（B 类）

比较顺当的说法似乎应该是：

（好在）杯子没给摔了（·lou）。
房子没给烧了（·lou）（就算万幸）。
饭（差一点）没给糊了（·lou）。
这事儿（幸亏）没给吹了（·lou）。（见本文第三节）……

这是一种假设的完成体的否定式，"没"是对可能产生的某种结果（或叫后果）的否定。就是说，"没"是指向结果的，无论它是隐含还是明摆着的。A_2 类则一般不能这样说。

如果再把"N 给 V 了"换成表示禁止、劝阻的命令句（加"别"字），那么 A_1、B 类与 A_2 类在重音上的对应就更加明显：

A₁ 类	B 类	A₂ 类
纸别给撕了	鸡别给死了	信别给写了
碗别给砸了	钱别给少了	插座别给安了
酒精别给洒了	螺丝别给松了	衣服别给洗了
这事别给忘了	汤别给凉了	这事别给办了
麦苗别给踩了	暖壶别给炸了	墙别给砌了

A_1、B类的重音都在"V"上(打"."号),A_2类的重音都在"别"上,前者在口语中一般也是念"·lou",后者一般不能这样念。前者的"别"字和上面说的"没"字相似,语义上是指向"V"的,表现了说话者对将要产生的结果的担心,整个结构的主要信息是在"V"——确切地说是在结果(即后果)上。A_2类的"别"字则是指向整个结构所表现的动作、行为的,恰当的理解应是"用不着给VP了",所以能说"衣服用不着给洗了",但不能说"碗用不着给砸了"* "汤用不着给凉了"* 等。与此同时我们借助"N 给 V 了"式区分出了"别"字的两个差别甚微的"义项":当它进入A_1、B 类时与"不要"的意思相同,进入 A_2 类时与"用不着"或"不用"的意思相近。

至此,我们已经可以看出在本文第一节中把 A_1、A_2 类与 B 类对立起来是不合适的,对于分析"N 给 V 了"不起什么作用。真正的对应应当是 A_1、B(作为一个大类)与 A_2 类之间的对立。

A_1、B 类结构中的"V"都具有表示结果这样的语义特征,记作[+结果],A_2 类是[-结果]。A_2 类的"V"很庞杂,难以准确地概括出某种共同的语义特征,在此它们都表现一种单纯的动作、行为,我们姑且把它记作[+行为],B 类是[-行为],A_1 类"V"在结构中也应该是[-行为](见本文第三节)。我们是把具体的"N 给 V 了"作为前提,如果说 A_2 "V"主要是表现"做了某事"的话,那么 A_1 "V"则主要是表现"成了某种状况"。综上所述得到下面这张表:

表1 三类"N 给 V 了"结构中 V 的语义特征

语义特征	A_1V	BV	A_2V
[结果]	+	+	-
[行为]	-	-	+

A_1、B类"V"这种[+结果]的价值在于表明结构中的名词"N"必然是从一种状态变为另一种状态（见本文第二节）：

A_1类：
"纸给撕了"

纸（甲状态：正常的、完好的）→ $\begin{Bmatrix} 毁 \\ 坏 \\ 破 \\ 烂 \\ 碎 \end{Bmatrix}$（乙状态）

B类：
"房子给塌了"
房子（甲状态：正常的、完好的）→塌（乙状态）

A_1类"V"与B类"V"的差异仅仅在于B类"V"表示的结果是确定的（即"V"本身），A_1类"V"所隐含的结果是一个特定的"域"（Field）。

A_1类"V"常见的有：摔、吐（呕~）、烧、杀、拆、撕、扔、丢、掉、撞、碰、泼、洒、吃、喝、砸、磕、踩、涂、擦、撒、漏、锯、收（没~）等。是个比较封闭的类。

B类"V"常见的有：塌、折、凉（liáng）、糊、破、焦、倒、湿、烂、馊、霉、臭、酸、散（sǎn）、灭、少、松、脏、乱、碎、坏、黄（叶儿~了）、红（脸~了）等。也是个比较封闭的类。

A_2类"V"是个开放类。

二、"N给V了"的"给"及相关问题

前面说过A_2类可在"给"之前加否定词"不"，表示"不打算做（或不继续做）某事"。A_1、B类不行。但是A_1类如果去掉"给"字，情形就不同了：

房子不烧了、杯子不摔了、饭不吃了、水不喝了……

B 类也一样：

裤子不湿了、房间不乱了、螺丝不松了……

这些说法都成立。其实去掉了"给"字（这是个关键词）也就完全脱离了"N 给 V 了"句式，这样，非但 A_1 类"V"与 B 类"V"会大相径庭（无论是语法的还是语义的），就连"不"都不同了。

A_1 类的"N 不给 V 了"不成立，是因为这个结构中的"V"一定体现结果，这种结果意味着状态的变化，对变化本身来说是不受意愿上的控制的，而能够进入"N 给 V 了"式的"不"字一定是表示主观意愿上的否定词，于是"不"和"V"发生了矛盾。离开了"给"字 A_1 类里的许多"V"就可以只表示动作、行为，也就能受"不"的控制（语法上是修饰、限制），也可能有尝试体、持续体了。需要补充的是上面所说的状态变化是在一个时点上完成的，而非时段，没有时间上的长度，这也就是 A_1 类"V"不能有持续体、尝试体的理由。

B 类亦然，"汤不凉、袜子不破"中的"V"不同于"N 给 V 了"（B 类）中的"V"，前者表示静态的状态，与"这人不高、水很浅"的"高、浅"为一类了。静态的状态同样不受意愿上的控制，也无变化可言，它是相对稳定的状态。B 类"N 给 V 了"的"V"一定是动态的状态，表示状态的变化，这才叫"结果"。"汤不凉、袜子不破"的"不"只表示一个客观的判断，与意愿上的"不"无关。顺便说一下，"不"也有两个"义项"：一个是表示意愿的否定，一个是表示判断的否定。

可以看出，A_1、B 类结构中"给"字的有无影响到了"V"体现什么语义特征，也就同时影响到了结构中各成分（除"给"之外）之间的语义关系，A_2 类中"给"的有无却不会影响各成分之间的语义关系。

A_1、B 类中的"给"有其出现条件：它要求结构中的名词"N"是专指的（Specific），即说者听者都明确是指哪一个、哪一些，谓词"V"一定能体现结果（动态的状态）。这也正是这种"给"的功能，它明确了结构中的这样一种语义关系：V 使得 N 从一种状态进入另一种状态。

我们再来举一个例子，比如在"酒别给喝了"中去掉"给"即"酒别喝了"就可能有三种理解：

第一，酒别喝了，（对身体不好）。

第二，酒别喝了，（还是吃饭吧）。

第三，酒别喝了，（明儿客人来没得喝了）。

有了"给"就不会有歧义了，只能表现第三种意思。再去掉"别"字，即"酒喝了"，也可能表示"喝了酒了"，有了"给"也不会是这个意思。

A_2类"给"与A_1、B类不同，去掉"给"，结构中的"N"和"V"之间的语义关系不发生什么变化。和"酒别喝了"相比较，"茶别沏了"却没什么歧义，只表示"用不着沏茶了"。

A_2类结构中的"给"还可以前移，成为"给V了N"，如：

给炒了菜、给洗了衣服、给装了灯……

还可以在一系列的"V了N"之前只出现一个"给"，后面的都省略，如：

（我去他那儿）给拉了线、安了插座、装了灯……

无论是"给V了N"还是"给V了N＋V了N……"它们内部的语义结构关系都与A_2类"N给V了"基本相同，要说有点差异的话，也只是在"了"上。

A_2类"给"是"加"在"VN"（或"NV"）之上的，可能来源于介词表示服务义的"给"，一般要求带上一个表示服务对象的名词：

茶给大伙儿沏了、事儿给他办了……

但在北京口语中，这种"给"后面不出现名词的情况越来越多，翻开《骆驼祥子》就可找到很多这样的例子。我们还是把A_2类"给"看作介词，A_1、B类"给"就不是，这从形式上可以得到证明：

第一，A_2类"给"前面可以有否定词"不""没"："饭不给做（了）""菜没给炒"。A_1、B类"给"前面不能有"不"，也不能有"没"，如果有也是对"V了（·lou）"说的，是有条件限制的。

第二，A_2类"给"可以有"×不×"的形式：

信给不给写、饭给不给做、桌子给不给擦

也可以有"×……不×"的形式：

信给写不给、饭给做不给、桌子给擦不给……

A_1、B类"给"不能有这两种形式：

A_1类：自行车给不给撞*、碗给不给砸*、纸给不给撕*……
　　　自行车给撞不给*、碗给砸不给*、纸给撕不给*……

B 类：鸡给不给死*、裤子给不给湿*、灯给不给灭*……
　　　鸡给死不给*、裤子给湿不给*、灯给灭不给*……

从形式上看可以把 A_1、B 类"给"姑且算作助词。

　　这两类"给"在"N 给 V 了"中的位置相同，但 A_2"给"与结构中各成分之间的语义关系都是比较松散的，A_1、B"给"与各成分间的语义关系是非常紧密的，可以说是结构中的"粘合剂"，是该结构的关键要素，从语义分析的角度看，前者是受益标志（Benefit marker），后者则是一种"使成"标志（Effect marker）。

　　两类结构中的名词"N"也存在差异。A_2类结构中的"N"出现在"给 V 了"之前是因为它充当了话题（Topic），可以用"语用移位"来解释，与"给"无关。A_1、B 类的"N"出现在"给 V 了"之前则是该结构的语义上的需要，与"给"有密切的关系，"给"规定了"N"必须在"给 V 了"之前，尽管有些"N"也可以理解为话题（尤其是加强其重音或给予适当停顿时）。这里的"N"由于"给 V 了"使它从一种状态进入另一种状态，从格（Case）的角度看它充当了"Patient"（进入某种状态的名词）这一角色（Role）。A_2类的"N"是"Goal"（动作的方向、目标）。

　　两类结构中的"了"也不同，A_2类的"了"可以理解为"$了_1 + 了_2$"，比如"茶给沏了"就"了"本身看等于"给沏了$_1$茶了$_2$"，"$了_1$"是动词后缀，完成体；"$了_2$"表示整个事件从未然到已然。A_1、B 类也可以理解为"$了_1 + 了_2$"，但其含义与前者不同，这里的"$了_1$"很像做补语的"掉"字，表明前面的动词有了某种结果，而且在很多情况下（尤其是加上"别"

"没"等词的时候）口语中一般念"·lou"（这时只能是"了$_1$"，没有"了$_2$"）①。"了$_2$"也侧重于强调这种结果的产生（或状态的变化）已成事实。应当注意的是 A$_2$ "了"有时只能是"了$_2$"（如加上"别""没"等），绝不会光是"了$_1$"（如不能念"·lou"）。A$_1$、B 类"了"恰好相反。

三、其他

我们对动词的分类及其语义特征的概括是在具体的结构（格式）中进行的，离开了具体结构可能就会发生变化。举例来说，"把酒给喝了"的"喝"确定为［＋结果］，那么"喝酒"的"喝"就只能是［＋行为］，而"酒喝了"的"喝"恐怕又是［±行为］［±结果］。同样，"饭给糊了"的"糊"是［＋动态］，而"饭很糊"就是［－动态］。有时结构不变，换个名词又不一样，如"水给烧了"，我们只好把它归入 A$_2$ 类结构了。这是不是否认了我们前面工作的价值呢？回答是否定的。我们不应该幻想通过一两种简单的分析或凭语感就确定出某一个词（更不要说所有的词）的所有的特征（包括语法的、语义的、语用的等）。每一个词都可能在不同结构、不同层次、不同角度属于不同的"类"，也就具有许多特征，这些特征的总合才是该词的完全意义上的"定义"。所以，对于词的每一次合理的分类都是有价值的，而少数的例外也是正常的，往往能促使我们做更深入的研究。

上面我们所分析的两种"给"可能只是现代汉语中所有"给 V"中的"给"的一部分，并不代表所有"给 V"中的"给"。我们之所以把"给"字放在一个小小的"N 给 V 了"（并加上限制条件）来分析，就是想从小到大地逐步研究清楚"给 V"的"给"字，尤其是处在"把"字句（把……给 V……）、"被"字句（被……给 V……）里的"给"字。现行语法书上常常将这些"给"往"助词"中一推，只是认为当它出现在"把"字句中就强调处置意味，在"被"字句中又强调被动意味，好像它的功能只是"近朱者赤、近墨者黑"，其实很多情况下看作"减弱"（而非强调）又何尝不可呢？这样的做法是简单而又草率的。当然这往往是由于"把"字句、"被"字句的规律起主导作用而使人们忽略了对里面的"给"字进行深入研究。这里我们想提点线索以供参考：我们先不必注意那些出现"给 V"的"把"字句、"被"字句等，而是先考察一下哪些"把"字句、"被"字句

---

① 参见吕叔湘主编《现代汉语八百词》，商务印书馆 1980 年版，第 319－320 页。

（还有"让"字句）不能出现这种"给"（事实上是大量存在的），为什么不能出现，而能出现这种"给"的和不能出现这种"给"的句子有哪些区别。这样不但能对"给"字本身做进一步深入分析，更重要的是将会对"把"字句、"被"字句的研究起到很好的作用。我们应当相信，"给"的出现与否一定有与其本身相关的或者语法上或者语义上或者语用上的理由，只是在范围和程度上有差异罢了。

"将"字句和"把"字句[*]

本文将从语义、语法、语用等方面对粤语"将"字句与普通话"把"字句进行尽可能全面的比较分析、研究。本文认为"把"字句是常用句式,"将"字句是特殊句式;"把"字句所表达的远远不只"处置义","将"字句所表达的只能是"处置义"。从使用频率上看,普通话是能用"把"字句的就尽可能用,粤语则是能不用"将"字句的就尽可能不用。因此,二者差别甚大,不可同日而语。

一、处置义

过去有不少学者把普通话的"把"字句叫作"处置式",所谓处置式应当是指能够体现处置义的句式。什么是处置义,有观点认为:"所谓处置,是指谓语中动词所表示的动作对'把'字介引的对象施加影响,使它产生某种结果,或处于某种状态,如'狗把兔子咬死了'一句中'咬'的结果是'兔子死了'。这就是'处置'的意义。"[①] 但普通话"把"字句不都表处置义,也就是说不能与"处置式"画等号。下面的"把"字句[②]有些明显不表处置义,有些是可疑的:

(1) 怎么又把个老伴死了。
(2) 你们都在家,怎么会把鸡给跑了。
(3) "这段路"可把我走累了。

---

[*] 《"将"字句和"把"字句》,原刊于《广州话教学与研究》,中山大学出版社1993年版。
[①] 参见黄伯荣、廖序东《现代汉语》(修订本),甘肃人民出版社1983年版。
[②] 例(1)—(4)转引自龚千炎《论"把"字句兼语句》,见《语法研究和探索(四)》;例(5)—(10)转引自詹开第《"把"字句谓语中动作的方向》,见《语法研究和探索(二)》。

（4）"这场戏"真把我看怕了。
（5）自来水把我们喝病了。
（6）一根冰棍倒把我吃渴了。
（7）真把老太太乐坏了。
（8）你可把妹妹想死了。
（9）真把人笑掉大牙了。
（10）况且还有胰皂助纣为虐呢，辣蒿蒿的把鼻眼都像撒上了胡椒面……

以上例子说成表现"使、让"义也许更好些。

在粤语中，上例"把"字句是绝对不能用"将"字句来表达的。不仅如此，即使是典型的"把"字句（即被认为能表达处置义的），粤语也未必都能相应地使用"将"字句，试比较下列四组句子：

粤语	普通话
（11）佢将本书揿到烂晒。	他把这本书翻烂了。
（12）?佢将本书揿咗一轮。	他把这本书翻了一回。
（13）阿邓将间房整得好企理。	小邓把那间房搞得很整齐。
（14）*阿邓将间房睇睇咗吓。	小邓把那间房看了看。
（15）佢将啲嘢全部买番嚟㗎啦。	他把那些东西全都买回来了。
（16）*佢将啲嘢全部买到咗。	他把那些东西全都买了。
（17）我将个波掟喺水度。	我把球扔到水里。
（18）*佢将呢段古仔从朝早讲到下昼。	他把这段故事从早上讲到下午。

以上例（11）（13）（15）（17）的处置义要比例（12）（14）（16）（18）的明确得多。我们可以这样来描述前者的处置义："书"由于"翻"而"烂了（烂晒）"，"房间"由于"搞（整）"而"很整齐（好企理）"，"那些东西（啲嘢）"由于"买"而使之"回来（番嚟）"，"球（波）"由于"扔（掟）"而"到水里（喺水度）"。后者四例却不能照此描述，严格地说这四例的处置义（如果认为有的话）是不明显的。粤语"将"字句是要旗帜鲜明地、刻意地表现明确的处置义，这便是例（12）（14）（16）（18）粤语例不能成立或可疑的原因。

基于普通话部分"把"字句所做出的对处置义的解释，相对于粤语

"将"字句来说还是宽泛了许多。粤语"将"字句的处置义应当描述为：施事者（主语）主动地、有意识地、有目的地对某个特定的人或物（"将"字宾语）以某种动作行为方式进行处理或施加影响，使之产生某种结果、发生某种变化（包括性质、状态、位置等）。比如："我哋将间房改成厅（我们把这间房改成厅——性质）""佢将啲书攞嚟攞去（她把那些书拿来拿去——状态）""将呢啲樽放喺枱度（把这些瓶子放在桌上——位置）"。总之，"将"字句所表达的是真正的、狭义的处置义。

二、主语的比较

普通话"把"字句主语除施事外还可以是受事［如例（6）（8）］，也可以是系事［如例（1）（2）］。"将"字句主语不能是受事、系事，只能是施事，并且不是一般性的施事，从整句看还应当比较明显地体现出其主动性、目的性，例如：

普通话	粤语
（19）他把眼睛都哭红了。	*佢将对眼都喊到红晒。
	*（……都喊红咗。）
（20）爷爷吃树叶把脸都吃肿了。	*阿爷食树叶将（佢嘅）面都食到肿晒。
	*（……都食肿咗。）

这两例的主语施事者对"哭红眼睛""吃肿脸"这样的事儿不可能是主动的、有目的的，所以粤语里不能用"将"字句，只能用非"将"字句，如"佢喊到眼都红晒""阿爷食树叶食到面都肿晒"等。

主动的、有目的、有意识的施事者与具有［＋动物］语义特征的名词相吻合而与［－生命］语义特征的名词相排斥，粤语"将"字句主语要求名词具有［＋动物］语义特征，如：

普通话	粤语
（21）风把门吹开了。	*风将栋门吹开咗。
（22）石头把他绊倒了。	*旧石头将佢哋低咗。
（23）雨把我淋湿了。	*啲雨将我淋到湿晒。

例（21）—（23）右组粤语不成立，"风、石头、雨"不具有［＋动物］语义特征，因此，也只能用非"将"字句如"风吹开咗栋门""旧石头喊低咗佢（或佢畀旧石头喊低咗）""啲雨淋到我湿晒"。

三、"将""把"字宾语的比较

"将"字句所介引的宾语必须是谓语动词所及且必须是受到动作较强影响的名词，所以例（1）—（4）在粤语中就不能用"将"字句（见本文第一节），那几例中的"把"字宾语不是谓语动词所及的受事。再如："把三百级石阶一口气走完了""她把手绢都哭湿了"绝对不能说成"＊佢将啲三百级石阶一口气走完咗""＊佢将条手巾仔喊到湿咗"。"台阶、手绢"并非受事，"台阶"本身更没有受到动作的影响。

普通话充当"把"字宾语的名词从语法意义上分为三类：专指名词、确指名词、泛指名词①。专指名词表示明确的、具体的、排他的事物，如：

（24）我把书拿走了。
（25）他把碗洗干净了。

确指名词表示与动作、数量、限定等相关的或者说受动作、数量、限定等控制的"某"一个（一些）、"那么"个（些）事物，并不指同类事物中的任何一个，也可充当"把"字宾语，如：

（26）我把本书丢在他家了。
（27）他把个大个子打倒了。

泛指名词表示一个类，表示该类事物中的任何一个，如：

（28）这烟能把人呛死。
（29）这神仙力大得能把山搬动。

粤语"将"字句只能由专指名词充任，不能由确指的、泛指的名词充

---

① 参见王还《"把"字句中"把"的宾语》，载《中国语文》1985 年第 1 期。

任，不少文章和书把粤语"将"宾语的"量+名"直译为普通话的"量+名"，这在很大程度上是个误解，看下面两例：

     粤语   普通话
（30）我将本书送畀朋友。 ≠我把本书送给朋友了。
（31）佢将支笔漏咗喺屋企。 ≠他把支笔落（là）家里了。

右边例子中"把"字宾语"量+名"是确指形式，左端"将"字宾语"量+名"是专指形式，所以这种"对译"是不成立的。再者，如果说成"*我将一本书送咗畀朋友"也不成立，因为是确指形式。"将"字宾语"量+名"实际上等于"把"字宾语"这（那）+量+名"。

四、补语指向的比较

从语义结构来看，"将"字句中补语一般都是指向"将"字宾语的，可公式化为：

$$S + 将 + N + V + C$$
（主语） （宾语）（动词）（补语）

箭头表示语义指向，如：

（32）佢将啲细佬哥教坏咗。（他把这些小孩儿教坏了。）
（33）阿姨将张床执干净咗。（阿姨把这床收拾干净了。）
（34）佢将呢篇文章写得一塌糊涂。（他把这篇文章写得一塌糊涂。）
（35）将啲嘢攞上去。（把这些东西拿上去。）
（36）将啲钱放喺袋里边。（把钱放在兜里。）

如果补语是指向主语或动词本身的，"将"字句就不能成立，比如：

     普通话   粤语
（37）我把酒喝够了。   *我将啲酒饮够咗。
（38）他把这出戏都看腻了。 *佢将呢出戏都睇烦晒。

(39) 我把门拍了两下。　　　　　　＊我将栋门拍咗两下。
(40) 把水煮了半天。　　　　　　　＊将啲水煮咗半日。

对"将"字句补语指向的分析是与本文第一、三节的结论相吻合的，例（37）—（40）都很难说有什么处置义（至少不是狭义的处置义）。这些例子中"把""将"字宾语并没有受到动词的强烈影响，更没有因动词的影响而产生任何状况、性质、位置等方面的变化。顺便说一点，数量补语和表时间的补语与"将"字句相排斥，即"将"字句补语一般不能由动量词组和表时间的词语充当。

以上就"将""把"字句的处置义、主语、宾语、补语等方面的问题进行了一些比较分析，唯独没有谈谓语动词的问题，本文暂不打算展开讨论，因为需要很大篇幅。但有一点可以肯定：鉴于前面的分析，能够进入"将"字句的动词范围一定远远小于能够进入"把"字句的动词范围。能够进入"将"字句的动词一般应为：①形式上一般不是光杆动词，多为动补结构的；②自主动词；③及物动词；④表积极动作的"处置性"动词。

五、 句式选择上的比较

在普通话里"把"字句是一种常用句式，这表现在两个方面：一是由于结构上的要求，"把"字句成了必须选择的句式；二是若干句式中，"把"字句是最常选择的、相对最顺当的句式。而在粤语中"将"字句则是极不常用的特殊句式，主要表现在两个方面：一是几乎没有只能用"将"字句而不能用其他句式的情况，似乎只发现了一个例外，就是"将 + N + V + 嚟 + V + 去"（如"将啲嘢攞嚟攞去"）不能说"V + 嚟 + V + 去 + N"（如"＊攞嚟攞去啲嘢"，按：这个例外是郑定欧先生提供的）；二是在供选择的若干句式中，正常情况下"将"字句很少被选择，选择也是有条件限制的。现举例说明下列句子普通话很少说或不能说，粤语不但没问题，而且很常用：

　　　　粤语　　　　　　　　　　　普通话
(41) 抹干净张枱。　　　　　　　　＊擦干净这张桌子。
(42) 我唔记得晒呢件事。　　　　　？我忘光了这件事。
(43) 佢放本书喺嗰度。　　　　　　？他放本书在那儿。
(44) 掟个波去水度。　　　　　　　＊扔这个球到水里。

（45）拉佢落嚟。　　　　　　　？拉他下来。
（46）推部车上去。　　　　　　？推这辆车上去。

同样的句式，左组粤语均为常用句式，到了右组普通话，要么不成立，要么不怎么通顺。可以说右组例句最佳选择就是"把"字句："把这张桌子擦干净。我把这事儿忘光了。他把这本书放在那儿。把这个球扔到水里。把他拉下来。把这辆车推上去。"这也许就是结构上的要求对句式选择的限制。还有在普通话里"把"字句也往往成为若干可选的句式中的最佳选择，而粤语中若干句式里的最佳选择往往轮不到"将"字句头上，看下面三组例子：

普通话　　　　　　　　　　　　粤语
A 组　　　　　　　　　　　　　A 组
（47）把带鱼送给隔壁奶奶。　　　将啲带鱼送畀隔篱阿婆。
（48）把苹果吃了。　　　　　　　将个苹果食咗。
（49）把小王的书丢了。　　　　　*将阿王嘅书跌咗。
B 组　　　　　　　　　　　　　B 组
（50）带鱼送给隔壁奶奶了。　　　？啲带鱼送畀隔篱阿婆。
（51）苹果吃了。　　　　　　　　？个苹果食咗了。
（52）小王的书丢了。　　　　　　阿王嘅书跌咗。
C 组　　　　　　　　　　　　　C 组
（53）送带鱼给隔壁奶奶。　　　　送啲带鱼畀隔篱阿婆。
（54）吃了苹果。　　　　　　　　食咗苹果。
（55）丢了小王的书。　　　　　　跌咗阿王嘅书。

普通话最顺当、正常的句式是 A 组，B 组则有语用上话题化或前提的选择限制，至于 C 组一般本身不大能独立成句，往往是黏附的，只能在更大的句法环境里出现才显得顺当；粤语最顺当、正常的句式是 C 组，A 组则严格地受"将"字句句法、语义的条件限制，尤其是当言者需要刻意地表达处置义时才用。因此，例（49）就不能成立，"跌"（丢）并非有意的、积极主动的自主性动作行为（见本文第一、四节）。B 组中例（50）（51）也是可疑的，但不知什么原因，例（52）也应有话题化的选择限制。

应当注意的是：能不能说和是否常说、顺当是两个不同的问题，后者才更能反映出语言的真实的、基本的状况。

六、 运用上的比较

"把"字句在普通话里使用频率是极高的,"将"字句在粤语里使用频率却极低。从本文第一至五节的分析我们便可知"将"字句无论在语法上还是语义、语用上均受到一系列苛刻的限制,出现的机会自然少,"把"字句就没那么多条件限制,自然使用频繁。因此,从使用量上讲"把"字句与"将"字句是绝不能等量齐观的。当然所有可以成立的"将"字句无一例外均可"对译"为普通话"把"字句,但这些被对译了的"把"字句只能占所有"把"字句的极小的一部分,"把"字句对"将"字句呈包含关系。

还有,以上那些没有问题的"将"字句在许多以粤语为母语的人看来都是:"可以说,但还是一般不用'将'字句。"我们在核实例句时常碰到类似的回答。其实也可以归纳为一句话:能不用"将"字句就尽量不用。所以文中所引的"将"字句(指可以成立的),我们只能保证能说,但不保证常说,这一点很重要。

调查时,我们还发现一个有趣的现象,几个大学教师、研究生(均为广州人)所认可的"将"字句似乎很多,比如他们认为下面的两例都能说,并且很顺:

(56)你揾到天光都要将佢揾番嚟。(你找到天亮都得把他找回来。)
(57)你揾到天光都要将佢揾到。(你找到天亮都得把他找到。)

而几个街道上的小干部却认为例(56)能说,(57)绝对不能说。至于广州番禺两个摆水果摊的小贩则毫不犹豫地说(56)(57)两例都不能说,只能说成"你揾到天光都要揾佢番嚟""你揾到天光都要揾到佢"之类的话。看来"将"字句使用频率的高低可能与言者的文化层次有正比关系,这是个很有意思的社会语言学题目,值得研究。

大多以粤语为母语的人都认为使用"将"字句总给人以"文气"或"书面味"的感觉。我们认为这个感觉可能是对的,也许几十年前粤语的"将"字句更少,后来随着人们文化水平的普及、提高,都在不同程度地读书、看报、写作,而所接触到的书面语又基本上都是普通话的,耳濡目染,渐渐也会受普通话影响,不知不觉在口语中把普通话的一些"把"字句挪进了粤语的"将"字句里。当然这仅仅是个推理,若真的成立,那"将"字句范围可能会扩大,使用频率也会提高。

七、余论

"把"与"将"本身就不相同,这在普通话里也能看出来。普通话里也有"把"字句、"将"字句之分,但有些现代汉语教科书上都是把它们统称为"把"字句的,比如黄伯荣等先生主编的《现代汉语》上就曾这样说:"'把'字句,就是用'把'(或'将')将动词的支配、关涉对象放在动词之前的一种句型……"① 有些教科书已注意到两者的区别,如胡裕树先生编的《现代汉语》就认为:"同'把'字作用相同的,还有一个'将',它是早期白话遗留下来的,书面语中有时还用。"② 其实,普通话的"把"与"将"字除了有书面、口语之分外,许多"把"字根本就不能换作"将"字,比如前面例(1)—(10),都不能用"将"来替换。例(37)—(40)也是如此,"把"不能换成"将",这也许与补语是否指向"把"字宾语有关。其余大量例子中绝大多数的"把"也是不能换"将",换了,有些勉强说得过去,但整句读起来还是显得奇奇怪怪的,所以有时也许会出现这样的情形:粤语某些"将"字句倒比普通话"将"字句还更站得住、通顺。比如粤语"佢将啲嘢嚟攞去"口语中也很通顺,变成普通话"将这些东西拿来拿去"倒不那么通顺了。我们认为不但粤语"将"字句与普通话"把"字句不可同等看待,而且普通话本身的"把"与"将"字也不能混为一谈,它们之间无论在口语和书面还是在限制条件的多寡上都有很大区别。因此,粤语和普通话两种"将"字句之间的比较也许更有意思,但两者绝不会是重合关系,应该有交叉。这不是本文重点讨论的问题,从略。

对粤语"将"字句、普通话"把"字句的比较分析,其结论也为粤语、普通话的语类问题提供了很有价值的佐证。粤语中 SVO 型占着绝对的优势,因为"将"字提宾现象是极有限的。普通话到底是 SOV 型为主还是 SVO 型为主说法不一,但如果肯定"把"字句使用频率极高,范围极广,同时肯定"把"是介词,那将有利于普通话主要以 SOV 型为主的观点。总之,把粤语、普通话看作同样的语类可能是不正确的。

---

① 参见黄伯荣、廖序东《现代汉语》(修订本),甘肃人民出版社 1983 年版。
② 参见胡裕树《现代汉语》(增订本),上海教育出版社 1981 年版。

甘肃临夏一带方言的后置词"哈""啦"*

本文讨论甘肃临夏回族自治州以及青海西宁以东湟水与黄河交汇之处的河湟地区方言的后置词"哈""啦"。① 河湟地区的话当地称作河州话。河湟地区还包括东乡族自治县,东乡语是阿尔泰语的一支。河州位于河湟地区中部偏西南的地方,紧挨着东乡。本文讨论的"哈""啦"通常是做后置词。"哈"后置于相关名词,与动词一起组成"N 哈 V"的格式,表明该名词代表动作、行为的受事、与事。其意义有点儿近似普通话的介词"把、给"等。"啦"后置于相关名词,与动词一起组成"N 啦 V"的格式,表明该名词代表动作、行为的工具、手段和伴随关系等。其意义近似普通话的介词"用、拿、和、跟、同、与"等。

一、后置词 "哈"

"哈"的读音为 [xa]。"哈"作为后置词的例子:

(1) 我这几本书哈没看。(我没看这几本书。)
(2) 我兄弟哈想哩。(我想念弟弟。)
(3) 你饭哈吃。(你吃饭。)
(4) 他我哈打了。(他打了我/他把我打了。)
(5) 你玻璃哈擦下。(你擦一下玻璃/你把玻璃擦一下。)
(6) 我学生哈不是。(我不是学生。)
(7) 雨他哈淋下了。(他淋着雨了。)

---

* 《甘肃临夏一带方言的后置词"哈""啦"》,原刊于《中国语文》1993 年第 6 期。

① 笔者曾多次赴河州,对河州的穆斯林文化、河州话有着极其浓厚的兴趣。一般是只录音,不找调查对象。录音的办法是偷录。地点一般选择市场、小食摊、朋友家、清真寺等。本文尽可能选用简单、明了、地方词汇少的例句。主语改动了不少,把许多用小名、绰号乃至脏话做主语的名词换成人称单数"你、我、他",谓语部分未加改动。

（8）你茶哈喝哩不。（你喝不喝茶。）
（9）你学里哈去/你学哈上去。（你上学去/你去上学。）
（10）电视哈看的时候家来了。（看电视的时候他来了。）
（11）我们他哈叫傻屄。（我们把他叫傻蛋/我们叫他傻蛋。）
（12）你两个苹果哈吃，我一个苹果哈吃。（你吃两个苹果，我吃一个。）
（13）三个月哈住下了。（住了三个月。）

以上例句显示出"哈"前的名词绝大多数为后面动词的受事（即宾语）。例（13）的"三个月"也可理解为数量宾语。[①] 还有不少"哈"其功能类似普通话介词"给"：

（14）我师傅哈推了个头。（我给我师傅理了发。）
（15）我阿哥哈写个信。（我给我哥哥写个信。）

这里"哈"前的名词为后面动词的与事（即间接宾语）。

实际上在我们随机"偷"录的录音材料里，河州男女老少的各种五花八门的句子都有，在这些句子里，主、动、宾三者的分布情况可分三种：一是 SO 哈 V［即主＋宾＋哈＋动，参看例（1）—（13）］，二是 SOV（语序不变，去掉"哈"），三是 SVO（即主＋动＋宾，如"我喝酒、我找了个人"之类）。但从大致的出现频率看，SO 哈 V 最常见，SOV 次之，SVO 较少（主要指句法层面[②]）。在二次核实调查过程中，其中一个项目就是有选择地找到不同年龄、不同民族（主要是回汉两族）、不同职业、不同性别的河州人，给他们提出了两套问题供他们回答。第一套是：这三种说法（举

---

① 参见朱德熙《语法讲义》，商务印书馆 1982 年版。
② 河州话句法层面（主要指非词形式）一般遵循 SO 哈 V 或 SOV 式，但词法层面基本上是 VO，这里指动宾复合式动词，如"鼓掌"河州话也不说"掌哈鼓"。但河州话单音节动词占绝大多数，很少有双音节或多音节尤其是动宾复合式动词。倒是"V 个 N"这种格式在河州话里有不少，如"鼓个掌、喝个酒、唱个戏"等，但"V 个 N"格式是个较为固定的熟语化的说法，视为词组似乎不妥。无论是动宾复合动词还是"V 个 N"结构在河州话里好像都能看出点儿模仿普通话及其他北方方言（尤其是兰州话，按："V 个 N"在兰州话里极其普遍）的痕迹。还应当提示的一点是，与河州一水之隔的东乡县的语言属阿尔泰语，但已有大量北方话词汇，而且构词法是原样不动的，只是发音与北方话迥异。

出 SO 哈 V、SOV、SVO 三组各 10 个例子，共 30 个①）你认为哪个在河州话里能说，哪个不能。（按：能说的记作"＋"，不能说或说起来别扭的记作"－"，两可的记作"○"）第二套是：这三种说法（同上）哪一种（一些）是最地道的河州话说法。（按：只许选一种，最多不能超过两种，记作"＋"，其余记作"○"）现将部分调查结果列为表1、表2：

表 1

调查对象					调查内容		
姓氏	年龄	民族	职业	性别	哪一种能说，哪一种不能说		
					SVO	SOV	SO 哈 V
马₁	64	回	小商贩	男	－	○	＋
汪	57	回	老工人	男	－	＋	＋
杜	41	回	无	女	－	○	＋
马₂	35	回	司机	男	○	＋	＋
李	40	汉	干部	男	＋	＋	＋
刘	24	汉	农民	男	○	○	＋
王	21	汉	学生	女	＋	＋	＋

注："＋"表肯定，"－"表否定，"○"表不知然否。

表 2

调查对象					调查内容		
姓氏	年龄	民族	职业	性别	哪一种说法最地道		
					SVO	SOV	SO 哈 V
马₁	64	回	小商贩	男	○	○	＋
汪	57	回	老工人	男	○	○	＋
杜	41	回	无	女	○	○	＋
马₂	35	回	司机	男	○	＋	＋
李	40	汉	干部	男	○	＋	＋

① 第一组是原形，第二组语序不变抽掉"哈"，第三组抽掉"哈"并改变为 SVO 语序，如下：你玻璃哈擦下（一组）/你玻璃擦下（二组）/你擦下玻璃（三组）。

续上表

调查对象					调查内容		
姓氏	年龄	民族	职业	性别	哪一种说法最地道		
					SVO	SOV	SO 哈 V
刘	24	汉	农民	男	○	○	+
王	21	汉	学生	女	○	+	+

注："+"表肯定，其余为"○"。

上列两表中反映出的一些有关社会语言学的问题本文暂不讨论，对本文具有最重要价值的结论是：SO 哈 V 式不仅可以成立，而且是最常说、最地道的河州话。后置词"哈"是纯正的河州话的标志之一。

我找的调查对象主要是不会讲甚至不怎么会听普通话的人，有些是会讲但讲得很差的人（主要是年轻人），但所有这些人听兰州话没有任何问题（兰州距河州 100 公里左右）。为调查方便起见，我用兰州话夹杂河州话与他们交谈，但无论如何他们还是把我当"外人""学者"看，所以在我面前他们说了一些"河京话"（河州话夹杂点儿普通话），尤其是年轻人和中年干部，尽管我多次提示河州话我全懂。这些"河京话"主要表现在他们有时也使用介词，说一些像"他给阿哥哈写个信（他给阿哥写封信）"之类的句子。但有两点值得注意，一是如果他们用介词"被"时就绝不会在"被"所介引的名词后加"哈"（注意，"被"后边的名词不可能是动作、行为的受事及与事）；二是当他们自己之间交谈时，"把、给、被"等就几乎找不到了。

"哈"有时还出现在句首主语后，但这种"哈"是表停顿、舒缓的语气词，比如"这个屄哈坏得很（这家伙呀坏得很）"，后置词"哈"和语气词"哈"不过是一对同音字而已。这两种"哈"不能共现，更不能省掉后置词"哈"只留下语气词"哈"，比如"我哈他哈打了"*简直不知所云。如果你想表达"我被打了"的意思，却说成"你哈我打了"意思就恰恰相反，而且不大顺。

前面说过有些"N 哈 V"的"哈"字省去也还过得去，这并不意味着所有的宾语名词后都可省掉"哈"，尤其是人称代词单数"你、我、他"做宾语时后面就不能少了"哈"，语音上极其明显，做主语时发音分别为[ŋə]（我）、[ni]（你）、[tʰa]（他），做宾语时分别为[ŋa]、[nia]、[tʰa]，元音（我）[a]（就是"哈"），是固定在宾格人称代词里的。我们确定"哈"主要为后置词的根据可归结为三点，即：使用非常普遍，并且用了比不用更地道，通顺（作为语气词的"哈"则可有可无）；分布的位置很固定，只在 SO 哈 V 中出现；明确动词与名词间的语法、语义关系（受格、与格标志）。

二、后置词"啦"

"啦"的读音为 [la]。后置词"啦"的例子：

（16）你筷子啦吃。（你用筷子吃。）
（17）他啦说不一搭。（跟他说不到一块儿。）
（18）我你啦说下的话别人哈不要说。（我跟你讲过的甭给别人说。）
（19）这个车你王师傅啦两个人拉上。（这辆车你和王师傅俩人拉。）
（20）家手啦摘了个牡丹。（他用手摘了枝牡丹。）
（21）这个桌子清漆啦刷下的。（这张桌子是用清漆刷的。）
（22）麦秆子啦编下的尕草帽。（用麦秆儿编的小草帽。）
（23）你镢头啦刨、斧头啦砍。（你用锄头挖，用斧头砍。）
（24）他我啦模样像哩。（他跟我的模样很像。）
（25）我你啦无仇。（我跟你无仇。）
（26）你他哈棒棒啦打。（你拿棒子打他。）
（27）拖拉机啦翻地是快得很。（用拖拉机犁地的确快。）
（28）你啦说话是顶如牛啦弹琴。（跟你说简直是对牛弹琴。）
（29）一个尕汽车啦一个大卡车啦碰下得惨得很。（一辆小汽车和一辆大卡车撞得很惨。）
（30）什么个啦装哩？（拿什么装？）

与后置词"哈"相比，"啦"的后置词特征更为明显，因为这个"啦"在句中是不能省的。后置词"哈"省掉还有个 SOV 的语序顶着，大多数情况下施受关系还能表达得出。如果把后置词"啦"省掉，那就会要么费解要么误解，比如把"你啦说话顶如牛啦弹琴"中的两个"啦"去掉那就不知何义了，而把"你筷子啦吃"的"啦"去掉那就只能理解为这人有古怪的癖好。借用格语法的说法，"哈"是受格、与格的标志，"啦"则是工具（方式）格、伴随格的标志。普通话里"名词 + 和（跟、同、与）+ 名词"

中的"和、跟、同、与"可能是介词也可能是连词，我们在对译"啦"时所用的"和、跟"等只指介词，因为"啦"不是连词，类似普通话连词"和、跟、同、与"的意思河州话是用（名+啦）+（名+啦）即两个"名啦"结构来表现的，也就是等于普通话"你跟_介我+我跟_介你=你和_连我"。

与"哈"一样，也有出现于句首主语后做语气词的"啦"，如："这个娃啦人哈气死哩"（这个小孩儿能把人气死），"这个瓶瓶子啦你可玩不成"（这个瓶子可不是你玩的），但这种语气词"啦"绝不能与后置词"啦"共现："他啦毛笔啦写"*，更不能省了后置词"啦"留个语气词"啦"，比如想要表达"这孩子用勺子吃"的意思却硬要说成"这个娃啦勺子吃"那就不可理解了。

尽管也许你有机会听到河州人说"用（和、跟……）+名+啦"，但只要你逮住他问"啦"和"用、拿、跟"等哪个是普通话的说法，他一定会告诉你是后者（如果他懂普通话），或者问他"真正的河州话怎么说"，他自然会去掉后者（即使他不懂普通话——不过，没这种可能）。我做过不下十次这个试验，次次答案一致。我们对"啦"没有做类似"哈"的使用范围的社会调查，因为"啦"仍然是一个非常地道的后置词。如果说将来受到普通话的巨大影响前置词（介词）将取代后置词的话，那么最后轮到的才是"啦"，这是我们的预测。

结　语

后置词"哈""啦"是纯正的河州话的标志之一。一种纯正的语言代表一个常量，有一个稳定的文化认同做基础，是一个规范的系统。非纯正的一些语言变异现象缺乏一套严格的规范，所以最好不要把它放在结构平面来描写，否则其结论往往缺乏普遍性、可靠性，或者往往引起无谓的"学术争论"。变异现象更多地应放在社会语言学、文化语言学等领域里加以研究。最后需要强调一点：方言语法可以和普通话语法进行比较研究，但绝不意味着拿前者"比附"后者。①

---

① 参见李炜《兰州话、河州话两种混合语及其关系——兼谈西北话的阿尔泰化》，见陈恩泉主编《双语双方言》，中山大学出版社 1989 年版。

句子给予义的表达*

一、给予义

给予义问题，朱德熙①曾有过贴切的描述：①存在着"与者"（A）和"受者"（B）双方。②存在着与者所与亦即受者所受的事物（C）。③A主动地使C由A转移至B。

上面①②两条是表达给予的必备条件，③可理解为给予义本身。

说句中哪个词是给予义的承担者，专家们还莫衷一是，说哪个句子表达了给予义恐怕人人都能判断个差不离儿。

普通话里哪些句子可以表达给予义呢？朱德熙②归纳起来有四种基本句式：

S_1：$N_1 + V + 给_3 + N_2 + N_3$（我送给他一本书。我递给他一支笔。）
S_2：$N_1 + V + N_3 + 给_3 + N_2$（我送一本书给他。他偷了张名片给我。）
S_3：$N_1 + 给_1 + N_2 + V + N_3$（我给他送一盆花。你给他炒一盘菜。）
S_4：$N_1 + V（给_2）+ N_2 + N_3$（我给他一幅画。我卖他两斤菜。）

以上句式中，主语 N_1 体现"与者"，间接宾语 N_2 体现"受者"，直接宾语 N_3 体现"与者所与受者所受"。$给_1$ 是出现在 S_3 里的"给"，在主要动词左端，$给_2$ 是出现在 S_4 里的"给"，本身充当了主要动词，$给_3$ 有两个，一个出现在 S_1 里，一个出现在 S_2 里，两个"给"都在主要动词右端。

---

* 《句子给予义的表达》，原刊于《中山大学学报（社会科学版）》1995年第2期。
① 参见朱德熙《与动词"给"相关的句法问题》，见《现代汉语语法研究》，商务印书馆1980年版，第151-168页。
② 参见朱德熙《与动词"给"相关的句法问题》，见《现代汉语语法研究》，商务印书馆1980年版，第151-168页。

我们把表达给予义的句子简称为给予句。从句式本身能否表达给予义来看，只有 S_1 和 S_2 是表达给予义的特定句式，也就是说能进入该句式的句子都是给予句。S_3 和 S_4 则不同，其句式既可包括给予句亦可容纳非给予句。

S_3 里非给予句例子有以下这些：①我给他理了一次发；②他给我唱了一首歌；③她给小孩洗了几件衣服。

S_4 里非给予句例子则有：①那小子抢了她一个包；②汽车溅了我一身泥；③我们叫他王老五。

以下我们将把四种句式的"零件"拆开来，看看它们之间是怎样结合又是如何制约的，以便找出表达给予义的条件。

二、N_1、N_2、N_3

在给予句中 N_1、N_2、N_3 各自扮演了不同的角色〔Role〕。N_1 不是一般的施事者而是积极的施动者〔Agent〕，正像朱先生所描述的那样："A（按即 N_1）主动地使 C 由 A 转移至 B。"N_3 也不是一般的受事者，而是受到动作行为较强影响的承受者〔Patient〕，从高层语义关系上看（指整句的语义结构关系），它在句中处于被转移的状态中。这里所谓"一般受事者"，比如"擦玻璃、敲门、读书"之类，动作仅仅"触及"到了该名词所代表的事物，谈不上什么"较强影响"，恰恰这类动受关系也不能进入给予句，如：①我擦给你一块玻璃（S_1）；②我敲两下门给你（S_2）；③我读你一本书（S_4）。

进入 S_3，句子可以成立，但也是非给予句，如：我给你擦块玻璃。

给予本身可以看作是一个转移过程，从这个角度出发，N_1 的角色不仅是〔Agent〕，而且是转移过程的起点〔Source〕，在这个平面上 N_2 则相应地充当了终点〔Goal〕角色，此外 N_2 也是所与事物的受物者，但有时也会是受益者，受物受益这两个概念在一定情况下可以互通，得到了东西也可算是得到了利益。我们将其统称为〔Beneficiary〕（受惠）。给予句要求 N_2 应为受物者，所以二者的互通就使句子造成了一定程度上的歧义，这主要表现在 S_3 里（见本文第四节）。

以上分析是借用了格语法（Case grammar）的方法。N_1、N_2 属"兼格"名词，可以用下面的格框架（Case frame）概括：

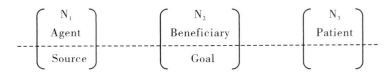

图 1　给予句的格框架

给予句中的 N_3 一般应为可供给予的实物，因此，像"唱歌"的"歌"，"挖洞"的"洞"，"写字"的"字"，"玩扑克"的"扑克"，"猜谜语"的"谜语"，"逼债"的"债"，"催稿子"的"稿子"，"砌墙"的"墙"，等等，都不能充当给予句中的 N_3。如：①唱给你一支歌（S_1）；②玩副扑克给你（S_2）；③催他一篇稿子（S_4）。

进入 S_3 也是非给予句，如：给他猜条谜语。

这里的名词"歌、字、扑克、谜语"分别是"唱、写、玩、猜"这些动作的内容。"洞"是"挖"的后果。"债、稿子"是"逼、催"的"目的"，都不是可供给予之物。至于"墙"，从常识上讲也没法用来给予，所谓可供给予之物，不是指脱离了具体结构的孤零零的单个名词所表示的实物，而是指靠动词来"定义"的名词所代表的实物。离开动词讨论名词或离开了名词讨论动词都是没有意义的。它们本来就是相互依存、相互定义的，它们的意义是在具体结构中实现的。比如上面说"挖洞"的"洞"，"写字"的"字"，所代表的事物不是可供给予的实物，但同样的动词，当"挖"与"萝卜"配合，"写"与"一幅字"搭配时便可进入给予句了，这时的 N_3 是可供给予之物了，如：①我挖一个萝卜给他；②他写一幅字给我。

给予句里的 N_3 一般很少是一个光杆名词，朱德熙也曾说："这些句子（按指给予句 S_1—S_4）似乎都有一种排斥由单独名词充任直接宾语（按指 N_3）的倾向……由单独的名词充任直接宾语的句子并不是不能说，但往往是黏附的（Bound form），即只能在更大的句法环境里出现，本身不大能独立成句。"[①] 给予句 N_3 最常见的形式是"数量词+名词"。这在 S_3 里尤为明显，如：

[①] 参见朱德熙《与动词"给"相关的句法问题》，见《现代汉语语法研究》，商务印书馆 1980 年版，第 151－168 页。

A	B
我给他买顶帽子。	我给他买帽子。
我给她送支花。	我给她送花。
我给他偷了一份资料。	我给他偷资料。
我给他沏杯茶。	我给他沏茶。

A 组句子可以表达给予义，B 组更多的是体现服务义，很难看出有什么给予义。关键就在"动词+名词"与"动词+数量词+名词"的差别上。

从名词的专指、确指、泛指的角度讲，给予句一般情况下要求 N_3 是一个确指名词，"数量词+名词"就是典型的确指形式。[①] 而一个简单的述宾关系的"动词+名词"中的名词是泛指的，给予句一般排斥由泛指的名词充任的 N_3，而且由专指名词充任的 N_3 亦少见，给予句 N_3 若是专指名词，句子也往往带有黏附性，也不大能单独成句，试比较：

（专指）	（确指）
我还给他这五毛钱。	我还给他五毛钱。（S_1）
我借那支笔给他。	我借一支笔给他。（S_2）
我给他煮那碗面。	我给他煮一碗面。（S_3）
我卖他这斤肉。	我卖他三斤肉。（S_4）

若在一个更大的句法环境中，由专指名词充当 N_3 的给予句就显得顺当了，如：①我还给他这五毛钱（是想让他知道我并不小气）。②（这支笔我正在用，只好）借那支笔给他。

如果 N_3 必须是专指名词，句子又要能独立自由地表达给予义的话，往往用"把"字句（N_3 为"把"字宾语），或将 N_3 前移至大主语位置上构成主谓谓语句，但这已不是我们讨论的基本句式 S_1—S_4 了。

与 N_3 不同，给予句的 N_2 一般应为以指人名词、代词为核心的专指名词，有排斥泛指或确指名词的倾向，如：①我卖给一个人两本书（确指）S_1；②我送一束花给女人（泛指）S_2；③我找两个人三分钱（确指）S_4。

而"我给孩子盛了两碗饭（S_3）"中的"孩子"应理解为专指，若看作泛指，句子似乎不成立。

[①] 参见王还《"把"字句中"把"的宾语》，载《中国语文》1985 年第 1 期；李炜《"V 个 N 结构"》，见《语法研究和探索（六）》，语文出版社 1992 年版。

三、给予句中的主要动词

能够进入给予句里的动词大致可分为三类，它们各有其出现条件。

第一类动词。如：送、递、卖、传、还、分（～东西）、寄、献、运、扔、踢、丢、倒、加、写、让（～位子）、抄、捎等。这类动词均可出现在 S_1—S_3 里，我们称之为 V_a 类动词。V_a 类动词还可再分为两类。一类可出现在给予句 S_4 里（如上例前十个），另一类不能。我们将前者称为 V_{a1} 类，后者称为 V_{a2} 类。

第二类动词。如：偷、抢、买、拿、娶、收、要、罚、赚、赢等。这类动词不能在 S_1 里出现，可在 S_2、S_3 里出现，还可在非给予句 S_4 里出现。此类称作 V_b 类。

第三类动词。如：炒、煮、沏、剁、搭、打（～毛衣）、刻、画、拍（～电影）、洗（～相片）等。这类动词不能在 S_1、S_4 里出现，可在 S_2、S_3 里出现。我们称其为 V_c 类。

有观点认为 V_a 类动词共同的语义特征就是给予义。形式上的依据是这类动词后面可以紧跟"给"。V_b、V_c 类动词则不行。如果这是一条判断动词有无给予义的测试项的话，那么在一些方言事实面前就会碰到困难，看下面的方言实例：

兰州方言中只有一种给予句式，即，N_1 + 给$_1$ + N_2 + V 给$_3$ + N_3：①我给你递给一本书（V_a）；②我给你买给一个包（V_b）；③我给你炒给一碟鸡蛋（V_c）。

其中"V 给$_3$"的 V 既可以是 V_a 也可以是 V_b、V_c，而且也只能是这三类动词。①

大理方言也是如此，V_a、V_b、V_c 均可进入"V 给$_3$"的框架里，如：①他要给我一杯白兰地（V_b）；②我刻给他块图章（V_c）。②

笔者还曾调查过常熟方言，情形也一样，如：①我送拨你一本书（V_a）；②我偷拨你一块表（V_b）；③我炒拨你一盘菜（V_c）。"拨"等于普通话的"给"。

---

① 参见李炜《兰州方言给予句中的"给"——兼谈句子给予义的表达》，载《兰州大学学报（社会科学版）》1987 年第 3 期。

② 参见丁崇明《大理方言中的动词"给"相关的句式》，载《中国语文》1992 年第 1 期。

如果说 V_a 类动词的给予义是靠后面可紧跟"给$_3$"来做形式上的证明的话，那么，上面三种方言（其实还不止这三种方言，篇幅所限，例略）的事实又如何解释，总不能说这三种方言的三类动词都包含给予义吧。

还有观点认为 V_{a1} 类动词才是真正包含"固有"的给予特征的，形式上的根据是它们可以甩开"给"单独表达给予义。我们亦不敢苟同。朱德熙说得好："我们可以把 S_4 和 S_1 统一起来看成是同一种句式。具体地说，就是把不带'给'的 S_4 看成是带'给'的 S_1 的紧缩形式。"① 我们也以为 S_1 与给予句 S_4 之间确实有着依存关系（主要指给予句 S_4 依存于 S_1），在给予句 S_4 里，"给$_3$"实际上是隐含着的。比如像"我借他一本书、我租他一间房"这样有歧义的句子，如何区分，恐怕最好搬出"给$_3$"才能从形式上说清"借进/借出、租进/租出"的区别。但"借出、出租"本身也不一定与给予义有何必然联系。再说，给予句 S_4 对动词的要求也是比较苛刻的，比如若将该句式中的 N_3 省略掉，怕也很难从中"悟"出个什么给予义来了，比如：①我送他（一本书）；②你递我（一支笔）；③他卖我（两个西瓜）。

去掉括弧中的 N_3，意思也就差不多全"串味儿"了。如果加上"给$_3$"（即换成省略 N_3 的 S_1），给予义仍然很明了，如：①我送给他；②我递给你；③他卖给我。

V_a 类包不包含给予义或者其中哪些包含固有的给予义还不好说，至少形式依据还不够充分。应当清楚一点，"V_{a1}"和"V_{a1} + 给$_3$"不同，说后者（作为一个整体）表达给予义是没有问题的。

普通话里也只有 V_a 类后面才能紧跟"给$_3$"，这总是事实，说明此类动词一定有其共同点。我们想换个角度，另找途径求得解释也许好一点。比如给予既是一个转移过程，必然就牵涉到起点和终点。从这个含义上说，大多数 V_a 类动词尤其是 V_{a1} 类往往能让人联想到一个起点的存在，像 V_{a1} 的"送、递、传、交、卖、付、分、发、退、汇、嫁、献、借、租、换"以及 V_{a2} 的"运、扔、倒、踢、丢、让（～位）、投、捧、甩、摔、舀、搛、打（～电话）、带、捎"等似乎均可具有从起点右向（或向外）移动的特征，基本上均可放进"V 出去"的格式里（如：递出去、传出去、分出去、汇出去、租出去、运出去、踢出去、让出去、甩出去、带出去等）。当然这仅仅是个提示，并非一个成熟的测试项。应当注意的是，由起点右向移动并不

---

① 参见朱德熙《与动词"给"相关的句法问题》，见《现代汉语语法研究》，商务印书馆 1980 年版，第 151–168 页。

等于由起点转移至终点,后者才是给予义。

与 V_a 类动作方向相反的是 V_b 类动词,这类动词具有左向(或向内)移动的特征,比如基本上均可放入"V 来"的框架里(偷来、抢来、买来、赢来、借来等)。

V_c 类动词具有[制作]的语义特征①,所带的直接宾语 N_3,一定是该动作的结果。这里"结果"应理解为动作发生前 N_3 本身还不存在,通过动作才将 N_3 "制作"出来。在动作发生前只存在用于制作的材料、配料等,并非"成品"②。V_c 与 V_a、V_b 的区别在于后者所带的 N_3 在动作发生前后都存在,且没有因为动作而发生"质"的变化。有些动词是两属的,比如"剪",当它与"绳子"之类的东西搭配就可进入 S_1(我剪给你一截绳子),是 V_a 类动词;当与"窗花"之类的东西搭配就不能进入 S_1,可进入 S_2,如"我剪给你一个窗花儿"(S_1),"我剪一个窗花儿给你"(S_2),是 V_c 类动词。"窗花"是成品,动作发生前不存在;"绳子"是动作发生前后都存在的,只是因"剪"而短了一截,没有"质"变只有"量"变。

无论三类动词各有什么样的语义特征,它们都有一些共同点。

(1)三类动词所带的 N_3 必须能体现一个可供给予的实物。因此,像"念、唱、读、讲、关(～闸)、扫(～地)、吹(～头)、砌(～墙)、盖(～房子)、搭(～棚子)"等动词所带宾语一般都不是可供给予之物(参见本文第二节),这些动词就不属 V_a、V_b、V_c 之列,也就不能进入给予句。

(2)在给予句中"转移"应表现为 N_3 领有者的转移,要求 N_3 在动作发生前为 N_1(主语)所领有,动作发生后应为 N_2(间接宾语)所领有。下面的句子有问题:①我修一辆自行车给你;②我选个窗帘给你;③我补条裤子给你;④我擦张桌子给你。

换成 S_3 也是非给予句("我给你修辆自行车"等表达的是服务义不是给予义)。

从上述句子中我们无法确定 N_3 在动作发生前为 N_1 所领有。如果我们将上述四例中的"修、洗、补、擦"分别换成"卖(V_a)、买(V_b)、做(V_c)、抬(V_a)",那句子就没有问题了,是给予句。所以像"修、补"等有碍明确领有权转换的动词就不能进入给予句。尽管它们所带的名词代表着

---

① 参见朱德熙《与动词"给"相关的句法问题》,见《现代汉语语法研究》,商务印书馆 1980 年版,第 151-168 页。

② 参见赵金铭《"我唱给你听"及相关句式》,载《中国语文》1992 年第 1 期。

可供给予之物。有些动词是两可的，比如"洗"与"衣服"搭配不能进入给予句，"洗"与"照片"搭配时又可以进入给予句了："我洗张照片给你"，在这个句子里，"照片"本身尽管在动作发生前不为 N_1 所领有，但 N_1 是与"照片"有关的制作材料的领有者，也是给予这个行为实现前成品（即"照片"）的领有者。这时的"洗"是 V_c 类动词。

（3）给予句对动词的选择是有一个范围限制的。也仅限于 $V_a + V_b + V_c$。此范围又恰恰等于所有可出现于 S_2 里的动词的集合。所以可在给予句中出现的动词到底有哪些，一个简便的办法就是拿 S_2 来测试，句子成立就说明该动词就是给予句动词；句子不成立，证明该动词是非给予句动词，测试时一定要注意调整 N_3 与它的搭配关系。

（4）这三类动词绝大多数原本都是可以有持续动态的过程动词①。比如前面均可有副词"在、正在"等，后边可带动态助词"着"。但这些动词一经进入给予句就都变成了无法体现过程的一次性动作动词了。给予本身是一个瞬间完成的动作行为，没有过程。这样，进入给予句的动词也只能个体服从整体，只表示瞬间完成的动作，动词后也就只能带"了"，有时也可带"过"，如："送给了他一本书。偷过一份资料给他。"下面这些句子都不成立："递给着他一本书（S_1）。做着一件衣服给他（S_2）。卖着他一斤苹果（S_4）。"S_3 的动词后若有"着"句子一定也没有给予义了，如"我正给他打着一件毛衣呢"，只表服务义。

四、给$_1$、给$_2$、给$_3$

在这三个"给"当中，真正能充当句中主要动词的就是"给$_2$"。"给$_2$"不同于给予句中任何一个主要动词，它的词汇意义就是给予。所以"我给你一本书"，句中三个名词（N_1、N_2、N_3）均可省略而给予义本身却不受丝毫影响，如"我给你""我给""给一本书"甚至可独立成句表达给予义"给！"可以这样看，唯一与给予句全句整体意义等价的就是"给$_2$"。

给$_1$。把出现于主要动词左端的"给$_1$"处理为动词兼介词是一种"感情"上容易接受的办法，但总得拿出形式上的依据。也许有人会说"给$_1$"可以有"不×"和"×不×"的形式，这表明它有动词性特征。可事实怎

---

① 这里"过程动词"的"过程"与本文第二节里所说的"转移过程"的"过程"不是一回事。前者是对动词动态的分析，是语法形式问题；后者是对句子意义的解析，是语义结构问题。

样呢，看下列两组例子：

A	B
我给他买一本书。 /	我给他买书。
我给他冲杯咖啡。 /	我给他冲咖啡。
我给他送了一封信。 /	我给他送信。

A 组可以是给予句，B 组恐怕不行（其中的"给"更像"为、替"）。但也只有 B 组才能有"不×"和"×不×"的形式（不给他买书、不给他冲咖啡、不给他送信），A 组不行（不给他买一本书、不给他冲一杯咖啡、不给他送一封信），实际上原因在数量词，是数量词排斥否定。但若将 A 组中的数量词抽掉，给予义也就差不多同时被抽掉了，这是一对矛盾。从形式上看，给予句给$_1$（有数量词的）倒比非给予句给$_1$动词性特征更弱，也许这正是给予句本身对它的"定性"吧。所以给予句中的给$_1$还应看作介词为宜。

给$_1$既可引进给予对象（受物者），又可引进服务对象（受益者），这便使 S_3 的给予义不像其他给予句的那么明显。但正如本文第二节中所说，受物与受益两个概念有时可相通，这也许恰恰是给予句 S_3 存在的理由。如果说给予句 S_3 在表达给予义的同时又表达了一定的服务义因而造成了歧义的话，那么我们认为这种歧义也不同于一般那种给理解上带来困难的歧义，也许这种歧义是必要的，是表达的需要。

由于不好确定给$_1$后的 N_2 是受物者还是受益者，也就不好确定 N_2 是不是转移过程的终点，受物与终点是相联系的，因为只有"物"才能从起点被转移至终点，"益"则是个抽象玩艺儿。即使假定给$_1$是受物兼终点，我们也会看到它在表达给予义时的另一层困难：

从句子的序列分布上看，S_1、S_2 的起点［Source］、终点［Goal］和动词的排列顺序如下图：

$$N_1\ [\text{Source}] \rightarrow V \rightarrow 给_3\ N_2\ [\text{Goal}]$$

明显体现了转移过程的右向移动性。给予句 S_3 的序列则如下图：

$$N_1\ [\text{Source}]\quad 给_1\quad N_2\ [\text{Goal}]\quad V$$

转移过程的右移性就不那么顺畅了。这是 S_3 给予义不如 S_1、S_2 给予义那么明显的又一原因。

给$_3$ 从分布上看又可细分为两个：一个是"V 给"（S_1）的给，另一个是"V……给"（S_2）的给，我们将前者称作"给$_{3a}$"，后者称作"给$_{3b}$"。

给$_{3a}$ 的词性问题是一个令人头痛的问题，在句中它与前面的动词合成为一个整体。语音上连前念，停顿也在"V 给"后，"给"还常常读轻音。结构形式上"V 给"之间不能扩展，动态助词"了"也只能跟在"给"后而非"V"后。实在不像个实词，说它是动词确实很难找出形式依据，说它是弱化了的动词那与说它是介词没两样，只好还是归介词。给$_{3a}$ 与动词一结合便形成了一个不可分割的整体，给$_{3a}$ 切断了 V 与 N_3 之间低层次上的及物性关系，它在一个较高层次上与 V 一起首先与 N_2 [Goal] 联系起来，而后"V + 给$_{3a}$ + N_2"一起再与 N_3 发生关系。所以能说"送给他"，但不能说"送给一本书"。可以说"送本书"，但我们只能把它理解为不同于进入给予句以后的"送"与"书"之间的语法、语义关系了（这种不同还表现在动词进入给予句与非给予句时动态形式选择的不同上，参看本文第三节）。"V 给$_{3a}$"在句法平面上相当于一个词的功能。所以，S_1 的 IC 应为：

$$N_1\quad V\quad 给_{3a}\quad N_2\quad N_3$$

图中可见，述宾结构带宾语。

给$_{3b}$ 也可以看成是一个介词，似乎不应看作动词。看成动词就应当是连谓式，我们可以拿给$_{3b}$ 与真正连谓式的第二动词做一个比较，如：①我去海淀影剧院看了电影；②他蹲在墙角望着她；③他上山砍过柴；④你进屋去听听音乐。上例连谓式第二动词均可带动态助词，可以有重叠变化，给$_{3b}$ 则是绝对不行的，例如："我切一肉给了（过、着）他。"（给$_{3a}$ 后可带"了"并非给$_{3a}$ 本身能带，是沾了前面动词的"便宜"）有些方言里可以说"给给他"（如兰州方言、山西文水方言），但这里的"给给"并非"给$_{3b}$"本身的重叠形式，而是"给$_2$+给$_{3a}$"。① 等于普通话的"给$_2$"本身。②

由于给$_{3b}$与主要动词是分离的，容易让人以为它是动词。其实这种分离也是很有限的，在"V……给$_{3b}$"之间仅仅允许出现一个N_3，不能再度扩展，下面的句子不成立："我送了一本书、一支笔、一个书包给他。"（但"我送给他一本书、一支笔、一个书包""我给他送一本书、一支笔、一个书包""我送他一本书、……"都没有问题）真正连谓式里动词性词组间是一种加合的、相对松散的关系，"V……给$_{3b}$"则仍是一个相对浑然一体的，紧密联系、相互制约着的结构。将"给$_{3b}$"归为介词还是比较合理的。在句中"给$_{3b}$+N_2"是介词结构做补语。

既然我们将给$_1$和给$_{3a}$、给$_{3b}$都处理为介词，那就应当可以从分布上与其他典型的介词进行类比。我们选择了介词"在"，请看下面两组例子：

A（给$_1$、给$_3$）		B（在）
给他买一本书。	/	在那儿放一本书。
这本书送给他。	/	这本书放在那儿。
送一本书给他。	/	?放一本书在那儿。

普通话一般没有"放一本书在那儿"的说法，若换个方言就可以类比穷尽了。比如广州话：

A（畀$_1$、畀$_2$）		B（喺）
畀佢买本书。（给他买本书。）	/	喺嗰度放本书。（在那儿放本书。）
呢本书送畀佢。（这本书送给他。）	/	呢本书放喺嗰度。（这本书放在那儿。）
送本书畀佢。（送本书给他。）	/	放本书喺嗰度。（放本书在那儿。）

在广州话里"放本书喺嗰度"是最常用、最顺当的句式，其中的"喺"是介词（等于普通话"在"），B组的其余两种句式却受到不同程度的黏附性、句子语气选择性的限制。无论广州话还是普通话，一般都没有与给予句 S_1

---

① 参见李炜《兰州方言给予句中的"给"——兼谈句子给予义的表达》，载《兰州大学学报（社会科学版）》1987 年第 3 期。

② 参见朱德熙《与动词"给"相关的句法问题》，见《现代汉语语法研究》，商务印书馆 1980 年版，第 151–168 页。

相对应的"放在那儿一本书"之类的句式,但这并不影响我们对"给$_1$(畀$_1$)、给$_3$(畀$_3$)"与介词"在(喺)"的整体类比。

参考文献

[1] 朱德熙. 与动词"给"相关的句法问题 [C] // 现代汉语语法研究. 北京:商务印书馆,1980:151-168.

[2] 施关淦. "给"的词性及与此相关的某些语法现象 [J]. 语文研究,1982(2).

[3] 赵金铭. "我唱给你听"及相关句式 [J]. 中国语文,1992(1).

[4] 李炜. 兰州方言给予句中的"给"——兼谈句子给予义的表达 [J]. 兰州大学学报(社会科学版),1987(3).

[5] 丁崇明. 大理方言中的动词"给"相关的句式 [J]. 中国语文,1992(1).

京 ×话*

——一级京兰话、京广话语法问题例析

一

几乎每一个非北京地区都有自己的"京×话"①，即普通话加杂方言土语。兰州有"京兰话"、四川有"椒盐话"（即京川话）、陕西有"醋溜话"（京陕话）、银川有"宁大话"（京宁话）、广州也有"咸水国语"（京广话）。无视它的存在是错误的，正视它、研究它则具有重要意义，这主要体现在三个方面：①搞双语双方言研究少不了"京×话"，它本身就是双语双方言的产物。②对普通话或某种方言进行结构平面的描写时要尽可能避免"京×话"的材料混入，方能去伪存真，否则结论就不可靠。③"京×话"不同程度地反映了两种以上文化的融合过程。从文化语言学的角度看，某种语言或方言的后面都有与之相应的文化做背景。

"京×话"不像北京话或其他方言那样有一套严格的规范，可以说是五花八门，它代表一个变量，缺乏文化认同性，没有一种被人们公认的标准的"京×话"。正因为如此，它就有一个层级问题，比如京广话就可分为三类：第一类，除四声基本正确外，其他语音、词汇、语法有半成以上都是粤语的，广州人把它叫"咸过头"了的"咸水国语"，与人交流十分困难，广州人也觉得别扭、费解，可以叫它做"广京话"。第二类，语音方面仍无正确的翘舌音、轻音、儿化音，有些入声字仍有短促收尾，n/l 仍属同一音位，其余都差不多算是普通话，词汇上绝大部分是普通话的，语法上还有一部分是粤语的，交流不存在什么大问题。北京人、北方人仍可明显感觉到这是京

---

* 《京×话——一级京兰话、京广话语法问题例析》，原刊于《双语双方言（二）》，香港彩虹出版社1999年版。

① "京×话"也就是有些著述中所述的"过渡语"。"过渡语"这个概念有不少争议，本文为"保险"起见避而不用。但"京×话"不是一个学术概念而是一种客观事实。

广话而非普通话，但有些广州人可能会认可这就是普通话。第三类，与标准普通话比较起来除了在轻音、儿化、个别词汇和一些语法表达方式上"露马脚"之外，可以说基本上算是普通话，但这种京广话仍存在两种评价：广州人会认为这就是普通话，北京人、北方人仍会认为这是京广话。这三类京广话恰好反映三个层级，第一类的可叫作三级京广话，第二类的就属二级，第三类的属一级。不仅是京广话，其他各京×话也都可分级，但由于各京×话与普通话差异的大小不同，所以很可能甲京×话的三级比乙京×话的一级更接近标准普通话，前者如京哈话（普通话+哈尔滨话——除平声常读为44、个别地方词汇外，其余和普通话差不多一样），后者如京广话。京×话的层级观主要应针对那些与普通话差异较大的方言区的京×话，否则价值就不太大。除了差异的大小不同，还有差异的方面亦不同，一般来说，各京×话与普通话的差异主要表现在语音、词汇上，语法方面的差异相对来说最小，但京广话、京兰话与普通话的语法差异就相对大一些。

在京×话的三个层级中，二、三级更具变量特点，使用者的个人选择性更强；一级相对略具常量特点和规律性，往往被相应的方言使用者认可为普通话；真正标准的普通话反而可能会被他们误解为是北京话。所以，在那些与普通话差异较大的方言区里，一级京×话比标准普通话似乎更具可接受性。比如在广州、兰州分别用一级京广话、京兰话与当地人交流显得比标准普通话更自然、顺畅、易沟通，用标准普通话却显得生硬、有距离感。笔者生长在兰州，又在广州工作了七八年，除了讲两地方言，平时在兰州、广州的一些非正式场合需要讲普通话时却又不得不操起一级京广话、京兰话，倒也的确觉得比说标准普通话来得更轻松达意。笔者还有一些非兰州、广州籍的朋友，在兰州、广州长期工作、居住后也不知不觉、不同程度地接受并模仿了一级京兰话、京广话。这并非仅仅是一个简单的语言问题，而且还牵涉到一个更大的语言/文化问题。似乎可以这样理解：一级京兰（广）话是普通话对兰州（广州）话/兰州（广州）文化的一种妥协，这种妥协能够求得与兰州（广州）文化的最低限度的谐和。这是一个很复杂很大的问题，本文不打算详述。总之，基于上述理由，我们可以把一级京×话叫作普通话的地方变体，这个概念体现了一级京×话存在的合理性。这合理性并非一种主观愿望而是客观事实。一级京×话既能达到交流的目的，又能与相应的文化在最低限度上谐和，至少不是有意抵触，一举两得，这也是它具有较强的可接受性和生命力的原因所在。一级京×话对普通话来说，很像是一道"最后防线"，能不能全面突破，有没有必要突破，值得研究。

二

从三级京×话到一级京×话的过程就是方言语音、词汇越来越向普通话靠拢的过程，在此过程中方言语音、词汇大幅度递减，但与此同时方言语法的递减幅度则远不如语音、词汇，因此在一级京×话中语法问题就较清楚地显现出来了。原因是语法具有比语音、词汇更稳定不易变的特征。语言习得的过程也是如此：语法最不易学会，学会了又最难以运用自如，运用自如后又最不易放弃。众所周知，母语对新习得的语言的影响在语法方面最突出。下面我们将对一级京兰（广）话中几个语法问题做一些"个案"分析、说明。

出现在一级京兰（广）话中的一些不合普通话规范的说法有其自身的规律和原因，可以从语法、语义、语用等方面得到解释。它们往往在尽可能与普通话求同的前提下，照顾和迁就一些兰（广）州话的常用句式、格式，或者保留一些普通话不够细不够准确而兰（广）州话则能贴切达意的用法。换个角度看又往往属于下列情况，兰（广）州话与普通话的某些语法现象既对应又不对应或局部对应，一对多或多对一，或者干脆不对应，仅仅是类似。无论如何，对于使用一级京兰（广）话的人来说，只要有点儿对应、有点儿类似也就"有恃无恐"，放心使用起来了。另一种情况是兰（广）州话里有普通话里完全没有，谈不上任何对应、类似的说法，仅仅是由于它们具有特殊的不可取代的功能（尤其是语用上的）而被"强行"保留了下来。这主要指一些语气词（表达某种口气）和叹词。以上几种情况也常常有交叉现象。

需要说明的是，一级京×话中不符合普通话语法规范的说法有其规律性，但并非有严格的规范，更多的是一般倾向性、常见性。为行文方便，笔者删去以下文中一级京×话的"一级"二字。

1. 结构形式及语义方面的问题

第一，普通话"把"字句的使用比较普遍，用"处置式"或"把字提宾式"来统论"把"字句的观点已被基本否定，因为很多"把"字句没法儿"还原"为主述宾式，况且在许多情况下"把"字句成为最理想句式，也就是说用其他句式没它好、没它通顺。① 总之，可以说"把"字句在普通话中应为常用句式。广州话里不用"把"用"将"，"将"字句的要求是非常严格的，诸如主语必须是有目的、有意识、有主动性的施事者，一般为具有 [+生命] 语义特征的名词，"将"字宾语必须是专指名词②，句中谓词必须是自主的、及物的、表积极动作的处置性动词，补语的语义指向必须是"将"字宾语，全句必须有表达出较强的处置义等。所以，广州话"将"字句几乎都可以变换为主述宾式，是真正的处置式、"将"字提宾式。在京广话里除了"将"被替换为"把"以外，以上规律似乎仍然在起作用，像以下"把"字句（A 组）仍然在京广话里听不到或极少听到，一般仍用主述宾式（B 组）：

　　　　A（普通话）　　　　　　　　B（京广话）
(1) 你可把妹妹想死了。　　　　　妹妹想死你了。
(2) 我把一本书丢在他家了。　　　我掉在他家一本书。
(3) 这烟能把人呛死。　　　　　　这烟能呛死人。
(4) 他把三百级石阶一口气走完了。他一口气走完了三百级石级。
(5) 她把手绢哭湿了。　　　　　　她哭到手巾（都）湿了。
(6) 我把酒喝够了。　　　　　　　我喝够了酒／我喝酒喝够了。
(7) 爷爷吃树叶把脸都吃肿了。　　爷爷吃树叶吃到脸都肿了。

京广话里一般不用 A 组的说法，"将"字句规律仍起作用，上列（1）主语是受事，（2）（3）两例"把"字宾语是确指和泛指，不是专指，（4）（5）两例谓词不是处置性动词，例（6）补语指向主语，例（7）不是有意识有目的处置。好在普通话基本上又能说 B 组的句子，这样京广话也就好似有了"尚方宝剑"。总的来说，与广州话非常接近的是：京广话的倾向仍为能不用"把"字句则不用，能用主述宾式就尽可能用，以至于有些非用"把"字句不可的，京广话还是不用"把"字句，如普通话的"把地扫干净"，京广话则常说"扫干净地"。京广话"把"字句范围远远小于普通话，主要代之以主述宾式。

---

① 参见陆俭明《现代汉语中数量词的作用》，见《语法研究和探索（四）》，北京大学出版社 1988 年版。
② 参见王还《"把"字句中"把"的宾语》，载《中国语文》1985 年第 1 期，第 48-51 页。

兰州话的情形恰恰与之相反，"把"字句属兰州话的基本句式，使用频率比主述宾式高，兰州话的主述宾式往往有条件限制，比如宾语前面应有数量词等。普通话里非用"把"字句不可的兰州话也一定要用，普通话一般要用的兰州话当然也用，普通话可用可不用的兰州话仍倾向于用，普通话有些不能用"把"字句的兰州话照样用，这个倾向在京兰话中仍然明显存在，像下列"把"字句在普通话里是病句，在京兰话里却没什么问题：

A（京兰话）	B（普通话）
（8）我把他的名字知道。	我知道他的名字。
（9）我把他想得很。	我很想念他。
（10）他把小王像哩。	他像小王。
（11）你把学上着糊涂了。	你上学上糊涂了。
（12）在那里把我等着。	在那儿等着我。
（13）我把北京去了两次。	我去了两趟北京。
（14）你把饭吃。	你吃你的饭。
（15）我把这个书没看过。	我没看过这本书。

以上京兰话的"把"字句都是不符合普通话"把"字句要求的。京兰话中还有一些"把"字完全和话题标志差不多，如："把他有个啥哩"（他有什么了不起），"把这种人我见得多了"（这种人我见得多了），"把这个菜我都吃着不想吃了"（这菜我都吃得不想吃了）。所以，京兰话"把"字句的使用范围又远远大于普通话。综合起来看，普通话、京广话、京兰话在"把"字句的使用频率上呈现出这样的情形：

京广话＜普通话＜京兰话。

普通话"把"字句与主述宾式的使用频率难分高低，而京广话、京兰话就"各自为政""各取所需"，并且再"矫枉过正"一点儿。各自都是与普通话既对应又不全对应。

第二，普通话助词"得"既可以是描写补语的标志又可以是程度补语的标志，兰州话、广州话却分得很清楚，描写补语标志一般都用"得"，程度补语标志兰州话用"着"，广州话用"到"，京兰（广）话也基本如此，如：

	A（京兰话）	B（普通话）	C（京广话）
（16）	远着看不着。	远得看不见。	远到看不见。
（17）	把我吵着睡不着。	把我吵得睡不着。	吵到我睡不了。
（18）	把他气着拍桌子。	气得他拍桌子。	气到他拍桌子。
（19）	把人笑着肚子痛。	笑得人肚痛。	笑到人肚子痛。
（20）	把我苦着。	苦得我呀。	我辛苦到呀。

这里属于多对一，京兰话与京广话完全对应，是巧合，但也反映了分出两种补语标志的合理性，普通话是合不是分，京兰（广）话就只好"置之不理"了。

2. 兰（广）州话中有许多具有特殊语用价值的东西往往最难被替代，普通话里也很难有用以替代的等价物，所以在京兰（广）话里仍普遍使用

第一，普通话里第三人称代词只有"他（她）"，兰州话和京兰话中则有两个："那"和"他"①。"他"主要用来表达消极语用意义诸如轻蔑、反感、讽刺、挖苦等；"那"主要用于表达积极语用意义诸如客气、尊重、佩服等。在消极与积极语用意义之间，即比较正常、一般的场合，两者可互换，但"那"的使用频率仍高于"他"。所以，本文上一节里京兰话例句中的"他"大多应换为"那"才对。下面两组倒句中的"他"和"那"是绝对不能互换的：

	A组（那）	B组（他）
（21）	那乒乓球打得好。	他乒乓球打得臭得很。
（22）	那的功夫厉害得很。	把他那两下谁不会。
（23）	那是我的好朋友。	他是个坏屄。
（24）	那们家我爱去。	他们家我从来不去。

某些方面看，"那、他"比普通话第二人称代词"你、您"的使用规则要严得多。我曾问一位兰州朋友，京兰话不吸收"您"的说法，却顽固使

---

① 按："那"应来源于"人家"的合音，像反切，取"人"之声母，娘日归泥，取"家"之韵腹，介音丢失而成，兰州话读 [na⁵⁴]、京兰话读 [na³⁵]。

用"那",是为什么。此友答曰:"背后说人好话(指'那')比当面奉承(指'您')要君子得多。"这当然可能是句笑话,但总还是提供了一种很有意义的思路。

第二,表语气、口气的词最具有语用上的功能,最具个性,所以许多兰州话的语气词、叹词大量存在于京兰话中,广州话的语气词、叹词也大量出现在京广话里。这方面的问题需费很多笔墨,篇幅所限只好从简。临了,再举两例,操京广话的人没有不用"哗"的,这个表感叹、惊奇、惊喜、叹服之类的口气的叹词,从普通话里实在找不到个等值的字眼儿来,以至于不仅京广话里它堂而皇之地占一席稳当之地,就连普通话也正在羞羞答答地给它"挪地儿"了。还有个动词兼叹词的"屌"[tiou](广州话、京广话读音皆如是),作为叹词,用于起哄、不满等场合时,也的确让人觉得有点儿非它不可,尤其是男士。在广州的足球场内,当裁判严重错判激怒了观众时,你一定会听到整整齐齐、浩浩荡荡、音素分明、抑扬有致的一片[t——i——o——u]声,广东球迷们自豪地称之为"省骂"。普通话里好像还真没有这样"过瘾"的词儿,即便是北京话里与之近似的[ts'au^{52}]似乎还是没它达意、痛快。类似这样具有特殊价值的东西能被普通话完全取代吗?笔者深表怀疑。

总之,一级京×话的语法往往是在向普通话语法靠拢的前提下,尽可能找空子钻,迁就本语,能不分则不分,能不并则不并,想尽办法"挣扎"出一点儿地方味儿来。

(按:文中例句来源于录音材料)

参考文献

[1] 李炜. 兰州话、河州话两种混合语及其关系——兼谈西北话的阿尔泰化[C]//陈恩泉主编. 双语双方言. 中山大学出版社,1989.

兰州话、河州话两种混合语及其关系*
——兼谈西北话的阿尔泰化

一

日本学者桥本万太郎先生认为整个北方汉语都受到阿尔泰语的影响，北京话也不例外，并认为这是南北汉语区别甚大的主要原因①。当然我们很难说北京话的阿尔泰化的程度究竟有多大，就像我们也很难想象五六百年前的北京口语是个什么样子，以及北京话从那时起变成现在这个样子的内因（自身变化）有哪些一样。毫无疑问的是汉语/汉文化对进入中国的各少数民族（主要指操阿尔泰诸语的）的同化是占主导地位的，这应当是一个前提，但这既是问题的结论又是问题的开始。如何说清楚阿尔泰诸语/诸文化对汉语/汉文化的逆同化影响，这才是目前我们所需做的更有价值的工作。我们且不说桥本先生的观点及论证是否完全站得住，但不可否认的是他的问题提得非常好。

应当肯定阿尔泰诸语/诸文化对汉语（北方话）/汉文化（北方文化）是有影响的。这种影响在不同的地区不同的语言（方言）里是程度不一的，因为历史上北方各地与阿尔泰诸语/诸文化的接触密度、时间长度也不一样。如果说北京话受到过阿尔泰语的影响，那么西北地区的这种影响就应更甚。本文将通过兰州话与河州话这两个汉语/阿尔泰语的混合语之间的比较研究来说明这一问题，顺便提供一些有关的历史、地理方面的证据。

---

* 《兰州话、河州话两种混合语及其关系——兼谈西北话的阿尔泰化》，原刊于《双语双方言》，中山大学出版社1989年版；转载于《双语双方言与现代中国》，北京语言文化大学出版社1999年版。

① 参见［日］桥本万太郎《语言地理类型学》，北京大学出版社1985年版。

二

我们先谈一谈兰州、河州语言方面的情况。我们认为兰州话阿尔泰化的程度是比较高的,至于河州话应不应当算作汉语方言都是有理由重新考虑的。由于篇幅限制,我们只从语法方面谈,在语言三要素里语法是最稳定的,变化最慢的,是语言的"骨骼"。

1. 语序的问题

阿尔泰语的次序是"主—宾—谓"即"SOV"型的。请看下面的例子:

	A(兰州话)	B(河州话)
(1)	你把饭吃哨。 (你吃饭呀。)	你饭(哈)吃。
(2)	我把这几本书没看。 (我没看这几本书。)	我这几本书(哈)没看。
(3)	我把我兄弟想哩。 (我想念我弟弟。)	我兄弟哈想哩。
(4)	一碗牛肉面把五毛吃掉了。 (一碗牛肉面吃了五毛钱。)	一碗牛肉面五毛(哈)吃过了。
(5)	雨把你淋下了。 (你淋着雨了。)	雨你(哈)淋下了。
(6)	我们把他叫的傻瓞。 (我们叫他傻瓜。)	我们他(哈)叫傻瓞。
(7)	我把你哪些得罪下了? (我哪点儿得罪你了?)	我你(哈)阿希米得罪下了?
(8)	你把书拿着来给尕李给给。 (你拿书来给小李。)	你书(哈)拿着来尕李子子(哈)给给。
(9)	你给那们把牛肉面做。 (你做碗牛肉面给他们。)	你家们(哈)牛肉面给(哈)做。
(10)	你茶喝哩不? (你喝不喝茶?)	你茶(哈)喝哩不?

兰州话、河州话两种混合语及其关系——兼谈西北话的阿尔泰化　71

（11）你学里去/你把学上。　　　你学里（哈）去/你学去（哈）。
　　　（你去上学/你上学去。）
（12）我广州去哩。　　　　　　我广州（哈）去哩。
　　　（我去广州。）
（13）我馍馍不吃，面条子　　　我馍馍（哈）不吃，面条子（哈）
　　　吃哩。　　　　　　　　　吃哩。
　　　（我不吃馒头，吃面条。）
（14）书桌子上放给。　　　　　书（哈）桌子上放给。
　　　（书放在桌子上。）

　　上例 A 组除（3）（6）外其余带"把"字的都可以去掉，但不一定是"省略"，因为我们不好说更早的兰州话是用"把"的多还是不用的多。"把"字去掉后，所谓"把"字宾语仍在原位。

　　现在的兰州话也能听到类似括弧里的说法（普通话），起初在调查兰州方言时我还以为兰州话里并存两种说法（即上列 A 和括弧里的例），就像普通话"哪儿去/去哪儿"，只是"强调点"的不同。于是找来几十个例子将与上例 A 类结构相同（指 SOV）的归为 A 类，与括弧里相似的（指 SVO）归为 B 类，以求找到两类不同说法的"语用"区别。结果则是本地青年（父母都是老兰州的）认为 A、B 两类都可以说，但 A 类"土些"，B 类"洋些"（兰州人管普通话叫"洋话"）；老兰州（60 岁以上的）则认为 A 类"顺当些"，B 类"别扭些"。好了，看来这绝非"语用"区别，而是纯正兰州话（以"土、顺当"来"定义"的）与"京兰话"（兰州话加普通话）的区别。的确，我们要的就是这个"土劲儿"。

　　纯正的兰州话里也有不少 SVO 型的，但似乎 SOV 居主要地位。河州话里可以说 SOV 才是正常语序。我的导师黄伯荣先生曾问我下面两例普通话，河州话怎么说：

　　（15）我上山砍柴回来煮饭吃。
　　（16）我叫他去请大夫来给小王看病。

　　当时把我给问住了，后来专程为这两个例句跑了趟河州，结果河州话一般没有这样长的句子，如果非要"硬译"的话也应是：

（17）我山上上（去）柴（哈）砍着回来饭（哈）做着吃。
（18）我他（哈）使着去了大夫（哈）叫着来尕王（哈）病看。

相应的，兰州话一般也没这么长的句子，按纯正的兰州话，要说也得说成：

（19）我山上去把柴砍着回来了做些饭了吃。
（20）我把他使着去了把大夫请着来给尕王把病看给。

其中的"做些饭了吃"不能说成"做饭吃"，"些"字可能起了作用，更主要的是"饭"又是后面"吃"的意义上的宾语。

兰州话毕竟没有像河州话那样有着近乎严格的 SOV 语序，像下面这些河州话例子，即使纯正的兰州话也只能是 SVO 的语序：

（21）我人（哈）不是。
（22）我大学生（哈）不是。
（23）你两个苹果（哈）吃，我一个苹果（哈）吃。
（24）电视（哈）看的时候家来了。
（25）三个月（哈）住下了。

兰州话也得分别说成"我不是人。我不是大学生。你吃上两个果子，我吃上一个。看电视的时候那来了。住了三个月。"可见，河州话是更为严格的 SOV。

2. 前置词（介词）和后置词的问题

纯正的兰州话介词不多，但又是真正的介词。普通话的介词前面可以有否定词、助动词等，可以有"×不×""×……不×"的形式，这些又都是动词的形式特征，兰州话的介词是没有的，请看下面两组例句：

	A（普通话）	B（兰州话）
（26）	我不给他理发。	我给他不剃头/头不剃。
（27）	我能把这件事办好。	我把这个事能办好。
（28）	你跟不跟他去。	你连那去哩不。

（29）你给他理发不给。　　　　　　你给那头剃哩不。

普通话的介词有不少学者又称它作"次动词""副动词"，因为普通话的介词来源于动词。从此角度出发，我们把普通话的介词结构看作动宾结构或准动宾结构也未尝不可。如果这样，说普通话主要是 SVO 型的也许就站得住了。而兰州话的介词形式上根本与动词无关，所以说是真正的介词，无论如何不能把兰州话的介词结构看作动宾结构。有观点说宾语后置于动词的语言（SVO），多带有前置词；反之，宾语前置于动词的语言（SOV），多带有后置词①。如果这个观点成立，那兰州话有前置词，就应算真正的 SVO 了？恐怕有两点是值得考虑的。一是兰州话里很多介词在句中可以不要，前面已提到过，这里再举几例：

（30）我把桌子擦干净了。→我桌子擦干净了。
（31）我把果子不吃。→我果子不吃。
（32）我从这达等着。→我这达等着。（我在这儿等着。）
（33）我给你说一下。→我你说一下。

甚至有很多介词去掉后说起来更"土"，更顺当，当然硬说是"省略"了介词，普通话一般也没有这么个"省"法。

二是兰州话的介词不像普通话那么多，分得那么细。纯正的兰州话介词只有几个②，它们可以包容许多普通话里本应分清的好几个介词，如：

A（兰州话）　　　　　　B（普通话）
　连　　　＝　　和、跟、同、用、拿……
　从　　　＝　　在、从、由……
　给　　　＝　　给、跟、和、对、向、为、替、朝……

这里恕不多言，因为要想说清兰州话里的每一个介词非"千言万语"

---

① Wilhelm Schmidt. Die Sprachfamilien und Sprachenkreise der Erde. *S. V. D. Heidelberg*, 1926, pp. 596.
② 参见李炜《兰州方言给予句中的"给"——兼谈句子给予义的表达》，载《兰州大学学报（社会科学版）》1987 年第 3 期，第 122 页。

不可。总之，兰州话的介词比普通话的介词在数量上要少得多，抽象程度要高得多。我们是否可以这样想，普通话的介词之所以那么多是否由于它的动词性而使名词对它有一种选择局限，换句话说，在这里有名词对动词的选择关系的痕迹。

兰州话里还没有发现后置词，但可以肯定河州话里有。首先是前面例句中频频出现的"哈"。程祥徽发表在《中国语文》1980年第2期的《青海口语语法散论》，就材料来看是西宁和西宁以东地区的话，属于河湟话，与河州话基本相似。程先生在此文中明确指出"哈"是后置词。后来王培基等又在同刊1981年第1期上发表了《关于青海口语语法的几个问题》（以下简称《问题》），指出"哈"不是后置词，而是"用来表示句中停顿或舒缓语气"。理由一是"哈"可以出现在"介宾"结构后面，举的例子是：

（34）胆子大了把牛哈宰下！（胆子大的话把牛宰了！）
（35）阿哥给她哈去信了。（阿哥给她去了信。）

我们比较一下河湟地区的代表语河州话就清楚了。河州话是要将"把、给"去掉的（恐怕后一句的"信"也得跑到"去"前面）。我们认为"宾＋哈"与"把＋宾＋哈"正好反映了"青海话"的过去和现在，前者应当是"原配夫妻"，后者应当是近几十年在强大的普通话/官方文化影响下所出现的"一夫二妻"的情况，并且还将预示着"原配夫妻"的解体，就像现在的"京兰话"那样。西宁原属甘肃版图，作为青海的首府也只是这几十年的事，而在这几十年间，西宁与兰州一样，受普通话/官方文化的影响是前所未有的。

《问题》的第二个理由是主语之后也可以出现"哈"，举的例子是：

（36）家们哈不来啊……（他们不来……）
（37）唱哈没意思，我们喧一挂。（唱没意思，我们聊一会儿。）

但恐怕连《问题》都得承认这种用法与"宾＋哈"比起来毕竟是少数，至少不是主流。现在的河州话也有类似现象。兰州话也有"把"字在主语前头的，如"把你有个啥哩吵"（你有什么了不起）。好像普通话里的"V个N"一样，"个"应出现在动宾结构里（踢个球、喝个酒、走个后门），也能很顺当地说"洗个澡、睡个觉"，从结构上它们并不是动宾式的，应解释为不规则类推或借用。河湟话"主 + 哈"、兰州话"把 + 主"应属同类情况。

再说如果"哈"仅仅表示停顿或舒缓的话,那它出现在主语后面的机会应当比在谓语中间出现的机会要多得多,因为主谓间的停顿是最自然、普遍的,可以说是普遍规律,事实上恰恰相反。

河州话里还有一个毫无问题的后置词——"啦":

(38) 你冰水啦洗。(你用冷水洗。)
(39) 你大碗啦吃。(你用大碗吃。)
(40) 你兄弟啦睡。(你和弟弟一起睡。)
(41) 她啦结婚时我愿意。(和她结婚我愿意。)
(42) 我他啦好着哩。(我跟他关系好。)
(43) 你他啦饭(哈)吃去。(你跟他去吃饭。)

"啦"等于普通话的"用、拿、和、跟"等介词,也与兰州话的介词"连"等价,上例只要去掉"啦"前加"连"就成了兰州话。

河州话里有后置词,表明它更像阿尔泰语。

3. 类别词的问题

类别词不同于一般教科书上所说的量词,普通话里应指"个、只、本、条、块、张、头、架、双、群"等,其形式特征是可以"一××"的方式重叠,如"一条条、一张张、一双双、一群群",可直接与指代词组合(这个、这块、这本、这对);量词指"丈、尺、斤、两、吨"等,它们没有类别词的上述两个特征,只能与数词共现,字面上偶尔出现的"这斤、那斤",口语中也应读"zhèi、nèi",是"这一、那一"的合音。普通话的类别词特别丰富,这是汉语的一大特点[1]。桥本先生认为缺乏类别词也是阿尔泰化的标志之一[2],所以在东干语(阿尔泰汉语,以前是北方汉语)里,类别词已统一于"个"了,只是个类别词的"躯壳"而已。兰州话、河州话在这一点上与东干语完全一致,如"这个鸡、这个牛、这个船、那个桥、那个棍子"等,没有分别换成"只、头、条、座、根"的说法。实际上近

---

[1] 参见黄伯荣、廖序东《现代汉语》修订本,甘肃人民出版社 1983 年版。
[2] 参见〔日〕桥本万太郎《语言地理类型学》,北京大学出版社 1985 年版。

年来人们已注意到北京口语中也有各种"量词"（类别词）向"个"归并的趋势。

兰州话、河州话语法方面的情况先暂时谈到这儿，我想从上面几点已足可以窥见河州话阿尔泰语的"骨骼"和兰州话阿尔泰化的程度了吧。

三

上面所讨论的兰州话是指相对纯正的兰州话（或叫老兰州话），现在人们听到的兰州话在地道的兰州人看来许多都是"京兰话"，与纯正的兰州话差别很大，它是一种过渡语，过渡语是不定型的，五花八门的，比如"京兰话"就有各种表现形式：或者"京"语法、词汇加"兰"语音，或者相反；或者"兰"的语法、词汇、语音比重大于"京"的，也可以反之；等等。其实现在全国各地方言区都有这种"京×话"过渡语的存在，但很少有像"京兰话"比地道的兰州话更占上风、使用更为普遍这样的现象，这主要是因为兰州地区有着比其他地区更大更甚的普通话/官方文化的影响。解放初期兰州市只有18万人口，现已发展成了拥有200多万人口的新兴重工业城市，人口的绝大多数都来自全国五湖四海，地道兰州人已占不到十分之一，这就是"京兰话"占上风的原因。过渡语代表一个变量，缺乏一个稳定的文化认同基础（即缺乏"约定俗成"），过渡语主要应从社会语言学、文化语言学等角度上来研究，如果放在结构平面来描述，结论往往"失真"，再被人当作可靠材料来引用，那将"害人非浅"，实际上这种情况已出现过不少，引起无谓的所谓"学术争论"。现在比较纯正的兰州话似乎已从兰州市内转向周围的三县六区了。三县六区的兰州话比"京兰话"更接近纯正的兰州话。河州话是甘肃临夏回族自治州以及青海西宁以东湟水与黄河交汇之处这一地区的代表语。河州是"旧教"回民（旧时又称"黑山派"——与"逊尼派"近似）的聚居地，又称"河湟地区"，河湟地区的回族文化中心就是河州，历史上素有"中国麦加"之称。河州距兰州100公里左右，河湟地区在兰州西面，像个半月牙似的对兰州呈半包围状。

与兰州话接近的一个是以河州话为代表的河湟话，另一个是以银川话为代表的宁夏黄河沿岸、银川西部的话（有学者把这一地区叫"兰州官话区"），前者主要表现在语法上接近，后者主要在语音上。我们认为应当将河州—兰州—银川这一由黄河为连接线的东西向区域作为一个语言/文化区域来考虑，它是横向的，不是纵向的。因此，"甘肃方言"这个说法是比较含糊的。

13 世纪初叶，成吉思汗西征时，大量阿拉伯人、波斯人或被签发，或自动来到中国。后来就定居在现在的甘肃、宁夏以及陕西西北部地区，这批人在元代官方文书中被称为回回（即回回色目人），蒙古四大军中的一支强悍的军队——探马赤军（主要由回回组成）后来就定居在河州、东乡一带。

从此以后，河州为中心的旧教回民得到了近 500 年的充分长足的发展；同治年间，陕甘新教回民所遭到的灭顶之灾也几乎没有降到河州旧教回民头上，这些都保证了兰州、河州这一区域的回汉经济文化交流得以巩固和发展。所以，河州话/河州文化对兰州话/兰州文化的影响是很大的，这与地理上的方便加之时间上的长度（500 年）是分不开的。

河州话对兰州话的影响最明显的就是语序上的"SOV"，另外河州话里还有极少一些由经堂文化保留下来的阿拉伯语、波斯语词汇被吸收到老兰州话里，如"胡达"（兰州人理解为"天啊"）、"五巴力"（可怜）、"杜土蛮"（敌人）、"白黑里"（吝啬）等。河州人的"正宗"祖先——中亚人在入蒙古军或来中国以前应是操闪含诸语的，后来与蒙古语融合（战争应当是语言融合的最快手段之一），他们在整个元代又与蒙古人同属统治者，在与蒙古人的长期共处中渐渐被蒙古语同化。或者还可以认为他们选择了蒙古语作为自己的语言。总之，回回人的语言最早应为蒙古语族的（来中国后）。有一个重要证据就是东乡语（属阿尔泰语系蒙古语支），东乡在兰州与河州之间，直线距离比河州更靠近兰州，东乡族的定名是新中国成立后的事，以前一直被视为回族，各种有关材料表明，东乡族与河州回民是"同宗同祖"，东乡的历史文化是与河州分不开的。东乡语的存在似乎能从地理环境上得到解释：东乡四周分别有洮河、广通河、大夏河、黄河 4 条河流环抱，除广通河流经广河县，其余均为邻县分界河，东乡腹地又是群山磊磊，交通十分不便，这就造成了东乡对外界的封闭性，尽管直线距离更靠近兰州，河州人、兰州人却沿着广通河，绕过东乡在漫长的四五百年间密切交往着。由于经商的需要，大量河州回民移居兰州，定居地点恰恰是在兰州通往宁夏、青海、新疆、陕西等地的郊区要道上。河州回民的汉化程度当然远远高于东乡人。这里所说的汉化主要是"兰州化"，兰州话/兰州文化对河州的影响应当是主流。河州话最初应当是与东乡话差不多的，长期的汉化之后变成现在这个基本上是汉语但又不是完全意义上的汉语的混合语言。兰州话在影响河州话的同时，也反过来受到了河州话的较大影响，所以才显示出它有比其他汉语方言更为明显的阿尔泰化特征。而且可以推断，更早以前的兰州话阿尔泰化程度更甚，有一个证据就是苏联东干语。龙果夫的《现代汉语语法研究》①中引了不少东干语的例子，过去我曾拿这些材料给老兰州人看，他们说很像兰州话，这可以从历史上得到解释：东干人的祖先就是同治年间因叛乱而被左宗棠驱赶逃亡到苏联的一支陕甘（主要是陇中、陇南地区）回民。现在东干人约有7万多人，分作两支，一支的祖先是甘肃人，另一支是陕西人。甘肃裔东干人占主导地位，他们各有各的清真寺。有关的一位专家告诉我，"东干"作"同甘"（与甘肃一样）解，原为陇中、陇南、陕西西北部的话像现在的纯正兰州话（主要是语法、词汇上），而现在的陇中、陇南话又像关中（陕西）话，这给我们带来了很重要的启发。

河州话、兰州话都是混合语，主要是阿尔泰语和汉语的混合语，只是两种混合成分各占比重不同而已，比重"量"的不同当然也会导致"质"的不同。

混合语不同于过渡语，我们把混合语理解为一个常量，是定型的，有一个稳定的文化认同做基础。可以放在结构的平面上进行描述，也只有通过结构的分析才透视出有较为明显的两种或两种以上的语言（或方言）混合迹象。

参考文献

［1］［俄］龙果夫. 现代汉语语法研究［M］. 北京：科学出版社，1958.
［2］［日］桥本万太郎. 语言地理类型学［M］. 北京：北京大学出版社，1985.

---

① 参见［俄］龙果夫《现代汉语语法研究》，科学出版社1958年版。

兰州方言名词、量词的重叠*

一、名词的重叠

兰州方言的一部分名词可以重叠，例如：

刀刀　洞洞（小窟窿）　豆豆　柜柜　板板　底底　垫垫　套套
本本　绳绳　刷刷　尖尖　顶顶　带带　纸纸　门门　棍棍　核核
圈圈　盖盖　铲铲　碗碗　匣匣（小盒子）　勺勺　台台（小台阶）
筐筐　盆盆　桶桶　缸缸（小茶缸之类）　帽帽　网网　罐罐
旗旗　巷巷　碟碟　篮篮　杆杆　锤锤　缝缝（小缝儿）
帐帐（小帐子）　袋袋　抽抽（衣服上的口袋、小布袋）
甲甲（背心儿）　蛋蛋　皮皮　格格　坎坎　盒盒

这些可以重叠的名词有以下几个方面的特点。

（1）这些重叠形式的名词均可以量词"个"论记，如"一个刀刀、两个刷刷、三个铲铲、四个缸缸"等，其余类推。可以重叠的名词有一个共同的范畴性语义成分①，它们都表示个体，记作［＋个体］。

（2）名词重叠后具有小称作用。所以一些所指不可能小的名称一般不能重叠，如"＊山山、＊桥桥、＊床床"等，除非在某种特定语境中（如"床"指玩具床时），尽管这些名词在兰州方言里也以量词"个"论记。名词重叠后前加修饰语"尕"（小）是最常见而顺畅的，如"尕刀刀、尕洞洞、尕豆豆、尕柜柜"等。

---

* 《兰州方言名词、量词的重叠》，原刊于"华中语学文库"第二辑《汉语重叠问题》，华中师范大学出版社2009年版。

① 参见马庆株《汉语语义语法范畴问题》，北京语言文化大学出版社1998年版。

（3）与小称作用相关，名词重叠后具有可爱、亲昵色彩的倾向。可爱、亲昵色彩的确立往往受到说话人心理选择的制约，比如：当"颗颗"指脸上的小暗疮、"皮皮"指脱下来的小皮屑、"疤疤"指小疮疤时人们一般不会把它们视为可爱、亲昵之物。所以小称作用并非一定同时伴随着可爱、亲昵的色彩。

（4）名词重叠后可以分别加"子"尾和"儿"尾，形成"××子""××儿"两式。但两式有较为明显的不同，关键在"子"和"儿"的区别上，词尾"子"往往具有中性色彩，有时也体现贬义色彩；词尾"儿"则具有褒义色彩的倾向。"××子"由于有了具有中性色彩的"子"尾，所以使得"××"部分原来可能具有的可爱、亲昵的色彩减弱了，甚至被抽取了出来，只剩下了小称的作用的部分，所以"柜柜子、板板子、底底子、垫垫子"等等似乎只能看作具有中性色彩同时兼具小称作用的名词。正因如此，"××子"的数量大于"××儿"。个别"××儿"不能换成"××子"，比如"手手儿"（专指婴儿的小手），就没有相应的"手手子"，因为婴儿的手总是可爱的。更多的情况则是"××子"没有相应的"××儿"，尤其是"子"体现贬义色彩的时候，例如"颗颗子""皮皮子""疤疤子""纸纸子"（一般指被当作垃圾的碎纸屑）、"虫虫子"（虫子）、"蛾蛾子"（蛾子）、"蝇蝇子"（苍蝇）等。

二、量词的重叠

兰州方言有一部分量词可以重叠，分以下两类：

A 类：一缸缸茶　一碟碟菜　一桶桶水　一篮篮果子　一筐筐梨　一碗碗汤　一铲铲瓜子　一勺勺饭　一罐罐油　一抽抽豆子
B 类：一串串葡萄　一对对手镯子　一伙伙人　一把把沙子　一堆堆土　一摞摞书

A 类量词是我们通常所说的容器量词或叫临时量词（指从名词那里临时借用），B 类量词就是所谓的集合量词。这两类量词的重叠并不像普通话那样含有"每一"或"逐一"的意思，它的作用与名词重叠的作用完全一样，首先是表小称。A 类容器量词一定是在所指容器盛载的量偏小的情况下才能重叠，如果是一大筐梨、一大罐油，那么，"筐""罐"就不能重叠。B类集合量词也一样，如果是一大串葡萄，则"串"不能重叠；如果是一整套《汉语大词典》叠成一摞，则不能说"一摞摞"。有些集合量词似乎压根儿就不能"小视"，因而没有重叠的机会，比如"群、帮"等，"一群狼"的数量在说话人看来一定不少，而"一帮人"的数量肯定要比"一伙伙人"的数量多。量词的重叠有时也有可爱、亲昵的色彩，其后亦可跟"子"尾"儿"尾（如"一缸缸子/儿茶""一碟碟子/儿菜"等），二者的区别也与前面讨论的名词重叠加"子"尾"儿"尾的情况一致，无庸赘述。

　　与可重叠的名词不同的是，A、B两类量词有一个共同的范畴性语义成分，它们都表示范围，记作［＋范围］①。在它们后面的名词都不表示个体，记作［－个体］。这一点很好理解，比如"人"作为一个孤立形式存在，它本身的范畴性语义成分是模糊的，但当说"一个人"时我们便可确定这时的"人"是表个体的，当说"一群人"时我们便可确定这时的"人"不表个体。至于"茶、菜、水、油、汤、土、沙子"之类即使以孤立形式存在，我们都可确定它们不表个体。我们赞成马庆株先生提出的将量词分为范围量词和个体量词两大类的观点②。

　　讨论兰州方言量词重叠的问题，有必要简述以下兰州方言的量词系统。兰州方言的量词也可分为两大类，一类是个体量词，个体量词差不多只有"个"作为量词，一般来说汉语的个体量词是十分丰富的，这是汉语的一个特点。但兰州方言差不多统统用"个"作为量词，兰州方言不仅可以说"一个人"，还可以说"一个猪、一个牛、一个苍蝇、一个汊河子（一条支流）、三个房子、两个砖、一个花儿"等③，兰州方言的"个"不能重叠，如不能说"﹡一个个人"。另一类是范围量词，兰州方言的范围量词除了上文所说的A、B两类外，还有度量衡量词"斤、尺、寸"之类。但度量衡量词也是不能重叠的，不能说"﹡一斤斤肉"。兰州方言的数量结构要表达"每一""逐一"的意思时，前者要动用"每"字，如"每一个人"；后者则用整个数量结构重叠的办法如"一碗一碗地吃、一桶一桶的水在那些摆着哩（一桶桶的水在那儿摆着）"。兰州方言的个体量词和范围量词还有一

---

① 参见马庆株《汉语语义语法范畴问题》，北京语言文化大学出版社1998年版。
② 参见马庆株《汉语语义语法范畴问题》，北京语言文化大学出版社1998年版。
③ 参见兰州大学中文系语言研究小组《兰州方言》第六章第一节，载《兰州大学学报（社会科学版）》1963年第2期；参见［俄］龙果夫《现代汉语语法研究》，科学出版社1958年版。

个形式上的不同，个体量词除了直接跟数词组合外，还可与指代词直接组合，如"这个人、那个猪"等；范围量词则不能与指代词直接组合，不能说"这碗饭、那罐油、这斤肉"，必须先与数词组合以后才能和指代词组合，如"这一碗饭、那一罐油、这一斤肉"。

兰州方言量词只有范围量词中的 A、B 两类可以重叠，其形式、作用与名词重叠一样，加之这两类的大部分成员本来就是个体名词，所以差不多可以当作名词来看待。但依据他们只能和数词直接组合这一点，我们将其划归量词，因为兰州方言里名词是不能与数词直接组合的，必须借助量词。

三、表亲属称谓名词、表牲畜名称名词的重叠

通过对兰州方言表亲属称谓和表牲畜名称的名词系统中重叠和不重叠两类形式的分析，我们发现了一些与地域文化相关的问题，与此同时使我们对兰州方言名词重叠有了更深入的认识。

兰州方言表亲属称谓的名词，有一部分一般不能重叠，如：祖太爷（高祖父）、太爷（曾祖父）、爷（祖父，面称不能重叠，背称有时可以）、外爷（外祖父）、爹（父亲）、达（伯父，回族用作父亲的称谓）、大达（伯父）、二爹、三爹……（叔父，按长幼序依次排）、哥、兄弟（弟弟）、姑爹（姑父）、姑舅哥（表兄）、姑舅兄弟（表弟）、两姨哥（姨表兄）、两姨兄弟（姨表弟）。另一部分一般要重叠或必须重叠①，如：祖太太（高祖母）、太太（曾祖母）、奶奶（祖母）、外奶奶（外祖父之妻）、孃孃（伯父之妻）、婶婶（叔父之妻）、姐姐、妹妹、娘娘（姑姑）、姑舅姐姐（表姐）、姑舅妹妹（表妹）、两姨姐姐（姨表姐）、两姨妹妹（姨表妹）②，但"妈"（母亲）是不能重叠的，无论是面称还是背称。我们不难看出第一部分亲属称谓均为男性系列，第二部分亲属称谓为女性系列。这是为什么呢？在本文第一节中我们说过名词重叠有时具有可爱、亲昵的色彩倾向，兰州方言女性亲属称谓名词的重叠明显体现了亲昵的色彩，男性亲属称谓名词一般不能重叠应当与该系列名词需要体现庄重色彩有关，亲昵的色彩与庄重的色彩往往相排斥。男性亲属称谓要庄重，女性亲属称谓要亲昵，这里透露出了

---

① 兰州方言表亲属称谓名词的重叠，应属非自由语素的重叠。
② "兄弟、弟弟、妹妹、姑舅兄弟、姑舅妹妹、两姨兄弟、两姨妹妹"都是背称形式，面称则直呼其名或唤乳名。"姑舅哥、姑舅姐姐、两姨哥、两姨姐姐"也是背称，面称只用"哥、姐姐"。

男女有别的兰州地域文化。只有"妈"享受到了与男性同样的"待遇"①。

我们对兰州方言里所有表牲畜名称的名词进行了分析，发现只有"驴"和"狗"是可以重叠的："驴驴""狗狗"，其余"牛、马、猪、羊、鸡"等都不能重叠（即使"小鸡"也不能说成"尕鸡鸡"，只能说"尕鸡娃子"）。经过调查，我们了解到在兰州的传统文化中，驴和狗与兰州人的生活最为密切。驴价格便宜，饲料不讲究，耐力极强，可谓价廉物美，直到今天的兰州乃至整个西北地区的乡村驴仍是牲口当中数量最多的。狗更是忠心耿耿，吃苦耐劳，又通人性又好养，所以"驴驴、狗狗"体现了可爱、亲昵的色彩。但可爱尤其是亲昵色彩往往又伴随着轻贱的色彩，所以在兰州詈语中有"驴日的、狗日的"说法，绝没有"马日的、牛日的、羊日的、鸡日的"之类的说法，这是一个佐证。亲昵色彩往往可以伴随轻贱色彩，这在其他方面也可以得到证明，比如绰号就具有亲昵和轻贱的双重色彩，只是在不同语境中有所不同罢了。

参考文献

[1] 朱德熙. 语法讲义［M］. 北京：商务印书馆，1982.
[2] 马庆株. 汉语语义语法范畴问题［M］. 北京：北京语言文化大学出版社，1998.

---

① 舅父和舅母两词在兰州话里分别称作"阿舅"和"舅母"，这种称谓形式似与兰州话整个亲属称谓系统不相匹配，这是兰州大学中文系教授张文轩先生的看法，我赞同这个看法。兰州话称谓系统中只有"阿舅"这个词是有词头"阿"的。这使我想起了"阿姨"一词，兰州话里的阿姨并不是对与母亲同辈的女性的称谓，而是专指幼儿园的阿姨，是一个"外来词"，我清楚地记得小时候在兰州用这个词的时候感觉很"洋气"（按：20世纪六七十年代兰州人管普通话叫"洋话"）。与母亲同辈的女性，兰州人仍称之为"姨姨"，而且必须重叠。至于"舅母"则与普通话的说法一样，所以"阿舅"和"舅母"的来源还需进一步研究，我们不排除这两个词是"外来词"。

从《红楼梦》《儿女英雄传》
看"给"对"与"的取代*

引　言

　　本文所讨论的"给"语音上读作"gei",语法上是一个词。在《红楼梦》和《儿女英雄传》(以下简称《红》《儿》)里"给"主要有两种用法：一是做动词,表给予；二是做介词,表与事。《红》《儿》里的"与"主要有三种用法：一是做连词；二是做动词,表给予；三是做介词,表与事。"与"的后两种用法和"给"相同,二者可以互换。本文所讨论的"与"是指可以和"给"互换的"与"。

　　《红》前80回的写作年代学术界还没有定论,所以有必要将前80回和后40回的语料区别对待。《红》前80回约80万字,其中"给"出现了667次,"与"出现了505次；《红》后40回约34万字,其中"给"出现了383次,"与"出现了54次。《儿》为61万字,其中"给"出现了1045次,"与"只出现了9次。顺便说一下,写于20世纪30年代的《骆驼祥子》中"与"只做连词用,动词、介词的用法已消失。

　　从《红》《儿》的相关数据中可以看出"给"的出现频率不断上升,"与"的出现频率则逐次大幅下降直至消失。为什么"给"最终取代了"与","与"的动词、介词的用法会消失呢？这就是本文所要解决的问题。

---

　　* 《从〈红楼梦〉〈儿女英雄传〉看"给"对"与"的取代》,原刊于《兰州大学学报(社会科学版)》2002年第4期。

　　基金项目：国家社会科学基金资助项目(99CYY002)。

　　本文引用书目包括：老舍《骆驼祥子》,人民文学出版社1999年版；[清]曹雪芹、[清]高鹗《红楼梦》,人民文学出版社1996年版；[清]文康《儿女英雄传》,海南出版社1996年版。

一、"给""与"在动词中的表现

最能体现"给/与"动词性的句法环境是这样几种:①光杆"给/与",包括"给/与"前有状语、后有补语的情况。以下简称"A类",余类推。②"给 N_2N_3",N_2代表指人名词,N_3代表指物名词,以下同。③"给 N_2"。④"给 N_3"。概括地说就是"给/与"独立充当谓语中心。"给/与"在这四种句法环境中表现不同,分述如下。

A类。《红》前80回"给"出现了28次,"与"只出现了1次[例(3)]。为表述方便,写作28/1,"/"的左边代表"给"的出现次数,右边代表"与"的出现次数,余类推。例如:

(1) 我没一个钱!有钱也不给,只管叫他告去。(第四十四回,597页)

(2) 想是没了,就只有这个。上次那边的太太来寻了些去,太太都给过去了。(第七十七回,1074页)

(3) 皆因张华拖欠了我们的债务,追索不与,方诬赖小的主人那些个。(第六十九回,953页)

例(2)的"给过去"特别能体现"给"的动词性,《红》中没有"与过去"的例子。《红》后40回 14/0,《儿》10/0。例如:

(4) 庵里月钱是月月给的,孩子们经忏是不忘记的。(《红》第九十三回,1295页)

(5) 九公道:"好!好!你给去罢。"(《儿》第十五回,195页)

B类。《红》前80回 63/3,后40回 9/0;《儿》34/0。例如:

(6) 多多给你母亲些银子,他也不好意思接你了。(《红》第十九回,260页)

(7) 太太那边有人送了四盆兰花来……叫给二爷一盆,林姑娘一盆。(《红》第八十六回,1216页)

(8) 倒是给他几两银子,放他回去,把赶露儿换了来罢。(《儿》第三回,36页)

(9) 那封肃便半哄半赚，些须与他些薄田朽屋。(《红》第一回，17页)

C类。《红》前80回102/23，后40回30/1［见例(14)］；《儿》40/0。例如：

(10) 你家的三位姑娘，每人一对，剩下的六枝，送林姑娘一枝，那四枝给了凤哥罢。(《红》第七回，105页)

(11) 我因奶奶不在房中，不便给他。(《红》第八十八回，1240页)

(12) 这是一封信。一吊钱是给你的。都收清了就快去罢。(《儿》第四回，44页)

(13) 凤姐便奉与贾母。二次的便与宝玉，又说……(《红》第三十八回，506页)

(14) 说着，便把两件东西拿了出去，告诉了贾政，说老太太不要，便与冯紫英道："这两件东西好可好，就只没银子。我替你留心，要有买的人，我便送信给你去。"(《红》第九十二回，1282页)

D类。《红》前80回25/2，后40回13/0；《儿》7/0。例如：

(15) 也是个人给了两句吉利话儿，所以鏊上了，叫天天带着；不然，沉甸甸的有什么趣儿。(《红》第八回，121页)

(16) 有人捡了送去，就给一万两银子；送信的还给五千呢。(《红》第九十五回，1318页)

(17) 谁也都给过个三千二千，一千八百的，怎好意思呢？(《儿》第二回，27页)

(18) 贾母又与了一个荷包并一个金魁星，取"文星和合"之意。(《红》第八回，128页)

从上列数据中我们可以看到，在最能体现"给/与"动词性的A、B、C、D四种句法环境中"给"和"与"出现频率完全不可同日而语。《红》前80回"给"和"与"在A、B、C、D四种句法环境中的出现频率比为218：29，后40回为66：1，《儿》为91：0。

二、"给""与"在介词中的表现

《红》《儿》中的介词"给/与"都表与事，这个与事的下位用法主要分两类：A 类，介引受益者；B 类，介引动作行为相关的对象。

A 类。《红》前 80 回 73/43，后 40 回 114/4；《儿》510/1［例（24）］。例如：

（19）气的我只要给平儿打抱不平儿。(《红》第四十五回，600 页）

（20）紫鹃答应了，连忙给黛玉盖好被窝，放下帐子。(《红》第八十三回，1169 页）

（21）乔妆打扮的来给强盗作眼线……(《儿》第三回，41 页）

（22）等过了残冬，春天再与他们收拾房屋，另作一番安置罢。(《红》第三回，51 页）

（23）詹光便与冯紫英一层一层折好收拾。(《红》第九十二回，1281 页）

（24）我合你三载相依，多承你与我掌持这小小门庭……(《儿》第十八回，250 页）

B 类。《红》前 80 回 39/24，后 40 回 42/10；《儿》112/1［例（30）］。例如：

（25）金氏向前给贾珍请了安。(《红》第十回，144 页）

（26）贾政谢恩回来，给宗祠里磕了头，便来给贾母磕头。(《红》第八十五回，1201 页）

（27）……给老爷太太公子叩喜(《儿》第一回，13 页）

（28）金荣强不得，只得与秦钟作了揖。(《红》第九回，140 页）

（29）只怕要与姑娘道喜，南京还有人来接。(《红》第八十二回，1160 页）

（30）……问起原由，才再三的与先生陪礼，……(《儿》第十八回，239 页）

从上列数据中我们可以看到，"给"在 A，B 两类中差不多呈直线上升的状况，"与"则呈直线下降的状况。

三、"给""与"在"V_1给/与 N_2"和"V_1给/与 N_2N_3"中的表现

能在上列两个句法环境中出现的"V"大多是包含给予义的动词①，我们称其为"V_1"。《红》前 80 回"V 与 N_2"共出现了 178 例，其中 126 例的"V"由典型的"V_1"充当，它们是：递（59 次）、交（18 次）、送（15 次）、奉（8 次）、卖（5 次）、告诉（5 次）、报（4 次）、传（3 次）、赐（3 次）、付（2 次）、赏（2 次）、掷（"扔"义，2 次）。其余为分、发、租赁、传递、过（"传递"义）、散、分散（"散发"义）、撂（"扔"义）、留、输、嫁、推、带、让、说、指、斟、查点。除"说、指、斟、查点"外，其余大多数仍为"V_1"。从当今口语情况来看，"V_1"后的"给"常可省略，如：我送给他一支笔→我送他一支笔。《红》也有这种情况，比如由出现频率最高的"递、交、送"构成的"V_1 与 N_2"，都有相应的"$V_1 N_2$"：

(31) a. 宝玉早向贾珍手里接过对牌来，强递与凤姐了。（《红》第十三回，178 页）

b. 镇守海门等处总制公文一角，飞递江西粮道衙门。（《红》第九十九回，1365 页）

(32) a. 这件事竟交与他去管办。（《红》第二十三回，308 页）

b. 余交西平王遵旨查办。（《红》第一零五回，1423 页）

(33) a. 然后将自己的茶杯斟了茶，送与宝玉。（《红》第十九回，256 页）

b. 我得了些送他的，转烦你递与他就是了。（《红》第六十一回，835 页）

看来跟在"V_1"后的"与"的动词性已经弱化，当然"V_1"后的"给"也不例外。但我们发现有这样的例子：

(34) 既给与薛蟠作妾，宝蟾的意气又不比从前了。（《红》第八十三回，1176 页）

---

① 参见朱德熙《现代汉语语法研究》，见商务印书馆 1985 年版。

这里"给与"的"给"跟"V_1"具有类聚关系,说明"给"的动词性明显强于"与"。我们没有发现"与给"的说法。无论如何,即使在"给/与"的动词性都弱化的句法环境"V_1与N_2"中,"给"最终还是压倒并取代了"与":《红》前80回64/178,后40回42/16;《儿》101/0。例略。

同理,"V_1给/与$N_2 N_3$"也是"给/与"的动词性弱化的句法环境。这种句式的出现频率不高,但其中的"给"仍始终强于"与"并最终取代了"与":《红》前80回10/8,后40回3/2[见例(39)];《儿》7/0。例如:

(35)你若教给我这法子,我大大的谢你。(《红》第二十五回,339页)

(36)把这玉还他,说不是我们的,赏给他几两银子。(《红》第九十五回,1319页)

(37)……又交给我父亲一块砚台……(《儿》第十四回,182页)

(38)走了没几步,后头只见绣桔赶来,一面也擦着泪,一面递与司棋一个绢包说……(《红》第七十七回,1077页)

(39)持棍欲打,那金桂便递与他身子随意叫打;这里持刀欲杀时,便伸与他脖项。(《红》第八十回,1134页)

例(39)"递""伸"前后呼应,"伸"应作"递"解。

四、"给/与"在兼语句中的表现

先看下面的例句:

(40)a.倒茶给师父们喝。(《红》第一一五回,1531页)/袭人斟了茶来与史湘云吃。(《红》第三十二回,430页)

　　b.叫香菱来倒茶妹妹吃。(《红》第三十五回,464页)

(41)a.拿了给我孙子吃去罢。(《红》第八回,127页)/薛姨妈听了,忙也把自己糟的取了些来与他尝。(《红》第八回,123页)

　　b.你把那汤拿了来我尝尝。(《红》第三十五回,468页)

(42)a.特拿来给太太瞧瞧。(《红》第六十四回,931页)/左右猜解不来,正要拿去与贾母看……(《红》第七十三回,1011页)

　　b.你拿出来我瞧瞧。(《红》第五十二回,708页)

(43)a.做叔叔的该讲究给侄女儿听听。(《红》第九十二回,1274

页)/你极会说古的,说一个与我们小爷听听。(《红》第八十回,1138页)

b. 你要不懂,我倒是讲讲这个你听罢。(《红》第九十二回,1274页)

上列 a 组例句都是兼语句,其实 b 组例句也可以看作是兼语句,它虽然没有"给/与",但与 a 组例句在语义结构上是一致的:"N_2"在语义上都是前边动作行为的受事(或可理解为是前边动作行为所关涉的对象)、后边动作行为的施事。b 组与 a 组的不同只是在形式上前者省略了"给/与"。我们可能会认为句中"给/与 N_2V"的"给"是一个使役动词,但可以肯定不是,因为兼语句中的使役动词是不能省略的。相反,使役动词后的兼语成分则常可省略,比如例(7)的"叫给二爷一盆"和例(39)的"随意叫打"。"叫"才是真正的使役动词。所以,这些兼语句中的"给/与"仍应看作是弱化了的给予义动词。现在比较一下"给/与"在兼语句中的出现频率:《红》前80回53/22,后40回42/0;《儿》95/0。这些数据表明"与"在兼语句中仍然是输给"给"的。

五、 新兴用法中只有"给"没有"与"

先看下面的例句:

(44)便是回来有人带信,那都是不中用的。他不过口里应着,他倒给带呢!(《红》第二十四回,328页)

(45)凤姐因方才一段话,已经灰心丧意,恨娘家不给争气。(《红》第一零一回,1385页)

(46)……不是给烧烧烙铁,便是替刮刮浆子……(《儿》第二十四回,334页)

(47)我虽在那屋里,却不敢很使他们,过三天五天,我倒得拿出钱来给他们打酒买点心吃才好。(《红》第五十七回,790页)

(48)说着,把衣服拿出来给宝玉挑了一件穿。(《红》第八十九回,1243页)

(49)茶不茶的倒不要紧,你们谁快给我装烟吃罢。(《儿》第三十七回,588页)

以上例句中例（44）—（46）"给"省略了介词宾语——受益者，例（46）介词"替"后也省宾可证介词"给"省宾。这种用法在《红》《儿》中的出现频率依次为：《红》前80回2次、后40回1次［见例（45）］，《儿》19次，总体上呈明显上升的趋势。例（47）—（49）中的"给"本来是表受益的介词，但句末续了一个动词后使得句义复杂化了，"给"不仅表受益而且整句似乎还体现出些许的使役义。比如我们似乎可以将例（49）理解为"给我装烟，（让我）吃"。这种用法在《红》《儿》中的出现频率依次为：《红》前80回1次［见例（47）］、后40回1次［见例（48）］，《儿》7次，总体上也呈上升趋势。

我们没有发现"与"出现在上面两种用法中的例句。这两种用法中只出现"给"不出现"与"，加之出现频率都呈上升趋势，证明是新兴用法。

六、 结论

"给"用作动词和介词是现代白话的特点，"与"用作动词和介词主要是在现代白话以前。《红》是现代白话作品，但其中也有不少近代白话的用法，"与"就是表征之一。《红》正处于"给"对"与"的"词汇更替"阶段。从上面五部分所列事实及分析中我们可以看到，从《红》前80回到《儿》，"给"无论做动词、介词还是做弱化动词，整体上都呈现出不断发展壮大的趋势，"与"则在整体上都后退萎缩。到了《红》后40回时"与"已全面丧失了与"给"的竞争能力，到了《儿》时"与"已基本上被"给"取代。在此之后动词、介词"与"就从现代白话口语中全面消失了。

与此同时，作为连词的"与"却保留了下来。在《红》前80回里连词"与"出现了343次，比动词、介词"与"的505次低32%；但随着动词、介词"与"的衰退，这个比率在《红》后40回里就完全颠倒过来了，连词"与"出现了160次，比动词、介词"与"的54次高出了近两倍。

参考文献
［1］朱德熙. 现代汉语语法研究［M］.北京：商务印书馆，1985.
［2］曾扬华. 红楼梦引论［M］.广州：广东高等教育出版社，1988.

清中叶以来使役"给"的历时考察与分析*

引 言

　　从已掌握的材料看,"给"的大量使用是从清中叶开始的,在此之前分别是"与、乞、馈、归"等。可以这样说,"给"的大量使用与否是现代白话和近代白话的分野标志之一。

　　从当今的共时平面来看,南北方言在使役句的表达上有着明显的区别。南方方言主要用兼表给予和被动的词,如"拨"(吴语)、"畀"(粤语)、"度、护(互)、传"等(闽语)、"分"(梅州客语)等。北方方言(如华

---

* 《清中叶以来使役"给"的历时考察与分析》,原刊于《中山大学学报(社会科学版)》2002年第3期。

　　基金项目:国家社会科学基金资助项目成果(99CYY002)。

　　本文引用书目包括:老舍《骆驼祥子》,人民文学出版社1999年版;[清]曹雪芹、[清]高鹗《红楼梦》,人民文学出版社1996年版;[清]文康《儿女英雄传》,海南出版社1996年版;陈士和讲述《评书聊斋志异》(第一集、第二集),百花文艺出版社1980年版;刘颖南、许自强《京味小说八家》,文化艺术出版社1989年版;王朔《我是你爸爸》,见《王朔文集》(三)矫情卷,华艺出版社1994年版;王朔《看上去很美》,华艺出版社1999年版;[日]濑户口律子《白姓官话全译》(据日本天理大学附属天理图书馆藏写本),日本明治书院1994年版;[日]濑户口律子《学官话》,见《琉球官话课本研究》,香港吴多泰中国语文研究中心、香港中文大学中国文化研究所1994年版;鲁迅《鲁迅小说集》,内蒙古人民出版社1998年版。

北、西北、东北方言）主要用兼表被动但不表给予的词"叫"或"让"。①

与此相应，南方人在讲官话时，表使役除了用"叫"或"让"还常用"给"，"给"实际上是对表给予、使役、被动的"拨、畀、度、分"等的对译。北方人则无论讲方言还是官话，表使役都主要用"叫"或"让"，很少用"给"。

这种南北方官话的区别也比较清楚地表现在了清中叶以来的一些口语色彩较鲜明的作品中。

一、京味儿作品中表使役的"给"

至少从清代开始北京话就占据了正宗官话的地位，同时也是北方话的代表语，这里选择了7种不同时期的京味作品作为统计分析的语料。

《红楼梦》（清中叶，113.7万字），"给"字句共1052例，表使役的仅有2例［见本文例（1）（2）］，而且这2例都出现在前80回中，后40回里没有出现。《儿女英雄传》（清末，61万字），"给"字句共1045例，表使役的仅有1例［见例（3）］。《骆驼祥子》（1936年，14.3万字），"给"字句共259例，没有表使役的"给"字句。《评书聊斋志异》②（第一、第二集，1954年，共41万字），"给"字句共1415例，没有表使役的"给"字

---

① 下面这些已发表的材料可以证明这一点。①北方方言：黄伯荣等《汉语方言语法调查手册》，广东人民出版社2001年版；孟庆海《（山西）阳曲方言志》，社会科学文献出版社1991年版；温端政《（山西）忻州方言志》，语文出版社1985年版；昌黎县志编委会《（河北）昌黎方言志》，科学出版社1960年版；钱曾怡《（山东）博山方言研究》，社会科学文献出版社1993年版；刘伶《（甘肃）敦煌方言志》，兰州大学出版社1988年版；贺巍《洛阳方言研究》，社会科学文献出版社1993年版。以上7种材料证明内蒙古呼和浩特，山西忻州、阳曲，甘肃敦煌，山东烟台、博山、枣庄，河北昌黎，河南洛阳等地方言使役句都用兼表被动的"叫"。②南方方言：李如龙、张双庆《介词》，暨南大学出版社2000年版；李新魁等《广州方言研究》，广东人民出版社1995年版；钱乃荣《上海话语法》，上海人民出版社1997年版；方松喜《（浙江）舟山方言研究》，社会科学文献出版社1993年版；朱彰年《阿拉宁波话》，华东师范大学出版社1991年版；覃邦君《厦门方言志》，北京语言学院出版社1996年版；冯爱珍《（福建）福清方言研究》，社会科学文献出版社1993年版。以上7种材料证明上海、苏州、宁波、舟山等地吴语表使役都用兼表给予、被动的"拨"，广州、香港等地粤语都用兼表给予、被动的"畀"，福州、厦门、汕头、平和、福清等地闽语分别用兼表给予、被动的"度""护""传""乞"等。

② 《评》第一、第二集是1954年根据著名评书艺人陈士和讲述的13段聊斋故事的录音整理而成的（第三、第四集是其弟子们的讲述），是非常地道、土白的北京口语材料。

句。《京味小说八家》(1981—1984年)，所查语料30.3万字①，"给"字句共534例，没有表使役的"给"字句。《我是你爸爸》(1992年第一次出版，20.5万字)，《看上去很美》(1999年，23.3万字)。两部作品"给"字句共452例，表使役的"给"字句共5例，《我是你爸爸》2例、《看上去很美》3例〔见例(4)—(8)〕。以上7种作品的"给"字句总共有4757例，其中表使役的"给"字句仅8例，现全部列出如下：

(1) 千万别给老太太、太太知道。(《红楼梦》第五十二回，715页)

(2) 我的梯己两件，收到如今，没给宝玉看见过，若经了他的眼，也没了。(《红楼梦》第四十回，541页)

(3) 我不象你这等怕死贪生，甘心卑污苟贱，给那恶僧支使，亏你还有脸说来劝我！(《儿女英雄传》第七回，85页)

(4) 马林生得了票就紧紧攥在手里，不给马锐看见，抽冷子藏进贴身小衣的口袋里……(《我是你爸爸》，267页)

(5) 加上平时也很注意，搞什么名堂都背着孩子，不给他知道……(《我是你爸爸》，332页)

(6) 说是去讲卫生，感觉上是去给人糟蹋。(《看上去很美》，19页)

(7) 毛泽东有一句优美的诗：帝子乘风下翠微。常给方枪枪幻想：两个悲伤的皇帝女儿来到我们这一带……(《看上去很美》，178页)

(8) 咱们国家有些事还没干利索，好些地主资本家都没消灭光，给人家跑了，在一个叫台湾的海岛上天天磨刀……(《看上去很美》，211页)

可能有人会认为由"知道""看见"之类的动词构成的上列句子是被动句，这里有必要简述一下被动句与使役句的区别。两者的区别主要有三：第一，被动句的主要动词不能是光杆动词，它的后面大多数情况下都有动态助词"了"，没有"了"也有补语。②"V+补/了"体现了动作行为已经实现的意思。使役句则没有这个限制，其主要动词是光杆动词的情况是很常见的，如上例(1)(3)(5)(6)(7)。第二，被动句的主要动词必须是及物动词，

---

① 《京》共43万字。在统计分析中，我们将该书中的8篇评论文章和老舍的两篇小说抽掉，筛出7位当代作家的14篇小说（每人2篇，共计30.3万字），这7位作家是汪曾祺、刘绍棠、邓友梅、韩少华、陈建功、浩然、苏叔阳。

② 这里不包括"被"加消极光杆动词的"被VP"式，如"被杀、被害、被侮辱"等。从现代用例看，表被动的"叫、让、给"都没有这种用法。

使役句的主要动词则既可以是及物动词，也可以是不及物动词。例（8）的"跑"就是不及物动词。第三，被动句都有受事在被动标记"叫、让、给、被"之前，或做主语或承前省。使役句如果有主语则一定是施事，这个施事主语也常承前省。例（4）"不给马锐看见"承前省了的主语是施事主语"马林生"而不是受事主语"票"；同理，例（2）"没给宝玉看见过"承前省了的主语是施事主语"我"而不是受事主语"梯己"，全句应当这样理解："我的梯己（有）两件，（我）收到如今，（我）没给宝玉看见过（这两件梯己），／（这两件梯己）若经了他的眼，也没了。"

现在我们来看看"叫"字、"让"字使役句在以上 7 种作品中的出现频率情况。《红楼梦》"叫"字使役句[①] 1514 例，"让"字使役句 151 例；《儿女英雄传》"叫"字使役句 625 例，"让"字使役句 145 例；《骆驼祥子》"叫"字使役句 83 例，"让"字使役句 33 例；《评书聊斋志异》"叫"字使役句 218 例，"让"字使役句 232 例；《京味小说八家》"叫"字使役句 62 例，"让"字使役句 175 例；《我是你爸爸》《看上去很美》"叫"字使役句 34 例，"让"字使役句 264 例。与这个数量相比，"给"字使役句的数量实在是微不足道。

二、 南方官话表使役的"给"

南方吴、粤、闽、客四方言都是用兼表给予的词表使役，这在以下 3 种南方官话特色十分鲜明的作品中得到了反映并与京味儿作品形成了明显的对立。

《白姓官话》（1.7 万余字）、《学官话》（1.4 万余字），这两部书初步确定是在清初至清中叶之间编写的教琉球国（现日本冲绳县）人学汉语官话的口语课本。[②] 两部书的"给"字句共 69 例（《白姓官话》35 例、《学官

---

① 这里的"叫"包括"教"。

② 《白》和《学》的作者还不能确定。可以确定的是《白》是经福州老儒林守超于乾隆十八年（1753）"在《问答官话》（琉球青年郑凤翼带来的一部书）的基础上修改润饰而成"的（濑户口律子语）。《学》的词汇选择、主要内容、表述方式甚至字体都与《白》相同或相近。最大的不同似乎仅在于《白》是中国人在琉球与当地人的对话记录，《学》是琉球人在福州与当地人的对话记录。据此，我们认为这两部书属同一时代，编写时间都应在清乾隆十八年（1753）以前，但不大可能在清以前。日本学者濑户口律子先生曾对这两部书的南方官话性质做了一些研究（详见濑户口律子《琉球官话课本研究》）。

话》34 例），表使役的有 14 例（《白姓官话》6 例、《学官话》8 例）。《鲁迅小说集》（1918—1935 年，27.6 万字），"给"字句共 255 例，表使役的有 27 例。以上 3 种作品的"给"字句总共有 324 例，其中表使役的"给"字句有 41 例，以下每种作品举 3 例：

（9）因为这边人多炒（吵）闹，恐怕病人不安，所以另盖这一间小房子，给他住在里头养病。(《白姓官话》，165 页)

（10）你兄们都是大邦人物，礼仪之乡言动举止，那（哪）一件不是给人可学的。(《白姓官话》，166 页)

（11）若有便人，烦劳通事，寄个口信去，给他知道。(《白姓官话》，202 页)

（12）托他速速转达官府，早出回文，给我回去，就感谢老爷的恩不尽了。(《学官话》，124 页)

（13）这个人原生棉花疮，如今变做疯毒了，好怕人，一身希臭的。他当日才生的时节为什么不请医生调治，给他烂到这个样呢？(《学官话》，124 页)

（14）那牛郎织女要相会，喜雀（鹊）架桥，给牛郎过。(《学官话》，134 页)

（15）他希望他不再说话，好给自己聚精会神，赶紧想一想东晋之兴亡。(《鲁迅小说集》，183 页)

（16）可是到四更天竟咽了气，最后的话，是："为什么不肯给我会一会连殳的呢？……"(《鲁迅小说集》，189 页)

（17）到一座山，砍一通树，和益俩给大家有饭吃，有肉吃。(《鲁迅小说集》，277 页)

三、综论

通过以上两部分所列事实我们可以看到，7 种京味儿作品的语料总数约为 304.1 万字，"给"字句总共有 4757 例，其中表使役的"给"字句仅 8 例；3 种南方官话作品的语料总数约为 30.7 万字，"给"字句总共有 324 例，其中表使役的"给"字句有 41 例。无论从语料总数还是从"给"字句出现数量的角度看，3 种南方官话作品中表使役的"给"字句其出现频率要比 7 种京味儿作品中表使役的"给"字句的出现频率高出 10 倍以上。这完全印证了我们在引言中的观点：南方人在讲官话时表使役常用"给"，北方人则无论讲方言还是官话，表使役都主要用"叫"或"让"，很少用"给"。

从历时流动的角度看，清中叶至清末的《红楼梦》和《儿女英雄传》语料数为 174.7 万字，"给"字句共有 2097 例，其中表使役的"给"字句有 3 例。20 世纪 30 年代至 80 年代的《骆驼祥子》《评书聊斋志异》《京味小说八家》语料数为 85.6 万字，"给"字句共有 2208 例，没有表使役的"给"字句出现。20 世纪 90 年代的《我是你爸爸》《看上去很美》语料数为 43.8 万字，"给"字句共有 452 例，其中表使役的"给"字句有 5 例。根据这个事实我们做出这样的推测：用兼表给予的词表使役可能是古已有之的，但主要在南方话里得到了继承；北方话选择了"叫、让"表使役，排斥兼表给予的词表使役；20 世纪 90 年代北京话里又出现了用兼表给予的词表使役可能与口头上的南方官话对北京口语的影响有关。

参考文献

[1] 江蓝生. 汉语使役与被动兼用探源［C］//近代汉语探源. 北京：商务印书馆，2000.
[2] 蒋绍愚. 近代汉语研究概况［M］.北京：北京大学出版社，1994.
[3] ［日］志村良治著. 江蓝生，白维国译."与""馈""给"——从中古到近代的汉语授与动词的历史变迁和"给"的北京音的来源［C］//中国中世语法史研究. 北京：中华书局，1995.
[4] ［日］太田辰夫著. 蒋绍愚，徐昌华译. 中国语历史文法［M］.北京：北京大学出版社，1987.

加强处置/被动语势的助词 "给"*

先看下面几个例子:

(1) 把个天王殿穿堂门儿的要路口儿给堵住了。(《儿女英雄传》第三十八回,623 页)

(2) 报告您哪,我们娘们儿叫人给剐啦!(《评书聊斋志异》第二集,63 页)

(3) 两头全让他给占了。(《京味小说八家》,345 页)

(4) 他不放心他的车,惟恐被丁四,或任何人,给拉坏。(《骆驼祥子》,167 页)

例(1)是表处置①的句子,例(2)(3)(4)是表被动的句子。其中的

---

* 《加强处置/被动语势的助词"给"》,原刊于《语言教学与研究》2004 年第 1 期。
本文经唐钰明教授审阅,谨致谢忱。
本文引用书目包括:[清]曹雪芹、[清]高鹗《红楼梦》,人民文学出版社 1996 年版;[清]文康《儿女英雄传》,海南出版社 1996 年版;老舍《骆驼祥子》,人民文学出版社 1999 年版;赵树理《赵树理小说选》,山西人民出版社 1997 年版;陈士和讲述《评书聊斋志异》(第一集、第二集),百花文艺出版社 1980 年版;刘颖南、许自强《京味小说八家》,文化艺术出版社 1989 年版;王朔《我是你爸爸》,见《王朔文集》(三)矫情卷,华艺出版社 1994 年版;贾平凹《高老庄》,太白文艺出版社 1998 年版;王朔《看上去很美》,华艺出版社 1999 年版;[日]濑户口律子《白姓官话全译》,日本明治书院 1994 年版;[日]濑户口律子《琉球官话课本研究》,香港吴多泰中国语文研究中心、香港中文大学中国文化研究所 1994 年版;韩邦庆《海上花列传》,海南出版社 1997 年版;鲁迅《鲁迅小说集》,内蒙古人民出版社 1998 年版;茅盾《子夜》,见《茅盾选集》(第一卷),四川人民出版社 1982 年版。

① 本文采用处置式的说法而不用"把"字句主要基于以下三点考虑:①它不仅包括"把"字句,还包括"将"字句,甚至可以包括非"把"字、"将"字句(见本文第五节);②典型意义上的"把"字句、"将"字句就是处置式;③"处置"与"被动"在同一概念平面上相对立,既准确又便于称述。

"给"尽管所处句式不同,但它们都直接附在"VP"之前,"VP"的受事都分布在"给VP"之前,同时,句中"VP"的表现形式也都相同,所以我们将它们视为同一个"给"。

一、历时的考察与统计数据

从已掌握的材料看,最早大量出现"给"的是清中叶的《红楼梦》,"给"① 共出现了1052次,但还没有出现这种用法的"给"。首次出现这种"给"的是清末的《儿女英雄传》(以下简称《儿》),《儿》(61万字)共出现1045次"给",这种"给"有19个,其中17个出现在"把"字句中,2个出现在表被动的"叫"字句中。例如:

(5) 你瞧,把个小院子儿给摆满了!(第二十七回,398页)
(6) 公子断没想到从城里头憋了这么个好灯虎儿来,一进门就叫人家给揭了。(第三十八回,619页)

《骆驼祥子》(以下简称《骆》,14.3万字)共出现259次"给",这种"给"有15个,在"把"字句和"被"字句以及"教"字被动句中各出现5次②。例如:

(7) 我把大门给锁上了!(104页)
(8) 既心疼钱,又恨自己这样的不济,居然会被一场雨给激病,他不肯喝那碗苦汁子。(167页)
(9) 那么,你一下车就教侦探给堵住,怪谁呢?(110页)

---

① 这里所说的"给"是指语音上读作"gei"、语法上作为一个词的"给"。"供给"的"给"就不在讨论之列。

② 《骆》中"叫"字句15例,均表使役,不表被动;"教"字句86例,其中表被动的有18例。这应当看作老舍个人的词汇选择习惯,他是用"教"字来表现现代白话的"叫"字,而用"叫"字来表现近代白话的"教"字,这可以从历时发展的角度来说明:《红》中表被动的"叫"有47例,表被动的"教"只有2例;《儿》中表被动的"叫"有24例,表被动的"教"只有1例。《骆》之后的四种京味语料中已没有表被动的"教"。所以我们认为,将老舍作品中的"教"和"叫"颠倒来看才是合理的。

《赵树理小说选》（以下简称《赵》，37.2 万字），共出现 1019 次"给"，这种"给"有 5 个，其中 4 个出现在"把"字句中，只有 1 个出现在"叫"字被动句中。例如：

(10) 后来把鸭脖子的手提箱打开，把二十块现洋给检查走了。(117 页)

(11) 这伙懒婆娘可叫小四给整住了！(405 页)

《评书聊斋志异》第一、第二集①（以下简称《评》，41 万字），共出现 1322 次"给"，这种"给"有 234 个，其中有 186 个出现在"把"字句中，24 个出现在"叫"字被动句中，22 个出现在"让"字被动句中，只有 2 个出现在"被"字句中。例如：

(12) 王七这会儿也机灵，赶紧过来一弯腰，把老道的蒲团给提了起来……（第一集，4 页）

(13) 崔猛抬头一看……刚要往下说，就叫赵僧哥给拦住了。（第二集，118 页）

(14) 你花言巧语一通儿说，是三两啊，是五两啊，让你给哄弄走了。（第一集，202 页）

(15) 有人给家里送信儿，才知道宁泰在山里被人给害啦！（第二集，303 页）

《京味小说八家》（以下简称《京》）共 43 万字，我们只对其中 30.3 万字的语料进行了统计分析，这些语料是汪曾祺等 7 位当代京味作家写于 20 世纪 80 年代上半叶的作品（未做统计分析的语料分别是 2 篇老舍的作品和 8 篇评论文章）。在这些语料中共出现"给"525 次，这种"给"有 45 个，其中 36 个出现在"把"字句中，5 个出现在"让"字被动句中，2 个出现在"叫"字被动句中，2 个出现在"被"字句中。例如：

(16) 不过培养这几个红五类接班人，可把云致秋给累苦了。(82 页)

---

① 《评》第一、第二集是 1954 年根据著名评书艺人陈士和讲述的十三段聊斋故事的录音整理而成的（第三、第四集是其弟子们的讲述），是非常地道、土白的北京口语材料。

(17) 这山路又窄又弯,还让雨水给冲得坑坑洼洼,也没法儿骑着走!(454页)

(18) 哪儿啊,我叫人给扒光了!(211页)

(19) 在商场采买的时候,她刚一张嘴就被丈夫给堵住了。(420页)

王朔的《我是你爸爸》(以下简称《我》,20.5万字)、《看上去很美》(以下简称《看》,23.3万字)共出现"给"452次,这种"给"只有3个,都出现在"让"字被动句中,例如:

(20) 不是跟人打架,是让人家给打了,打得不挺厉害,大概已经住院了。(《我》,406页)

贾平凹的《高老庄》(128.5万字),共出现705个"给",这种"给"只有1个,出现在"把"字句中:

(21) 西夏忙把那脏衣服给脱下来,才去箱里要找他的新内衣内裤。(143页)

以上有这种"给"出现的8种作品都是具有北方口语色彩的作品,而且除了《赵》和《高老庄》,其余6种都是京味作品。我们还对以下5种不同时代的具有南方官话色彩的作品进行了相关的考察,这些作品都有相当数量的"给"字出现,但都没有出现这种"给"。它们是:清中叶之前的《白姓官话》(1.7万余字)、《学官话》(1.4万余字)①,共出现69个"给";清末的《海上花列传》(51万字),书中对白用吴语,叙述语用官话(约有15万字),叙述语中共出现62个"给";《鲁迅小说集》(写于1918—1935

---

① 《白姓官话》和《学官话》是教琉球国(现日本冲绳县)人学汉语官话的口语课本,作者还不能确定。可以确定的是《白》是经福州老儒林守超于乾隆十八年(1753年)"在《问答官话》(琉球青年郑凤翼带来的一部书)的基础上修改润饰而成"的(濑户口律子,1994a)。《学》的词汇选择、主要内容、表述方式甚至字体都与《白》相同或相近。最大的不同似乎仅在于《白》是中国人在琉球与当地人的对话记录,《学》是琉球人在福州与当地人的对话记录。《白》和《学》大量使用"给"和"叫",不用"与"和"教",说明是现代白话;但表被动只用"给"(其余用"被")不用"叫",与《红》和《儿》形成了鲜明的对立,说明是南方官话的。日本学者濑户口律子先生也曾对这两部书的南方官话性质做了研究(濑户口律子,1994b)。

年,27.6 万字),共出现 255 个"给";《子夜》(1932 年,35.6 万字),共出现 169 个"给"。

根据以上事实,我们至少可以得出以下两点结论:第一,"把……给"和"叫……给"产生得最早,但也应当在清中叶以后。"被……给"的产生晚于前两者,"让……给"产生得最晚。从产生的时间看,这种"给"是现代白话的用法。第二,8 种北方话作品中这种"给"共有 322 个,其中 316 个出现在京味作品中,只有 6 个出现在非京味作品中;5 种具有南方官话色彩的作品中都没有出现这种"给"。这充分说明这种"给"是北方话的用法,并且在北京话里最为常见。

二、"给 VP"中的"VP"及其受事

在 322 个包含这种"给"的实例中,主要动词后有动态助词"了"的占 253 个,没有"了"但有与之功能相近的助词"的"的有 7 个,例如:

(22) 你看看你在梦里是怎么变的虎,那位金甲使者是怎么拿锤把你的门牙给砸掉的……唉!这还了得!(《评》第二集,16-17 页)

主要动词后既无"了"又无"的"但有补语的占 62 个,也就是说在这 322 个实例中没有 1 例"VP"是由光杆动词充当的。我们认为"给 VP"中的"VP"都表达了(或能够表达)动作行为已经实现的意思(以下简称"实现义"),"VP"中的"了"和"的"是表达实现义的,"VP"中的补语也能够表达实现义。从词汇层面的意义来看,"给 VP"中"VP"的补语是表达结果义的,结果义和实现义在意义上有相通之处,"结果"可以理解为"已成定局","已成定局"也就是"已经实现"。"给 VP"中"VP"的补语正是沿着"结果"→"已经实现"这样由低到高的线路间接地表达了实现义;"给 VP"中"VP"的"了"和"的"则是在"体"的层面上直接表达实现义的。在 322 个实例中,80% 以上的句子都有助词"了"(或"的"),这说明用"了"(或"的")这样的形式直接表达实现义是"给 VP"中"VP"的首选。

我们可以把 322 个实例分写为下面两式,A 式:$N_{施}$ 把 $N_{受}$ 给 VP;B 式:$N_{受}$ 叫/让/被 $N_{施}$ 给 VP。A 式是处置式,B 式是被动式。格式中的 $N_{施}$ 指施事,$N_{受}$ 指受事。看得出无论 A 式 B 式,它们的受事都分布在"给 VP"之

前，只是在被动式中有时承前省，如例（4）（6）（8）（13）（20）等，在322个实例中无一例外。所以从形式上看"给 VP"后一般都没有受事宾语，下面一句也不算例外：

（23）他们没有求任何一个人，只有夫妻两个，就把那只大肥猪给捅了脖子、褪了毛、开了膛、破了扇；最后又收拾好下水，把骨头都给剔干净。（《京》，411页）

句中"脖子、毛、膛、扇"都为"猪"所领有，"猪"其实也是"给捅了脖子、褪了毛、开了膛、破了扇"这个大 VP 的受事。

三、"给 VP"中"给"的来源及词性

朱德熙先生说"'被、叫、让'还可以跟'给'字配合起来用"①，例如：

杯子被他给打破了、杯子叫他给打破了、杯子让他给打破了……

"此类格式里动词前边的'给'的作用在于引出与事。在上边引的例子里，与事未出现。……'给'的作用是引出与事，'把'的作用是引出受事。有的时候我们可以把受事当作与事来看待。"朱先生的这番话对我们确定"给 VP"中"给"的性质及其来源是极具启发意义的。《儿》中有这样的例子：

（24）何小姐趁他入绳子的时节，暗暗的早把这头儿横闩依然套进那环子去，把那搭闩的钩子给他脱落出来，却隐身进了西间。（《儿》第三十一回，467页）

例（24）"给他"的"他"指代的是前面的"钩子"，也就是说"他"与"钩子"所指是相同的。这个"他"不是表受益的与事，而是形式上的与事、语义上的受事，在现代汉语里应写作"它"（"他、她、它"在《儿》中均写作"他"）。在《儿》以后的书面材料中再没有找到这样的例子，但

---

① 参见朱德熙《语法讲义》，商务印书馆1982年版，第179页。

在现实口语中却可以找到：

（25）讲学习以养才气，讲政治以养大气，讲正气以养浩气……要把这几个方面给它结合起来。（河南财经学院教授朱金瑞语，河南卫视《理论点击》栏目 2001 年 11 月 5 日 11 点 45 分左右）

（26）……我看咱们还是把要办的第一件事先给它办了。（电视剧《碧血情仇》中复仇者的朋友语，广东有线电视台影视频道 2001 年 9 月 5 日 20 点）

例（25）的"它"与"这几个方面"所指相同，例（26）的"它"与"要办的第一件事"所指相同，"它"复指了前边的受事，在语义上它们同为受事。我们注意到了这个"它"是弱读音节，接近于轻音。以上 3 例的"它（他）"如果按正常音强来读的话，要么听起来不自然，要么不成立。我们认为，复指功能使"它"具有加强句子语势的作用，但从信息传递的角度看"它"实际上是一种冗余信息，所以形式上表现为弱读。冗余信息和弱读又导致了"它"可有可无，书面上往往略去。没有"它"的时候，其加强语势的作用就由前面的"给"来承担了，这个"给"也因此退化为助词。王还先生曾经说，"'被'字句中的动词前面可以加助词'给'，'把'字句中的动词前面也可以加，这个'给'字都只是加重语气，并没有什么意义"①。她的观察是有道理的，"加重语气"也就是我们所说的加强语势，在处置式里就是加强处置语势，在被动式里就是加强被动语势。

综上所述，我们认为"把 $N_{受}$ 给它 VP"就是"把 $N_{受}$ 给 VP"的原型。"给"在"把 $N_{受}$ 给它 VP"里基本上是个介词，但它所介引的是与前边的受事所指相同、语音上弱读的"它"。"把 $N_{受}$ 给 VP"的"给"是助词。"叫/让/被 $N_{施}$ 给 VP"中的"给"也是助词。我们没有找到"叫（教）/让/被 $N_{施}$ 给它 VP"这样的句子，但我们可以肯定地说，作为助词"给"，无论在处置式还是被动式中它们的性质都是相同的。

四、 包含助词"给"的处置/被动式的语势、语体

试比较"/"号两边的句子：

---

① 参见王还《"把"字句和"被"字句》，上海教育出版社 1984 年版，第 52 页。

a. 我把杯子打破了。/我把杯子给打破了。
b. 杯子叫（让、被）我打破了。/杯子叫（让、被）我给打破了。

左右两边的句子理性意义是一样的，但仔细体味一下就能感觉到 a 左的处置意味没有 a 右那么强、b 左的被动意味没有 b 右那么强。如果把上例（1）—（26）中的"给"去掉，句子的理性意义不变，但其处置、被动意味就会相对减弱，即句子语势减弱。与此同时，我们还能明显地感觉到 a 右、b 右比 a 左、b 左的口语色彩要重。从现代白话来看，"把"主要用于口语语体的处置式，"将"只用于书面语体的处置式；"被"主要用于书面语体的被动式，"叫、让"只用于口语语体的被动式。在 322 个实例中"将……给"式只有 1 例：

（27）他轻瞟了连喜一眼，又忙抬起手背……差点儿将那细巧茶壶给碰翻了。(《京》，284 页)

"把……给"式 246 例，"叫……给"式 34 例，"让……给"式 30 例，"被……给"式 9 例。这些数据本身就说明了这种"给"主要出现在口语色彩较重的句子中。

五、"$N_受 N_施$ 给 VP"式

根据以上结论，我们认为下面句子中的"给"与前面讨论过的"给"性质上也相同。请看下面的例句：

（28）无如公子的话已是说出口来了，杯已是飞出门儿去了。这个当儿，忽然梦想不到来了这么个人，双手给抱住了。(《儿》第三十四回，460 页)

（29）他双手托着这位小少爷，不使劲吧，怕滑溜下去，用力吧，又怕给伤了筋骨，他出了汗。(《骆》，43 页)

（30）艾艾说："那样你不把燕燕姊的事给说漏了吗？"燕燕说："说漏了自然更好了！你们给说漏了，我妈也怨不着我！"(《赵》，307 页)

（31）梁有才手头儿钱紧的那些时候儿，提过要到丈母娘家去瞧瞧，都

是云翠仙想法儿给拦住了。(《评》第一集，208页)

(32)"该接着说您那位五哥啦！"赤红脸儿有点儿绷不住了。"啊？——您不提，我还真给扔到脖子后头去了。"(《京》，258页)

(33)旁边人说好你个跛子叔你吃了羊肉泡馍不投票，人家要人家的羊肉泡馍哩！跛子说那我就给吐出来！(《高》，216页)

(34)方超嘴里还嚼着东西，显然是从饭桌上给带出来的。(《看》，77页)

(35)如果早一日，清河县的案子我就能给破了。(电视剧《天下粮仓》米河语，中央电视一台2002年1月29日)

与前面讨论过的"给"相同的是，这类句式"给"后的 VP 都表达了实现义，VP 的受事都在"给"前，去掉"给"句子的理性意义都不受影响，都体现出了较鲜明的口语色彩；不同的是这类句式的施事、受事前面没有形式标记，即没有介词"把"和"被"。这类句式的施事、受事常常不在本句内出现，但很容易通过上文判定出来，比如例(28)"这么个人"是施事（承前省）、"杯"是受事（承前省），余类推。我们以例(35)为代表将其格式化为"$N_{受}N_{施}$给 VP"。那么，这类句式中的"给"加强的是什么样的语势呢？我们看例(30)，其中的两个"给"前一个在处置式中，后一个在"$N_{受}N_{施}$给 VP"式中，彼此呼应。再看下面一例：

(36)噗啦这么一声，把拂尘从上边给抻下来啦！抻了下来之后，两手一对，咔吧一声，就给撅折啦，一抖手，就给扔在地上啦！陈氏就听见外间屋门咔嚓一声响，不用问，那是抬腿给踢开啦！陈氏咬着牙，拿两只手把眼捂住了！又听见咔嚓一声，那一定是把东里间儿房门给踹开了。(《评》第一集，44页)

此例共出现了5个"给"，首尾两个在处置式中，中间夹裹着3个"$N_{受}N_{施}$给 VP"式，一气呵成。这说明"$N_{受}N_{施}$给 VP"中的"给"与处置式中的"给"所体现的语势是一致的，句子中的"给"都是加强处置语势的。一个更具说服力的证据是"$N_{受}N_{施}$给 VP"式也有自己的原型"$N_{受}N_{施}$给它 VP"式：

(37)所以燕北闲人这部《儿女英雄传》自始至终止这一个题目，止这几个人物，便是安老爷安太太再请上几个旁不相干的人来凑热闹，那燕北闲人作起书来也一定照孔夫子删《诗书》修《春秋》的例给他删除了去。（《儿》第二十八回，417页）

例（37）的"他"复指了"安老爷安太太再请上几个旁不相干的人来凑热闹"这件事，被复指的部分同时也是"删除了去"的受事，去掉这个"他"甚至去掉"给"，句子的理性意义都不受影响。我们完全可以把"N$_受$N$_施$给 VP"同样看作是处置式，是一种无受事标记的处置式。从更高的句义层次看，我们又可以把"把 N$_受$给 VP"和"N$_受$N$_施$给 VP"同样看作是加强了处置语势的主动句。这样，"把 N$_受$给 VP"和"N$_受$N$_施$给 VP"为一组，都是主动句、表处置；"叫/让/被 N$_施$给 VP"为另一组，都是被动句、表被动。

从历时情况看，"N$_受$N$_施$给 VP"式第一次出现也是在《儿》中，共 7 例；《骆》中出现了 1 例；《赵》中出现了 3 例；《评》中出现了 66 例；《京》中出现了 9 例；《我》中没有出现，但在同一作者的《看》中出现了 4 例；《高》中出现了 1 例。共计 91 例。在 5 种南方官话作品中一例也没有出现过。这说明"N$_受$N$_施$给 VP"式也属于北方话的用法，也是在北京话里尤为常见。从各式总的出现次数看，"N$_受$N$_施$给 VP"式仅次于"把 N$_受$给 VP"式（246 次），超过了"叫（教）/让/被 N$_施$给 VP"三式（共 73 次）。从数量上看，这五式也明显分成了两组：前两式属于第一组——主动句，后三式属于第二组——被动句。通过对上面五式共计 413 个实例（322＋91）的逐一测试，我们发现了一个重要现象："把 N$_受$给 VP""N$_受$N$_施$给 VP"的"给"后基本上都可以加上弱读的"它"，"叫/让/被 N$_施$给 VP"的"给"后都不能加。据此我们可以这样推论："给"首先出现于有受事标记的处置式中，然后扩散至无受事标记的处置式中，这是第一个阶段。"给"在这个阶段里有时是介词（后有"它"时），大部分情况下是助词（后无"它"时）。"给"纯粹以加强语势的助词的身份由主动句扩散至被动句，这是第二个阶段。

参考文献

[1] 王还．"把"字句和"被"字句［M］．上海：上海教育出版社，1984．
[2] 王彦杰．"把……给 V"句式中助词"给"的使用条件和表达功能［J］．语言教学与研究，2001（2）．
[3] 朱德熙．语法讲义［M］．北京：商务印书馆，1982．

清中叶以来北京话的被动"给"及其相关问题[*]

——兼及"南方官话"的被动"给"

引 言

《现代汉语八百词》认为"给"可以表达被动义[①],举例为:

门给风吹开了。/衣服给雨淋湿了。

朱德熙认为"给"可以表达被动义[②],举例为:

房子给土匪烧了。/他给人骗了。/衣服给雨水打湿了。/你说的话全给我听见了。

---

[*] 《清中叶以来北京话的被动"给"及其相关问题——兼及"南方官话"的被动"给"》,原刊于《中山大学学报(社会科学版)》2004年第3期。

基金项目:国家社会科学基金资助项目(99CYY002)。

本文引用书目包括:[清]曹雪芹、[清]高鹗《红楼梦》,人民文学出版社1996年版;[清]文康《儿女英雄传》,海南出版社1996年版;威妥玛著、张卫东译《语言自迩集——19世纪中期的北京话》,北京大学出版社2002年版;松友梅《小额》,载中山大学中文系编《中国近代文学研究》第1辑269—313页与第2辑303—371页,广东人民出版社1983年版、1985年版;老舍《骆驼祥子》,人民文学出版社1979年版;陈士和讲述《评书聊斋志异》(第一集、第二集),百花文艺出版社1980年版;刘颖南、许自强《京味小说八家》,文化艺术出版社1989年版;王朔《我是你爸爸》,见《王朔文集》(三)矫情卷,华艺出版社1994年版;王朔《看上去很美》,华艺出版社1999年版;贾平凹《高老庄》,太白文艺出版社1998年版;[日]濑户口律子《白姓官话》,见《白姓官话全译》,日本明治书院1994年版;[日]濑户口律子《学官话》,见《琉球官话课本研究》,香港吴多泰中国语文研究中心、香港中文大学中国文化研究所1994年版;鲁迅《鲁迅小说集》,内蒙古人民出版社1998年版。

① 吕叔湘:《现代汉语八百词》,商务印书馆1980年版,第198页。

② 参见朱德熙《语法讲义》,商务印书馆1982年版,第179页。

以上例句都没有说明出处，不能确定是否为北京话的实例。江蓝生①和蒋绍愚②在谈到清代北京话表被动义的"给"时都只举了同一个实例：

就是天也是给气运使唤着，定数所关，天也无从为力。（《儿女英雄传》第三回）

18世纪以来，几乎每个时期都有口语程度较高的北京话作品，语料是很丰富的。按说如果"给"表被动义在北京话里是常见的语法现象，那就应当信手拈来地举出很多相关的实例，但事实似乎并非如此。

一

我们选择了下列9种不同时期的北京话作品作为研究语料③：《红楼梦》（前80回，曹雪芹，约18世纪50年代；后40回，高鹗，约18世纪90年代），《儿女英雄传》（文康，19世纪40年代），《语言自迩集》（威妥玛，19世纪50年代至80年代初），《小额》（松友梅，19世纪90年代），《骆驼祥子》（老舍，1936年），《评书聊斋志异》（第一集、第二集，陈士和讲述，1954年），《京味小说八家》（汪曾祺等，1981—1984年）④，《我是你爸爸》（王朔，1992年），《看上去很美》（王朔，1999年）。为叙述方便，

---

① 参见江蓝生《汉语使役与被动兼用探源》，见《近代汉语探源》，商务印书馆2000年版，第229页。

② 参见蒋绍愚《近代汉语研究概况》，北京大学出版社1994年版，第234页。

③ 各作品后括弧内的年代、时间所指分述如下：①《红楼梦》人民文学出版社1996年12月第2版"前言"中介绍，曹雪芹"于公元1763年即乾隆二十七年壬午除夕去世。他的不朽巨著《石头记》的前80回，早在他去世前10年左右就已传抄问世"，"现存《红楼梦》的后40回，是程伟元和高鹗在公元1791年即乾隆五十六年辛亥和公元1792年即乾隆五十七年壬子先后以木活字排印行世的"。②《中国清代文学史》（马子富、刘丽红，人民出版社1994年版，第174页）认为《儿女英雄传》"成书于道光二十九年（1849年）"。③据《语言自迩集——19世纪中期的北京话》第一版、第二版序言的介绍，该书北京话口语片段的"采集"时间应在19世纪50年代至80年代初之间。另，本文所统计的该书语料仅限于这些北京话口语片段，不包括作者、译者的叙述语。④据《小额》杨曼青序介绍："松君友梅，编辑此书，乃数年前小额之事实也。……时光绪二十四年六月二十三日。"可以基本断定该书成书于19世纪90年代。⑤《骆》《评》《京》《我》《看》以及后面的《鲁》括弧内的时间为作品出版或完成时间。

④ 《京》的语料选择情况参见李炜《清中叶以来使役"给"的历时考察与分析》，载《中山大学学报（社会科学版）》2002年第3期。

以下分别简称为《红》《儿》《语》《小》《骆》《评》《京》《我》《看》。

在这 9 种材料中"给"（gei）字的出现次数分别为：《红》1052 次，《儿》1045 次，《语》247 次，《小》342 次，《骆》259 次，《评》1415 次，《京》534 次，《我》225 次，《看》227 次。其中表被动义的"给"（以下简称被动"给"）的出现数分别为：《红》1 次（《红》后 40 回没有出现被动"给"），《儿》1 次，《语》0 次，《小》0 次，《骆》1 次，《评》1 次，《京》3 次，《我》4 次，《看》19 次。从历时的角度看，以 20 世纪 90 年代为界，此前的 7 种材料中共出现了约 4894 个"给"字，其中被动"给"只有 7 个。此后的 2 种材料共出现了 452 个"给"字，其中被动"给"却有 23 个！据此我们可以断定，在 20 世纪 90 年代以前的北京话里，"给"表被动不是常见用法而是罕见用法。但在 20 世纪 90 年代以后情况发生了变化（见本文第三节）。下面是前 7 种材料中出现过的所有相关实例以及后 2 种材料中的部分相关实例：

（1）我原是给你们取笑的——拿我比戏子取笑。（《红》第二十二回，96 页）

（2）就是天也是给气运使唤着，定数所关，天也无从为力。（《儿》第三回，30 页）

（3）他几乎觉得没脸再进人和厂，而给大家当笑话说："瞧瞧，骆驼祥子敢情也是三天半就吹呀，哼！"（《骆》，46 页）

（4）大伙儿赶紧的往屋跑，……再往床上一看哪，就见老席廉给折腾得不像样了。（《评》第二集，163 页）

（5）这不明着骂张春元哪吗？一次两次，不知是给骂怕了，还是没闲心听老头儿扯淡了，反正张春元是不往这儿凑了。（《京》，360 页）

（6）车没搭上，两个行李卷儿还给拐跑了，以后也没有找回来。（《京》，427 页）

（7）整个晚上净听他一人在那儿嚷，真正的内行反倒给晾那儿了。（《京》，326 页）

（8）马林生踩着一地狼藉掩面而过，还是给弄了一头一脸灰，使他看上去更是一副倒霉相。（《我》，310 页）

（9）马林生脸腾地红了，一直红到耳朵，所以尽管他侧脸低着头，还是给齐怀远看见了。（《我》，307 页）

（10）看见躺在床上的胖孩子，伸手过去就掐住人家两边脸蛋往下扯，

好好一个人给她扯成大阿福,自己笑个不停,从中得到很大乐趣。(《看》,3页)

(11) 有一则关于列宁的小故事:十月革命后,莫斯科有很多流浪儿,其中两个给列宁碰到了,伟大领袖很关爱他们,一声令下把他们送进了保育院。(《看》,6页)

二

还是从历时的角度看,19世纪以前就有用"给"表达被动义且使用频率很高的作品,比如《白姓官话》和《学官话》(以下简称《白》《学》)。《白》为遭风漂至琉球的中国商船上的难民白瑞临、瞿张顺等人与琉球当事官员尤其是通事(翻译)的会话记录。《学》是琉球国的进贡官员、勤生(自费留学生)等与中国福州官员、商人、医生等的会话记录。《白》作于1750年,《学》作于1797年。①《白》共出现35个"给",其中被动"给"有4个;《学》共出现34个"给",其中被动"给"有5个。《白》《学》中的"给"只有3种用法:一是表给予,做动词或弱化动词;② 二是表使役,做动词;三是表被动,做介词。大量的调查结果表明,闽语、吴语、粤语、客语都是用表给予的词来表使役和被动的,比如闽语里的"度、护、传、乞",吴语里的"拨",粤语里的"畀",客语里的"分"都主要用来表给予及使役和被动。应当注意的是,闽、吴、粤、客等南方方言都不存在用"给"表给予、使役和被动的用法,用"给"表给予、使役和被动是汉语南方共同语层面的用法。换句话说,这个"给"是"度、护、传、乞""拨""畀""分"的"官话"用法,我们将其暂称为南方官话用法。据此可以判定,《白》《学》至少在语法上是具有南方官话性质的。具有南方官话特色的另一部现代白话作品是《鲁迅小说集》(1918—1935年,以下简称《鲁》),《鲁》共出现225个"给",其中被动"给"有23个。我们认为鲁迅作品的南方官话特色应当是鲁迅的吴方言背景在小说语言里的表现。下面是这3种材料中的部分相关实例:

---

① 参见[日]濑户口律子、李炜《琉球官话课本编写年代考证》,载《中国语文》2004年第1期,第77—84页。

② 李炜:《从〈红楼梦〉〈儿女英雄传〉看"给"对"与"的取代》,载《兰州大学学报(社会科学版)》2002年第4期,第135—140页。

（12）这里地方，毒蛇很多，若是给他咬了，立刻就死。(《白》,129 页)

（13）那些没有丢的，也给海水打湿了。(《白》,227 页)

（14）你做事，件件都给人看破了。(《学》,138 页)

（15）这个东西给雨淋湿了，拿去晒晒。(《学》,141 页)

（16）他们村里的一个大恶人，给大家打死了；……(《鲁》,5 页)

（17）果然，他躺在草窠里，肚里的五脏已经都给吃空了，……(《鲁》,135 页)

三

根据以上事实我们基本上可以得出这样的结论：在 20 世纪 90 年代以前的北京话里，"给"表被动是罕见用法或叫边缘用法，而在南方官话中则属常见用法或叫主流用法。但北京话的这种情况在 20 世纪 90 年代以后发生了变化，这是根据王朔的《我》《看》中的相关事实来说的。与此相应的另一方面，北京话在 20 世纪 90 年代以前基本上都是用"叫（教）"和"让"来表达被动义的（书面色彩的"被"除外），这种情况在 20 世纪 90 年代以后也发生了变化，请看下面一组被动"叫（教）"和"让"在各北京话作品中的相关数据。

被动"叫（教）"的出现次数：《红》49 次、《儿》25 次、《语》45 次、《小》2 次、《骆》18 次、《评》62 次、《京》19 次、《我》2 次、《看》5 次。其中《小》《评》《京》《我》《看》已没有被动"教"。

被动"让"的出现次数：《红》0 次、《儿》0 次、《语》0 次、《小》24 次、《骆》1 次、《评》53 次、《京》24 次、《我》12 次、《看》10 次。

从以上数据可以看出，北京话被动"教、叫、让"经历了一个此消彼长的过程（另文讨论）。被动"叫、让"在 20 世纪 90 年代明显萎缩，到了 20 世纪 90 年代末其出现频率已低于被动"给"。但《白》《学》《鲁》中均没有出现"教、叫、让"表被动义的例子。

现将 9 种北京话作品、3 种南方官话作品中表被动义的"给""叫（教）/让"的出现情况统计见下表。

清中叶以来北京话的被动"给"及其相关问题——兼及"南方官话"的被动"给" 113

表1 表被动义的"给""叫（教）/让"在各作品中的出现情况

单位：次

语料	被动"给"	被动"叫（教）/让"
《红》	1	49/0
《儿》	1	25/0
《语》	0	45/0
《小》	0	2/24
《骆》	1	18/1
《评》	1	62/53
《京》	3	19/24
《我》	4	2/12
《看》	19	5/10
《白》	4	0/0
《学》	5	0/0
《鲁》	23	0/0

《我》和《看》同出王朔之手，出版时间前后仅差7年，"给"的出现次数也基本一致（《我》225次，《看》227次），但被动"给"在《看》里的出现次数竟是《我》里的出现次数的近5倍，而且在《看》里被动"给"的出现次数已经超过了被动"叫、让"的总和。如果承认王朔小说里的语言反映的是当今北京话的真实面貌，那同时就得承认"给"表被动义已变成当今北京话的常见用法、主流用法。

从语言自身发展变化的一般规律来看，在如此短暂的时间里发生如此的突变、质变，的确是很奇怪的现象。经过初步了解和观察，我们认为这不大可能是北京话自身发展变化的必然结果，最大的可能就是受南方官话的影响所致。在《白》《学》《鲁》3部作品中都没有出现被动"叫（教）"和"让"，表被动除了用"被"就是用"给"。直到今天，粤、闽、吴、客地区的南方人讲普通话或台湾、香港同胞讲"国语"的时候，表被动一般也都用"给"不用"叫、让"。比如电视剧《还珠格格》里扮演紫薇的台湾影星林心如，电影《卧虎藏龙》里扮演男女侠客的香港影星周润发、杨紫琼，他们的口里似乎只有被动"给"（或"被"）没有被动"叫、让"。再看几个实例：

(18) 痢疾、伤寒菌给放在井里。
(19) 日本 731 部队没给起诉。
(20) 记者和摄影师都要给检查清楚。
(21) 错误会给纠正。
(22) 我小时候给送去农庄干活。

这 5 例是笔者在 2002 年 4 月 24 日 20 点 20 分至 21 点 10 分之间闲看香港电视 Pearl 台（中文名：明珠台）时根据屏幕上的中文字幕记录下来的，前 3 例出自专题节目"Pearl News Magazine"，后 2 例出自美国电影"Wild Wild West"，由于事先没有准备还漏记了几个同类例子。从属性上看，这些例子并不是粤方言的而是现代南方官话的。这类实例在港台影视作品、媒体信息中比比皆是。

20 世纪 90 年代正是中国深化改革开放、实现经济软着陆的年代，以港台为主的南方文化与北京文化开始了前所未有的实质性的大面积互动：1994 年以后，多种适合北京大众消费能力的国产 VCD 机（如"步步高""爱多""金正"等）伴随着大量港台 VCD 影碟进入了北京市场。1996 年，京九铁路开通。1996 年 3 月 31 日，香港凤凰卫视开播，开播之初就瞄准了北京，截至 1998 年北京已有 100 万以上的单位和家庭可以收看到凤凰卫视的节目①，而凤凰卫视许多栏目的主持人是用南方官话的，配音或字幕也往往如此。1997 年以后，陆续出现了一大批收视率、上座率很高的内地和港台演员联袂出演的同期录音的"南腔北调"影视剧等，这些都为南方官话影响北京话提供了客观上的便利。北京是中国北方信息化程度最高的城市，南方官话极有可能凭借其极大的信息量（而非使用人口的多寡）来影响北京话。当然这个假设还有待社会语言学的最后证实。但如果说北京话在改革开放时期尤其是 20 世纪 90 年代中没有受到过南方官话的影响，那肯定是错误的。

四

既然假定北京话受到了南方官话的影响，为什么只有被动"给"在北

---

① 凤凰卫视的有关情况是由该台一位不愿透露姓名的副总裁提供给笔者的，这位副总裁还对笔者坦言："我们凤凰卫视的风格就是要'南腔北调'，因为我台的受众是包括内地在内的全球华人！"

京话里变成了常见用法，而使役"给"在北京话里却始终是罕见用法呢?①这可能与北京话的内因有关。我们不妨从语法和语体两个方面对被动"给"与被动"叫、让"，使役"给"与使役"叫、让"进行一番比较。

含被动标记的被动句可分下列两式：

A. N_1 + 被动标记 + N_2 + VP   B. N_1 + 被动标记 + VP

N_1 为受事名词，N_2 为施事名词，被动标记指"被、叫、让、给"。含"被"和"给"的被动句可以有 A、B 两式［例（4）—（8）、例（18）—（22）为含"给"的被动句 B 式］，含"叫、让"的被动句只能有 A 式不能有 B 式，比如不能说"那个钱包叫/让偷走了"，只能说"那个钱包叫/让贼偷走了"。也就是说表被动时"叫、让"后不能没有施事名词。很明显，被动"给"优越于被动"叫、让"，它在语法功能上与"被"一致。在被动句里"给"和"被"的区别似乎仅在语体上：被动"给"只用于口语语体，"被"一般用于书面语体。

含"叫、让"的使役句也可分两式：

A. N_1 + 叫/让 + N_2 + VP   B. N_1 + 叫/让 + VP

N_2 为兼语。B 式例如：

(23) 我心里很喜欢。一面儿就叫收拾下酒菜，一面儿又叫拢了一盆子炭火。(《语》第五章，279 页)

(24) 门上的拿着小额的片子，上去一回待了半天，带出话来，说是这两天没功夫，让转请高明吧。(《小》，338 页)

含"给"的使役句只有 A 式②，没有 B 式。也就是说在使役句里"给"后不能没有兼语。如果把例（23）说成"一面儿又给拢了一盆子炭火"，其

---

① 李炜：《清中叶以来使役"给"的历时考察与分析》，载《中山大学学报（社会科学版）》，2002 年第 3 期，第 62 – 66 页。

② 例见李炜《清中叶以来使役"给"的历时考察与分析》，载《中山大学学报（社会科学版)》2002 年第 3 期。

中的"给"就变成了表服务义但省略了受益者的介词。况且使役"叫、让"的一些常见用法也是使役"给"所没有的，比如可以说"叫他去拿本书！""让您伤心了"，不能说"给他去拿本书！""给您伤心了"，后一句假如能说也不是使役句了。所以，使役"叫、让"在语法功能上明显优越于使役"给"。

从语体上看，使役"叫"和使役"给"只能用于口语不能用于书面，使役"让"则二者皆可，比如书面语体的"让我们紧密地团结在党中央周围""让反动派在人民面前发抖吧！"等，"叫"和"给"就没有这种用法。北京话使役"让"在20世纪90年代已经"压倒"了使役"叫"①，因此，拿使役"让"与使役"给"做比较才更有意义。使役"让"在语体上优越于使役"给"。

总的来说，被动"给"在语法功能上优越于被动"叫、让"，又与"被"构成了严格意义上的语体互补，在语体上也优越于被动"叫、让"。而使役"给"则在语法功能上不如使役"叫、让"优越，语体上也不如使役"让"优越。这也许就是20世纪90年代以后北京话接受被动"给"但不大接受使役"给"的内在原因。这可以看作是北京话系统内部优胜劣汰的规则发挥作用的结果。

余　论

江蓝生认为："现代汉语北方用使役标志兼表被动反映的是唐代以来的历史层次，而南方方言用给予动词兼表使役和被动反映的是上古的历史层次。"② 的确，用"叫、让"表使役、被动应当是现代北方话（包括北京话）的本质特征。被动"给"在当今北京话里占据主流位置的情况是否能够长久还很难说，但至少可以说这种情况在整个北方话里可能还不是普遍现象。陕西作家贾平凹1998年出版的《高老庄》是一部具有陕西方言特色的小说，约有705个"给"字出现，但没有一个表被动或表使役的"给"字出现，表被动、使役均用"叫、让"。

---

① 参见李炜《清中叶以来使役"给"的历时考察与分析》，载《中山大学学报（社会科学版）》2002年第3期。

② 江蓝生：《汉语使役与被动兼用探源》，见《近代汉语探源》，商务印书馆2000年版，第231页。

参考文献

[1] 江蓝生. 汉语使役与被动兼用探源［C］//近代汉语探源. 北京：商务印书馆，2000.
[2] 蒋绍愚. 近代汉语研究概况［M］. 北京：北京大学出版社，1994.
[3] ［日］濑户口律子，李炜. 琉球官话课本编写年代考证［J］. 中国语文，2004（1）.
[4] 李如龙，张双庆主编. 介词［M］. 广州：暨南大学出版社，2000.
[5] 李炜. 清中叶以来使役"给"的历时考察与分析［J］. 中山大学学报（社会科学版），2002（3）.
[6] 吕叔湘主编. 现代汉语八百词［M］. 北京：商务印书馆，1980.
[7] 张振兴. 从汉语方言的被动式谈起［C］//邢福义主编. 汉语语法特点面面观. 北京：北京语言文化大学出版社，1999.
[8] 朱德熙. 语法讲义［M］. 北京：商务印书馆，1982.
[9] ［日］太田辰夫著. 蒋绍愚、徐昌华译. 中国语历史文法［M］. 北京：北京大学出版社，1987.
[10] ［日］桥本万太郎. 汉语被动式的历史·区域发展［J］. 中国语文，1987（1）.

北京话、兰州话、西安话中第三人称代词的尊称形式[*]

一、北京话的 [tʰan]

陈松岑先生认为:"在年纪较大的北京人的口语中,第三人称代词也有尊称形式——怹……现在的北京青年,已经很少有人再用这一尊称形式了。"① 太田辰夫先生认为:(按:引号内为笔者译文)"现代汉语的'怹'出现时间很晚,是由尊称的'您'类推而成,在民国以后才开始使用,没有得以广泛普及。"② 后来,太田辰夫先生又认为:"第三人称尊称,写作'他'字,但必注音为'贪'以和其他的'他'相区别……'您'出现得很多,而'怹'却没有。"③

这里有四点需要说明:①陈松岑先生认为第三人称代词的尊称有其书写形式"怹"。太田辰夫先生原先(1958)也持这个观点,但后来(1988)认为是有音无字。我们以为太田辰夫先生是在看到清末北京话小说《小额》④的相关事实之后才改变观点的,他在书中⑤所举的两个相关实例就取自《小额》[见例(3)和例(5)的最后一个"他(音贪)"]。就我们所看到的材料,除了有些词典上有"怹"字(如《现代汉语词典》,1112页)之外,在实际语料中还未曾见到"怹"字。所以我们倾向于太田辰夫先生后来的

---

[*]《北京话、兰州话、西安话中第三人称代词的尊称形式》,原刊于《外国语学研究》2005 年第 6 号。

① 陈松岑:《礼貌语言》,商务印书馆 2001 年版,第 67 页。
② [日] 太田辰夫:《中国语历史文法》,日本江南书院 1958 年版,第 108 页。
③ [日] 太田辰夫:《中国语史通考》,日本白帝社 1988 年版,第 358、393 页。
④ 本文所说的《小额》版本为:松龄(松友梅)著,[日] 太田辰夫、[日] 竹内诚编,《小额》(社会小说),东京汲古书院 1992 年版。
⑤ [日] 太田辰夫:《中国语史通考》,日本白帝社 1988 年版,第 358 页。

观点，第三人称代词的尊称形式［tʰan］实际上有音无字。②我们赞成陈松岑先生的观点，［tʰan］属北京口语用法。③［tʰan］何时产生难以断定。太田辰夫先生认为"在民国以后才开始使用"① 显然是有问题的，因为《小额》刊行于光绪三十四年七月（1908），早于民国。《小额》的字数并不多，应当算一部中长篇小说，据我们统计其中就出现了20例第三人称代词的尊称形式"他（音贪）"，这说明"他（音贪）"在当时属常见用法，既然属常见用法，我们就有理由认为其产生的时间应早于1908年。但由于有音无字，很难找到证据，所以其产生时间也就难以确定。④2002年我们曾经在北京做过实地调查，我们所调查的几十位北京人（包括老年人）均不用［tʰan］这个说法。可以说，［tʰan］在北京话口语中已经消失。

比《小额》早几十年的北京话口语语料《语言自迩集》② 中没有出现第三人称代词的尊称形式，比《小额》晚几十年的《骆驼祥子》等北京话作品中也没有出现。《语言自迩集》中倒是出现了第二人称代词的尊称形式"你纳""您纳"和"您"，例如：

（1）老兄台咯，是该当送的，方才还要叫人请您去来着，你纳是知道的……（第五章，274页）

（2）红娘说：昨儿晚上他听着琴声儿直发怔，仿佛有甚么心事似的，就叫我买果子送来给您纳，相公想，明人还用细讲么？（第六章，307页）

比《语言自迩集》年代更早的清代北京话作品《红楼梦》《儿女英雄传》中既没有出现第二人称代词的尊称形式，也没有出现第三人称代词的尊称形式。可以说清代以来的北京话作品只有《小额》是既出现了第二人称代词的尊称形式，也出现了第三人称代词的尊称形式的。以下是《小额》中所有"他（音贪）"的20个用例：

（3）大姑娘正在南屋里作活，瞧见嫂子把秃儿带来啦，说："阿玛回来啦吗？"少奶奶说："回来啦。一脑门子的气，秃儿叫他（音贪。北京称尊长之声），也没理。您给哄哄孩子，我给打点饭去。"（10页）（指伊老者）

---

① ［日］太田辰夫：《中国语历史文法》，日本江南书院1958年版，第105页。
② 本文所说的《语言自迩集》版本为：威妥玛著，张卫东译《语言自迩集——19世纪中期的北京话》，北京大学出版社2002年版。

(4) 票子联说:"告诉老太太说,这是个苦孩子,九岁上他奶奶就死啦,眼时我带着他,看着这个小买卖儿。昨儿个让他出城买土去啦,这才知道钱粮短了二钱多。话您可听明白啦,可不是说大哥克扣啦,他(音贪)的官事忙,也许有个半错了甚么的,按说可算不要紧。"(23页)(指伊老者)

(5) 摆斜荣说:"大哥,他(音贪)没在家,跟您说说吧。大概齐这回事您也知道啦,皆因是昨儿个的话呀,我们连大兄弟,跟您家里的老爷子,他们老爷儿俩招了两句杠。后来老爷子生了气啦,要管教他,他拿手这们一搪,碰了他(音贪)一下儿,后来他倒吓的了不得(真是官司口)。我们哥儿几个,昨儿个在衙门已然在老爷子跟前,央求过一回啦。小连的话呀,我们哥儿几个也问明白了他啦,他实在是无心中碰了老爷子一下儿,要说他打爷子的话呀,他魂也不敢,这不是小连今儿个也来啦!这位文大兄弟,是我们局子里的少掌柜的(就是小额的儿子)。我们掌柜的,也知道这回事啦,很不答应小连,今儿个要不是有事,我们掌柜的还来呢!老爷子要在家的话,赏我们个脸呢,我们哥儿几个带着小连进去,让小连给他(音贪)磕个头,我们哥儿几个,也给他(音贪)磕个头,要是不赏我们脸的话,把他老人家请出来,就在您门口儿,让小连给他(音贪)磕个头。"(28-29页)(5次均指伊老者)

(6) 额大奶奶赶紧问李顺,说:"六老太爷呢?"李顺说:"在书房里哪。"额大奶奶说:"请他(音贪)上屋里坐吧。"(75页)(指六老太爷)

(7) 如今小文子儿,到他家里一请,正赶上王先生自己出来,笑嘻嘻的对着小文子儿说:"老爷事情完了倒好,我可短请安。怎么他(音贪)不舒服啦?我也不让大爷家里坐啦,大爷先头里请,我随后就到。"(87页)(指小额)

(8) 王先生一听,愣了会儿,说:"咳,谁说不是犯讲究呢(不是不要紧吗)。昨天我就瞧出来啦,我是怕他(音贪)着急,所以说这个疙瘩不要紧。您想又是热病,又是搭背,总是先治热病要紧哪!"(91页)(指小额)

(9) 小文子儿又一央求门上的,说是今天不能去,求他(音贪)明天不拘早晚,去一趟才好呢。门上的又上去半天,算是答应了明天准去,可不定早晚。(94页)(指太医院右堂徐吉春)

(10) 老张说:"你瞧老仙爷有多们灵,他(音贪)会知道啦。"……老张对着额大奶奶说:"太太您快给老仙爷磕头,求他(音贪)赏方子赏药吧。"(97-98页)(两次均指老仙爷)

（11）老张说："老仙爷说不碍的，他（音贪）管给治好啦。"王香头说："阿弥陀佛，他（音贪）管给治就得。"（99页）（两次均指老仙爷）

（12）药刚上完，老张说："汤药也给他（音贪）煎得啦。"小额哆哩哆嗦的说道："拿来我这就吃。"（101页）（指小额）

（13）当时王香头下了座，老张对着王香头说："刚才老仙爷说，我们老爷这个症候，是点儿冤孽，他（音贪）管上阴间求情去。让你在家里设坛祷告去，还得烧四十八炉檀香，上五道供。你回头就走吧，赶紧回家好预备呀。"（104页）（指老仙爷）

（14）额大奶奶对着小额说道："刚才大叔说啦，他（音贪）认识一位刘先生，要是吃徐吉春的药不见效，他（音贪）给请刘先生。"（115页）（两次均指额家的世交赵华臣）

（15）这当儿里头屋的小额，答了岔儿啦。说："快请他（音贪）给我瞧瞧啵。"（119页）（指治愈小额病的金针刘）

从以上20个用例可以看出，"他（音贪）"体现了说话人对长辈和当下权势比听话人高的人的尊敬。

北京话第三人称代词尊称的语音形式从何而来，太田辰夫先生（认为"是由尊称的'您'类推而成"①。陈松岑先生转引高名凯先生的观点②，认为可能由尊称的"您"和谦称的"俺"③类推而来，"您"和"俺"在中古时应收［-m］尾，后来变为［-n］尾，"他"受二者类推影响而形成了一个［tʰan］。但是，从例（1）（2）两个实例来看，19世纪中期的北京话中"您"还有另外两种形式——"你纳""您纳"。根据这一事实我们有理由认为：①"您"直到19世纪中期尚未完全定型（但《小额》中已无"你纳""您纳"）。②"您"完全可能由"你 + 纳"合音而成。在"您"正式定型之前还有一个"您 + 纳"的过渡形式，这里"您"之［-n］尾明显是受后一音节"纳"之声母［n-］逆同化影响所致。合理的音变过程应当是：你纳→您纳→您。"您"的最后定型是以甩掉后面的"纳"为前提的。如果我们的推论是正确的，那就不存在"您"先收［-m］尾，后来变为收［-n］尾的可能了。至于先有"您""俺"后有［tʰan］，这是完全

---

① ［日］太田辰夫：《中国语历史文法》，日本江南书院1958年版，第105页。
② 陈松岑：《礼貌语言》，商务印书馆2001年版，第53-54页。
③ 第一人称代词，中原、陕西等方言中使用。

可能的,毕竟《语言自迩集》中还只有"您"没有[tʰan][如"他(音贪)"之类],"俺"的出现时间则更早,例如:

(16) 你看我的面皮,我替你抬举的两个孩儿偌大也,你认了俺者!①

而且,[tʰan]由"您""俺"类推而成从理论上讲也是可能的,毕竟"您""俺"、[tʰan]三者均收[-n]尾,这可能不是巧合,但需进一步寻找证据。

二、 兰州话的[na]和西安话的[nia]

不独北京话中曾经有第三人称代词的尊称形式,兰州话和西安话现在仍然有第三人称代词的尊称形式,兰州话读[na](调值54),西安话读[nia](调值32),其声调在各自方言中都读阴平调,均属有音无字。在兰州话和西安话里一般的第三人称代词亦为"他",[na][nia]是尊称形式。下面举一些例子,以下各组例句中 a 句为兰州话,b 句为西安话:

(17) a. 我爷 na 就爱吃个拉条子(一种兰州拉面)。
     b. 俺爷 nia 就爱吃个羊肉泡馍。
        (我爷爷他就爱吃拉条子/羊肉泡馍。)
(18) a. na 是我师傅,我不能比 na 去得迟。
     b. nia 是我师傅,我不能比 nia 去得晚。
        (他是我师傅,我不能比他去得晚。)
(19) a. na 的成绩比我好得多!
     b. nia 的成绩比我好得多!
        (他的成绩比我好得多!)
(20) a. na 连我是高中同学,na 考上北京大学啰,我才上了个中专。
     b. nia 跟我是高中同学,nia 考上北京大学咧,我才上了个中专。
        (他跟我是高中同学,他考上北京大学了,我才上了个中专。)
(21) a. na 第一次来我们这搭,你叫 na 也住舒坦些吵,对着哩没有?
     b. nia 第一次来咱这儿,你让 nia 也住舒服些,能成不?

---

① [明]臧晋叔:《元曲选》第一册,中华书局1958年版,第346页。

(他第一次来咱们这儿，你也让他住舒服一点儿嘛，行不行？)
(22) a. 先叫 na 吃，na 吃罢啰我们再吃。
     b. 先让 nia 吃，nia 吃完咧咱再吃。
        (先让他吃，他吃完了咱们再吃。)
(23) a. na 连我们不一样，na 是上头的红人。
     b. nia 跟我们不一样，nia 是上头的红人。
        (他跟我们不一样，他是领导的红人。)
(24) a. na 们屋里有钱哩，把我们看不起。
     b. nia 屋有钱，看不起咱。
        (他们家有钱，看不起我们。)

例（17）（18）的［na］［nia］侧重体现尊敬的口气，例（19）（20）的［na］［nia］侧重体现佩服的口气（也含郑重意味），例（21）（22）的［na］［nia］侧重体现客气的口气，例（23）（24）的［na］［nia］侧重体现疏远的口气（也含讽刺意味）。陈松岑先生说："据我们不完全的调查，使用这个代词形式的人认为'㑚'虽然也是尊称，但与'您'的用法不同。使用'您'在主观上只取决于说话人对听话人的态度，客观上只受交谈双方关系的制约。而使用'㑚'时，还必须考虑指称对象也是听话人所尊敬的，或是权势比听话人高。使用'㑚'的典型例子是子女对父母谈话中提到祖父母，就不用'他'而用'㑚'。如果孙子和爷爷在交谈中提到自己的父母，就不能用'㑚'。'㑚'的使用频率比'您'低得多，它的含义也比较单纯。一般说来，'㑚'只表尊敬，没有郑重、客气、疏远等引申意义。"[①] 兰州话、西安话与北京话在人称代词的尊称形式上有两个不同：一是兰州话、西安话没有第二人称代词的尊称形式，只有第三人称代词的尊称形式；二是兰州话、西安话的［na］［nia］不像北京话的［t^{h}an］那样在表达上受诸多限制，也就是说［na］［nia］比［t^{h}an］的语用意义更加丰富。另外，兰州话的［na］有复数形式——"［na］们"［见例（24）a］，而且是常见用法，这是北京话的［t^{h}an］、西安话的［nia］所没有的。这说明兰州话第三人称代词的尊称形式在语法上更加成熟。

［na］和［nia］这两个语音形式从何而来，我们推测可能来自"人家"，理由有二：①从语音上看，［nia］和［na］可能是"人家"合音的结

---

① 陈松岑：《礼貌语言》，商务印书馆2001版，第67页。

果。其音变过程可能是：人家→［nia］→［na］。［nia］取"人"之声母（"娘日"二纽归"泥"），取"家"之韵母，合音而成，如同反切。［na］又在［nia］的基础上丢失介音［i］而成。②单从表达上看，"人家"才对应于兰州话、西安话的［na］和［nia］。如果把例（17）—（24）后括号里的普通话译句中的"他"都译为"人家"的确是比较理想的办法，因为"人家"在口气上的确比"他"更接近［na］和［nia］。我们把［na］和［nia］一律译为"他"实出无奈，因为在语法上［na］和［nia］是人称代词，"人家"却不是，所以只好用普通话唯一的第三人称代词"他"来译。

三、余言

北京话有第二人称代词的尊称形式，也曾经有第三人称代词的尊称形式，但后者为何会消失，这是值得进一步探讨的问题。兰州话、西安话有第三人称代词的尊称形式，却没有第二人称代词的尊称形式，原因何在？笔者曾经与几位兰州朋友谈及此事，他们笑言："背后说人好话总比当面奉承要强。"尽管是笑言，但也给了我们一个启发：在一个方言中，人称代词尊称形式的有无以及哪种人称代词才有其尊称形式，是否与其地域文化的价值选择有关呢？

参考文献
[1] 陈松岑. 礼貌语言［M］.北京：商务印书馆，2001.
[2] 高名凯. 汉语语法论［M］.北京：科学出版社，1957.
[3] 李炜. 京×话——一级京兰话、京广话语法问题例析［C］//陈恩泉主编. 双语双方言（二）. 香港：彩虹出版社，1992.
[4] ［日］太田辰夫. 中国语历史文法［M］.东京：日本江南书院，1958.
[5] ［日］太田辰夫. 中国语史通考［M］.东京：日本白帝社，1988.

琉球官话课本编写年代考证[*]

引　言

　　琉球官话课本即清时琉球国人学习汉语官话的课本，保留至今仍较完整的有《官话问答便语》（以下简称《官》）、《白姓官话》（以下简称《白》）、《学官话》（又名《尊驾》，以下简称《学》）、《广应官话》（以下简称《广》）。本文所说的这4种琉球官话课本均为日本天理大学附属图书馆藏本。就内容看，《官》《学》是琉球国的进贡官员、勤生（自费留学生）等与中国福州官员、商人、医生等的会话记录。《白》为遭风漂至琉球的中国商船上的难民白瑞临、瞿张顺等人与琉球当事官员尤其是通事（翻译）的会话记录。以上3种课本均为问答形式。《广》则是一部分类语汇集，将所收语汇分列于"天文、时令、地理、宫室"等30个门类中。它以词和短语（包括熟语）为主体，也有一些话语片段分散于各门类中，但基本上不是问答形式。这些话语片段的说话人身份尚难判定。经我们统计，《官》有15775字，《白》有17036字，《学》有13641字。《广》的字数最多，但由于正文、注释的字体大小不同，话语片段又没有集中在一起，字数较难统计。初步估计约4万余字，其中话语片段约有1万字。《官》《白》《学》的语料具有极高的历时语法研究价值，《广》的语料价值则主要体现在词汇上。

　　原籍琉球（日本冲绳县）的濑户口律子1994年在香港中文大学出版的《琉球官话课本研究》中曾对《官》《白》《学》的语音、词汇等方面做了一些开创性研究，但琉球官话课本的语言研究至今仍未引起汉语学界足够的重视。我们认为，其中一个重要原因就是琉球官话课本的编写年代尚未明确。本文将主要采用历史学的考证方法并在适当之处结合历时语法研究，力

---

[*]《琉球官话课本编写年代考证》，原刊于《中国语文》2004年第1期。作者濑户口律子、李炜。

图确定它们的编写年代。目的在于引起同仁对琉球官话课本及其语言研究的充分重视，认识它们在汉语历时研究中应有的重要地位。

《红楼梦》在汉语史的研究中通常被当作清代最早的研究语料并且备受重视，其中一个重要原因是它拥有一些"第一"（比如第一次大量使用作为动词和介词的"给"字）。如果能够发现早于《红楼梦》的清代口语材料，那么其价值将是不言而喻的。

本文考证琉球官话课本所依据的史料主要有：《历代宝案》①（以下简称《宝案》），《清代中琉关系档案续编》②（以下简称《续编》），《清代中琉关系档案三编》③（以下简称《三编》），《清代琉球国王表奏文书选录》④（以下简称《表奏》），《中山传信录》⑤（以下简称《传信》），《琉球国志略》⑥（以下简称《志略》），《琉球入学见闻录》⑦（以下简称《见闻》），《续琉球国志略》⑧（以下简称《续琉》），共 8 种史料。后 4 种史料均收入《国家图书馆藏琉球资料汇编》⑨（以下简称《汇编》）。前 4 种史料均为历史文档汇集，价值很高。而其中内容最为丰富、历史脉络最为清晰的当数《宝案》，它是琉球国中山王朝与中国往来的文书集成，汇集了自明永乐二十二年至清同治六年（1424—1867）400 多年间琉球方面的"表奏""国王咨""符文"等和中国方面的"诏勅""礼部咨文""福建布政史司等咨"等历史文档。

一、《官》《白》《学》编写的上限时间

《官》《白》《学》中都提到同样一件事：琉球国每两年向中国皇帝进贡一次，贡物为"硫磺、红铜、白刚锡"。据史料记载，琉球国中山王朝向中国皇帝进贡始于明洪武元年（1372），该年中山王察度遣其弟泰期来中国

---

① 《历代宝案》（全十五册），台湾大学印行 1972 年版。
② 中国第一历史档案馆：《清代中琉关系档案续编》，中华书局 1994 年版。
③ 中国第一历史档案馆：《清代中琉关系档案三编》，中华书局 1996 年版。
④ 中国第一历史档案馆：《清代琉球国王表奏文书选录》，黄山书社 1997 年版。
⑤ 《中山传信录》，康熙六十年（1721）二友斋刻本。
⑥ 《琉球国志略》，乾隆二十四年（1759）漱润堂刻本。
⑦ 《琉球入学见闻录》，乾隆二十九年（1764）刻本。
⑧ 《续琉球国志略》，光绪八年（1882）刻本。
⑨ 黄润话、薛英，《国家图书馆藏琉球资料汇编》（全三册），北京图书馆出版社 2000 年版。

向明太祖"贡方物"，品种达 20 余种①，到清光绪五年（1879）琉球成为日本国冲绳县以后进贡才结束。琉球向中国的进贡分两种：一种是"常贡"，又叫"正贡""例贡"。"常贡"是定期的，其品种由中国皇帝钦定（尤其是清代）。另一种是以"请封、谢恩、庆贺"等由不定期向中国皇帝进奉各种礼物，其品种由琉球国中山王自定。据《传信》、《宝案》（一、二册）等史料记载，从明洪武年到清康熙十九年（1372—1680），琉球的常贡物中最主要的是马和硫磺，到了康熙二十年（1681）才停止贡马。康熙二十年，"谕琉球国贡方物以后止令贡硫磺、海螺壳、红铜，其余不必进贡"，康熙皇帝还钦定了各贡物的数额"熟硫磺一万二千六百斤，海螺壳三千个，红铜三千斤"，与此同时"于常贡内免其贡马"②。《宝案》《见闻》中都有同样记载③。到了康熙二十三年（1684），康熙又令琉球"免贡海螺壳"，"是后定常贡熟硫磺一万二千六百斤，红铜三千斤，白刚锡一千斤"④。康熙二十三年（1684）五月二十九日福建布政史司给琉球国的咨文中也说："旨除海螺壳免进外，仍照旧例处贡熟硫磺一万二千六百斤，红铜三千斤，另改炼熟白刚锡一千斤。"⑤查各相关史料，证明康熙二十三年（1684）以后，琉球国向中国皇帝进贡的常贡均为"熟硫磺一万二千六百斤，红铜三千斤，白刚锡一千斤"，两年一贡，没有间断。

据此，我们可以断定，《官》《白》《学》编写的上限时间为康熙二十三年（1684）。

二、《白》的编写时间

《白》通篇记述了这样一件事：一只苏州府常熟县的商船于"旧年十二月十八日"（引号内为《白》书中原字句，下同）从山东"胶州"开出，遭遇风暴，"十二月十九日"漂至琉球国"大岛地方"，地方官给予救助并

---

① 《中山传信录》，见《国家图书馆藏琉球资料汇编》中册，北京图书馆出版社 2000 年版，第 202 页。

② 《中山传信录》，见《国家图书馆藏琉球资料汇编》中册，北京图书馆出版社 2000 年版，第 293－294 页。

③ 《历代宝案》，台湾大学印行 1972 年版，第 738 页；《琉球入学见闻录》，见《国家图书馆藏琉球资料汇编》下册，北京图书馆出版社 2000 年版，第 318 页。

④ 《琉球入学见闻录》，见《国家图书馆藏琉球资料汇编》下册，北京图书馆出版社 2000 年版，第 319 页。

⑤ 《历代宝案》，台湾大学印行 1972 年版，第 377 页。

修理破损的船，并送给他们足够的食品及日用品。该船于"今年二月二十日"从"大岛地方"开出，遇大风无法回国，于"二月二十一日收到奇界岛"。该船难民于"四月"被地方官安置在名叫"泊村"的地方。这些中国难民受到了地方官的关怀和照料。该船的一名水手名叫"朱三官"，于"旧年"得了"吐血的病症"，地方官派医生为他悉心治疗并给他服用了"人参"，但终因医治无效，于次年"七月初七日酉时身亡"。该船船主名叫瞿张顺，雇船的"客人"名叫"白瑞临"。瞿张顺两次被问及"贵姓"时均答曰"姓张"，但在正式呈递给地方官请求安葬朱三官以及临回国前谢恩的"呈子"中均自称"难人瞿张顺"。《白》中还简略提及了另一只中国商船，是福建商船，也于"旧年"遭风漂至琉球，船上有"二十七名"中国人，也被地方官救助并安置在"泊村"，与瞿张顺等为邻。这二十七人中有一姓"潘"的。由于两船已废弃，又都没有赶上琉球派往中国的"接贡船"，这些中国难民只好搭乘次年的"贡船"，由琉球贡使护送他们回国。《白》中没有提及苏州商船上的人数和福建商船船主的姓名。

现在我们来看看相关的史料记载。乾隆十五年（1750）十一月十八日琉球国中山王给中国福建布政史司的咨文中说："乾隆十五年四月初七日据大岛地方官报称，旧年十一月二十九日海船一只飘到本地。其船户瞿张顺等口称，张顺等一十三名系江南苏州府商人，本年十一月初七日山东开船……行到洋中陡遭飓风，十二日到胶州，十八日胶州开船［　］①［　］洋中忽遇暴风，失舵断桅，二十九日飘到大岛地方，即蒙地方官修理船只，发给米盐菜烟等项。十五年二月十九日彼地开船，讵料洋中又逢大风，二十一日［　］到奇界地方……彼地方官给予廪饩收养，随将所飘难民瞿张顺等一十三名并捞［　］物件四月初四日送到山北运天地方，彼地方官转送既至中山泊村地方……难民水梢朱三官［　］十二月间在奇界地方身染吐血病症……医生尽心，用人参等种。奈病根已深，十二月初八日酉时身故……乾隆十五年五月初七日据麻姑山地方官报称，旧年十一月二十二日［　］船一只飘到本地。其船户蒋长兴等口称，长兴等二十七名系福建福州府闽县商人……将所飘难民蒋长兴等二十七名并［　］［　］物件送到中山泊村地方，发馆安插，给予廪饩收养……兹逢进贡之使，附搭二号贡船，都通事郑馀庆等解送……"该文文尾开列了两船的人员名单，其中苏州商船人员中有"常熟县船户瞿

---

① "［　］"为原文缺字或字迹不清之处，下同。

张顺……客人白瑞临",福建商船人员中有"客商潘顺观"①。乾隆十六年（1751）九月"礼部为奉谕优奖护送内地遭风商民之琉球贡船事致内阁典籍厅移会 附上谕一"专门就琉球国"将闽县遭风船户蒋长兴等、常熟县船户瞿长顺等（按：'长'应为笔误）留养二年，给予口粮，随船护送来闽"之事特别嘉奖了国王尚敬及"其在船之官伴水梢人等"②。

比较《白》中所述与史料中所述，不难看出二者除个别的时间细节略有出入以外，绝大部分细节完全吻合。看来《白》中所述事件是一个真实的事件，并非虚构。另外，在中琉关系史上也并非只发生过这一次琉球国救助中国难船的事件。事实上，此类事件相当多［尤其在康熙二十三年（1684）以后］，平均三四年就有一次，记载得同样详尽甚至更为详尽，在《宝案》《续编》《三编》等史料中占据了相当大的比重。所以，也不存在因《白》中所述事件非常著名所以后人据此编书的可能性。根据史料的印证，我们断定《白》的编写时间应在乾隆十五年（1750）。

三、《学》的编写时间

《学》中有这样一段问答："问：你们琉球船到这边来是做什么的？答：我们是来接王舅的。问：你王舅是几时来的？来这边有什么事干呢？答：我们王舅是旧年来的，是国王差他来庆贺皇上的……问：你们来进贡是什么东西呢？答：我们蔽国地方小，没有出什么好物件，只是硫磺、红铜、白刚锡带来进贡就是了。"这段问答包含了三个信息：一是琉球国王派王舅来庆贺皇上。这里的"庆贺"应指庆贺皇上登基。查所有琉球国给中国的文书，"庆贺"二字均专指庆贺中国皇帝登基。二是此次琉球国王派王舅来庆贺皇上登基并进贡三样常贡，两件事情同时进行。三是对话人中的答者是"接贡船"上的官员。琉球国派往中国福建的进贡船开出后的第二年，接贡船便开出。接贡船的使命是恭迎皇上的赏赐并迎接从北京返回福建的诸贡使，而后与贡使一同回国。进贡船两艘，接贡船一艘。

康熙二十三年（1684）以后，琉球国两年一次的常贡一般由耳目官、正议大夫、都通事等"率领官伴水梢共不过两百员名，坐驾海船两只，分载常贡"三样（"国王咨"中的套语）来中国。王舅来中国是不定期的，往

---

① 《历代宝案》，台湾大学印行1972年版，第2622－2624页。
② 中国第一历史档案馆：《清代中琉关系档案三编》，中华书局1996年版，第55页。

往是因请封、谢恩（比如册封国王之后）尤其是庆贺等由才来中国的，进奉给皇上的礼物一般为十几二十样"土产"（从略），与常贡的品种、数量不同。据史料记载，雍正元年（1723）琉球王舅翁国柱、乾隆二年（1737）王舅向启猷、道光二年（1822）王舅向廷谋、同治二年（1863）王舅马文英诸位王舅均来中国进奉十几二十样"土产"庆贺皇上登基，没有同时进贡常贡。光绪登基时琉球王舅没有来。只有嘉庆元年（1796）、咸丰元年（1851）是王舅来"进贡兼庆贺"的。嘉庆元年（1796）琉球国中山王尚温谴王舅东邦鼎等"坐驾海船两只，分载常贡……并恭进太上皇帝御前庆贺礼物……恭进皇帝御前庆贺礼物……进奉皇后殿下庆贺礼物……"①。咸丰元年琉球国王尚泰谴王舅夏超群等"坐驾海船两只，分载常贡……并进皇帝陛下庆贺礼物……进奉皇后殿下庆贺礼物……"②。《三编》中也清楚地记载了这两次王舅来进贡兼庆贺的事③。

据此，我们暂将《学》的编写时间锁定在两个时间里，即嘉庆二年（1797）或咸丰二年（1852）。

《学》中还有这样一段问答："近来耳闻得你们那边要过来请封，却有这个事没有呢？""这个事还未定，现今国王孝服尚未满，想必未便举行。大约到服满了，才敢过来请封么。"琉球国王要向中国皇帝请封，册封为王以后才是中国正式承认的琉球国王。咸丰年间琉球国王尚泰没有向中国皇帝请封。尚泰于道光二十七年（1847）自立为王，他的父亲"琉球国王尚育于道光二十七年九月十七日病故"④。从守孝需3年计，嘉庆元年年底就是尚泰服满之时，完全可以请封了。换句话说，如果是咸丰二年，尚泰已经不存在"孝服尚未满"的问题。但他直到同治五年（1866）才请封⑤。这与《学》中所述不符。我们再来看看嘉庆年间的琉球国王尚温，尚温于乾隆五十九年（1794）自立为王，嘉庆三年（1798）八月十九日他在给中国礼部请求封王的咨文中说："臣祖尚穆于乾隆五十九年四月初八日薨逝，臣父哲为世子时早已辞世。念臣小子温以嫡孙承祧，恭循典例，虔请封袭。"⑥嘉

---

① 《历代宝案》，台湾大学印行1972年版，第4153－4154页。
② 《历代宝案》，台湾大学印行1972年版，第7830页。
③ 中国第一历史档案馆：《清代中琉关系档案三编》，中华书局1996年版，第287、607页。
④ 中国第一历史档案馆：《清代中琉关系档案续编》，中华书局1994年版，第1372页。
⑤ 《续琉球国志略》，见《国家图书馆藏琉球资料汇编》下册，北京图书馆出版社2000年版，第181页；《清代中琉关系档案续编》，中华书局1994年版，第1470页。
⑥ 《历代宝案》，台湾大学印行1972年版，第4273－4274页。

庆三年八月十九日"琉球国中山王世孙尚温为恳请循例封袭事奏文"①、嘉庆四年（1799）六月初十日"礼部为琉球国谴使进贡兼请袭封事致内务府咨文"② 均有详细记载（从略）。尚温的祖父尚穆于乾隆二十一年（1756）被册封为王，乾隆五十九年（1794）四月八日去世。尚温的父亲尚哲则于乾隆五十三年（1788）八月二十日去世。尚温于嘉庆三年（1798）八月十九日派耳目官向国垣等来中国请封③。从乾隆五十九年（1794）四月八日到嘉庆三年（1798）八月十九日是3年又4个月的时间，也就是说嘉庆三年（1798）四月以后才是尚温"服满"之时，所以嘉庆二年（1797）对尚温来说确实是"孝服尚未满"。

根据以上史料看，琉球国于嘉庆元年（1796）派王舅东邦鼎等来中国庆贺兼进贡，于嘉庆三年（1798）派耳目官向国垣等来中国进贡兼请封。那么，《学》中对话的时间正是在嘉庆二年（1797）。据此，我们判定《学》的编写时间应该在嘉庆二年（1797）。

四、《广》的编写时间

《广》中的话语片段本来就不多且不集中，但其中就至少有7处与《学》的内容相同、相当或相似。以下《学》例为A，《广》例为B，我们举其中4组例子比较如下：

A1."这个雾下得好厚哩！你看那山都幔住了，一些也看不见的。人说障气，这就是山岚障气。人若冲着他，就要得病的。""这样说，我们早晨不要出去，等雾开了出去罢。"

B1."这个雾好大哩！你看那山都幔住了，一点也看不见。人说障气，这就是山岚障气。人若冲着他，就会得病。""这样说，我们早起不要出门，等雾开了出去罢。"

比较A1，B1除了比A1少几个字并改动了几个字以外，其余完全一致。

---

① 中国第一历史档案馆：《清代琉球国王表奏文书选录》，黄山书社1997年版，第563页。
② 中国第一历史档案馆：《清代中琉关系档案三编》，中华书局1996年版，第299页。
③ 中国第一历史档案馆：《清代琉球国王表奏文书选录》，黄山书社1997年版，第563页；中国第一历史档案馆：《清代中琉关系档案三编》，中华书局1996年版，第299页。

A2."不知道你们那边这三月三也有人去郊外踏青没有?""有的,我们那里这一日也有到水边去玩的,也有到青草坡地方铺毡吃酒的,也有带着婊子去弹唱的。"

B2."我们那边到三月三也有到水边去玩的,也有到青草处铺毡吃酒。那百姓的人,也有这样的。也有带着婊子去弹唱的。"

A2 是问答形式,句义连贯;B2 变成了一人说到底,而且句义不够连贯。

A3."今日九月九,是重阳节。人人都携酒登高插茱萸,学那孟嘉落帽的故事。我们客边寂寂在这里,好不冷淡了人么!""这个何难。我们也收拾些酒肴,不必上山去,只就在天后宫楼上庆赏重阳,也是登高一样,何必一定要到那山上去呢?""你讲的更妙!我们将酒排在楼上吃,看那山上登高的人往往来来,更觉有趣。"

B3."九月初九重阳节,人人都携酒登高插茱萸,学孟嘉落帽故事。而今我们收拾酒肴,也不必上山去,就在天后宫楼上庆赏重阳,也是登高一样。望那山上登高的人往来往去,也是好光景。"

A3 是问答形式,B3 不是。而且,B3 明显是 A3 的"压缩版"。

A4."这个人是生杨梅疮吗?""这个人原生杨梅疮,如今变做疯毒了。""好怕人,一身希臭的。他当日才生的时节为什么不请医生调治,给他烂到这个样呢?""他原先才生的时候就请人来医治。那医生也不知换了好几个,银钱用去多少,总医不得好。如今年代久了,越发不得好了。""这样说,这个人可怜的紧。"

B4."这个人生杨梅疮。那个人坏得很。这个人可怜的紧。那个人可爱得紧。这个人原生杨梅疮,如今变做疯毒了。"

A4 是问答形式,B4 不是。A4 是一个完整的句群,B4 则是彼此毫不相干的五个句子,只是其中有三个句子与 A4 的完全一致。

比较以上四组的 A 例和 B 例,我们不难看出 B 例是在 A 例的基础上紧缩、改造而成。据此,我们有理由认为《广》的编写年代晚于《学》。

《广》的"时令门"中列举了这样一些年号"洪武、建文、永乐、洪熙、宣德、正统、景泰、天顺、成化、弘治、正德、嘉靖、隆庆、万历、泰昌、天启、崇祯、顺治、康熙、雍正、乾隆、嘉庆"。明洪武年正是中琉关系建立之年，从明洪武年开始到清嘉庆年为止，中间恰好是这 22 个年号。这些年号被依次罗列出来（而不是列举性的）说明了什么？正说明《广》的编写时间就是在嘉庆年间，因为后面的年号对作者来说还是未知的。

《广》晚于《学》，而《广》的编写时间又在嘉庆年间。这便与第三节形成了互证：再次排除了《学》作于咸丰二年（1852）的可能性，与此同时也缩小了《广》的编写时间段，即《广》的编写时间应该在嘉庆二年到嘉庆二十五年（1797—1820）之间。至于是这 23 年中的哪一年，目前还没有证据证明。

五、《官》的编写时间

《官》中琉球人有这样一段话："因为前代海洋贼盗蜂起，船只被匪类所劫，洋面有许多不便之处，故此耽搁贡期，不能如期到所。今逢圣朝，洪福齐天，四方太平，山无伏蟒，水不扬波，所以敝国年修贡事，按期进献。"据上述史料看，琉球国进贡船、接贡船遭海盗侵扰，琉球国因而不能如期进贡这类事件比较集中地发生在清顺治年间和康熙年初期。明朝灭亡后，直到清顺治七年（1650）琉球国王尚质才首次"谴王舅何榜琨、正议大夫蔡锦奉贡入贺"但"船漂没未达"①，顺治十一年（1654）三月又遣都通事使者田时盛、马知记等入贡，结果在"梅花港口被海寇阻拦，不敢进入，逃窜回国……又于顺治十二年二月内再遣都通事使者田时盛、马知记等坐驾海船前赴"，结果在"福宁外山又逢海寇船拾全只，放铳被残破，暂时避躲逃去……"②。总之，在顺治年间，中国南方沿海地区内乱尚未平息，加之海盗猖狂，琉球国基本上没能如期进贡。到了康熙年初期情况并未好转。康熙十二年（1673）琉球国王尚贞派遣"耳目官吴美德等百余人前来进贡，至竿塘外洋遇贼船大小十余只前来攻打，被贼用炮打死随伴四人，被伤二十余人……"③ 康熙十三年（1674）、十五年（1676）两次贡期被耽搁，到康熙十七年（1678）尚贞才遣使补贡④。康熙皇帝在康熙二十二年

---

① 《中山传信录》，见《国家图书馆藏琉球资料汇编》中册，北京图书馆出版社 2000 年版，第 285 页。
② 《历代宝案》，台湾大学印行 1972 年版，第 699 页。
③ 《历代宝案》，台湾大学印行 1972 年版，第 324 页。
④ 《历代宝案》，台湾大学印行 1972 年版，第 723 页。

（1683）"封王尚贞诏"中说："中山王世子尚贞屡使来朝，贡献不懈。当闽疆反侧、海寇陆梁之际，笃守臣节，恭顺弥昭，克殚忠诚，深可嘉赏。"①查明清两代历届皇帝的"封王诏"，提到"海寇"二字的仅此一次。我们认为《官》中所说的"前代"不应理解为明代，在有关明代的史料记载中琉球国耽搁贡期的情况时有发生，但似乎都不是因为遭海盗侵扰，而是另有原因（从略）。更不应理解为是康熙二十三年（1684）之后。康熙二十三年（1684）之后琉球国基本上都是如期进贡的，且"海寇"二字也基本绝迹。所以《官》中的"前代"应当指清顺治年和康熙年初期。

在 4 种琉球官话课本中只有《官》提到这类事件，这应当能够表明《官》的编写时间是最早的。因为它最接近顺治年和康熙年初期，所以才自然提到这类事件。而对其他 3 种课本来说这类事件已是久远的事了。退一步讲，如果琉球人所说的"前代"真是指明代（毕竟有关明代的史料远没有清代的多且不如清代的详尽），那就更可得出同样的推论。

所以我们有理由认为《官》应当早于《白》。

《官》中还有这样一段对话："这省中不知那（哪）块好玩的所在呢？""我省中好玩的所在尽多。那鼓山、乌石山、九仙山各处可曾都看过未曾？还有新开西湖，景致幽雅，那地方好玩，到那里去。"鼓山即今天福州市的鼓山，乌石山、九仙山分别是今天福州市乌山、于山的别称。西湖即今天福州市的西湖公园。"新开西湖"的"新开"二字是关键。据查，"西湖是晋太康三年（282）晋安郡守严高所凿"，是人工湖。"南宋淳熙九年（1182）福州知州赵汝愚曾重浚西湖，并改原威武堂旧址的西湖楼为澄澜阁。明万历初按察使徐中行购湖滨民地重建已圮之澄澜古阁，西湖之名益彰。清康熙四十二年（1703）和乾隆十三年（1748）又两度浚修……"② 西湖有一处重要的人文景观——开化寺，"开化寺据说始建于唐代，清康熙四十四年（1705）重建，寺后设白花圃，培育各种名贵花卉品种"③。康熙四十二年（1703）和乾隆十三年（1748）西湖的两度浚修均可被表述为"新开"。但刚刚浚修完又重建开化寺、开设白花圃，那更可被表述为"新开"了。如果认为《官》作于乾隆十三年（1748），那就无异于说《官》与《白》〔乾隆十五年

---

① 《续琉球国志略》，见《国家图书馆藏琉球资料汇编》中册，北京图书馆出版社 2000 年版，第 615 页。
② 《福州掌故》编写组：《福州掌故》，福建人民出版社 1998 年版，第 22 - 23 页。
③ 林鳞编著：《福州胜景》，福建人民出版社 1980 年版，第 19 页。

(1750)〕）是同时代的作品。我们在本节上文中所说的"《官》应当早于《白》"并不是说只是早个两三年。

《官》中的一系列语法现象都与《白》《学》《广》不同，这些不同集中表现在近代汉语用法与现代汉语用法的多寡和有无上。为了说明问题，我们对4种课本中的一些相关语法现象做了尽可能穷尽的统计并在此基础上进行一些简略的分析。分述如下。

1. 动词、介词的"与"和"给"

《官》中"与"有22个，"给"有16个。"与"多过"给"。而其他3种课本中却没有"与"，只有"给"（其中《白》有36个，《学》有33个，《广》有17个）。

(1) 数十年祖父俭积白白送与别人享福了。(《官》)
(2) 古传七夕一过，鹊首上无毛，无故皆秃。以是为夜作桥，架于天河之上，与织女渡过，相会牵牛，所以头毛皆脱去。因有是言。(《官》)
(3) 富贵的就与他亲热，贫穷的就与他冷淡。(《官》)
(4) 我们国王送给你们吃的，就是替你们的都一样（按："替"当"跟"解）。(《白》)
(5) 今晚是七月初七，叫做七夕节。那牛郎织女要相会，喜雀（鹊）驾（架）桥，给牛郎过。(《学》)
(6) 这个狗是个癫狗，你们快走开。恐怕给他咬了一口，明日肚里会生出狗子就不好了。(《广》)

例（1）、例（4）的"与/给"不是真正的动词，我们称之为"弱化"动词。这种句式中的给予义并不是由"与/给"独立承担的，往往可以省略。如："我包一包的香钱送他"（《官》），"今日弟们备有几斤送你各位先生尝尝"（《白》）。下面几种句式中的"给"才是真正的给予动词："行文转过多少，衙门才给盘缠，打发起身"（《白》），"我有东西给了你做表记"（《学》），"给你某两某钱罢"（《广》）。《官》中的"与"却没有以上这些用法。也就是说《官》中的"与"已不能独立承担给予义了，而给予义却是动词"与/给"的基本义。这说明《官》中"与"的动词功能已经退化，这是它最终被"给"取代的原因之一。例（2）、例（5）的"与/给"是使役动词。例（3）的"与"是介词，引进动作行为相关的对象。这种"与"

在《白》《学》中主要是用"替"（这涉及琉球官话课本的汉语南方话性质问题，另文讨论）。例（6）是表被动的介词，引进施事。再举两例：

(7) 那些没有丢的，也给海水打烂了。(《白》)
(8) 家里的东西，给人抢去的抢去，给火烧去的烧吊（掉）。(《学》)

这种"给"《白》中有4个，《学》中有5个，《广》中有3个，《官》中没有。而介词"被"在4种课本中的出现情况则是：《官》中有5个，《白》中有7个，《学》中有3个，《广》中有2个（例略）。再来直观地看看表被动的介词"给/被"在4种课本中的比例变化：《官》0/5（即"给"0个、"被"5个，下同），《白》4/7，《学》5/3，《广》3/2。

动词、介词"与"以及介词"被"都是近代汉语用法，动词、介词"给"则是现代汉语用法。顺便说一下，表被动的介词的口语用法在《红楼梦》和《儿女英雄传》中基本上都是用"叫"（用"给"的例子不过两三个），而在4种课本中却没有用"叫"的例子。这也涉及琉球官话课本的汉语南方话性质问题，一并另文讨论。

2. 介词"把"和"将"

4种课本中"把/将"的出现情况分别为：《官》19/27，《白》16/0，《学》48/4，《广》23/0。《官》中"将"比"把"多。《白》《广》中没有"将"，只有"把"。《学》中虽有4个"将"，但"把"比"将"多出十几倍。下面是《官》《学》的相关例子：

(9) 花瓶拿下来，将旧水倒了，换了新鲜干净的水。把鲜花摘两枝，插在瓶中。将茶罐拿去，把茶底倒了。(《官》)
(10) 遇着几匹恶马进来，草又不吃，两三匹相踢起来，把馆里的水缸打破，又将墙壁折倒。(《官》)
(11) 我且回去，另日再来。停会你们老爷回来时节，有劳将我来的事情替我讲一声，千万千万……求将爷将我这个话有劳替我进去回一声，我在这里候着。(《学》)
(12) 你将纸放在这里，我得空的时节就写。(《学》)

《学》与《官》中的"将"出现的语体环境不同。《学》中4个"将"

的出现似乎都有语体上的限制，例（11）是在福州的琉球官员去拜见中国当事官员请求办理公务时说的话，例（12）是教书先生对琉球学生说的话，还有本文第四节中的 A3 是在明显的"趋雅"氛围中说的话。而且没有出现过"将""把"混用的情况。《官》中的"将""把"却往往混用，就像例（9）、例（10）那样，完全没有语体上的限制。可以说，在《学》中"将"字句是作为书面语来用的，在《官》中则是口语用法。《官》中的"将""把"混用反映出了近代汉语向现代汉语过渡阶段时的语法现象。

3. 副词"都"与"皆"

4 种课本中"都/皆"的出现情况分别为：《官》100/15，《白》78/0，《学》63/0，《广》50/0。《官》中"都"虽然远远多过"皆"，但"皆"毕竟还有 15 个。而其他 3 种课本中已经没有"皆"了。"都"例见本文第四节中的 A1、B1、A3、B3；"皆"例见例（2）。

4. 介词"和"与"同"

介词"和""同"是现代汉语用法。介词"和"《白》有 1 个，《学》有 7 个，《广》有 1 个。例如：

（13）弟们恐怕兄们这里冷淡，大家相约备点酒菜来这里，和兄们大家解些愁闷。(《白》)

（14）我不和你讲，我要回家去了。(《学》)

（15）我和你平下，不然让两子罢。(《广》)

介词"同"《白》有 2 个，《学》有 6 个，《广》有 3 个。例如：

（16）弟还要同他们到福建朋友那边去看看。(《白》)

（17）你若得空的时节，同我到那里走走罢。(《学》)

（18）今日天气炎热，同你到松树林下去凉凉。(《广》)

《官》中没有出现介词"和"与"同"。

5. "VP + 了 + 没有"结构

这种疑问结构也是现代汉语用法。"VP + 了 + 没有"结构《白》有 4 个，《学》有 4 个，《广》有 2 个。例如：

(19) 前日也曾托过贵同门郑通事寄一口信问候,不知到了没有。(《白》)

(20) 你们到鼓山看光景,做诗了没有?(《学》)

(21) 你姐出嫁,添外甥了没有?(《广》)

《官》中没有出现"VP+了+没有"结构。

《官》与《白》《学》《广》在语法上的不同远不止以上这些,但已经足够说明:《官》早于《白》,《官》与《白》相距绝非仅仅两三年而已。

综合以上三个部分的史料与分析,《官》的编写时间不可能是在乾隆十三年(1748)。既然不可能在乾隆十三年(1748),我们就完全有理由将《官》的编写时间推定在康熙四十二年、四十四年(1703、1705)两个时间里。

六、结论

《官话问答便语》应当作于1703年或1705年,《白姓官话》作于1750年,《学官话》作于1797年,《广应官话》作于1797年到1820年之间。

既然《官话问答便语》《白姓官话》的编写时间分别在公元18世纪的初叶和中叶,那么《官话问答便语》就是比《红楼梦》早半个世纪的作品,而《白姓官话》则是与《红楼梦》大致同时代的作品(红学界的主流看法是《红楼梦》作于18世纪中叶)。

琉球官话课本的年代既已得到确凿的证明,那么它作为清代口语语料就具有难以估量的研究价值,值得海内外汉学界的高度重视。

琉球官话课本中表使役、被动义的"给"*

琉球官话课本语法研究价值较高的有3种：《官话问答便语》（以下简称《官》），《白姓官话》（以下简称《白》），《学官话》（以下简称《学》）。据我们考证，《官》作于1703年或1705年，《白》作于1750年，《学》作于1797年，恰好在18世纪初、中、末三个时段上①。为了称述方便起见，我们把琉球官话课本所反映的官话系统简称为"琉球官话"。琉球官话的主要特色之一就是用"给"来表达使役义和被动义。

一、琉球官话表使役、被动义的"给"

"给"的基本用法是表给予义，在这一点上《官》《白》《学》与《红楼梦》等北京官话作品无异，不赘。"给"表使役、被动义才是琉球官话的特色，其出现次数如表1。

---

* 《琉球官话课本中表使役、被动义的"给"》，原刊于《中国语文》2007年第2期。作者李炜、濑户口律子。

本文经唐钰明教授审阅，谨致谢忱。

本文引用书目包括：《官话问答便语》《白姓官话》《学官话》，日本天理大学附属图书馆藏本；[清]曹雪芹、[清]高鹗《红楼梦》，人民文学出版社1996年版；[清]文康著、松颐校注《儿女英雄传》，人民文学出版社1986年版；威妥玛著、张卫东译，《语言自迩集——19世纪中期的北京话》，北京大学出版社2002年版（需要说明的是，本文所依据的《语言自迩集——19世纪中期的北京话》中的语料仅限于书中的北京口语片段，不包括作者的叙述语）；松龄（松友梅）著，[日]太田辰夫、[日]竹内诚编，《小额》（社会小说），东京汲古书院1992年版；韩邦庆著、典耀整理《海上花列传》人民文学出版社1986年版。

① 参见[日]濑户口律子、李炜《琉球官话课本编写年代考证》，载《中国语文》2004年第1期，第77–84页。

表1 琉球官话表使役、被动义的"给"

单位：次

语料	"给"出现总数	使役义"给"出现次数	被动义"给"出现次数
《官》	16	6	0
《白》	36	6	4
《学》	33	8	5

兹列举用例如下：

（1）船头上把锦标插着，给这些爬龙船（的）去抢。（《官》）

（2）至于有病时候，也不去投神保安，也不去请医吃药，死能（宁）可给他死，想要用钱这万万不能的。（《官》）

（3）若是略略有些力量也要轻轻铺序，家中给妻儿欢喜，外面给亲友敬重。所以勉强备办，不肯令人取笑。（《官》）

（4）这边人多炒（吵）闹，恐怕病人不安，所以另盖这一间小房，给他住在里头养病。（《白》）

（5）你兄们都是大邦人物，礼义之乡言动举止，那（哪）一件不是给人可学的。（《白》）

（6）若有便人，烦劳通事寄个口信去，给他知道，若得闲请他来这里玩玩。（《白》）

（7）这个人原生杨梅疮，如今变做疯毒了。好怕人，一身希臭的。他当日才生的时节为什么不请医生调治，给他烂到这个样？（《学》）

（8）你把头儿朝过来笑一笑，给我亲个嘴儿就罢了。（《学》）

（9）要买这些东西么，给我讲就不买他（它），这个年过得过不得呢？（《学》）

（10）寡剩几担豆子，没有丢吊（掉）也给海水打滥上霉了。（《白》）

（11）那豆子原是草包包的，要打开包晒晒才好，里头原是给雨打湿了的。（《白》）

（12）这里地方毒蛇狠（很）多，若是给他（它）咬了立刻就死，有药也不会救得来。各位小心要紧。（《白》）

（13）你们在大清是哨船还是做买卖的船，怎么样给风飘到这里来呢？我们是载某样东西要到某地方去做买卖的船，使到某地方被风打到这块来的。（《学》）

（14）你还敢争嘴？你做事件件都给人看破了，如今不敢用你了。（《学》）

（15）这个东西给雨淋湿了，拿去晒晒。（《学》）

例（1）—（9）是使役句，例（10）—（15）是被动句。琉球官话的"给"字使役句和"给"字被动句的区别主要在两个方面：第一方面，主语。"给"字被动句中主语常常出现，没出现也可明确补出，而且这个主语一定是受事主语。"给"字使役句主语常常不出现，而且往往无法明确补出①。第二方面，主要动词。"给"字被动句中的主要动词都是及物动词［例（13）的"飘"作及物动词用］，其后不带宾语；主要动词区域不是一个光杆动词，其后一定有动态助词"了"等（或补语）出现以表示动作业已实现，而且这个"业已实现"在语义上是指向受事主语的。"给"字使役句其主要动词可以不是及物动词［如例（2）（3）（7）］，可以是光杆动词［如例（1）（2）（3）（6）（9）］，可以带宾语［如例（8）］。例（7）的"（烂）到这个样"也表示动作业已实现，但在语义上是指向"给"后的兼语"他"的。

二、清代北京官话表使役、被动义的"给"和"叫、让、教"

我们对 4 种清代北京官话作品中出现的"给"进行了统计和分析，这 4

---

① 《官》《白》《学》中已出现不少表使役义的"叫"（但没有出现表被动义的"叫"），出现次数分别为《官》13 次、《白》18 次、《学》22 次，出现数量超过了表使役义的"给"且呈递增趋势。但我们发现琉球官话的"叫"和"给"表使役义的侧重有所不同："叫"大多表支使（吩咐）义［如下例（1）（2）（3）］，少数表容许义和致使义［如下例（4）（5）］；相反，"给"不表支使（吩咐）义，只表容许义和致使义［如正文例（1）—（9）］，其中有些句子的容许义中还混合着些许给予义［如正文例（4）（5）］。表支使（吩咐）义时句前主语常常出现，而且这个主语一定是施事主语［如下例（1）（2）（3）］；表容许义和致使义时句前主语常常不出现，而且往往无法明确补出［如正文例（1）（2）（3）（6）（7）（9）及下例（5）］。下面是琉球官话"叫"表使役义的几个用例：

（1）担子我先叫他挑在船上等候。（《官》）

（2）弟们是二月二十一日收到奇界岛，蒙那里老爷叫小船拉进港里。（《白》）

（3）等我明日替你们叫两个泥水匠来修拾罢。（《学》）

（4）天地间要生他，你如何叫他不生。（《官》）

（5）就是做花子，千山万水路途遥远奔走艰难，想来总是他乡饿鬼，叫人怎不心伤。（《白》）

种作品是：《红楼梦》（作于 18 世纪中期，以下简称《红》）、《儿女英雄传》（作于 19 世纪中期，以下简称《儿》）、《语言自迩集》（作于 19 世纪下半期，以下简称《语》）、《小额》（作于 19 世纪末，以下简称《小》）。在这 4 种作品中我们发现了 5 个表使役、被动义的"给"，仅出现在《红》《儿》两个作品中。现将 5 例全部开列如下：

（16）我的梯己两件，收到如今，没给宝玉看见过，若经了他的眼，也没了。（《红》第四十回）

（17）千万别给老太太、太太知道。①（《红》第五十二回）

（18）我不象你这等怕死贪生，甘心卑污苟贱，给那恶僧支使，亏你还有脸说来劝我！（《儿》第七回）

（19）我原是给你们取笑的——拿我比戏子取笑。（《红》第二十二回）

（20）就是天也是给气运使唤着，定数所关，天也无从为力。（《儿》第三回）

例（17）是使役句。例（18）—（20）是被动句，因为句中的"我"和"天"是受事主语，"原是……VP 的"和"是……VP 着"也可以看作是动作业已实现。例（16）有歧义，可做两种理解：

A. 我的梯己两件，收到如今，（我）没给宝玉看见过……
B. 我的梯己两件，收到如今，（这两件梯己）没给宝玉看见过……

如果是 A 就是使役句，如果是 B 就是被动句。我们倾向于前者，我们认为表实现义的"见过"在语义上是指向整句所体现的动作行为本身，而不是指向"梯己"，换句话说"梯己"并不是"看（见过）"的受事主语。

《红》《儿》中共出现了 2097 个"给"，其中 3 个表使役义、2 个表被

---

① 由"知道"充当主要动词的"给/叫/让"字句都是使役句，如果在"知道"后面加上"了"则变为被动句。这在否定祈使句中表现得尤为明显，因为会有重音分布上的对立。我们以现代北京话为例：

A. 别给/叫/让老太太、太太知道！（使役）
B. 别给/叫/让老太太、太太知道了！（被动）

加点的为重音所在。使役句的"别"语义上指向后面整个动作行为。被动句的"别"仅指向"知道"，这个"了"在北京话里往往读作［·lou］，表示对虚拟的实现的一种担心。

动义；《官》《白》《学》中共出现 85 个"给"，其中 20 个表使役义、9 个表被动义。其出现频率如表 2。

表 2 语料中表使役、被动义的"给"

语料	"给"出现总数/次	使役、被动义"给"出现次数/次	出现频率比/%
《红》《儿》	2097	5	0.24
《官》《白》《学》	85	29	34

清代北京官话表使役、被动义动词的口语形式主要用"叫"，到了清末则主要用"让"。近代汉语常用的"教"，在清代北京官话中已渐趋消亡。现将它们在清代 4 种北京官话作品中的出现情况列于表 3。

表 3 清代 4 种北京官话作品中表使役、被动义的"给"出现次数

单位：次

语料	叫		让		教	
	使役义	被动义	使役义	被动义	使役义	被动义
《红》	1477	47	151	0	37	2
《儿》	594	25	145	0	31	1
《语》	194	45	6	0	5	0
《小》	16	2	107	24	0	2

下举几个"叫、让"表使役、被动义的用例：

(21) 不回去也罢了，只叫金荣赔不是便罢。(《红》第九回)

(22) 索性让我一不作二不休，见一个杀一个，见两个杀一双，杀个爽快！(《儿》第六回)

(23) 昨儿我叫他们买一百个鸡子儿送上山来。(《语》第三章)

(24) 刚才他们那一党找我克啦，打算明儿给您赔不是来，让我先央求央求您来。(《小》，16 页)

(25) 下作小娼妇，好好的爷们，都叫你教坏了。(《红》第三十回)

(26) 公子断然没想到从城里头憋了这么个好灯虎儿来，一进门就叫人

家给①揭了。(《儿》第三十八回)

(27) 我的帽子叫风刮下去了。(《语》第三章)

(28) 王妈你可给我瞧着点儿狗,上回我就让他给咬了一下子。(《小》,15页)

例(21)—(24)是使役句,例(25)—(28)是被动句。琉球官话中也有表使役义的"叫"②,但没有表被动义的"叫";也没有出现表使役、被动义的"让"和"教"。因此,我们可以得出这样的结论:表使役义的词兼表被动义,是清代北京官话的特征;表给予义的词兼表使役义和被动义,则是琉球官话的特征。

三、南方方言的"拨、乞、畀、分"与琉球官话的"给"

汉语南方方言大都用表给予义的词兼表使役义和被动义。比如苏州话用"拨(拨来)",福州话用"乞",广州话用"畀",梅县话用"分"。清末苏州话小说《海上花列传》就是用表给予义的"拨(拨来)"兼表使役义和被动义的,"拨(拨来)"在《海上花列传》中共出现了244个,其中表给予义的有140个,表使役义和被动义的共有104个。下面分别列举使役义和被动义的用例如下:

(29) 拨俚吃点末哉,我来筛。(第八回)
　　〔让他喝点(酒)吧,我来筛。〕
(30) 拨耐做姨太太阿好?(第八回)
　　(让你做姨太太好不好?)
(31) 耐看玉甫近日来神气常有点呆緻緻,拨来俚哚圈牢仔,一步也走勿开哉。(第七回)
　　(你看玉甫这几天神情有点儿发呆,被她们圈牢了,一步也走不开了。)

---

① 这里的"给"是助词,用于加强被动语势,但其本身并不表达被动义。参见李炜《加强处置/被动语势的助词"给"》,载《语言教学与研究》2004年第1期。

② 见本书141页脚注①。

（32）最好笑有一转拍小照去，说是眼睛光也拨俚哚拍仔去哉。（第七回）
（最可笑有一回去照相，说是眼睛光也被她们拍了去了。）

现代苏州话的"拨（拨来）"与《海上花列传》中的情况无异，参见石汝杰①，不赘。

福州话"乞"分别表使役义和被动义，例如②：

（33）乞伊多歇几日。（让她多休息几天。）
（34）衣裳乞雨沃滥咯。（衣服被雨淋湿了。）

广州话"畀"分别表使役义和被动义的例子：

（35）我唔畀你去！（我不让你去！）
（36）我畀老豆闹咗一餐。（我被老爸骂了一顿。）

梅县话"分"分别表使役义和被动义的例子：

（37）分阿七讲两句。（让阿七说两句。）
（38）贼古分警察捉走□[e]。（小偷被警察抓走了。）

琉球官话的"给"与苏州话的"拨（拨来）"、福州话的"乞"、广州话的"畀"、梅县话的"分"在功能上是一致的。换言之，给予动词兼表使役义和被动义是汉语南方方言和琉球官话的共同特征。所以，仅从"给"的角度看，琉球官话具有鲜明的汉语南方方言色彩。

四、一点推论

清代北京官话"叫"的使役义出现频率远远高于被动义；"让"的使役

---

① 参见石汝杰《苏州方言的介词体系》，见李如龙、张双庆主编《介词》，暨南大学出版社2000年版。

② 例（33）（34）转引自陈泽平（2000），广州话和梅县话的例句［即例（35）—（38）］是笔者调查所得。

义用例在 18 世纪中期就已大量出现，其被动义用例则到 19 世纪末才出现。这说明了一个事实："叫、让"先有使役义，后有被动义。正如太田辰夫所说：叫、让的"使役义是本义，被动义是从使役义转化而来的"①。琉球官话课本《官》中的"给"只出现了给予义和使役义两类用例，没有出现被动义的用例；而晚于《官》半个世纪和近一个世纪的《白》和《学》中的"给"则出现了被动义的用例。据此，我们认为：清代北京官话用使役动词兼表被动义，汉语南方方言和琉球官话用给予动词兼表使役义和被动义，这是它们的差异；而在先有使役义、后有被动义这一点上，三者是一致的。

参考文献

［1］陈泽平．福州方言的介词［C］//李如龙，张双庆主编．介词．广州：暨南大学出版社，2000：101-121．
［2］石汝杰．苏州方言的介词体系［C］//李如龙，张双庆主编．介词．广州：暨南大学出版社，2000：1-22．
［3］［日］太田辰夫．中国语历史文法［M］．东京：日本江南书院，1958．

---

① 参见［日］太田辰夫《中国语历史文法》，日本江南书院 1958 年版，第 247 页。

从版本、语言特点考察《人中画》琉球写本的来源和改写年代*

引　言

现存清代琉球官话课本,除《官话问答便语》《白姓官话》《学官话》《广应官话》外,还有一种叫《人中画》琉球写本。它与前4种课本相较,有以下特点。

(1) 体裁上前3种为会话课本,《广应官话》为分类语汇集,而《人中画》琉球写本则是一部包括5个故事,共16回的话本小说。

(2) 内容上与琉球社会、琉球留学生生活、中琉交往等没有关系。《官话问答便语》《学官话》是琉球国的进贡官员、勤生(自费留学生)等与中国福州官员、商人、医生等的会话记录。《白姓官话》为遭风漂至琉球的中国商船上的难民白瑞临、瞿张顺等人与琉球当事官员尤其是通事(翻译)的会话记录,以上3种课本均为问答形式。《广应官话》所收语汇分列于"天文、时令、地理、宫室"等30个门类中,皆为琉球学生在中国生活、熟通官话所必须掌握的基本词汇。而《人中画》琉球写本由5个故事组成①,故事主角无非是才子佳人、孝子节妇,主题无非是天理循环、因果报应,是典型的拟话本小说。

我们根据后者语言面貌、特色与前4种的高度吻合,认为它应当是作为

---

* 《从版本、语言特点考察〈人中画〉琉球写本的来源和改写年代》,原刊于《中山大学学报(社会科学版)》2007年第6期。作者李炜、李丹丹。

基金项目:本文是国家社会科学基金项目(07BYY046)、广东省哲学社会科学"十五"规划2005年度项目(05J—01)、国家留学基金(留金出〔2007〕3020)。

本文引用书目包括:《人中画》啸花轩写刻本;路工、谭天合编《古本平话小说集》(上),人民文学出版社1984年版;《人中画》琉球写本、《白姓官话》,日本天理大学图书馆藏本(珍贵语料)。

① 这5个故事为《风流配》《自作孽》《狭路逢》《终有报》《寒彻骨》。

琉球官话课本中的阅读课本来使用的；但是，前4种明显是专为教学编写的课本，而后者却明显不是，也就是说不是因编写教材而编写的故事，那么这故事又从何而来呢？

日本学者鱼返善雄、佐藤晴彦曾对琉球写本《人中画》（以下简称"琉本"）的来源和改编年代分别进行过论述，鱼返善雄认为琉本有可能是"乾隆十几年"时琉球的通事们根据"《人中画》最初的刊本"修改而成①；佐藤晴彦认为琉本有可能是根据啸花轩本《人中画》在"乾隆初年"改编②。两位学者的观点与本文的结论在一定程度上偶合，但两位学者的观点主要靠推测，均缺乏翔实的证据和深入的分析。

一、《人中画》琉球写本的来源

琉本的母版是啸花轩写刻本《人中画》③（以下简称"啸本"）。将啸本与琉本进行比照，发现两者内容基本上完全对应，比如：

（1）忽树林里闪出一所庄院，甚是幽野。（啸/自/二④）

忽然树林里头，闪出一所的庄院，甚是幽雅。（琉/自/二）

（2）商春荫不敢怠慢，遂择一个吉日，拜别商夫人并四兄弟，竟同家人进京而来。（啸/寒/三）

商春荫不敢怠慢，就择一个好日子，拜别商夫人替四个弟兄，替家人进京去了。（琉/寒/三）

（3）却说尹老官自送了女儿出门，到了三朝七日，要买礼来看看，却

---

① 参见［日］鱼返善雄《人中画と琉球人》，见《人间味の文学》，日本明德出版社1957年版。

② 参见［日］佐藤晴彦《琉球官话课本研究序说——写本〈人中画〉のことば（1）》，载《人文研究》1978年第2期。

③ 目前《人中画》除啸花轩写刻外，写刻本另有乾隆四十五年（1780）刊泉州尚志堂本（4篇4卷）、哈佛燕京大学哈佛燕京学社汉和图书馆写刻本（残存《自作孽》第一回与《寒彻骨》第三回）；除日本天理大学图书馆琉球写本外，抄本另有大连图书馆藏之乾隆十年（1745）刊"植桂楼藏板"之抄本（3卷），又有日本京都大学文学部藏之琉球写本（16卷存13卷）、日本东京大学抄本（16回）。此外还有以《世途镜》之名收编了《人中画》8卷8回（《狭路逢》3卷、《自作孽》2卷、《寒彻骨》3卷）的"本衙藏板"和以《姻缘扇》之名收编了《人中画》不分卷8回《风流配》的琴韵书舍刊本，共计9种版本。这些版本中啸花轩写刻本与天理大学琉球写本是包括5个故事的16回本。

④ 表示例子选自啸本《自作孽》的第二回，以下类推。

又自愧菲薄，怕羞不敢来。（啸/风/三）

  如今再说，那尹老头子，从送了女儿出门，到了三朝七日，要买些礼物来看看，又恐怕礼薄，怕羞不敢来。（琉/风/三）

（4）遂日日带了绣鸳鸯在身边，竟自到半塘与虎丘闲撞。（啸/终/三）

  天天带了绣鸳鸯在身边，竟自家去到半塘、虎丘那里玩。（琉/终/三）

（5）遂领了司马玄到"浣古轩"来，只见那催妆诗果贴在壁上。（啸/风/三）

  就带了司马玄，到"浣古轩"来。只见一首催妆的诗，果然贴在壁上。（琉/风/三）

（6）却说众乡邻、亲友听见李春荣寻了父亲回来，都来贺喜。（啸/狭/三）

  再说，众乡里邻居、亲戚朋友，听见李春荣寻了老子回来，都来贺喜。（琉/狭/三）

（7）师生二人欢欢喜喜，同往南京乡试。（啸/自/一）

  先生学生二人欢欢喜喜，一齐去南京乡试。（琉/自/一）

（8）司马玄听了这番言语，不觉身子俱飘飘不定。（啸/风/二）

  司马玄听见这些话，心上不定。（琉/风/二）

（9）尹荇烟听了，心下已知是诗扇的来头……（啸/风/二）

  尹荇烟听了，心里头早已知道是诗扇的缘故……（琉/风/二）

以上两个版本相对应的文句内容一致，不同之处主要表现在啸本的单音节词在琉本中被改写成了双音节词（例句中有着重号处）——从本质上看是现代汉语用法对近代汉语用法的替换。我们认为，琉本应当是在啸本刊行之后，后代根据当时的语言面貌对其进行修改而成的今译改写本。需要补充的是，琉本对啸本的改写还有以下两点值得一提。

第一，啸本中作为话本小说的回目①，篇头、结尾处的诗词评论及文中引用的古文在琉本中基本保持原貌。

第二，啸本中叙述语言与人物对话语言存在明显的语体差异。其叙述语言有典型的话本小说特点，能反映当时的实际语言情况。人物对话语言分为两种情况，文化层次较高的（如秀才、官员、才女等）的语言，语体大多趋雅仿古，不能代表当时的实际语言情况；文化层次较低的（如卖花人、农民、媒婆、船夫、商人等）的语言，语体层次一般较低②，通俗浅白，与叙述语言一样反映当时的实际语言情况。琉本注意到了这些语体的区别，对啸本的改写非常细致，对不同人物在不同场合的语言做了不同程度的改写，对许多高语体场景中的句子未做改写。

啸本应作于清初顺治年间。其根据主要有二：一是啸花轩是一个明代后期即已出现了的书坊（陈辽，1996），啸本中所有"玄"字均不缺笔，这表明它一定是清康熙年之前的作品。二是啸本《自作孽》开头有"话说万历年间"，表明它是明万历年之后的作品；而第二回中有"却喜得神宗皇帝怪御史多言，不肯考选都察院之人。因此，江西久无按院，汪费得以横行"

---

① 啸本与琉本的回目大体相同，有细微差别如下：

第一，啸本的总目录以"回"为名，琉本的总目录以"卷"为名，但两本各篇正文处皆以"回"为名。

第二，琉本的总目录与正文回目有出入。琉本《狭路逢》总目录第八卷未列入，由卷七跳至卷九；《寒彻骨》总目录只列出2卷，但正文中有3回。

第三，啸本与琉本正文的回目基本相同，与琉本总目录的卷目有几处不同：

A. 啸本《自作孽》第二回回目为"小器子妄希荣既得复失，大度人不记仇善始全终"，琉本总目录第六卷为"小器子妄希荣既得而复失，大度人不记仇善始而全终"，多了两个"而"字，另下句之"而"字，正文作"又"。

B. 啸本《狭路逢》第三回为"千金赠婿归原主、两地重逢信有神"，琉本总目录第九卷的卷目为"千金赠婿终归主、两次相逢始信神"，但正文回目又与啸本同。

C. 啸本《终有报》第三回回目上句为"张媒婆巧赚绣鸳鸯"，琉本总目录第十二卷为"张媒婆巧赠绣鸳鸯"，但正文回目又与啸本同。

D. 啸本《终有报》第四回回目上句为"被窝中识破假货"，琉本总目录第十三卷为"被窝中谢出假货"，但正文回目又与啸本同。

可以看出，琉本内部总目录与正文回目有出入，可能是抄写者误抄所致。仅比较啸本与琉本两本正文的回目，区别只有《自作孽》第二回回目琉本比啸本多了"而""又"两个虚字。琉本基本上继承了啸本的回目系统。

② 这种语体的区别不仅由人物的文化层次决定，也由场合决定，如《狭路逢》中的李天造，虽然身为商人，文化层次较低，但在项王庙祷告这样的庄严场合时，语言的语体层次也极高。

之语，不似明末的表达方式①，应为明末之后的表达方式。据以上两点，明末之后康熙年之前，那么啸本只可能作于清初顺治年间②（1643—1661）。

二、 琉本的语言现象与改编年代

琉本的词汇单双音节现象与啸本截然不同，但与琉球官话课本中的《白姓官话》（下简称《白》）一书的情况却非常相似：

（10）那边盖起的房子，是什么人住在里头呢？（《白》）
（11）木料东西都便了，还没有拣个好日子。（《白》）
（12）我的愚见，不要叫官来，单把礼物收下，你们自己祭他，好不好呢？（《白》）
（13）不要思量家里，保养自家身体，更是要紧。（《白》）
（14）这样果然好，只是又要费你国王的钱粮，办事人的心力，我心上怎么过得去呢？（《白》）
（15）那边住的，就是福建的朋友么？（《白》）
（16）学生痴长十五岁。（《白》）
（17）贵国的官话礼数，好久没有听见，故此都不记得了。（《白》）
（18）如今天气炎热，夏衣都没有，不知道怎么样才好。（《白》）

《白》与琉本一样，用"里头"而不用"里"，用"日子"而不用"日"，用"礼物"而不用"礼"，用"自家"而不用"自"，用"果然"而不用"果"……而后者却是啸本的典型用法。换言之，词汇方面琉本与啸本迥异而与《白》相似。我们不妨将琉本、《白》、啸本三者的语法现象进行一番比较，看看三者在语法方面的表现是否与词汇方面的表现相平行，具体说就是看看三者在近代汉语用法与现代汉语用法上孰多孰少如何取舍的情况。

上文提到啸本、琉本的叙述语言和人物语言的语体高低不同，高语体的与当时实际语言有距离。因此，我们主要考察啸本、琉本中的叙述语言部

---

① 孙秀君（1992）认为这种文人直接批评当朝皇帝的做法不可能出现于明末，故啸本不可能撰于明末。
② 陈辽（1996）也提到《人中画》顺治年间出版，路工（1985）也认为可以肯定为顺治年间（约1650年）所刊。

分。以下我们将对琉本、《白》、啸本三者进行 7 个语法项的统计与分析。

1. 引进受事的介词"把"和"将"

前者是现代汉语用法,后者是近代汉语用法。介词"把/将"出现的情况琉本为 128/15,《白》为 16/0,啸本为 6/114。啸本的"将"数量还是"把"的十几倍,琉本、《白》的"把"都已大大超过"将",也即是说,介词"将"是啸本的常见用法,而介词"把"是琉本与《白》的常见用法。相关例子如下:

(19) 吕柯就把去华老师家拜寿、留他在书房吃酒、看见金扇的事情,细细说了一遍。(琉/风/一)

(20) 天时热得狠,把衣裳脱吊,凉快凉快。(《白》)

(21) 吕柯就将华老祝寿、留饮书房、看见金扇之事细细说了一遍。(啸/风/一)

2. 引进施事的介词"给"和"被"

前者是现代汉语用法,后者是近代汉语用法。介词"给/被"出现的情况琉本为 19/3,《白》为 4/7,啸本为 0/19。琉本、《白》已经出现表被动的介词"给",啸本表被动只用介词"被"。相关例子如下:

(22) 父子哭个不了,给一个大浪,把船打翻,两个人都滚在水里。(琉/狭/一)

(23) 那些没有丢的,也给海水打烂了。(《白》)

(24) 张媒婆被打三十,扒了出来,众人都骂不歇。(琉/终/四)

(25) 弟被风漂来,心里闷得紧,今蒙赐顾,又承大教,心里十分爽快,正古人所谓,同君一夜话,胜读十年书。(《白》)①

(26) 父子哭不了,早被一个大浪,把船打翻,二人都滚入水中。(啸/狭/一)

---

① 此例"被"语体趋雅,不能代表当时实际的语言情况。《白》中"被"例子与此例一样有明显语体限制的共 4 例,又如:"弟们十二月二十一日,收到奇界岛,蒙那里老爷叫小船拉进港里,这番弟们船只又被风浪打坏,不堪之极,蒙老爷恩典,要替弟们修理,弟们自家看这只船,伤损狠多,修理不得,求老爷把这船烧吊,送我们随贡船回去罢了。"

3. 引进空间的介词"在"和"于"①

前者是现代汉语用法,后者是近代汉语用法。介词"在/于"出现的情况琉本为226/1,《白》为79/0,啸本为183/10。《白》的"于"已经消失、琉本也只有1例"于",啸本仍有10例"于"。相关例子如下:

(27) 司马玄写完,叫人挂在厅堂上,请华岳来看。(琉/风/一)
(28) 那边盖起的房子,是什么人住在里头呢?(《白》)
(29) 司马玄写完,叫人用鍼悬挂于厅壁之上,请华岳观看。(啸/风/一)

4. 引进时间的介词"从"和"自"②

前者是现代汉语用法,后者是近代汉语用法。介词"从/自"出现的情况琉本为12/0,《白》为6/0,啸本为0/17。琉本、《白》用"从"来引进时间,"自"已经消失;啸本用"自"来引进时间,"从"尚未出现。相关例子如下:

(30) 因他祖业凋零,从小就在江湖上,学做生意,到了三十岁,就发有几千两银子。(琉/狭/一)
(31) 敝国进贡,是从唐朝起的。(《白》)
(32) 因祖业凋零,自幼就在江湖上习了商贾之业,到得三十以外,发有数千金之财。(啸/狭/一)

5. 时间副词"才"和"方"

前者是现代汉语用法,后者是近代汉语用法。副词"才/方"出现的情况琉本为97/1,《白》为47/0,啸本为15/54。《白》的"方"已经消失,琉本也只有1例"方",啸本中副词"方"数量还大大超过"才"。相关例子如下:

---

① 介词"在/于"还能引进时间,例略。
② 介词"从/自"还能引进空间,例略。

（33）大家欢喜，又坐在桌上吃酒，吃到尽兴才散。（琉/风/一）
（34）新通事还没有来到，等他到了，交代明白，弟才动身。(《白》)
（35）大家欢然入席又饮，直饮得尽兴方散。（啸/风/一）

6. 总括副词"都"和"皆"

前者是现代汉语用法，后者是近代汉语用法。"都/皆"出现的情况琉本为170/0，《白》为83/0，啸本为91/11。琉本与《白》的"皆"都已消失，啸本中仍有11例"皆"。相关例子如下：

（36）再望楼下一看，都是菊花：紫的白的，红的黄的，围满一院。（琉/终/一）
（37）他随身穿的还有，都给他穿了，多谢老爷费心，不消做了。(《白》)
（38）再往楼下一看，皆是菊花，紫白红黄，芬纭满院。（啸/终/一）

7. 否定副词"没有"和"未曾、不曾"

前者是现代汉语用法，后者是近代汉语用法。"没有/未曾、不曾"出现的情况琉本为26/0，《白》为43/0，啸本为1/11。琉本与《白》的"未曾、不曾"都已消失，啸本中仍有4例"未曾"与7例"不曾"。相关例子如下：

（39）商春荫听见租粮都完，因他在前有病，没有送来，他就要回去。
（40）庄玉燕不失信，过了半个月，果然替他绣得端端正正的，没有落个款。
（41）点完了么？还没有点完。没有点完，把那点了的，给我带去，还没有点的，放在这里。
（42）商春荫已闻知租粮皆完，只因病，尚未曾交纳，他就要回去。
（43）庄玉燕不失信，过了半月，果然替他绣得端端正正，只不曾落款。

排除有语体限制的情况，以上数据可用下表表示：

表1　3种语料的7个语法项情况

单位：次

语料	琉本	《白》	啸本
把/将	128/15	16/0	6/114
给/被	19/3	4/3	0/19
在/于	226/1	79/0	183/10
从/自	12/0	6/0	0/17
才/方	97/1	47/0	15/54
都/皆	170/0	83/0	91/11
没有/未曾、不曾	26/0	43/0	1/11

从表中可以看出：

第一，琉本与《白》现代汉语用法的介词"把""给""在""从"、副词"才""都""没有"的数量都大大超过了其相应的近代汉语用法的介词"将""被""于""自"、副词"方""皆""未曾、不曾"，后者在琉本与《白》中已经消亡或濒临消亡。

第二，啸本中近代汉语用法的介词"将""被""自"、副词"未曾、不曾"数量仍大大超过其相应的现代汉语用法的介词"把""给""从"、副词"没有"，后者在啸本中尚未出现或刚刚出现。在琉本与《白》中已经消亡的近代汉语用法介词"于"、副词"方""皆"，在啸本中仍然有着为数不少的例子。

从琉本、《白》与啸本在以上7个语法项上的表现情况来看，琉本与《白》的数据都很接近而与啸本则有很大不同；再结合三者在词汇单双音节方面的平行表现，我们完全有理由认为：琉本与《白》的编写年代接近，《白》作于1750年①，琉本的改编年代也应在18世纪中叶。琉本的改编年代与啸本的编写年代则相距约一个世纪。

参考文献

[1] 陈辽. 明末清初的"啸花轩"现象 [J]. 古典文学知识，1996（3）.

---

① 参见［日］濑户口律子、李炜《琉球官话课本编写年代考证》，载《中国语文》2004年第1期。

［2］［日］濑户口律子，李炜. 琉球官话课本编写年代考证［J］. 中国语文，2004（1）.

［3］路工. 古本小说新见［C］//访书见闻录. 上海：上海古籍出版社，1985.

［4］孙秀君.《人中画》研究［D］. 台中：台湾东海大学，1992.

［5］［日］鱼返善雄. 人中画と琉球人［C］//人间味の文学. 明德：日本明德出版社，1957.

［6］［日］佐藤晴彦. 琉球官话课本研究序说——写本《人中画》のことば（1）［J］. 人文研究. 日本：大阪市立大学文学会，1978（2）.

清中后期两种北京话口语材料中含"给"字的给予句及其给予义的表达*

引 言

本文的研究材料有 2 种,分别为《语言自迩集》(19 世纪 50 年代至 80 年代初①,以下简称《语》)、《小额》(19 世纪 90 年代②,以下简称《小》)。

其中,《语》是清末的对外汉语教材,它是汉语教学史上第一部北京话口语的教学课本、第一部以当时北京话口语为对象的描写语言学著作。19 世纪中期,时任美国驻华公使馆中文秘书的威妥玛先生,采用威妥玛式拼音记录了当时的北京口语片段,这些口语片段是研究 19 世纪中期北京话口语情况的珍贵语料。《小》是以清末北京话写作的小说,该书的叙述语言和人物语言都非常生活化和口语化。

本文选择这 2 种反映 19 世纪中后期北京话口语面貌的材料,对其中含"给"字的给予句进行了考察和分析。在这 2 种材料中,含"给"的给予句的出现次数分别为《语》118 次,《小》73 次。

---

* 《清中后期两种北京话口语材料中含"给"字的给予句及其给予义的表达》,原刊于《兰州大学学报(社会科学版)》2008 年第 2 期。作者李炜、李丹丹。

① 本文所说的《语言自迩集》是据《语言自迩集——19 世纪中期的北京话》(威妥玛著,张卫东译,北京大学出版社 2002 年版)。据该书第一、第二版介绍,该书北京话口语片段的"采集"时间应在 19 世纪 50 年代至 80 年代初之间。另,本文是在剔除掉该书八章内容中的课程教学、名词解释、语流音变现象标记表、连读规律总结、语法功能讨论、汉语词类划分、注脚、音节等书面表达部分后,仅将书中所有记录和描写的当时的口语片段作为研究语料。

② 本文所说《小额》[松友梅著,北京东单牌楼西观音寺和记排印书局印刷发行,光绪三十四年(1908)六月初三日印刷,光绪三十四年(1908)七月初五日发行]是据《小额》(社会小说)(松友梅著,[日]太田辰夫、[日]竹内诚编,东京汲古书院 1992 年版)。据该书杨曼青序介绍:"松君友梅,编辑此书,乃数年前小额之事实也。……时光绪二十四年六月二十三日。"可以基本断定该书成书于 19 世纪 90 年代。

一、《语》《小》中含"给"字的给予句式

给予句就是能够表达给予义的句子。给予句大部分是含"给"字的，也有不含"给"字的给予句（如"我送他一支笔"）。本文主要谈包含"给"字的给予句①。

为方便讨论，本文以 N_1 代表给予句中表施事的名词（即给予行为的发出者），以 N_2 代表给予句中表与事的名词（即给予物的接受者），以 N_3 代表给予句中表受事的名词（即给予物本身）。N_1、N_2 多为指人名词，N_3 多为指物名词。本文以"V"代表给予句中的主要动词（当句中没有"给"以外的主要动词时，"给"就是句中的主要动词）。根据 N_2、N_3 和"给"字的分布情况，我们将《语》《小》中含"给"字的给予句归成以下 10 种句式：

A 式："给"。例如：

（1）不但本钱，连茶馆儿的饭钱都没给。（《语》第四章，185 页）

（2）说甚么买呀！钱是他给过了。（《语》第四章，201 页）

（3）算是我求的这个朋友，跟我是吃喝不分，我跟他一说，他直推辞，好容易我央求他，让他在里头给铺垫铺垫，算是搞明白了，一千三百两银子，人家给了去，您可听明白啦，人家可毫无沾染，人家也不指着这个。（《小》，52 页）

A 式中，"给"后既无 N_2 也无 N_3，N_3 往往出现在"给"之前，或者承前省略。A 式在《语》《小》中的出现次数分别为 22/3 例（依次表示《语》/《小》，以下同）。

B 式："给 + N_2"。例如：

（4）去年我和你要那毛毡子你舍不得给我。如今你要送我，我偏不要咯。（《语》第三章，159 页）

（5）后来有人给小额一提，他舅舅贪图小额有钱，就把外甥女儿给人家啦（这块骨头也不错呀）。（《小》，41 页）

---

① 本文不涉及含"给"字的复杂句式，如：租个房子给他住。

B式中,"给"后只有N_2没有N_3,N_3往往出现在"给"之前,或者承前省略。B式分别出现了14/9例。

C式:"给+N_3"。例如:

(6)看柴火船给一百两银子,是没有的事,说是若不给三百两是要全封了。(《语》第四章,193页)

(7)倚仗着是老长辈儿,谁也不敢惹他,要十吊不敢给八吊。(《小》,73页)

C式中,"给"后只有N_3没有N_2。C式分别出现了8/12例。

D式:"给+N_2+N_3"。例如:

(8)给我一把刀子一把锚子一把勺子。(《语》第三章,83页)

(9)简断捷说吧,我们在广德楼听戏来着,因为争坐儿,少大爷给了人家一个耳瓜子,打完了他,还直道字号(青皮连打人俩嘴巴,小文子儿打人一个耳瓜子,真是遥遥相应),敢情这个挨打的。(《小》,44页)

D式分别出现了15/17例。

E式:"V给"。例如:

(10)我如今上来了。你先指给我他往那(哪)儿去了。<u>指给</u>不<u>指给</u>不要紧,还得等三天,他才能回来。(《语》第八章,426页)

E式中,"V给"后既无N_2也无N_3,两种材料中仅《语》出现了这1例。

F式:"V给+N_2"。例如:

(11)你去请他把那拿了去的我那两本书<u>还给</u>我。(《语》第三章,83页)

(12)来到通河轩门口儿,童儿掏出一把布掸子来,小额掸了掸鞋,把伞<u>交给</u>了童儿。(《小》,33页)

F式中,"V给"后只有N_2没有N_3,N_3往往出现在"V给"之前,或者承前省略。F式分别出现了29/11例。

G 式:"V + 趋向补语 + 给 + N_2"。例如:

(13) 红娘说:昨儿晚上他听着琴声儿直发怔,仿佛有甚么心事似的,就叫我买果子送来给您纳,相公想,明人还用细讲么?(《语》第六章,307 页)
(14) 车钱还容易,把他的工钱折回给你就是了。(《语》第四章,185 页)

G 式中,"给"后只有 N_2 没有 N_3,N_3 出现在"V"之前。G 式仅在《语》中出现了上列 2 例。

H 式:"V 给 + N_2 + N_3"。例如:

(15) 带的钱不彀了,和你商量,要是身上有,借给我一点儿,行不行?(《语》第三章,143 页)
(16) 又交过老张十两银子,让交给王香头,买檀香供献的钱。(《小》,104 页)

H 式分别出现了 10/1 例。

I 式:"V + N_3 + 给 + N_2"。例如:

(17) 倒不如买一套衣裳给他,还有点益处。(《语》第五章,262 页)

I 式在《语》中共出现了 9 例,在《小》中没有出现。

J 式:"给 + N_2 + V + N_3"。例如:

(18) 有一件急事,得烦个人给他送个信儿去。(《语》第三章,167 页)
(19) 少奶奶这当儿先给老者倒了碗茶,说:"阿玛您歇歇儿吃饭哪。"(《小》,10 页)

J 式分别出现了 8/20 例。
10 种句式在《语》《小》中出现的情况见下表:

清中后期两种北京话口语材料中含"给"字的给予句及其给予义的表达

表1　2种语料10种句式的出现情况

单位：次

语料	A	B	C	D	E	F	G	H	I	J	总计
《语》	22	14	8	15	1	29	2	10	9	8	118
《小》	3	9	12	17	0	11	0	1	0	20	73
各式合计	25	23	20	32	1	40	2	11	9	28	191

《语》中含"给"字的给予句的10种句式按出现频率从高到低排列依次是：F式（29例）、A式（22例）、D式（15例）、B式（14例）、H式（10例）、I式（9例）、C式/J式（各8例）、G式（2例）、E式（1例）。《小》中只出现了7种句式，没有出现E、G、I三式，按出现频率高低依次是J式（20例）、D式（17例）、C式（12例）、F式（11例）、B式（9例）、A式（3例）、H式（1例）。

含"给"字的给予句表达给予义的关键在N_2、N_3和"给"字上，以下我们将对这三个要素进行一些多角度的分析。

二、句式中的"给+N_2"

所谓给予义我们可以将其表述为：N_1将N_3由N_1转移至N_2。这种转移应当有起点和终点，以便使转移的行为得以实现。这个起点就是N_1，N_1也是给予行为的发出者；终点就是N_2，N_2也是给予物（N_3）的接受者（简称"受物者"）。在典型的给予句中N_1常常省略，但N_2一般不能省略。从语义角度看，在含"给"字的给予句中，"给"往往具有标记终点的作用，所以"给"后应有N_2（终点本身）紧跟其后。否则句子的给予义就难以得到表达，或者至少不完整。在《语》《小》共191例含"给"字的给予句中，B、D、F、G、H、I、J七式的"给"后紧跟着N_2，共计145例。

在典型的给予句中，"给N_2"应当与句中主要动词共现并出现于主要动词之后，F、G、H、I四式中的"给N_2"就是这样。B、D两式的"给"从表面看是句中唯一的动词，那它到底是做主要动词的，还是做终点标记的呢？答案应当是：两样兼有。朱德熙先生认为这种"给"从理论上说可以看作是两个"给"紧缩的结果,就像"的的→的"那样。① 我们赞同这个观点,把"给 + N_2(B 式)/给 + N_2 + N_3(C 式)"看作是"给给 + N_2/给给 + N_2 + N_3"的紧缩形式,两个"给"的前者是主要动词,后者是终点标记。紧缩后的"给"是兼有主要动词和终点标记两种功能的。尽管我们在北京话里找不到"给给 + N_2/给给 + N_2 + N_3"这样的实例,但在西北一些方言中类似的说法很常见,比如兰州方言②和山西文水方言③。

给予义理想的转移模式是顺向转移,即:起点(N_1)→动作(V)→终点标记(给)→终点(N_2)。这就是"给 N_2"应当与句中主要动词共现并出现于主要动词之后的理由。从结构形式看,B、D、F、G、H、I 六式均符合这一模式(共 117 例)。符合这一模式的"给 N_2",其"给"才是真正的终点标记,其 N_2 也才是真正的终点亦即受物者。与此模式不相符的是 J 式。J 式中的"给 N_2"出现在主要动词之前,其"给"可能是也可能不是终点标记,其 N_2 既可以看成是终点亦即受物者,也可以看成是受惠者。所以我们至少可以肯定地说,J 式不是典型的给予句。

A(22/3 例)、C(8/12 例)和 E(1/0 例)三式的"给"后没有出现 N_2,这三式与我们对给予义的有关表述不相吻合。我们对 A、C 两式的 45 个例句进行了分析,发现这两式中的"给"并没有承担终点标记的作用。首先,这 45 例的"给"后都难以准确补出一个 N_2,也就是说 N_2 并非被省略。更重要的是,这 45 例中的 N_3(无论出现在"给"的前后还是被省略)基本上都是指称"钱"类名词的,在 45 例中占了 33 例[见例(1)(2)(3)(6)(7)]。其实,这 33 例中的"给"字是直接与这些"钱"类名词搭配的,在这样的词汇搭配中,"给"字主要体现了"付出"的词汇意义,不是作为终点标记而存在的。也就是说,A、C 两式不是典型的给予句式。

E 式的情况与 A、C 两式不同,例(10)中的 N_2——"我"是被承前省略了的。但这一例也不能看成是 F 式或 H 式的正常的省略形式,因为在正常情况下 F 式和 H 式中的 N_2 是不能被省略的。例(10)是在极其特殊的条件限制下才出现的,其条件有二:一是以"V 给不 V 给"的形式,二是做句内话题。也正因为极其特殊,所以在两种材料中仅出现了 1 例。

---

① 参见朱德熙《与动词"给"相关的句法问题》,载《方言》1979 年第 2 期,第 81 - 87 页。
② 参见李炜《兰州方言给予句中的"给"——兼谈句子给予义的表达》,载《兰州大学学报(社会科学版)》1987 年第 3 期,第 121 - 128 页。
③ 参见朱德熙《与动词"给"相关的句法问题》,载《方言》1979 年第 2 期,第 81 - 87 页。

三、句式中的 N_3

典型的给予句中的 N_3 所代表的应当是一个"有界"事物，至少在形式上应当是一个有界名词。所谓有界事物是指"占据一定空间，而且有一定的边界"的"可数"的"个体"事物。所谓有界名词是指以有界名词的形式出现的名词。"有界名词的形式最典型的是'数量名'，前边有指示词'这、那'或限定性定语、充当受事主语和'把'字宾语的名词一般也是有界名词"。① 典型的给予句中的 N_3 还应当是一个确指的或专指的名词。汉语的名词不像英语那样可分有定和无定两类，应当分为三类：专指、确指和泛指名词。专指名词表示明确的、具体的、排他的事物。确指名词表示与动作、数量、限定等相关的或者说受动作、数量、限定等约束的同类事物中的"某"一个（一些）。泛指名词表示一个类，表示该类事物中的任何一个。② 比如：

那本书我拿走了。/ 我把书拿走了。
这本书我给你。/ 我把书给了他。
　　　　　　　　　　——专指
我丢了一本书。/ 我丢了本鲁迅的书。
我送给他一本书。/ 我送了本鲁迅的书给他。
　　　　　　　　　　——确指
我买书。/ 他正在看电影。
我给他买书。
　　　　　　　　　　——泛指

三者往往具有不同的形式特征：专指，在 V 前做受事主语或承前省略的受事名词、"把"字宾语或"V + 这/那 + 名词"；确指，"V + 数量词/限定性定语 + 名词"；泛指，"V + 名词（即光杆名词）"。

很明显，从形式上看，专指名词和确指名词在形式上与有界名词重合，

---

① 参见沈家煊《"有界"与"无界"》，载《中国语文》1995 年第 5 期，第 47 – 60 页。
② 参见王还《"把"字句中"把"的宾语》，载《中国语文》1985 年第 1 期，第 48 – 51 页；李炜《句子给予义的表达》，载《中山大学学报（社会科学版）》1995 年第 2 期，第 125 – 132 页。

泛指名词与无界名词重合。在典型的给予句式 B、D、F、G、H、I 六式（共计 117 例）中绝大部分 N_3 都是有界名词，其中 N_3 分布于主要动词之前的是 B、F、G 三式，它们的 N_3 都是有界的专指名词。比如，例（4）的"那毛毡子"（承前省略的受事）、例（5）的"外甥女儿"（"把"字宾语）、例（11）的"那拿了去的我那两本书"（"把"字宾语）、例（12）的"伞"（"把"字宾语）、例（13）"买果子送来……"中的"果子"是"送来……"的受事、例（14）的"把他的工钱"（"把"字宾语）都是如此。N_3 分布于主要动词之后的是 D、H、I 三式，它们的 N_3 大多数都是有界的确指名词。比如，例（8）的"一把刀子一把锤子一把勺子"、例（9）的"一个耳瓜子"、例（15）的"一点儿（钱）"、例（17）的"一套衣裳"都是如此。D、H、I 三式中有少数几例的 N_3 是光杆名词，如：

（20）明天要找我，可是千万要早给我信，后半天儿我必到。（《小》，121 页）D 式

（21）我教给你法子，但只饿着肚子，少少儿的吃东西。（《语》第五章，245 页）H 式

（22）我是写信给京城里，叫他们把我那些书，都打船上寄了来。（《语》第八章，423 页）I 式

以上 D、H、I 三式中的 N_3 是泛指形式的名词，但我们注意到这三式都存在于一个更大的句法环境中，如果把这三式之后的句子去掉，这三式本身恐怕难以独立成立（即不大能单说）。也就是说例（20）—（22）中的 D、H、I 三式实际上是不大自由的，有相当的黏着性，只有在一个更大的句法环境中出现才显得自然顺畅。总之，在典型的给予句中，N_3 应当是一个有界名词，而且从分布规律上讲，当分布于主要动词之前时，N_3 应当是有界的专指名词；当分布于主要动词之后时，N_3 应当是有界的确指名词。《语》《小》中的事实就是如此。

N_3 在主要动词之后应为有界的确指名词这一点在 J 式（"给 + N_2 + V + N_3"）中显得格外重要。J 式中的 N_2 之所以难以确定是受物者（亦即终点）还是受惠者，其重要因素之一就是看句中 N_3 是否为有界的确指名词，如果 N_3 是有界的确指名词则整句可以看作是给予句，其中的 N_2 也就可以看作是受物者（亦即终点）；如果 N_3 是光杆名词（即无界的泛指名词）则整句就不是给予句了，其中的 N_2 也就自动转为受惠者了。试比较下面两组句子：

a. 我给你买一张纸／我给他洗几张照片；b. 我给你买纸／我给他洗照片。a组可以看作给予句，其中的 N_2 可以看作是受物者；b组不是给予句，其中的 N_2 只能是受惠者。所以我们所说的 J 式是有一个前提的：N_3 必须是有界的确指名词［见例（18）"个信儿"、例（19）"碗茶"］。如果不是这样，也就不是我们所讨论的 J 式了。我们说 J 式"可以看作是给予句"，并不是说一定是给予句。对于 B、D、F、G、H、I 六式而言，句式本身就是给予句式，没有歧义，所以说它们是典型的给予句式。J 式则不同，其句式本身并不只是表达给予义，而是混合着服务义，就是说是有一定的歧义，所以 J 式不算典型的给予句式。

四、句式中"给"的词性

根据分布及语法功能的不同，我们将十式中的"给"分作三类：动词——除"给"外，句中没有其他主要动词；弱化动词——"给"在主要动词之后；介词——"给"在主要动词之前。

1. 动词

A、B、C、D 四式中的"给"是动词，这些"给"前可出现否定副词"不／没"［如例（1）（5）］，"给"后可出现动态助词"了／过"［如例（2）（3）］，而且句中没有其他主要动词。同样都是动词，但从词汇意义看 A、C 两式中的"给"只体现了"付出"这个义项，并没有涉及受物者（终点），所以给予义不确定；B、D 两式中的"给"后面紧跟受物者（终点）N_2，是真正的给予义动词，从理论上讲这种"给"可以看作"给给"紧缩的结果，其中后面的"给"是与 F、H 两式中的"给"（即"V给"之"给"）具有类聚关系的。所以，B、D 两式是典型的给予句式，A、C 两式却不是。

2. 弱化动词①

E、F、H、I 四式中的"给"是弱化动词，其形式特征如下：①之前不能出现否定副词"不／没"，之后不能出现动态助词"了／过"。可以说

---

① 参见李炜《从〈红楼梦〉〈儿女英雄传〉看"给"对"与"的取代》，载《兰州大学学报（社会科学版）》2002 年第 4 期，第 135–140 页。

"没送给他／买了一本书给他",但不能说"送没给他／买一本书给了他"。至于"送给了他"则并非"给了他"前加"送",而是"送给"之后"他"之前才能加"了",也就是说这个"了"的出现是以"送"和"他"的出现为前提的。②这种"给"语音上只能轻读,不能重读;动词"给"不存在这个问题。③当句中主要动词为包含给予义的动词时①,这种"给"有时可以被省略,如例(4):

去年我和你要那毛毡子你舍不得给我。如今你要送我,我偏不要咯。("送我"之"送"后省略"给")

所谓省略就是能够准确补出,该句"送"后省略了弱化动词"给",因为可以准确而顺当地补出。在北京话里I式中的"给"不能省略,但有些南方方言里却可以,比如广州话:畀本书畀你——畀本书你("畀"义"给")。句中第二个"畀"与北京话I式中的弱化动词"给"具有类聚关系。

3. 介词

只有J式中的"给"是介词。由它构成的"给+N_2"分布在主要动词之前,这与其他九式均不同。作为介词,它的后面不能出现动态助词"了／过",语音上不能轻读,这两点区别于动词"给";它绝对不能被省略,这一点又区别于弱化动词"给"。从信息分布的角度看,给予句中给予义的理想的转移模式应当是顺向转移,即:起点(N_1)→动作(V)→终点标记(给)→终点(N_2)。J式的"给+N_2"分布在主要动词之前,这样的信息分布情况不符合顺向式的转移模式,所以该句式至少不是典型的给予句式。我们在第三部分中曾说过,我们所说的J式其N_3必须是有界的确指名词,否则就不是我们所讨论的J式了。如果我们对句式中的N_3不加限制或没有N_3的话,句子也就没有给予义可言了,这里再举几个相关例子:

(23) 我要请先生教书,你给我找了先生没有?(《语》第三章,74页)
(24) 上次我打算搭个天棚,托你给买席。(《语》第三章,176页)
(25) 善合这当儿可乐啦,就叫嫂子说:"您给我梳头。"(《小》,19页)

---

① 参见朱德熙《与动词"给"相关的句法问题》,载《方言》1979年第2期,第81-87页。

(26) 可是托爷要给伊老者送信去，来升要给他们家里送信去，作小说的一枝笔，难写两家的事情。(《小》, 39 页)

以上 4 例中的"给 + N_2"与 J 式中"给 + N_2"的分布情况一样，但其中的"给"是引进受惠者的介词"给"，与介词"为"同义，句子表达的不是给予义而是服务义。J 式与这 4 例不同的是它可以表达给予义，J 式与典型的给予句式不同的是它又可以表达服务义。我们认为 J 式中的"给"恰恰是介于引进受物者和引进受惠者之间的介词，整个句子在表达给予义的同时也表达了服务义。其实，从理论上看，受物和受惠、给予和服务有时确实可以相通。这也许就是 J 式能够存在的理由。但不管怎样 J 式中的"给"是介词。

4. G 式（V + 趋向补语 + 给 + N_2）中"给"的词性不好确定

G 式好像是间于 B 式（给 + N_2）和 F 式（V 给 + N_2）之间的一种给予句式。说它像 B 式，但其中的主要动词"V"和"给"被趋向动词隔开了；说它像 F 式，"给"前的主要动词"V"是包含给予义的动词，与"给"的关系似乎又比较密切。因此，从语法形式上看，似乎可以把 G 式看成是连动式，其后半部分就是 B 式，其"给"也就可以看成是动词了。从语义功能上看，似乎又可以把 G 式看成是 F 式的变异形式，这样又可将"给"看成弱化动词了。

五、结论

根据以上分析，《语》《小》的 10 种给予句式中，F（V 给 + N_2）、D（给 + N_2 + N_3）、B（给 + N_2）、H（V 给 + N_2 + N_3）、I（V + N_3 + 给 + N_2）、G（V + 趋向补语 + 给 + N_2）、E（V 给）七式是典型的给予句式。就出现频率看，B、D、F 三式在《语》《小》的给予句式中都是常见句式。F、D、B、H、I 五式为《语》中的常见句式，G、E 两式则为罕见句式；B、D、F 三式在《小》中为常见句式，H 为罕见句式，《小》中没有出现 E、G、I 三式。A（给）、C（给 + N_3）、J（给 + N_2 + V + N_3）三式不是典型的给予句式，其中 A、C 两式的给予义好像只表达了一半，而 J 式在表达给予义的同时又混合着服务义。

各句式在两种材料中数量的变化反映了给予句内部句式之间的竞争。

B、D、F 三式在《语》《小》中都是典型的给予句式，也是常见的给予句式，因为这三式具备最稳定的给予义表达条件，它们的共同特点是句式中"给"后紧跟着 N_2、N_3 为有界的专指或确指名词。《语》中的常见句式 H 式，在年代较后的《小》中成为罕见句式；《语》中的常见句式 I 式，在《小》中消失了；在《语》中已属于罕见句式的 G、E 两式，在《小》中也消失了。这表明在清末的北京话口语中 H、I、G、E 四式可能逐渐被其他表达给予义的句式所替代。

参考文献

[1] 李炜. 兰州方言给予句中的"给"——兼谈句子给予义的表达 [J]. 兰州大学学报（社会科学版），1987（3）：121-128.

[2] 李炜. 句子给予义的表达 [J]. 中山大学学报（社会科学版），1995（2）：125-132.

[3] 李炜. 从《红楼梦》《儿女英雄传》看"给"对"与"的取代 [J]. 兰州大学学报（社会科学版），2002（4）：135-140.

[4] 沈家煊. "有界"与"无界" [J]. 中国语文，1995（5）：47-60.

[5] 王还. "把"字句中"把"的宾语 [J]. 中国语文，1985（1）：48-51.

[6] 朱德熙. 与动词"给"相关的句法问题 [J]. 方言，1979（2）：81-87.

两种"给"字系统与清代南北官话*
——兼谈鲁迅与赵树理作品中的"给"字使用差异

引 言

本文讨论两组语料的"给"字系统。甲组：琉球官话课本《官话问答便语》（以下简称《官》）、《白姓官话》（以下简称《白》）、《学官话》（以下简称《学》）、《人中画》（以下简称《人》）、《鲁迅小说全集》（以下简称《鲁》）；乙组：《老乞大新释》（以下简称《老新》）、《重刊老乞大》（以下简称《重老》）、《红楼梦》前80回（以下简称《红》）、《赵树理小说选》（以下简称《赵》）①。甲组和乙组"给"的出现次数分别为597次和1750次（《官》18次，《白》38次，《学》34次，《人》238次，《鲁》269次；《红》667次，《老新》34次，《重老》38次，《赵》1011次）。其中，甲组和乙组的"给"做给予动词和弱化动词②（表给予是"给"的基本义）

---

* 《两种"给"字系统与清代南北官话——兼谈鲁迅与赵树理作品中的"给"字使用差异》，原刊于《第三届汉语方言语法国际研讨会论文集》，暨南大学出版社2008年版。作者李炜、李丹丹。

基金项目：国家社会科学基金项目（07BYY046）、广东省哲学社会科学"十五"规划项目（05-J01）。

本文引用书目包括：《官话问答便语》《白姓官话》《学官话》《人中画》，[日]天理大学附属图书馆藏本；《重刊老乞大》，韩国弘文阁1984年版；《老乞大新释》，韩国奎章阁藏书4871号；[清]曹雪芹、[清]高鹗《红楼梦》，人民文学出版社1996年版；鲁迅《鲁迅小说全集》，长江文艺出版社2005年版；赵树理《赵树理小说选》，山西人民出版社1980年版。

① 其中，《官》作于1703或1705年，《白》作于1750年，《学》作于1797年（濑户口律子、李炜，2004）。《人》为琉球人学习官话而改写，时间在乾隆年间（鱼返善雄《人中画と琉球人》，转引自濑户口律子，1994）。《红》目前红学界的主流看法是著于18世纪中叶。《老新》和《重老》的刊行年代分别为1761年和1795年（李泰洙，2003）。《鲁》《赵》作于20世纪上半叶。

② 参见李炜《从〈红楼梦〉〈儿女英雄传〉看"给"对"与"的取代》，载《兰州大学学报（社会科学版）》2002年第4期。

的情况差不多［见例（1）—（8）］，并非本文的讨论重点。

(1) 我自然数足，拣选干净，都是好钱给你，不用费心。(《官》)
(2) 记着数目，到北京打总再筭罢。这般，我就都给他。(《老新》)
(3) 二钱半太贵些，罢了，给你二钱半，你秤却要称够的。(《学》)
(4) 咱们饭也吃了，给他饭钱罢。店家，来会钱。(《老新》)
(5) 这柴米东西，是国王送给你们的，就算是你们的了。(《白》)
(6) 银子上我有画押了，不论甚么时候换给你。(《老新》)
(7) 若有顺便的人，我捎信给他。(《白》)
(8) 你那籴来的米里头，小分些给我，熬些粥吃也好。这一百钱，随你的意思给些米罢。(《重老》)

本文讨论的重点是除表给予义之外的"给"的其他用法在甲、乙两组语料中的不同表现，包括：做使役动词，做介词引进动作行为的施事（表被动），做介词引进与事（若干种）。以下依次讨论。

一、"给"做使役动词

"给"做使役动词，甲组的清代语料中出现44例（《官》6例、《白》6例、《学》8例、《人》24例），《鲁》中出现40例，例如：

(9) 船头上把锦标插着，给这些爬龙船（的）去抢。(《官》)
(10) 至于有病时候，也不去投神保安，也不去请医吃药，死能（宁）可给他死，想要用钱这万万不能的。(《官》)
(11) 你兄们都是大邦人物，礼义之乡言动举止，那（哪）一件不是给人可学的。(《白》)
(12) 若有便人，烦劳通事寄个口信去，给他知道，若得闲请他来这里玩玩。(《白》)
(13) 你把头儿朝过来笑一笑，给我亲个嘴儿就罢了。(《学》)
(14) 要买这些东西么，给我讲就不买他（它），这个年过得过不得呢？(《学》)
(15) 华岳笑说："……若不给你相见，你就说我没情。……"(《人》风流配，第四回)

两种"给"字系统与清代南北官话——兼谈鲁迅与赵树理作品中的"给"字使用差异

(16) 李天造就拿了三百两银子,替儿子进庙来拜祭说:"……今日投告大王台下,又蒙大王保佑,给我父子重逢。……"(《人》狭路逢,第三回)

(17) "哦哦!"尔础实在颇有些窘急了,他希望他不再说话,好给自己聚精会神,赶紧想一想东晋之兴亡。(《鲁》,218页)

(18) 但是,虽在这一种百无聊赖的境地中,也还不给连殳安住。(《鲁》,232页)

对比各语料"给"字总数,我们不难看出"给"表使役在甲组中属于常见用法。

乙组清代语料中只出现 2 例(《红》),《赵》中略多,出现了 5 例,例如:

(19) 我的梯己两件,收到如今,没给宝玉看见过,若经了他的眼,也没了。(《红》第四十回)①

(20) 千万别给老太太、太太知道。(《红》第五十二回)

(21) 那时候我的脑筋不开,我怕把牲口组织进去给大家支差,就问人家能不参加不能。(《赵》,65页)

(22) 水库里养的鱼很多,已经给这素不吃鱼的山区,形成吃鱼的新习惯。(《赵》,496页)

对比乙组语料"给"字总数,我们也不难看出"给"表使役在乙组中属于罕见用法,乙组表使役常见的是"叫(教)""让",清代语料出现1727例(《老新》29例、《重老》33例、《红》1665例),《赵》中出现了783例,例如:

(23) 咱们都去了么,这房子教谁看守着呢?且留一个看房子,着两个拉马去罢。怕甚么事!这店门都关上了,还怕有谁进来?(《老新》)

---

① 例(19)可做两种理解:
A. 我的梯己两件,收到如今,(我)没给宝玉看见过……
B. 我的梯己两件,收到如今,(这两件梯己)没给宝玉看见过……
如果是 A 就是使役句,如果是 B 就是被动句。我们倾向于前者,我们认为表实现义的"见过"在语义上是指向整句所体现的动作行为本身,而不是指向"梯己",换句话说"梯己"并不是"看(见过)"的受事主语(详见李炜,2002)。

（24）也罢。客人们且在车房里收拾，我叫孩子们做些粥来与你们吃罢。(《重老》)

（25）不回去也罢了，只叫金荣赔不是便罢。(《红》第九回)

（26）又一次，孟祥英在地里做活，回来天黑了，婆婆不让她吃饭，丈夫不让回家。(《赵》)

甲组也用"叫（教）""让"表使役，共出现345例（《官》13例、《白》18例、《学》22例、《人》203例、《鲁》89例)①，表使役的"叫（教）""让"与"给"出现频率相比是4∶1。而乙组表使役的"叫（教）""让"与"给"出现频率相比是251∶1。这再次表明，甲组用"给"表使役是常见用法，乙组用"给"表使役则是罕见用法。

二、"给"做介词引进动作行为的施事（表被动）

"给"做介词表被动，甲组清代语料出现59例（《官》0例、《白》4例、《学》7例、《人》48例)，《鲁》中出现25例，例如：

（27）那豆子原是草包包的，要打开包晒晒才好，里头原是给雨打湿了的。(《白》)

（28）这里地方毒蛇狠（很）多，若是给他（它）咬了立刻就死，有药也不会救得来。各位小心要紧。(《白》)

（29）你们在大清是哨船还是做买卖的船，怎么样给风飘到这里来呢？我们是载某样东西要到某地方去做买卖的船，使到某地方被风打到这块来的。(《学》)

（30）你还敢争嘴？你做事件件都给人看破了，如今不敢用你了。(《学》)

（31）那举子说："……只可恨现成的亲事，白白给别人抢去，未免不好看相。……"(《人》风流配，第一回)

（32）急得那李春荣大叫说："有这样冤枉（屈？）的事？我好心救人，

---

① "叫"作为使役动词要比"给"更为常见是有理由的，因为"叫"表使役义除了有像"给"一样有容许、致使等义项外，还有支使（吩咐）等义项。如例（24）（25）的"叫"就包含有支使（吩咐）义。

到给人冤枉!"(《人》狭路逢,第二回)

(33) 她又能做,打柴摘茶养蚕都来得,本来还可以守着,谁知道那孩子又会给狼衔去的呢?(《鲁》,159页)

(34) 然而他更料不到当他弯进岔路的时候,已经给探子望见,立刻去报告了关官。(《鲁》,375页)

对比各组语料"给"字总数,我们也不难看出"给"表被动在甲组中属于常见用法。

乙组清代语料只出现1例(《红》),《赵》中出现3例,全部列出如下:

(35) 我原是给你们取笑的——拿我比戏子取笑。(《红》第二十二回)
(36) 哪里还有?都给贼偷走了!(《赵》,287页)
(37) 连李五老婆头上才生的三根白发也给大家看得清清楚楚。(《赵》,335页)
(38) 福贵这几年才把地堰叠得齐齐整整的,如今给人家种上了。(《赵》,225页)

对比乙组语料"给"字总数,我们也不难看出"给"表被动在乙组中属于罕见用法,乙组表被动常见的也是"叫(教)""让",共出现94例,例如:

(39) 到那里,教那弹弦子的谎精们捉弄着,假意叫几声"舍人公子",便开手赏赐罢。(《老新》)
(40) 下作小娼妇,好好的爷们,都叫你教坏了。(《红》第三十回)
(41) 李大亨这样个爱脸面的人物,让蛹蛹这个毛孩子当面奚落一句……(《赵》)

乙组表被动的"叫(教)""让"与"给"出现频率相比是31:1,而甲组五种语料中全都没有出现用"叫(教)""让"表被动的例子,这再次表明甲组用"给"表被动是常见用法,而乙组用"给"表被动则是罕见用法①。

---

① 甲、乙两组都使用"被"表被动,但倾向于书面语体。

三、"给"做介词引进与事

这里的"给"做介词引进与事（简称"与事介词"），指：①在给予句中引进受物者；②引进受益者（还包括引进受害者和表主观意志义两类）；③引进与动作行为相关的对象。这种"给"，乙组的清代语料中出现216例，《赵》出现618例；甲组的清代语料中没有出现，《鲁》中出现58例。

在给予句中引进受物者的"给"，乙组清代出现6例（《老新》1例、《红》5例），《赵》中出现87例，例如：

（42）他不能来吃饭，怎么好？我们吃完了，给他带些去。（《老新》）

（43）惟有林黛玉看见他家乡之物，反自触物伤情，想起父母双亡，又无兄弟，寄居亲戚家中，那里有人也给我带些土物？想到这里，不觉的又伤起心来了。（《红》第六十七回）

（44）小顺又给有才端了碗汤拿了两个干粮，有才是自己人，当然也不客气。（《赵》，48页）

甲组没有出现这种"给"。

引进受益者表服务义的"给"，乙组清代语料出现了110例（《老新》1例、《重老》1例、《红》108例），《赵》中出现398例；甲组清代语料中没有出现，《鲁》出现57例，例如：

（45）有碗给一个，就盛出一碗饭来，带与那个火伴吃。且随他们吃着。家里还有饭，吃完了再给他带去。（《老新》）

（46）于是家下媳妇们捧过大迎枕来，一面给秦氏拉着袖口，露出脉来。（《红》第十回）

（47）东院婶正在儿童食堂给孩子们蒸馍。（《赵》，420页）

（48）局长来时，请给我请假，说家里有病人，看医生……（《鲁》，269页）

再来看看与表服务义的"给"存在引申关系的引进受害者和表主观意志义的两类"给"在两组语料中的表现。

引进受害者的"给"，乙组清代语料中出现3例（《红》），《赵》中出现 29 例，例如：

（49）我不看你刚才还有点怕惧儿，不敢撒谎，我把你的腿不给你砸折了呢。(《红》第六十七回）
（50）老队长究竟是老党员，经过批评之后，认识到自己晚年的居功享乐思想给党造成了不利的影响，所以就不再那样热衷于表现自己了。(《赵》，517 页）

这类"给"在甲组中没有出现。

表主观意志义的"给"，乙组清代语料中出现 2 例（《红》），《赵》中出现 9 例，例如：

（51）你快不给我进来。(《红》第四十回）
（52）你给我滚！不是你们得罪了龙王爷爷的话，早下雨了！(《赵》，349 页）

这类"给"在甲组中没有出现。

引进与动作行为相关的对象的"给"，乙组清代语料中出现 39 例（《红》），《赵》中出现 95 例，例如：

（53）他再略好些，还要给老祖宗磕头请安来呢。(《红》第十一回）
（54）你挨了打还不算到底，我还得给人家说好话赔情去。(《赵》，205 页）

这类"给"在甲组清代语料中没有出现，《鲁》中只出现了 1 例，即：

（55）水生，给老爷磕头。(《鲁》，66 页）

甲组清代语料中都没有出现与事介词"给"，《鲁》中出现了这种"给"，但绝大多数只用于引进受益者表服务义，没有出现引进受物者、引进受害者和表主观意志义的例子，引进与动作行为相关的对象的也仅 1 例（我们似乎可以这样看，鲁迅对与事介词"给"用得不太"熟练"）。乙组出现的与事介词"给"占乙组全部"给"的 47.7%，也就是说"给"做与事介词是乙组"给"的主要功能。

四、一点思考

上述甲、乙两组中"给"的功能分布存在着一系列的对立，这种对立的性质是什么呢？我们先来看看甲组清代语料与南方方言的相关情况。众所周知，吴、粤、闽、客4种主要南方方言都是用给予动词来兼表使役和被动的（吴语里用"拨"，粤语里用"畀"，闽语里用"度、护、传、乞"等，客语里用"分"）。不难看出，甲组清代语料"给"字与4种南方方言中的"拨""畀""乞""分"等在功能分布上是一致的，也即是说，用给予动词兼表使役和被动①，是南方四大方言与甲组清代语料的共同特征。甲组清代语料中的"给"完全可以看成是南方方言中"拨、畀、乞、分"等的"官话"表达法。从这个角度看，我们可以将甲组清代语料看成是一种南方官话语料。而用给予动词兼做与事介词——其中包括引进受物者、受益者（含引进受害者和表主观意志义）、引进与动作行为相关的对象——则是以北京话为代表的北方官话与乙组清代语料的共同特征。这种南北官话（而非具体方言间）的对立，延续到了现代汉语白话文作品《鲁》和《赵》中。

参考文献

[1] [日] 濑户口律子. 琉球官话课本研究 [M]. 香港：香港中文大学中国文化研究所，1994.

[2] [日] 濑户口律子，李炜. 琉球官话课本编写年代考证 [J]. 中国语文，2004（1）.

[3] 李泰洙. 《老乞大》四种版本语言研究 [M]. 北京：语文出版社，2003.

[4] 李炜. 清中叶以来的"给"字及其相关句式的研究 [D]. 广州：中山大学，2002.

---

① 现在让我们回头看《官》中的"给"只有表使役没有表被动的事实。我们认为，有这样的可能性：也许在18世纪初的某些南方话中给予动词只有兼表使役的功能，还未发展出表被动的功能，这在其官话形式的"给"中也得到了同步的反映。有一个方言的事实也许可以作为旁证——南宁平话的"乞"。南宁平话用给予动词"乞"兼表使役，但并不兼表被动；表被动南宁平话用"捱"不用"乞"（杨敬宇、李炜，2002）。不排除有这样的可能，南宁平话的周围没有其他南方方言，所以它无法跟粤、闽等南方方言同步发展变化，它在语法上除了受周围西南官话（甚至包括壮语）的影响之外，其原有的南方话部分则停留在较早的历史层次上。当然这仅是一种推测。

［5］李炜．北京话"给"字表达使役、被动义的历史与现状［C］//外国语学研究总第5号．东京：日本大东文化大学，2004．
［6］杨敬宇，李炜．南宁平话的"乞"及其相关句式［J］．汉语学报，2002（4）．

清中叶以来北京话的"跟"及相关问题*

在现代汉语中,"跟"可以做动词、介词和连词,例如:

(1) 你走慢一点,快了老太太跟不上。
(2) 你去跟老王研究一下。
(3) 小莉跟同学游泳去了。
(4) 这种萝卜跟梨一样甜。
(5) 他去不去跟你有什么相干!
(6) 把你的想法跟大家谈谈。
(7) 这本书你跟谁借的?
(8) 小李跟我都是山西人。①

其中,例(1)中的"跟"是动词,例(2)—(7)中的"跟"是介词,例(8)中的"跟"则是连词。

李炜认为,表与事范畴的介词可以分成三大类八小类②,即表受益关系的服务义、意志义;表相与关系的交互义、协同义、等比义、关联义;表指涉关系的顺指义和逆指义。据此,以上例(2)的"跟"表交互义,例(3)的"跟"表协同义,例(4)的"跟"表等比义,例(5)的"跟"表关联义,例(6)的"跟"表顺指义,例(7)的"跟"表逆指义。

---

* 《清中叶以来北京话的"跟"及相关问题》,原刊于《安徽大学学报(哲学社会科学版)》2010年第6期。作者李炜、和丹丹。

基金项目:广东省哲学社会科学"十五"规划项目(05 - J01)。

① 以上例句引自吕叔湘主编《现代汉语八百词》(增订本),商务印书馆1999年版,第230 - 231页。

② 李炜:《琉球官话课本中的与事介词"替"》,见《中山人文学术论丛(七)》,澳门出版社2006年版,第38 - 49页。

由上述例句可见，"跟"的用法较多，那么这些做与事介词和连词的用法是何时出现的呢？下面，我们以北京话作品为语料，来研究一下"跟"的发展演变情况。

一、与事介词"跟"的产生与发展

首先，我们来看一下"跟"做与事介词的发展演变情况。我们选择了10种不同时期的北京话作品作为研究语料，分别是：《红楼梦》①（以下简称《红》），《儿女英雄传》②（以下简称《儿》），《语言自迩集》③（以下简称《语》），《小额》④（以下简称《小》），老舍作品4种——《骆驼祥子》⑤《四世同堂》⑥《龙须沟》《茶馆》⑦，《评书聊斋志异》⑧第一、第二集（以下简称《评》）和《京味小说八家》⑨（以下简称《京》）。⑩

从已掌握的语料看，清中叶的《红楼梦》中"跟"已大量使用，但其多为动词用法，现代汉语里可以表相与关系的介词"跟"在《红》中很少见到，例如：

（9）贾政因问："跟宝玉的是谁？"只听外面答应了两声，早进来三四个大汉，打千儿请安。贾政看时，认得是宝玉的奶母之子，名唤李贵。因向他道："你们成日家跟他上学，到底念了些什么书……"（《红》第九回，131页）

---

① ［清］曹雪芹、［清］高鹗：《红楼梦》，人民文学出版社1996年版。
② ［清］文康：《儿女英雄传》，知识出版社2001年版。
③ 威妥玛著、张卫东译：《语言自迩集——19世纪中期的北京话》，北京大学出版社2002年版。
④ 松友梅：《小额》，广东人民出版社1985年版；
⑤ 老舍：《骆驼祥子》，北京燕山出版社2009年版。
⑥ 老舍：《四世同堂》，见《老舍精选集》，人民文学出版社1998年版。
⑦ 老舍：《龙须沟》《茶馆》，见《老舍剧作》，浙江文艺出版社2007年版。
⑧ 陈士和讲述：《评书聊斋志异》（第一集、第二集），百花文艺出版社1980年版。
⑨ 刘颖南、许自强：《京味小说八家》，文化艺术出版社1989年版。
⑩ 其中，《骆驼祥子》和《四世同堂》我们考察的是对话部分；《语》共计85万字，我们只对其中11万字的语料进行了统计分析，这些语料主要是从第三章的《散语篇》到第六章的《秀才求婚》中的相关内容，未做统计分析的语料分别是第一章的《发音》、第二章的《部首》、第七章的《声调练习》和第八章的《词类章》等；《京》共计43万字，我们只对其中6万字的语料进行了统计分析。这些语料是汪曾祺等7位当代京味作家写于20世纪80年代上半叶作品的对话部分，未做统计分析的语料是8篇评论文章和2篇老舍的作品等。

(10) 刚才你又拦住他，没的说，跟我去见太太！（《红》第十二回，164 页）

以上两例中的"跟"与表相与关系协同义的介词"跟"容易混淆，但我们认为这两例"跟"还不能理解为介词。如例（9），从表义来看，李贵是陪伴贾宝玉上学的奶妈之子，他与宝玉之间是主仆关系，这个"跟"理解为"跟随"义更为合适，唯有如此才与两者的身份对应；而且通过对语境的分析，我们认为此"跟"与上文"跟宝玉的是谁"的动词"跟"表义一致，所以还是界定成动词为宜。《红》中出现在"跟"后的动词多带有"行走"义，如例（10），因而我们无法断定此时的"跟"是否已经完全摆脱"跟随"义，但其做动词的性质还是比较鲜明的。

《红》中"跟"虽未出现表相与关系的用法，但我们却可以看到其表指涉关系顺指义的用法，举例如下：

(11) 你也跟那起轻狂浪小妇学，怎么就管不得你们了？（《红》第五十九回，814 页）

(12) 跟主子却讲不起这孝与不孝。（《红》第五十四回，733 页）

例（11）（12）中的"跟"分别相当于普通话中的"向"和"对"。例（11）中动作的方向从主语"你"指向介词宾语"那起轻狂浪小妇"，例（12）中动作的方向则从承前省略的主语"袭人"指向介词宾语"主子"，均表示指涉关系顺指义。这样的例子出现得很少，在《红》中仅见 3 例，所以我们说，清中叶的"跟"还以做动词为主，做与事介词的不多。

《儿》中"跟"的使用情况与《红》中基本一致，仍是以做动词为主，少量做表指涉关系顺指义的与事介词。此外，还出现了表协同义的介词用法。例如：

(13) 你诸事都跟你老师学，使得，独这条儿可别跟他学。（《儿》第四十回，730 页）①

---

① 从今天的语感来看，以上例（11）—（13）中的"跟"均为表指涉关系顺指义的介词。但在《红》《儿》中，与"跟"搭配的动词不多（以"学"为主），且相关用例在当今粤语中表述成"我跟住佢学"（"跟"显然为动词）。据此，我们至少对清代中晚期出现在"学"前的"跟"表顺指义持一定的保留意见。

(14) 你老要起夜,有我的马桶呢,你跟我一堆儿撒不好喂!(《儿》第十六回,222页)

其中,例(13)中两个"跟"均为表指涉关系顺指义的介词,例(14)的"跟"是表相与关系协同义的介词。表协同义的"跟"在《儿》中仅出现4例,由此我们认为,自《红》到《儿》的近百年间,"跟"的用法已有所发展,虽然新用法的使用频率不是很高。

到了19世纪中晚期,"跟"的用法明显具有多样性,一系列新用法先后出现。例如:

(15) ……名叫惠明,虽是个笨汉子,拳脚倒打得好,搭着拳头打人没有敢跟他还手的。(《语》第六章,303页)
(16) 不给人好道儿走,嘴里虽然跟你好,背地里害得你很不轻。(《语》第五章,230页)
(17) 巡役们跟人要多少钱呢?(《语》第四章,193页)

根据介词宾语与主语之间关系的不同,我们认为例(15)—(17)中的"跟"分别表相与关系交互义、关联义和指涉关系逆指。《语》中的"跟"较之《红》《儿》时期用法多有新增,但由于使用次数很少,所以说直至19世纪中晚期,北京话的"跟"仍是以做动词为主。

到了清末民初,"跟"以做动词为主的现象有所改变。该期的"跟"不仅介词内部的各个用法发展得较为全面,而且做介词的次数也大量增加,首次超过了其做动词的次数(157∶27),以《小》为例:

(18) 少奶奶就问:"二爷,老爷子是跟谁怄气啦?"(《小》,280页)
(19) 他那个意思,是多咱听见官司有信啦,他立刻就出头,算是他的力量;你要是老没信,跟你这们乌秃着。(《小》,316页)
(20) 后来嫁了大车王为妻,跟前三四个孩子,一个个的,都跟小反叛儿似的,整天的滚车辙,竟跟那一溜儿街房家孩子打架。(《小》,291页)
(21) 跟额家虽然是一门远亲,从先走的挺亲热,后来见小额所行所为,很不是那们回事情,老头子撒开了这们一劝,很说了些个直话,无奈小额不听,反倒跟明五爷恼啦。(《小》,324页)
(22) 额大奶奶把小额的官司,怎么托的人,怎么花的钱,怎么老没信

出来的话,跟小文子儿说了一遍。(《小》,322页)

(23) 三爷善合带着禿儿,且外头买了一大棒樱桃来,跟伊太太要钱。(《小》,283页)

例(18)—(23)的"跟"均为与事介词,分别表示交互义、协同义、等比义、关联义、顺指义和逆指义。

由以上例子可见,在三大类八小类意义中,清末民初与事介词"跟"已经占据其中的六小类,与现代汉语中的基本用法无甚差异,可以说至此"跟"已经发展为一个比较成熟的与事介词。①

进入20世纪之后,"跟"依然是以做与事介词为主,各小类用法继续稳步发展。老舍作品4种、《评》《京》情形均如此(例略)。我们将以上10部北京话语料中"跟"做动词和介词的使用情况进行统计,见表1。

表1 10部北京话语料中"跟"的使用情况

单位:次

语料	动词	与事介词					
		相与关系				指涉关系	
		交互义	协同义	等比义	关联义	顺指义	逆指义
《红楼梦》	399	0	0	0	0	3	0
《儿女英雄传》	182	0	4	0	0	2	0
《语言自迩集》	24	3	0	0	4	0	1
《小额》	27	43	1	10	33	64	6
老舍作品4种	105	103	14	22	31	63	14
《评书聊斋志异》	361	86	9	36	74	330	5
《京味小说八家》	25	32	2	8	20	32	0
小计	1123	267	30	76	162	494	26
总计	1123	1055					

---

① 清末时"跟"已成为比较成熟的介词,这不仅体现在其做与事介词时种类齐全,还体现在其发展出了做空间介词的用法。据我们统计的10部北京话语料来看,"跟"做空间介词共出现5例。其中,《语》《骆驼祥子》中各出现1例,《京》中出现3例,例如:"他写了个字儿,叫他们跟上海洋行里取钱"(《语》);"跟车铺打印子,还不如给我一分利呢"(《骆驼祥子》);"听说徐大人为张大帅接风,跟你们柜上订了席面"(《京》)。此类用例不多,说明至少在19世纪90年代以前"跟"做空间介词还是新兴用法。有关此类用法的发展演变情况,拟另文讨论。

二、 北方方言中的与事介词

清中叶至晚期阶段,"跟"做与事介词的用法还未成熟。李炜、王琳认为,此时承担与事范畴相与关系的介词主要是"与""和/合""同"等,承担指涉关系的介词则主要是"和/合""向"。① 例如:

(24) 实对你老人家说,你女婿前儿因多吃了两杯酒,和人分争,不知怎的被人放了一把邪火,说他来历不明,告到衙门里,要递解还乡。(《红》第七回,108页。交互义)

(25) 你把这信写好了带上,等我托店家找一个妥当人,明日就同你起身。(《儿》第三回,40页。协同义)

(26) 秦钟不过是贾蓉的小舅子,又不是贾家的子孙,附学读书,也不过和我一样。(《红》第十回,141页。等比义)

(27) 你们三位可别打量这位安公子合我是亲是故,我合他也是水米无交,今日才见。(《儿》第八回,103页。关联义)

(28) 王夫人笑指向黛玉道:"这是你凤姐姐的屋子,回来你好往这里找他来,少什么东西,你只管和他说就是了。"(《红》第三回,46页。顺指义)

(29) 讲到姐姐的八字儿,从姐姐噶拉的一声,我公公、婆婆就知道,不用再向你家要庚帖去。(《儿》第二十六回,384页。逆指义)

清末民初,随着动词"跟"的虚化、各种与事介词用法的成熟,它逐渐成为现代汉语层面表相与关系和指涉关系的强势介词,而之前的"与""和/合""同""向"等则处于衰减态势。例如:

(30) 我先回家一会儿,和老三商议商议;马上就回来。(《四世同堂·十一》,108页。交互义)

(31) 那时候,我是视死如归,只求快快的与敌人同归于尽。(《四世同堂·八十四》,1048页。协同义)

(32) 瞧他这样,身大力不亏的,还和小孩一样呢,倒是真着急!(《骆

---

① 李炜、王琳:《琉球写本〈人中画〉的与事介词及其相关问题———兼论南北与事介词的类型差异》,广东省中国语言学会2008—2009学术年会暨语言接触国际研讨会会议论文2009年版。

驼祥子·七》，38 页。等比义）

（33）我管教儿女，与你什么相干？（《骆驼祥子·二十》，106 页。关联义）

（34）蓑嫂，我先向你报丧，再给你道喜。（《京·花街》，163 页。顺指义）

（35）说买呀，其实是表白自己不白拿人家东西，你要真敢向他要钱哪，那就是找倒霉了！（《评·续黄粱》，136 页。逆指义）

清末民初之后（特别是 20 世纪 30 年代以来），"与""和""同""向"表与事范畴相与关系和指涉关系的用例较之以往减少很多，与"跟"相比已成为弱势的与事介词，下面我们将老舍作品 4 种、《评》《京》等 6 部北京话语料中的相关与事介词的整理结果列为表 2。

表 2　6 部北京话语料与事介词用例统计

单位：次

分类		与	和	同	向	对	跟
相与关系	交互义	3	46	0	0	0	221
	协同义	4	7	6	0	0	25
	等比义	2	25	2	0	0	66
	关联义	6	15	0	0	0	125
指涉关系	顺向指涉义	2	7	0	27	57	425
	逆向指涉义	0	1	0	5	0	19
小计		17	101	8	32	57	881
总计		215					881

由表 2 的统计数字我们可以看出，无论是表相与关系，还是表指涉关系，"跟"均已成为一个强势的与事介词。

不仅北京话"跟"的使用情况比较强势，笔者所调查的其他北方方言，如西宁话、兰州话、银川话、西安话、烟台话和许昌话等均如此。[①] 例如：

---

① 以吴、闽、粤、客等为代表的南方方言中，与事介词主要使用"搭""共""同"等，参见李炜《琉球官话课本中的与事介词"替"》，见《中山人文学术论丛（七）》，澳门出版社 2006 年版，第 38－49 页。

(36) 你阿哥跟他打了一顿。(西宁话)
(37) 尕李子跟/连尕蛋一搭里进货去了。(兰州话)
(38) 苹果跟香蕉一样，都是我喜欢吃的。(烟台话)
(39) 这个事跟我有啥关系，你要找我。(银川话)
(40) 你先出去一下，我跟他说两句话儿。(许昌话)
(41) 蛋蛋跟春娃借了些钱。(西安话)

以上例（36）—（41）中的"跟"分别表相与关系的交互义、协同义、等比义、关联义，指涉关系的顺指义和逆指义。

"跟"可以表相与关系和指涉关系，但很少见到其表示受益关系的受益义和意志义（从表1统计的相关数据即可看出）。我们认为，之所以会出现这样的情况，是因为现代汉语中有一个强势的表示受益关系的介词"给"。综上所述，这些语言事实能够再次印证李炜、王琳的观点：清中叶以来，以北京话为代表的北方方言中表达与事范畴的介词主要分两大类，一类是与给予动词同形表受益关系兼表指涉关系顺指义的"给"，另一类是表相与关系和指涉关系兼做连词的"跟"。①

三、连词"跟"的产生与发展

以上我们探讨了"跟"做与事介词的相关情况，下面我们再了解一下"跟"做连词的发展演变情况。

按照语法化降类原则②，连词应由介词虚化而来，这在连词"跟"的产生上表现得较为明显。作为并列连词的"跟"与表相与关系协同义的与事介词"跟"关系密切，在《红》中，表协同义的"跟"还未出现，连词"跟"也未产生。《儿》中"跟"表协同义的用例出现后，其做连词的用法亦随之产生。清代中晚期的《儿》中连词"跟"出现1例，为：

(42) 就是我过来那年，舅母跟我姐姐在园里住的那一程子的事么，那时候还有他妈呢。(《儿》第四十回，699页)

---

① 李炜、王琳:《琉球写本〈人中画〉的与事介词及其相关问题——兼论南北与事介词的类型差异》，广东省中国语言学会2008—2009学术年会暨语言接触国际研讨会会议论文2009年版。
② 沈家煊:《"语法化"研究综观》，载《外语教学与研究》1994年第4期，第17-24页。

此后,《语言自迩集》中"跟"亦有 1 例做连词,如:

(43) 家父跟先祖,从前也是做那样的买卖。(《语》第三章,131 页)

清末民初之前的语料中,"跟"做连词的用例不多,仅见两例。① 以《小》为代表的语料之后,"跟"做连词的用法日渐增多。例如:

(44) 又对少奶奶跟老王说:"你们打点饭去吧,我们回头一块儿吃。"(《小》,283 页)

(45) 这一家,我告诉你,就仗着你跟我!(《四世同堂·一》,6 页)

(46) 大奶奶把干粮跟应该穿的都预备好了,王七自己又多带上两个钱,就出门走了。(《评·劳山道士》,3 页)

(47) 那我就把你跟这位姑奶奶再扔下河去,权当我没有救起你们爷儿俩!(《京·花街》,139 页)

如同"跟"做与事介词在清末民初以后比较强势一样,其做连词亦在该期开始成为北京话中强势用法。我们将《小》、老舍作品 4 种、《评》《京》等 7 部北京话语料中相关连词的情况进行统计,结果如表 3。

表 3 7 部北京话语料中连词用例统计

单位:次

语 料	与	和	同	跟
《小额》	0	0	2	54
老舍作品 4 种	0	158	14	30
《评书聊斋志异》	7	6	0	72
《京味小说八家》	1	9	0	20
总计	8	173	16	176

由表 3 可以看到,清末民初以来的各个阶段,北京话中的"跟"都是

---

① 清中叶至清晚期阶段,北京话中主要用"与""和/合""同"等做连词,以《红》为例,这三者做连词的次数分别为 109 次、378 次、80 次。如:"士隐只得将田庄都折变了,便携了妻子与两个丫鬟投他岳丈家去";"咱们东北角上梨香院一所十来间房,白空闲着,打扫了,请姨太太和姐儿哥儿住了甚好";"把小幺儿们多挑几个在这二层门上同两边的角门上,伺候着要东西传话"。

均衡地表并列关系的强势连词。而"和"做连词的用例虽然也比较多，但分布不均衡，绝大多数集中在老舍的作品中，我们认为这不排除作者语言风格的影响。事实上，即便当今普通话书面语里"和"的使用还比较广泛，但用量较之"跟"已经不具有显著优势，这在具有鲜明北方口语色彩的语料中体现得尤为明显。以北京大学汉语语言学研究中心语料库中1982年北京话调查资料为例，连词"和"与"跟"的出现频次比率即为18∶37。

不仅北京话的"跟"是强势连词，在我们调查的其他北方方言，如许昌话、安阳话、烟台话中，情况亦如此（例略）。

四、关于"和"类词的辨析

"和""跟""同""与"等具有大致相同的语法功能，因而学术界称其为"和"类词，关于这组词的使用，前人和时贤做过如下阐释。吕叔湘先生[①]认为，用作介词时，口语中常用"跟"，书面语现在倾向于用"同"。用作连词时，一般倾向于用"和"，较少用"跟"。"与"则多用于书面，尤其多用于书名、标题中。黄伯荣、廖序东先生[②]认为"和""跟""同""与"等"都表示联合关系，风格色彩和用法略有不同，'跟'有北方口语色彩，'同'有南方口语色彩，'与'有书面语色彩"。

通过上文的分析，我们认为有必要对这些观点做一些补充。首先，我们应强调"和""跟""同""与"有其一致性，并对这个一致性做出准确定性——均能兼做表相与关系和指涉关系的介词并能兼做连词。至于它们的差别，我们应从以下三个角度进行说明。

（1）产生和使用的年代不同。从四者做与事介词来看，"与""和/合""同"早在清代中期已经成为表与事范畴常用的介词，而"跟"在清末民初之后才开始成为用法较全面的与事介词，并逐步取代"与""和/合""同"成为表与事范畴的强势介词。

至于做连词这一方面，其产生的年代亦多有不同。唐钰明先生[③]认为，"与"的连词用法早在春秋时期已经产生，式微于元明时期；"和""同"

---

① 参见吕叔湘主编《现代汉语八百词》（增订本），商务印书馆1999年版，第231页。
② 参见黄伯荣、廖序东主编《现代汉语》（增订三版），高等教育出版社2002年版，第38页。
③ 参见唐钰明《汉语"和"类并列连词的历史演变》，广东省中国语言学会2008—2009学术年会暨语言接触国际研讨会议论文。

则产生于唐宋时期；"跟"的连词用法产生得最晚（清代中晚期才开始出现），产生之后则作为强势连词一直使用至今。

（2）语法功能不同。"与""和/合""同""跟"虽然均可表相与关系的交互义、协同义、等比义、关联义4种用法，但它们在使用时却有主次分工。以《红》为例，交互义主要使用"和"，协同义主要使用"同"，关联义主要使用"与"，等比义则主要使用"和""与"。《儿》与《红》的情形大致相同：交互义主要使用"合"，协同义主要使用"同"，等比义、关联义主要使用"合"。

另外，在"和"类词中，"与""和/合"除表相与关系外，其表指涉关系的用例也比较多；相对而言，"同"则更常表与事范畴的相与关系而很少表指涉关系（见表2），可以说，"同"是"和"类词中用法相对较少的一个。

（3）使用的地域不同。"同"与"和""与""跟"有一致之处，在北京话中曾有一段时期（清代中晚期）属于常见用法。到了现代阶段，"和""与""跟"在北方方言中仍在使用，而"同"则很少见到，只有在南方方言的粤语、客家话中才较多保留，例如："我同你去又点话啫"，"我同你两个人去边呀"。①

我们认为，从上述三个角度入手对"和"类词进行辨析，有助于我们更清晰地认识这组词之间的联系与区别。

五、关于与事范畴相与关系分类的问题

最后，我们简单谈一下对与事范畴相与关系介词分类的一点认识。李炜曾将相与关系介词依次分为表交互义、协同义、等比义、关联义四类。② 在此之前，学者虽未明确指出相与关系的下位义及其排列次序，但他们倾向于将协同义置于靠前的位置，如吕叔湘先生③、陈泽平先生④等。

我们认为，前人和时贤将协同义置于相与关系靠前甚至是首要位置，仅

---

① 用例引自张洪年《香港粤语语法的研究》（增订版），香港中文大学出版社2007年版，第416页。

② 李炜：《琉球官话课本中的与事介词"替"》，见《中山人文学术论丛（七）》，澳门出版社2006年版，第38–49页。

③ 参见吕叔湘主编《现代汉语八百词》（增订本），商务印书馆1999年版，第230页。

④ 参见陈泽平《福州方言的介词》，见李如龙、张双庆主编《介词》，暨南大学出版社2000年版，第101–121页。

就与事介词各类用法的产生顺序这个角度看，有一定的道理。然而，由于表协同义的介词与连词的区别度很小，二者的关系变得十分微妙。例如："贾政与众人进去，一入门，两边都是游廊相接。"（《红》）如果强调贾政与众人之间的主客关系，"与"应界定为表协同义的与事介词；如果仅叙述"进去"这一动作而无所强调的话，"与"界定为连词也未尝不可。

　　针对这种介词与连词容易混淆的情形，学者们找出了一系列区分手段，如"和"类词所连接的两个词语是否可以互换位置而保持句义不变（句义不变的是连词，反之则为介词）等。① 这种区分手段从一定程度上说是行之有效的，但并不能从根本上解决问题，因为作为人类重要交际工具的语言应该能准确地表达思想而避免歧义现象的发生。由于表协同义的介词容易跟连词混淆，现代汉语中的协同义在整个相与关系中渐次变得不再重要。② 据此，我们对将协同义置于相与关系首位的做法表示质疑。不仅如此，我们推测，随着时间的推移，"和"类词表协同义的比重还会进一步下降。汉语的发展是否会出现这一现象，我们将拭目以待。

参考文献

［1］陈泽平．福州方言的介词［C］∥李如龙、张双庆主编．介词．广州：暨南大学出版社，2000：101－121．

［2］黄伯荣，廖序东主编．现代汉语［M］．增订3版．北京：高等教育出版社，2002．

［3］李炜．琉球官话课本中的与事介词"替"［C］∥中山人文学术论丛（七）．澳门：澳门出版社，2006：38－49．

［4］李炜，王琳．琉球写本《人中画》的与事介词及其相关问题——兼论南北与事介词的类型差异［J］．广东省中国语言学会2008—2009学术年会暨语言接触国际研讨会会议论文，2009．

［5］吕叔湘主编．现代汉语八百词［M］．增订本．北京：商务印书馆，1999．

［6］沈家煊．"语法化"研究综观［J］．外语教学与研究，1994（4）．

----

　　① 参见黄伯荣，廖序东主编《现代汉语》（增订三版），高等教育出版社2002年版，第40页。

　　② 如本文表1、表2所示，10部北京话语料中的"跟"表协同义在整个相与关系中所占比例为30∶535；6部北京话语料中表协同义的"与""和""同""跟"在整个相与关系中所占的比例分别为4∶15、7∶93、6∶8、25∶437。

［7］唐钰明. 汉语"和"类并列连词的历史演变［J］. 广东省中国语言学会 2008—2009 学术年会暨语言接触国际研讨会会议论文，2009.
［8］张洪年. 香港粤语语法的研究［M］. 增订版. 香港：中文大学出版社，2007.

北京话"您"的历时考察及相关问题*

中原官话中的"恁"最早出现于宋代①。高名凯先生认为它与"俺"一样,"在金元时代也是用作多数的"②。吕叔湘、江蓝生二位先生认为"恁"是"你们"的合音③。即"恁"最初表多数义。在近现代汉语中,"恁"逐渐发展出做第二人称代词尊称形式的用法。不过这种新用法何时产生以及它缘何而产生,学界尚未达成共识。北京话中的"您"则不同于"恁",它在清代晚期一出现即是第二人称代词的尊称形式,与多数义无关。

一

我们选取了12部以北京官话为主要特征的语料,分别是:《红楼梦》(前80回,曹雪芹,约18世纪50年代;后40回,高鹗,约18世纪90年代),《儿女英雄传》(19世纪40年代),《语言自迩集——19世纪中期的北京话》(19世纪40年代—80年代),《官话指南》(1881年),《小额》(19世纪90年代),《燕京妇语》(1906年),《骆驼祥子》(1936年),《四世同堂》(1944—1948年),《龙须沟》(1950年),《茶馆》(1957年),《评书聊斋志异》(第一、第二集)(1954年),《京味小说八家》(1981—1984年)。以下我们分别简称为《红》《儿》《语》《官》《小》《燕》《骆》

---

* 《北京话"您"的历时考察及相关问题》,原刊于《方言》2011年第2期。作者李炜、和丹丹。

基金项目:中山大学重大项目培育和新兴交叉学科资助计划项目"海外珍藏汉语文献的发掘与明清时期南方汉语的研究"(3165001)。

① 参见[日]香坂顺一著、[日]植田均译《水浒词汇研究(虚词部分)》,文津出版社1992年版。
② 参见高名凯《汉语语法论》,科学出版社1957年版。
③ 参见吕叔湘、江蓝生《近代汉语指代词》,学林出版社1985年版。

《四》《龙》《茶》《评》和《京》。

我们在《红》中发现了4例"您",例如:

(1) 芳官只得细细的唱了一支《赏花时》:"翠凤毛翎扎帚叉,闲踏天门扫落花。您看那风起玉尘沙。猛可的那一层云下,抵多少门外即天涯。您再休要剑斩黄龙一线儿差,再休向东老贫穷卖酒家。您与俺眼向云霞。洞宾呵,您得了人可便早些儿回话;若迟呵,错教人留恨碧桃花。"才罢。(《红》)

在《红》中,"您"集中出现在《赏花时》中,其他地方未出现。芳官所唱的《赏花时》,出自明代汤显祖《邯郸梦·扫花三醉》中何仙姑的一段唱曲,曲中"您"在汤显祖原文中均写作"你",也有个别版本写作"恁"[①]。我们有理由认为《红》中的"您"为后人改写而成,它并不是本文所讨论的第二人称代词的尊称形式。

在以上12部语料中,作为第二人称代词尊称形式的"您"最早出现于《语》中。例如:

(2) 您说的是小褂儿不是?(《语》)
(3) 等我告诉您几句话。(《语》)
(4) 小儿得了在工部里帖写的差使,都是承您的情。(《语》)
(5) 可不是么,那绒可不是土货,请您替我挑一点儿好的。(《语》)

以上例(2)—(5)中的"您"分别做主语、宾语、定语和兼语。由此可见,《语》中第二人称代词"您"的语法功能成熟,自《语》之后10部北京话语料中的"您"亦如此。例如:

(6) 等我算一算,按着今儿个的行市,是减一成五分五厘,您就给八百四十五圆就行了。(《官》)
(7) 大家伙儿一听说不过平啦,对着伊老者说:"您也放吧,有什么话,明天再说吧。"(《小》)

[①] 本文首先依据的是吴秀华的《汤显祖〈邯郸梦记〉校注》(河北教育出版社2004年版),同时也参考了清乾隆时期叶堂的《纳书楹玉茗堂四梦曲谱》(叶氏纳书楹刻本,1792—1794)。

(8) 是啊，您晚上估摸睡的早罢。(《燕》)
(9) 我也四十望外了，不瞒您说，拉包月就是凑合事，一年是一年的事，腿知道！(《骆》)
(10) 我给您拿来两瓶啤酒，小意思，小意思！(《四》)
(11) 自从一修沟，我就听您的话，跟着作工。(《龙》)
(12) 那么多的买卖，您的小手指头都比我的腰还粗！(《茶》)
(13) 姨妈，求您再给带个话儿，让他再把他的那份痴劲儿去掉，我就嫁给他。(《评》)
(14) 我忙说："请您多多指教"。(《京》)

以上例（6）—（8）中的"您"做主语，例（9）（10）中的"您"做宾语，例（11）（12）中的"您"做定语，例（13）（14）中的"您"做兼语。

从语用的角度来看，以上用例中的"您"均出现在具有鲜明权势关系的语境中，体现了权势地位劣势方对优势方的尊敬。因此，我们认为自《语》以来的"您"是第二人称代词的尊称形式。

除"您"之外，我们在 12 部北京话语料中还发现了"你那/你纳/您纳/您哪"等第二人称代词的尊称形式。例如：

(15) 舅太太道："姑老爷不用管我们的事，我们不能像你那开口就是'诗云'，闭口就是'子曰'的。"(《儿》)
(16) 老兄，怎么这程子，我总没见您哪？(《官》)
(17) 您纳的少爷不是在户部有差使么？(《语》)
(18) 没法儿找兄台来了，或银子，或当头，求你纳借给我点儿。(《语》)

以上例（15）中的"你那"做主语，例（16）中的"您哪"做宾语，例（17）中的"您纳"做定语，例（18）中的"你纳"做兼语——语法功能与"您"完全相同。不仅如此，"你那/你纳/您纳/您哪"也出现在具有鲜明权势关系的语境中，与"您"的语用功能一致。

那么，"你那/你纳/您纳/您哪"作为第二人称代词的尊称形式是在何时出现的，它与当今北京话中"您"的关系又是怎样的呢？

二

我们发现"你那/你纳/您纳/您哪"先于"您"出现——《儿》中已有3例"你那"的相关用例,除上文中的例(15),又如:

(19) 我说话再不会藏性,我平日见老弟你那不爱听戏,等闲连个戏馆子也不肯下,我只说你过于呆气,谁知敢则这桩事真气得坏人!(《儿》)

(20) 他爹说:"我怕甚么?撒开鸭子就到咧!你那踱拉踱拉的,踱拉到啥时候才到喂!"(《儿》)

《儿》中的"你那"出现次数少,且语法功能相对单一,均做主语。

《语》中"你纳/您纳"用例较多,除上文例(17)(18)外,又如:

(21) 你纳是这么说,我心里却不然。(《语》)

(22) 我们说知道您纳,不知道他,他叫我们把画儿送到府上就是了,过两天他还要亲自来呢。(《语》)

(23) 我有一件要事,和你纳商量,打发了几次人去请去,你纳那儿家下人们说,坐了车出去了,也没留下话。(《语》)

(24) 兄台,瞧瞧我的翻译,求你纳略改一改。(《语》)

以上例(21)—(24)中的"你纳/您纳"分别做主语、宾语、定语和兼语。

我们对《语》中的52例"你纳"和15例"您纳"逐一进行测试,发现其中的"你纳"和"您纳"均可以替换成"您",这再次说明"你纳/您纳"是第二人称代词的尊称形式。

在12部语料中,只有《语》是"你纳/您纳/您"3种形式并存的,这引起了我们的关注。"你纳"主要分布在《谈论篇》中,《谈论篇》是威妥玛先生早年编写的语料,我们有理由认为"你纳"是最早的第二人称代词的尊称形式。"您"的形式一旦确立,即成为使用次数最多、分布最均衡的形式。"您纳"处于中间过渡状态,出现次数相对较少,反映出它使用的不稳定性。

众所周知,威妥玛先生1841年来中国,1882年回英国,在其间的近半个世纪里,从未间断语料的搜集工作。我们认为,正因为他搜集语料的时间较长,使得"你纳/您纳/您"3种尊称形式并存及更替的现象在《语》中得以真实地反映,我们不排除"您"的确立正是在这半个世纪中逐渐完成的。

自从《语》之后,"您"的用例即逐渐增多,成为现代汉语中第二人称代词尊称形式的"常式"。综观"你那/你纳/您纳/您哪"等,自19世纪80年代以来,"你那/你纳"消失不见;"您纳"只在《官》和《燕》中零星出现;"您哪"虽然延续至今,但已经逐渐处于萎缩状态,相关用例很少见。而且,无论是"您纳",还是"您哪",语法功能均趋于单一化,位于句末做宾语。张惠英也有类似的见解①。例如:

(25) 那倒不用劳动您纳,我月底月初,还有别的事进城来了,我可以顺便到这儿来,打定打听就得了。(《官》)
(26) 额大奶奶,也给他还了个安。说道:"这又劳动您哪。"(《小》)
(27) 唉可真是难为您纳呀!(《燕》)
(28) 对不起您哪,今儿我们什么也没有,压根儿没升火。(《四》)
(29) 说着,由怀里掏出了一个纸条儿,递了过来:"大老爷,报告您哪,这个人姓什么,叫什么……"(《评》)
(30) 经理,我们这儿谢谢您哪!(《京》)

以上例(25)—(30)中的"您纳/您哪"均出现在句末做宾语。

下面我们将北京话语料中的第二人称代词的尊称形式的使用情况列于表1。

表1 北京话语料中第二人称代词尊称形式的使用情况

单位:次

语料	你那/你纳	您纳/您哪	您
《儿女英雄传》	3	—	—
《语言自迩集》	52	15	64
《官话指南》	—	16	350
《小额》	—	5	404

---

① 参见张惠英《第二人称"贤、仁、恁、您"语源试探》,载《中国语文》1991年第3期。

续上表

语料	你那/你纳	您纳/您哪	您
《燕京妇语》	—	17	672
老舍作品 4 种	—	5	425
《评书聊斋志异》	—	41	1867
《京味小说八家》	—	6	480
总计	55	88	3590

从上表我们可以看出，作为第二人称代词尊称形式"常式"的"您"，与"变式"的"你那/你纳/您纳/您哪"之间有着鲜明的承继关系，这在语音学上也可以找到支撑。李炜即认为，"'您'完全可能由'你+纳'合音而成。在'您'正式定型之前还有一个'您+纳'的过渡形式，这里的'您'之［-n］尾明显是受后一音节'纳'之声母［n-］逆同化影响所致……合理的音变过程应当是：你纳→您纳→您。'您'的最后定型是以甩掉后面的'纳'为前提的"①。在本文考察相关用例的基础上，我们对"您"的音变过程加以补充，即"你纳（那）→您纳（哪）→您"。

事实上，无论是"那"，还是"纳""哪"，它们的实际读音是一致的，只是选择字形不同而已。如果不管字形只看声音，其音变过程就应该是：［ni na］→［nin na］→［nin］。

三

北京话中还有第三人称代词尊称形式［tʰan］。此词最初没有固定写法，往往写作"他"字加注音，例如：

（31）少奶奶说："回来啦。一脑门子的气，尧儿叫他（音贪。北京称尊长之声），也没理。您给哄哄孩子，我给打点饭去。"（《小》）

从《小》中的用例来看，第三人称代词的尊称形式［tʰan］至少在 19

---

① 李炜：《北京话、兰州话、西安话中第三人称代词的尊称形式》，载《外国语学研究》2005 年第 6 号，第 80—85 页。

世纪末期已经产生，但无字可写。以"愢"的形式固定下来，最早出现于《燕》中。例如：

（32）这两天下班儿爷爷愢早起来了。（《燕》）

关于这个词的来源，我们认为它也是合音而成，经历了与"您"平行的变化路线。例如：

（33）他纳这些年的病谁照应家里呢？（《语》）
（34）姑娘连我劝愢纳愢还不听哪。（《燕》）

以上二例均出现在具有权势关系的语境中，体现了权势地位劣势方对优势方的尊敬，是第三人称代词的尊称形式。①

"他纳/愢纳"的用例尽管不多，但我们认为，这些珍贵的语料恰恰能够反映出"愢"的产生来源：正如［ni na］是"您"的最早形式一样，［tʰa na］（他纳）是"愢"的最早形式，之后经历了［tʰan na］（愢纳）这一过渡形式并最终合音形成［tʰan］（愢），即［tʰa na］ → ［tʰan na］ → ［tʰan］，这与［ni na］ → ［nin na］ → ［nin］的音变过程是完全平行的。

当今中原官话中既有表示第一人称代词谦称形式的"俺"，又有表示第二人称代词尊称形式的"恁"。我们认为，"俺""恁"是由表多数义的"我们""你们"词汇化而来。西北方言中表示第三人称代词尊称形式，比如兰州的［na］、西安的［nia］，亦是由表泛指的"人家"词汇化而来②。我们认为，以中原官话/西北方言为代表的相关人称代词的谦称/尊称形式均是汉语自身发展的结果，而北京话中第二人称代词尊称形式的"您"则不同——是由［ni na］ → ［nin na］等合音而来。"愢"同理。

日本学者内田庆市先生指出《清文指要全册》中出现了"你纳"，书写方法为"'你'+满洲文字"③。内田先生的这一观察为我们继续探究北京

---

① 附记其他资料：夏仁虎（1974—1963）《旧京琐记》卷二："'他'字亦分两意，呼平辈可直曰'他'，即彼意也。然述及尊长，则'他'必读为'坦'，非是亦不敬。"
② 参见李炜《北京话、兰州话、西安话中第三人称代词的尊称形式》，载《外国语学研究》2005 年第 6 号，第 80—85 页。
③ 参见［日］内田庆市《关于〈语言自迩集〉的若干问题》，见《亚洲语言文化交流研究》，上海辞书出版社 2009 年版。

话中第二、第三人称代词尊称形式"变式"中"你/他"后的"那/纳/哪"的来源及性质提供了有益的思路。

参考文献

[1] 高名凯. 汉语语法论［M］. 北京：科学出版社，1957.

[2] 李炜. 北京话、兰州话、西安话中第三人称代词的尊称形式［J］. 外国语学研究，2005（6）.

[3] 吕叔湘，江蓝生. 近代汉语指代词［M］. 上海：学林出版社，1985.

[4] ［日］内田庆市. 关于《语言自迩集》的若干问题［C］∥亚洲语言文化交流研究. 上海：上海辞书出版社，2009.

[5] ［日］香坂顺一著. 植田均译. 水浒词汇研究（虚词部分）［M］. 北京：文津出版社，1992.

[6] 张惠英. 第二人称"贤、仁、恁、您"语源试探［J］. 中国语文，1991（3）.

琉球写本《人中画》的与事介词及其相关问题*

——兼论南北与事介词的类型差异

一、琉球写本《人中画》中介词"替"的用法

琉球写本《人中画》（以下简称"琉本《人》"）是清代琉球官话系列课本（18世纪教琉球人学汉语的课本）中的阅读本，其母本是早于它一个世纪的啸花轩写刻本《人中画》（以下简称"啸本《人》"），琉本《人》于18世纪中叶编写而成，和其他琉球官话课本一样，呈现出鲜明的汉语南方方言语法特征。①

琉本《人》共出现462例"替"，除了67例连词用法、2例动词用法，其余的393例均用作介词，大部分用法是现代汉语所没有的。我们将这些介

---

* 《琉球写本〈人中画〉的与事介词及其相关问题——兼论南北与事介词的类型差异》，原刊于《中国语文》2011年第5期。作者李炜、王琳。

　　基金项目：国家社会科学基金项目"清代琉球官话系列课本语法研究"（07BYY046）、广东省哲学社会科学"十五"规划项目"现代汉语与事介词的演变研究"（05J-01）和"中山大学优秀研究生导师逸仙创新人才培养计划"（11100-3126200）。

　　本文曾于2009年12月在潮州韩山师范学院召开的广东省中国语言学会2008—2009学术年会暨语言接触国际研讨会上宣读。《中国语文》审稿专家提出了宝贵的修改意见，谨致谢忱！

　　本文引用书目包括：琉球写本《人中画》，日本天理大学附属图书馆藏本；［清］曹雪芹、［清］高鹗《红楼梦》，人民文学出版社1996年版；［清］文康《儿女英雄传》，知识出版社2001年版；松友梅《小额》，广东人民出版社1985年版；老舍《骆驼祥子》，北京燕山出版社2009年版；老舍《四世同堂》，人民文学出版社1998年版；老舍著、傅光明选编《老舍剧作》，浙江文艺出版社2007年版；陈士和讲述《评书聊斋志异》（第一集、第二集），百花文艺出版社1980年版；刘颖南、许自强《京味小说八家》，文化艺术出版社1989年版；臧晋叔《元曲选》，中华书局1958年版。

　　① 李炜、李丹丹：《从版本、语言特点考察〈人中画〉琉球写本的来源和改写年代》，载《中山大学学报（社会科学版）》2007年第6期。

词分为以下三类，分别进行考察。

第一类：
（1）他才去见县官、学官，到不替黄舆讲，反替那财主说得稳稳当当的了。（琉本《人·自作孽》第一回）
（2）若不好说，定有暧昧的情了，替我拶起来！（琉本《人·终有报》第四回）

第一类的"替"介引受益对象，表示受益关系。例（1）中的"替"表示服务义，在现代汉语中相当于"给、为、替"，但现代汉语的"给、为、替"分别只能有琉本《人》"替"的一部分用法，较之后者，其使用范围要窄得多，某些在琉本《人》中成立的句子在现代汉语中是不成立的。而且琉本《人》中所有的"给"均不表服务义①，"替"几乎是表达服务义的唯一介词。例（2）中的"替"表示"顺某人之意而为之"② 的意志义。意志义在现代汉语中很常见③，但在这里仅此1例，说明当时还是新兴用法。

第二类：
（3）张媒婆笑说："唐相公这样拣精拣肥的主顾，就有正经的大好亲事，我也没有这些气力替你缠了……"（琉本《人·终有报》第二回）
（4）这时候汪费手里很好，不要讲黄舆为他许多的好情，只说替他同来一番，听见他要回去，也该送些盘缠才是，就像替他不相干的事一般，都不提起。（琉本《人·自作孽》第一回）
（5）柳春荫听了，恰又取名叫春荫，替旧名一样，就满心欢喜说："春荫最好！"（琉本《人·寒彻骨》第一回）
（6）就是当日不看风信就开船，这是我李天造的罪，替我儿子李春荣何干？大王到不罪我，反加我儿子的罪。（琉本《人·狭路逢》第三回）

---

① 在琉球官话中，"给"有表给予义和使役义的动词及表被动义的介词用法，没有表受益义的介词用法（李炜、濑户口律子，2007）。"为"虽可表受益义，但仅有2例。
② 吕叔湘：《中国文法要略》，商务印书馆1982年版，第47页。
③ 表意志义的"给"是由表服务义的"给"引申而来的，前者只出现在命令句的句法环境中。在普通话中使用介词"给"，在方言中使用与服务义表达相同的介词形式。

第二类的"替"介引相与对象，表示相与关系。具体来说：例（3）的"替"表示交互义，例（4）的"替"表示协同义，例（5）的"替"表示等比义，例（6）的"替"表示关联义。这些"替"在现代汉语中相当于"和、跟、同"。琉本《人》中"和""跟"还是动词；"同"没有表示交互义的用例，表示协同义的数量也不多。①

第三类：
（7）刘恩听了，忙忙进去替柳春荫说知。（琉本《人·寒彻骨》第一回）
（8）老头子说："就是才先说的那个青年的相公，原要买花，因看见了扇子，连花都不买，拿着扇子读来读去，就象癫子一般，定要替我买……"（琉本《人·风流配》第二回）

第三类的"替"介引指涉对象，表示指涉关系。例（7）的"替"表示顺指义，即动作的方向从主语指向介词宾语，是一种顺向的指涉，在现代汉语中相当于"给、跟、对、向、和、同"；例（8）的"替"表示逆指义，即动作的方向从介词宾语指向主语，是一种逆向的指涉，在现代汉语中相当于"跟、向"等。琉本《人》中"同"无顺指义的用法②，"向"也无逆指义的用法，"对"则仅有1例③。

以上三类"替"分别表达与事范畴的受益、相与、指涉3种关系，李炜把表达这3种关系的介词称为"与事介词"，并将其内部系统分为两个层级。④第一层级由三大类——受益关系、相与关系和指涉关系构成⑤，第二层级则由三大类下位的八小类构成。如下图：

---

① "同"做协同义介词有10例。
② 另有"对、向"，虽出现的次数不算少，分别为21例和3例，但"对"所选择的动词范围很窄，仅限于"说"和"笑"。
③ 这1例为："我是对奶奶（太太）当面明公正气求的，又不是私情暗昧，老爷问太太就知道，怎么说个送官呢？"（琉本《人·终有报》，第三回）
④ 我们对汉语与事范畴的界定参照了李如龙先生（2000）的说法，他在谈到闽南方言中有关"与事"的介词时所举的实例与我们这里所谈的三大类八小类关系完全一致。参见李炜《琉球官话课本中的与事介词"替"》，见《中山人文学术论丛（七）》，澳门出版社2006年版，第38—49页。
⑤ 相与介词和指涉介词有介词宾语跟主语之间关系方向的不同：相与介词是一种双向关系，指涉介词是一种单向关系。

图 1 与事范畴的内部系统

琉本《人》中"替"是可以通表以上三大类八小类用法的强势介词,其他介词虽可表达与事范畴的其中一类或两类关系,但没有一个可以像"替"一样通表的。那么其母本与事介词的使用情况又是怎样的呢?我们对照了啸本《人》,上述 8 例相应地分别为:

(1a) 他再去见县官、学官,到不替黄奭讲,反与那财主说得稳稳的了。(啸本《人·自作孽》第一回)

(2a) 若不好说,定有暧昧之情,与我拎起来!(啸本《人·终有报》第四回)

(3a) 张媒婆笑道:"唐相公这等拣精拣肥的主顾,就有正经的好大亲事,我也没这些气力与你缠了……"(啸本《人·终有报》第二回)

(4a) 此时汪费手中有余,且莫说黄奭为他许多好情,只说与他同来一番,听见要回去,也该送些盘缠才是,却像不关他事一般,全不提起。(啸本《人·自作孽》第一回)

(5a) 柳春荫听了恰又取名春荫,与旧名相同,便满心欢喜道:"春荫最好!"自此,柳春荫改为商春荫了。(啸本《人·寒彻骨》第一回)

(6a) 况当日匆忙开船,皆我李天造之罪,与幼子李春荣何干?大王到反宽我之死,而夺幼子之生?(啸本《人·狭路逢》第三回)

(7a) 刘恩听了,忙进去与春荫说知。(啸本《人·寒彻骨》第一回)

(8a) 张老儿道:"就是方才说的那位少年相公,原要买花,因看见了扇子,连花都不买,拿着扇子读来读去,就像疯了的一般,定要与我买……"(啸本《人·风流配》第二回)

啸本《人》的"与"是和琉本《人》的"替"相平行的表达与事范畴3种关系的"强势介词",即除了"与""替",虽然有其他相关介词表达与事范畴,但是在各自版本中均不存在其他通表与事关系的介词,且无论在功能还是数量上均无法和"与""替"相比(例略)。啸本《人》的与事介词"与"除个别一两例,整体被改写为琉本《人》的"替"(见表1)。①

表1　2种版本《人》与事介词"与""替"出现情况比较

单位:次

分类		啸本《人》的"与"	琉本《人》的"替"
受益关系	服务义	30	114
	意志义	1	1
相与关系	交互义	81	84
	协同义	40	54
	等比义	11	15
	关联义	16	17
指涉关系	顺指义	53	101
	逆指义	3	7
共计		235	393

由表1我们可以看出,琉本《人》与事介词"替"与啸本《人》与事介词"与"是一脉相承的,只是前者的数量比后者多。经过对比发现,多出的近160例有从零形式改写的,也有从表与事范畴的其他介词改写而来的。这说明在通表受益、相与、指涉3种关系方面,琉本《人》"替"的"强势"度高于啸本《人》的"与"。其他4种琉球官话课本②中的与事介词"替"也可通表整个与事范畴并兼做连词③,不赘。顺便说一句,与近代

---

① 啸本《人》的"与"有3种用法:给予动词、与事介词和连词,琉本《人》的"替"则只有与事介词和连词的用法。

② 其他4种分别为:《官话问答便语》(1703年或1705年)、《白姓官话》(1750年)、《学官话》(1797年)和《广应官话》(1797—1820年之间),这些琉球官话课本均为日本天理大学附属图书馆藏本(濑户口律子、李炜,2004)。

③ 参见李炜《琉球官话课本中的与事介词"替"》,见《中山人文学术论丛(七)》,澳门出版社2006年版,第38-49页。

汉语一样，啸本《人》中的"与"除了做与事介词和连词，还做给予动词，而琉本《人》中的"替"则不能做给予动词。

二、《红楼梦》《儿女英雄传》中的与事介词

琉本《人》由一个与事介词"替"通表受益、相与、指涉 3 种关系是特殊现象，还是同时期语料的共同现象呢？

我们考察了清代中后期以北京官话为主要特征的《红楼梦》（以下简称《红》）和《儿女英雄传》（以下简称《儿》）中与事介词的使用情况，发现二者中除了"与"，均不存在由一个强势介词通表这三大类八小类的用法，它们的与事介词呈多样化、专职化的态势。在这两部作品中，"与"虽可通表三大类关系，但已非强势介词。《红》《儿》中与事介词"与"和其他与事介词出现比例依次分别为 416∶1886（《红》）和 99∶2270（《儿》）。我们将《红》《儿》中所有相关与事介词的整理结果简述如下，并附表 2。

1. 受益关系介词

《红》中主要使用"给"和"替"，且二者势均力敌；到《儿》中，"给"的数量远远超过"替"，成为受益介词的代表。举例如下：

（9）宝玉道："酸疼事小，睡出来的病大。我替你解闷儿，混过困去就好了。"（《红》第十九回，264 页）

（10）一会儿又用手指头给他理理头发，一会儿又用小手巾儿给他沾沾脸上的眼泪……（《儿》第二十回，278 页）

2. 相与关系介词

《红》中使用"与""和""同"，虽然三者均可表交互义、协同义、等比义、关联义，但它们在使用时有主次分工：交互义主要使用"和"，协同义主要使用"同"，关联义主要使用"与"，等比义主要使用"和""与"。《儿》与《红》的情形大体相同：交互义主要使用"合"，协同义主要使用"同"，等比义、关联义主要使用"合"。举例如下：

（11）原来宝玉急于要和秦钟相遇，却顾不得别的，遂择了后日一定上学。（《红》第九回，130 页）

（12）尹先生说："你们女子有同母亲共得的事，同父亲共不得；有合母亲说得的话，合父亲说不得……"（《儿》第十七回，241 页）

（13）没甚说的便罢，若有话，只管回二奶奶，是和太太一样的。（《红》第六回，99 页）

（14）他虽合咱们满洲汉军隔旗，却是我第一个得意门生，他待我也实在亲热。（《儿》第二回，18 页）

3. 指涉关系介词

《红》《儿》中均主要使用"和/合""向"。不同的是在两部作品中"与""给"虽均可表指涉，但在《红》中二者的比例为 62∶85，在《儿》中二者的比例则为 1∶120。举例如下：

（15）等我去到东府瞧瞧我们珍大奶奶，再向秦钟他姐姐说说，叫他评评这个理。（《红》第十回，142 页）

（16）这年正是你的周岁，我去给你父母道喜。（《儿》第十九回，270 页）

表 2　《红》/《儿》与事介词用例统计

单位：次

分类		与	给	替	和/合	同	向	对
受益关系	服务义	44/2	232/593	272/123	0/0	0/0	0/0	0/0
	意志义	2/0	9/11	0/0	0/0	0/0	0/0	0/0
相与关系	交互义	93/7	0/0	0/0	165/239	13/19	0/0	0/0
	协同义	50/12	0/0	0/0	80/74	197/248	0/0	0/0
	等比义	41/36	0/0	0/0	55/42	13/23	0/0	0/0
	关联义	123/41	0/0	0/0	74/73	5/4	0/0	0/0

续上表

分类		与	给	替	和/合	同	向	对
指涉关系	顺指义	62/1	85/120	8/2	292/345	8/4	288/275	24/42
	逆指义	2/0	0/0	0/0	61/20	0/0	5/13	0/0
	共计	416/99	326/724	280/125	727/793	236/298	293/288	24/42

由以上统计，我们可以直观地看到，清代中后期《红》《儿》中的与事介词系统比起琉本《人》要复杂得多。在《红》和《儿》中，与琉本《人》中"替"同时代层次的强势介词的表达形式呈多样化的态势，主要分两大类：一类是与给予动词同形表受益关系兼表指涉关系顺指义的"给"①，另一类是可表相与关系和指涉关系逆指义并兼做连词的"和/合、同"类介词。

三、 南北方言与事介词的选择对立

南方方言吴语苏州话的"搭"②、闽语福州话的"共"、粤语广州话和客家梅县话的"同"均可在本方言系统内部通表与事范畴的受益、相与、指涉 3 种关系，并兼做连词（连词例略）。见表 3。

表 3 南方方言与事介词用例

分类		苏州话	福州话③	广州话	梅县话	普通话译句
受益关系	服务义	我搭俚烧饭	我共伊煮饭	我同佢煮饭	偃同佢煮饭	我给他煮饭
	意志义	耐还勿搭我滚出去！	汝故怀共我滚出去！	你仲唔同我躙出去！	你还不同偃滚出去！	你还不给我滚出去！

---

① "向"和"对"是书面语体的表达。
② 我们还考察了对话部分为吴语的《海上花列传》（清光绪年间），全书的 403 例介词"搭"也是可以通表受益（111 例）、相与（71 例）、指涉（221 例）3 种关系。
③ 福州话的材料由陈泽平先生提供，谨致谢忱。

续上表

分类		苏州话	福州话	广州话	梅县话	普通话译句
相与关系	交互义	<u>搭</u>耐商量商量	<u>共</u>汝商量商量	<u>同</u>你商量下	<u>同</u>你商量商量	<u>跟</u>你商量商量
	协同义	<u>搭</u>俚经常勒海一道	<u>共</u>伊经常着一堆	经常<u>同</u>佢喺埋一齐	<u>同</u>佢经常在一起	<u>和</u>他经常在一起
	等比义	我<u>搭</u>耐一样高	我<u>共</u>伊平平悬	我<u>同</u>佢一样高	佢<u>同</u>佢一样高	我<u>跟</u>他一样高
	关联义	<u>搭</u>我搭啥界阶?	<u>共</u>我有什乇干过?	<u>同</u>我有乜嘢关系?	<u>同</u>偓有嘛解关系?	<u>和</u>我有什么关系?
指涉关系	顺指义	<u>搭</u>先生鞠仔个躬	<u>共</u>先生鞠躬一下	<u>同</u>老师鞠咗个躬	<u>同</u>老师鞠了个躬	<u>给</u>老师鞠了个躬
	逆指义	俚要<u>搭</u>我借50块洋钿	伊卜<u>共</u>我借50块钱	佢要<u>同</u>我借50蚊	佢要<u>同</u>偓借50块钱	他要<u>跟</u>我借50块钱

除了以上4种南方方言，还有其他南方方言如：福建平和话的"合"、南宁平话的"凑"和"共"、赣南石城客话的"嬴"① 都可通表与事范畴的三大类关系八小类意义（例略）。

以上南方方言的与事介词虽然选择各异，但它们有一个共同点：在本方言系统内部，均可以由一个兼做连词的介词通表与事范畴的三大类八小类意义，各种语义功能在分布上是完全平行的，与琉本《人》中"替"的情形也相平行，但与《红》《儿》中与事介词的选择情况相对立。需要强调的是，琉本《人》中的"替"并非方言用法，而是与其功能相同的"搭、共、同"等介词、连词的官话表达形式②。另外，南方方言中"搭、共、同"等介词、连词与"替"一样，都不能做给予动词，在以上四种典型南方方言中，给予动词分别为"拨、乞、畀、分"，而这些词又都不能够做与事介词用，它们与琉球官话课本中"给"的功能一样：做动词表示给予、使役，

---

① 平和方言的材料可参考庄初升（2000），南宁平话的材料可参考覃远雄（2000），石城方言的材料可参考曾毅平（2000）。

② 参见李炜《琉球官话课本中的与事介词"替"》，见《中山人文学术论丛（七）》，澳门出版社2006年版，第38–49页。

做介词引进施事表被动①。

北方方言又如何呢？我们首先选取了北方方言的代表语北京话为考察对象，统计了自清末以来的 7 部北京话作品——《小额》《骆驼祥子》（对话部分）、《四世同堂》（对话部分）、《龙须沟》《茶馆》《评书聊斋志异》和《京味小说八家》（对话部分），发现这些作品中的与事范畴均由多个介词来表达：受益关系用"给、为、替"等，其中意志义只用"给"；相与关系用"跟②、和、同"；指涉关系顺指义用"跟、给、对"等，逆指义用"跟、向、和"。如：

(17) 回头叫到我这儿，不论那位，给我拿上去过一过得啦。(《小额》，278 页)

(18) 吃完，都给我滚，我好招待亲友。(《骆驼祥子·十三》，70 页)

(19) 这就是我要和你商量商量的呀！(《四世同堂·九》，79 页)

(20) 老三！我想啊，你可以同他一路走。(《四世同堂·十二》，109 页)

(21) 我们孩子他妈笑着对我说："赶明儿你戴上帽子写东西吧，好看，跟堂·吉诃德的仆人桑科一样。"(《京味小说八家·傻二舅》，490 页)

(22) 小丁宝，听着，这跟你有密切关系！甚至于跟王掌柜也有关系！(《老舍剧作·茶馆》，333 页)

(23) ……老师父，您多慈悲，我这给您叩头啦！(《评书聊斋志异》第一集，4 页)

(24) 真一个钱也不跟咱们要？(《老舍剧作·龙须沟》第二幕，268 页)

以上 8 例中的与事介词依次表示与事范畴中八小类意义：服务义、意志义、交互义、协同义、等比义、关联义、顺指义、逆指义。

此外，我们还调查了西北 4 种方言——西宁话、兰州话、银川话、西安话，发现四者在与事介词的选择上与北京话基本一致。见表4。

---

① 参见李炜、[日] 濑户口律子《琉球官话课本中表使役、被动义的"给"》，载《中国语文》2007 年第 2 期。

② 从我们所掌握的北京话语料看，直到清末民初"跟"才在北京话里发展为成熟且强势的与事介词，用于表相与关系和指涉关系（包括顺指义和逆指义）并兼做连词。

表4　西北方言与事介词用例

分类		西宁话	兰州话	银川话	西安话
受益关系	服务义	我给我阿爷拿药去哩	我给我爷取药去哩	我给我爷取药去哩	我给俺爷取药去
	意志义	—	—①	你给我滚出去！	你给我滚出去！
相与关系	交互义	你阿哥跟我打了一顿	你哥跟/连我打了一仗	你哥跟我打了一仗	你哥跟我干咧一仗
	协同义	老文跟尕李一搭去了深圳了	老文跟/连尕李一搭里去了深圳了	老文跟小李一搭里去了深圳了	老文跟小李一块儿去咧深圳咧
	等比义	青海的花儿跟甘肃的花儿一样，都是回民唱的	青海的花儿跟/连甘肃的花儿一样，都是回民唱的	青海的花儿跟甘肃的花儿一样，都是回民唱的	青海的花儿跟甘肃的花儿一样，都是回民唱的
	关联义	这个事跟我俩没啥关系	这个事跟/连我没啥关系	这个事跟我没啥关系	这个事跟我没啥关系。
指涉关系	顺指义	老师给我点了个头	老师给我点了个头	老师给我点了下头	老师给我点咧下头
	逆指义	尕王跟老李借了点钱	尕王跟/连老李借了些钱儿	小王跟老李借了些钱	小王跟老李借咧些钱

无论是200多年以来的北京话，还是如今的西北方言，与事介词大体都分为两大类：一类是与给予动词同形表受益关系兼表指涉关系顺指义的"给"，另一类是表相与关系和指涉关系并兼做连词的"跟、和、同"类介词。普通话与事介词的情形亦如此②。

---

① 在今天新派兰州话里也可以听到"你给我滚出去！"的说法，但是老派的兰州话的"给"不能表达意志义，要说也只能说"滚着出去！"。

② 例参见李炜《琉球官话课本中的与事介词"替"》，见《中山人文学术论丛（七）》，澳门出版社2006年版，第38-49页。

四、结论

有关介词"替"表达相与、指涉关系的现象,前人已有关注,如李崇兴曾举出《元曲选》宾白部分"替"用作相与关系和指涉关系的用例①各一个:

(25) 刘唐哥,我也曾替你同在衙门中来,直这般狠也!(《元曲选》,1620页)

(26) 你要替我唱喏,你叫一声:"老人家,我唱喏哩!"我们便知道了。(《元曲选》,1729页)

这里,我们再补充1例"替"表指涉关系的:

(27) 你如今和夫人两个孩儿牵羊担酒,一径的来替你陪话。可是我不是了。左右,将酒来,你满饮此一杯。(《元曲选》,346页)

据我们的统计,《元曲选》宾白中出现了90多个与事介词"替"(例略),表相与关系和指涉关系的也不过以上3例,其余均表受益关系。值得注意的是,李崇兴还同时指出介词"和"表达受益关系的用法②,例如:

(28) 虽然和俺两个孩儿分另了家私。(替两个孩儿跟另外一个人分家)(《元曲选》,456页)

(29) 既然如此,就劳你和金哥妹子添妆则个。(《元曲选》,1228页)

(30) 争奈有老婆在家,和我生了一儿一女。(《元曲选》,1327页)

在《元曲选》宾白部分,表相与关系和指涉关系的强势介词"和"有数百用例(例略),但表达受益关系的介词"和"也仅此3例。李先生认为

---

① 参见李崇兴《〈元曲选〉宾白中的介词"和""与""替"》,载《中国语文》1994年第2期。

② 参见李崇兴《〈元曲选〉宾白中的介词"和""与""替"》,载《中国语文》1994年第2期。

这类特殊用法的"替""和"均是以吴语为背景的,他的观察有一定的道理。其实,从本质上说,不管是哪个介词,只要能通表受益、相与、指涉3种关系,就应该是典型南方方言共有的特征。通过以上事实我们看到,以一个与事介词通表受益、相与、指涉3种关系在《元曲选》宾白中属于"罕见"用法,正常情况是"替"主要用于表达受益关系,而"和"主要用于表相与关系和指涉关系并兼做连词(例略),这恰恰说明《元曲选》宾白是以北方话为主要特征的,与琉本《人》的南方方言特征形成对立。

如果撇开"给"不管,只看一个介词是否能通表相与、指涉两类关系并兼做连词的话,那么无论是古代汉语中的"与"、《元曲选》中的"和"、琉本《人》中的"替"、典型南方方言中的"搭、共、同",还是现代北京话、西北方言和普通话的"跟",七者在这一点上都是共同的。

从共同语层面看,可以认为是现代汉语的动词兼介词"给"和介词兼连词"跟"等,最终取代了古代汉语的"与",但在这个渐变过程中,介词"替"曾经试图取代"与"的大部分功能(除了不做动词),遗憾的是,这一"南支"官话现象,最终未能在现代汉民族共同语中留下位置。

参考文献

[1] [日]濑户口律子,李炜. 琉球官话课本编写年代考证[J]. 中国语文,2004(1).
[2] 李崇兴.《元曲选》宾白中的介词"和""与""替"[J]. 中国语文,1994(2).
[3] 李如龙. 闽南方言的介词[C]//李如龙,张双庆主编. 介词. 广州:暨南大学出版社,2000:122-138.
[4] 李炜. 兰州话、河州话两种混合语及其关系——兼谈西北话的阿尔泰化[C]//陈恩泉主编. 双语双方言. 中山大学出版社,1989.
[5] 李炜. 琉球官话课本中的与事介词"替"[C]//中山人文学术论丛(七). 澳门:澳门出版社,2006:38-49.
[6] 李炜,[日]濑户口律子. 琉球官话课本中表使役、被动义的"给"[J]. 中国语文,2007(2).
[7] 李炜,李丹丹. 从版本、语言特点考察《人中画》琉球写本的来源和改写年代[J]. 中山大学学报(社会科学版),2007(6).
[8] 李树兰,仲谦. 锡伯语简志[M]. 北京:民族出版社,1986.
[9] 吕叔湘. 中国文法要略[M]. 北京:商务印书馆,1982.

[10] 覃远雄. 南宁平话的介词［C］∥李如龙, 张双庆主编. 介词. 广州：暨南大学出版社, 2000：227-235.

[11] 曾毅平. 石城（龙岗）方言的介词［C］∥李如龙, 张双庆主编. 介词. 广州：暨南大学出版社, 2000：205-226.

[12] 庄初升. 闽语平和方言的介词［C］∥李如龙, 张双庆主编. 介词. 广州：暨南大学出版社, 2000：139-156.

北京话与事介词"给""跟"的语法化及汉语与事系统

李炜、王琳根据琉球官话课本中与事介词"替"的用法,整理出汉语的与事系统,将其内部系统分为两个层级,第一层级由三大类——受益关系、相与关系和指涉关系构成,第二层级则由三大类下位的八小类构成①。如下图:

图1　与事范畴的内部系统

---

* 《北京话与事介词"给""跟"的语法化及汉语与事系统》,原刊于《语言研究》2015年第1期。作者李炜、石佩璇。

基金项目:国家社会科学基金重大项目"海外珍藏汉语文献与南方明清汉语研究"(12&ZD178)及广东省哲学社会科学"十二五"规划2013年度项目"海外珍藏汉语文献与清代官话语法研究"(GD13CZW15)。

本文引用书目包括:[清]曹雪芹、[清]高鹗《红楼梦》,人民文学出版社2000年版;[清]文康《儿女英雄传》,人民文学出版社1983年版;威妥玛《语言自迩集》,北京大学出版社2002年版;松友梅著、刘一之标点注释《小额》,世界图书出版公司2011年版;陈士和讲述《评书聊斋志异》(第一集、第二集),百花文艺出版社1980年版;刘颖南、许自强《京味小说八家》,文化艺术出版社1989年版。

① 李炜、王琳:《琉球写本〈人中画〉的与事介词及其相关问题》,载《中国语文》2011年第5期,第420页。

与事系统图首次整理出汉语的与事范畴及其下位概念，并获得典型南方方言及古代汉语事实的支持。然而这个系统，是根据琉球官话课本的介词"替"和典型南方方言与事介词的语义功能整理而来，并未考虑语义功能之间的内在联系。本文将从历时的角度，考察汉语与事系统各语义关系的演进情况，并对与事系统进行修订。

考虑到北京话文献更具连贯性，我们选择北京话与事介词"给"和"跟"的语法化路径为切入点进行考察。在当今北京话中，与事介词"给"表示受益关系及指涉关系的顺指义，与事介词"跟"主要表示指涉关系和相与关系。我们选择以下6部北京话作品为研究对象，考察与事介词"给""跟"各个语义功能的演进情况，这6部语料分别是：《红楼梦》（前80回，曹雪芹，约18世纪50年代；后40回，高鹗，约18世纪90年代）、《儿女英雄传》（19世纪40年代）、《语言自迩集——19世纪中期的北京话》（19世纪40年代—80年代）、《小额》（19世纪90年代）、《评书聊斋志异》（第一、第二集）（1954年）、《京味小说八家》（1981—1984年）[①]，分别简称为《红》《儿》《语》《小》《评》和《京》。

一、北京话与事介词"给"的语法化

在已掌握的北京话文献中，《红》首次大量出现动词兼介词的"给"，共1050例（其中前80回667例，后40回383例）。从功能和分布看，《红》（前80回）的"给"有3种用法：句中唯一动词表给予、在主要动词后带受物者、主要动词前做与事介词，分别记为"给$_1$""给$_2$""给$_3$"。

1. "给$_1$"：句中做主要动词表给予，共237例

所谓给予，就是施者 N_1 主动将可供转移之物 N_3 从 N_1 转移至受物者 N_2。[②]"给$_1$"做给予动词的用法有：①"给$_1 N_2$"；②"给$_1 N_2 N_3$"；③"给$_1$

[①] 我们采取以下标准选择语料：《语言自迩集》只采用第三章的《散语篇》到第六章的《秀才求婚》中的相关内容，未做统计分析的语料分别是第一章的《发音》、第二章的《部首》、第七章的《声调练习》和第八章的《词类章》等，这些语料与本题无关。《京味小说八家》只统计汪曾祺等7位当代京味作家写于20世纪80年代上半叶作品的对话部分，未列入统计的是8篇评论文章和两篇老舍的作品。

[②] 朱德熙先生（1979，82页）认为表达给予有三个条件：存在与者、存在受者、存在与者所与亦即受者所受之物。我们在此基础上，强调"给予"一定是实现了所有权的转移，做出此定义。

N_3";④光杆动词"给$_1$"。四类用法分别出现 121 例、63 例、25 例和 28 例,以"给$_1N_2$"用例最多。如:

(1) 我只当是林姐姐给你的,原来是宝钗姐姐给了你。(《红》第三十二回,339 页)
(2) 如今有这机会,不如给他们几两银子盘费,各自去罢。(《红》第五十八回,631 页)
(3) 今儿老太太喜喜欢欢的给了这个褂子,谁知不防后襟子上烧了一块,幸而天晚了,老太太、太太都不理论。(《红》第五十二回,564 页)
(4) 凤姐儿笑道:"赏我罢,我照数儿给就是了。"(《红》第四十七回,502 页)

2. "给$_2$":在主要动词后带宾语——受物者 $N_2$①,共 92 例

用例如:

(5) 妈妈,你放心,两个奶哥哥都交给我。(《红》第十六回,162 页)
(6) 下剩的我写个欠银子文契给你。(《红》第二十五回,263 页)

"给$_2$"组成的句子,同时出现与者 N_1、受物者 N_2 和转移之物 N_3,N_1 主动将 N_3 转移至 N_2,实现了 N_3 所有权的转移,是典型的给予句。与"给$_1$"不同,"给$_2$"只能和受物者 N_2 搭配。从语义角度看,N_2 不仅是受物者,也是转移(给予)的终点。"给$_2$"和 N_2 的组合,最能体现给予义的关键——转移至受物者 N_2,而"给$_2N_2$"位于句子序列末端的语序也最符合"转移至受物者"的认知规律。

值得注意的是,"给$_1$"中用例最多的"给$_1N_2$"也隐含了"给$_2$"。朱德熙先生认为"给$_1N_2$"中的"给$_1$"是"给$_1$+给$_2$"的融合②。综合"给$_1$""给$_2$"用法,发现:动词"给"带受物者即"给$_1$/给$_2N_2$",且位于句子末

---

① 朱德熙先生(1979,83 页)认为"给$_2$"是动词,并且指出:"给"前的动词为取得义和制作义动词时,动词和"给"是两个分离的动作;当动词为给予义动词,动词和"给"表达的是一个整体过程。我们认为,"给$_2$"虽为动词,但动词性比主要动词弱。

② 朱德熙:《与动词"给"相关的句法问题》,载《方言》1979 年第 2 期,第 87 页。

端，在数量上最占优势。从"给₁"到"给₂"，这种优势更加凸显。

3. "给₃"：在主要动词前做表受益关系的介词，共 159 例

用例如：

（7）宝姑娘送去的药，我给二爷敷上了，比先好些了。(《红》第三十四回，359 页)

（8）你出去叫人给他预备茶水，我叫醒他就是了。(《红》第五十二回，560 页)

（9）我连忙孝敬了母亲，赶着给你们老太太、姨父、姨母送了些去。(《红》第二十六回，276 页)

（10）这是二十两银子，暂且给这孩子做件冬衣罢。(《红》第六回，72 页)

以上句子，与事介词"给₃"在主要动词前均表受益，引入受益者。例（9）（10）中的"给₃"在表受益的同时，也可表给予。当"给₃"后主要动词为给予义动词，出现"（一）件冬衣"等具体的受事宾语时，表给予的意义更加明显。从另一角度看，接受所与之物对与事宾语而言，也是受益的。给予本身也可看成是一种服务，属于受益的下位概念。① 我们将这类受益称为"服务义"。

"给₃"介引的受益者，有些并非因接受服务获益，而因合乎说话人的意志而获益。如：

（11）你给我老老实实的顽一会子，睡你的觉去，好多着呢。(《红》第十回，106 页)

（12）你又发疯了，还不给我坐着呢。(《红》第五十七回，629 页)

我们将这种意志上的受益称为"意志义"。

有部分"给₃"介引的受益对象，从今天的语感看，似乎也可以理解为指涉对象。如：

---

① 这也是朱德熙先生（1979，84 页）所说的"给予的意义老是伴随着服务的意义出现"。

(13) 他再略好些，还要给老祖宗磕头请安来呢。(《红》第十一回，122页)

(14) 今儿也是他的生日，你也该给他拜寿。(《红》第六十二回，671页)

这类看似可以视为引入指涉对象"给$_3$"的例子中，主要动词均为礼貌含量很高的"道贺"类动词，如（括号内数字为出现次数）：请安（6）、磕头（5）、拜寿（3）、贺喜（1）、道喜（1）、道谢（1）、赔礼（1）、道恼（1）①。这些动词对于"给$_3$"后宾语而言，也应当是受益的。我们认为，《红》的"给$_3$"仍主要为表受益关系的介词，尚未发展出真正表示指涉的用法。

只有"给$_3$"后的主要动词从对与事宾语而言是受益的"道贺"类动词，扩展至与受益无关的动词时，"给$_3$"才发展出单纯的指涉用法。据此标准，19世纪中期《儿》的"给$_3$"开始出现单纯的指涉用法，如例（15）(16)。但指涉义"给$_3$"发展缓慢，直到20世纪50年代的《评》，"给$_3$"单纯表指涉的用法才明显增多，且指涉的方向均为顺向指涉（从主语指向"给$_3$"后宾语）。如：

(15) 讨人嫌哪！你给我讲底下怎么着罢。(《儿》第二十九回，554页)

(16) 再要你说出这个仇人的姓名来，只怕问到来年打罢了春也休想你说。所以才商量着索性给你一口道破了。(《儿》第十九回，328页)

(17) 丫环一回身哪，云翠仙给丫环递了个手势，冲丫环摆了摆手，意思是告诉丫环别言语，别惹他。[《评（一）·云翠仙》，195页)]

(18) 老三，求求你，给房管局说说去，别拆我的房。(《京·傻二舅》，491页)

从6部北京话语料"给"用法的数量变化（见表1），我们可清楚地看到"给"的发展。

---

① "道恼"的用例为：北静王的一个爱妾昨日没了，给他道恼去。"给"引入的与事"他（北静王）"仍是受益者。

表1　北京话语料中"给₁""给₂""给₃"用例情况统计

单位：次

语料	语义细类				合并小计	
	给₁	给₂	给₃		动词"给₁、给₂"	介词"给₃"
			受益	纯指涉		
《红》前80回	237	92	159	0	329	159
《红》后40回	64	55	155	0	119	155
《儿》	90	118	645	4	208	649
《语》	56	50	129	0	106	129
《小》	41	12	236	0	53	236
《评》	170	146	562	12	316	574
《京》	33	27	144	5	60	149

在《红》前80回，"给"的动词用法占优势；后40回，"给"的介词用法略多于动词。自19世纪中期的《儿》以来，"给"的介词用例明显多于动词。从介词"给₃"的内部看，"给₃"指涉关系的用法是从受益关系发展而来，经历从受益兼表指涉到单纯表指涉的发展历程。根据《红》以来北京话语料的事实，可以得出"给"语法化的句法环境为：由句中唯一动词"给₁"构成的给予句—由"给₂"构成的给予句—"给₃"在主要动词前做与事介词。与事介词"给"的语法化路径是：给予动词＞受益关系介词＞指涉关系介词。从语义上看，"给"的语义演进方向是：带受物对象→引入受益对象→引入指涉（顺向）对象。如图2所示。

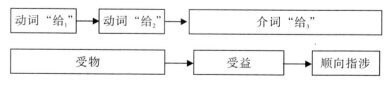

图2　"给"语法化路径及语义演进关系

二、 北京话与事介词"跟"的语法化

当今北京话"跟"的用法也有 3 种：①动词，表跟随；②与事介词，表指涉和相与；③连词，表并列。分别记为"跟$_1$""跟$_2$""跟$_3$"。

《红》（前 80 回，后 40 回）的"跟"基本都是表示跟随义的动词，共 396 例。如：

(19) 那几个婆子虽吃酒斗牌，却不住出来打探，见宝玉来了，也都跟上了。(《红》第五十四回，581 页)

(20) 只因他从小儿跟着太爷们出过三四回兵，从死人堆里把太爷背了出来。(《红》第七回，82 页)

(21) 袭人也不言语，忙跟了宝玉出来，各自散了。(《红》第八十一回，903 页)

《红》中有些"跟 + NP + VP"格式中的"跟"，从今天的语感看像是介词"跟$_2$"。如：

(22) 宝钗便叫黛玉道："颦儿跟我来，有一句话问你。"(《红》第四十二回，449 页)

(23) 我们只在太太屋里看屋子，不大跟太太姑娘出门。(《红》第八十二回，917 页)

这类句子中，"跟"后 VP 为"来""出门"等行走义动词，这时的"跟"仍无法摆脱"跟随义"，视为跟随义动词应更符合当时的语感。

当"跟"后 VP 扩展至非行走义动词，才有可能发展出介词用法。《红》中"跟"后 VP 有 4 个非行走义动词：玩（顽）、吃、学、讲。但"玩（顽）、吃"句末可出现趋向动词，这仍不是介词"跟"出现的典型句法环境。如：

(24) 环兄弟，出来，跟我玩去。(《红》第二十回，211 页)

(25) 我家里烧的滚热的野鸡，快来跟我吃酒去。(《红》第二十回，207 页)

严格来讲，出现在"跟 + NP + VP"句法环境中的非行走义动词只有"吃""学""讲"。然而，"吃""学"均可出现在"跟 + 着/了 + NP + VP"中（"玩/顽"及行走义动词亦如此），与动词"跟"构成连动结构，试比较：

（26）a. 贾母因问他："跟着你娘吃了什么好的？"（《红》第二十八回，297 页）

b. 尤氏凤姐儿二人正吃，贾母又叫把喜鸾四姐儿二人也叫来，跟他二人吃。（《红》第七十一回，787 页）

（27）a. 只和你宝叔在一处，别跟着那些不长进的东西们学。（《红》第八回，94 页）

b. 你也跟那起轻狂浪小妇学，怎么就管不得你们了？（《红》第五十九回，645 页）

a 句的"跟 + 着 + NP + VP"和 b 句的"跟 + NP + VP"其实是"跟（着/了） + NP + VP"的两个变式。句中动词"跟"后体标记可现可隐，但总体来看，"跟"后体标记显现的 a 式多于体标记隐现的 b 式（59∶30）。也即是说，不能认为"跟 + NP + 玩（顽）/吃/学"中"跟"已经语法化为介词。

我们认为，只有当"跟"后 VP 扩展至非行走义动词，句末不出现趋向动词，且"跟"后不再出现体标记时，"跟"才在"跟 + NP + VP"的句法环境中重新分析为介词。如：

（28）跟主子却讲不起这孝与不孝。（《红》第五十四回，580 页）

非行走义动词"讲"只出现在"跟 + NP + 讲"句法环境中，未见"跟 + 着/了 + NP + 讲"的用法。例（28）中的 NP"主子"是"讲"的与事，"跟"已经脱离了"跟随义"，产生出介词用法，介引动作"讲"的指涉对象——"主子"。从指涉的方向看，是从主语（指袭人，承前省）指向介词宾语，为顺向指涉。由此可见，《红》中的介词"跟$_2$"首先发展出顺向指涉的用法。

《儿》中"跟$_2$"不仅可表顺向指涉，还可表逆向指涉。如：

（29）大凡于礼不合，天下人都讲得。难道我到了你们这不讲礼的地方，也"随乡入乡"，跟你们不讲礼起来不成？（《儿》第十七回，294 页）

(顺指义)

（30）你诸事都跟你老师学，使得，独这条儿可别跟他学。(《儿》第四十回，895页)（逆指义）

"跟₂"发展出指涉介词用法的同时，还出现了协同义用法，如：

（31）你老要起夜，有我的马桶呢，你跟我一堆儿撒不好喂！(《儿》第十六回，272页)

近百年间，"跟"从跟随义动词发展出指涉关系介词进而发展出相与关系介词用法。动词"跟₁"表"跟随"，从动作方向的角度看，是单向实施；顺向指涉义的"跟₂"，动作方向从主语指向介词宾语，也是单向的，与动词"跟₁"在语义上相适宜。当"跟₂"出现逆指义用法，意味着"跟₂"可以同时表示顺、逆两个方向的动作行为，这与协同义"共同进行"的动作双向性也有相通之处。在"跟₂"出现逆指义用法时，也发展出相与关系的协同义。① 这也正是《儿》中介词"跟₂"的情况。

19世纪晚期的《语》，"跟₂"发展出相与关系的交互义和关联义用法，如：

（32）虽是个笨汉子，拳脚倒打得好，揎着拳头打人没有敢跟他还手的。(《语》第六章，303页)（交互义）

（33）莺莺叹了口气说：兔死狐悲物伤其类，我跟他真是同病相怜了。(《语》第七章，323页)（关联义）

在清末民初的《小》，"跟₂"出现等比义用法。至此，当今北京话表指

---

① 从指涉到相与关系，不只是北京话的介词"跟"的发展规律。王琳（2011）考察琉球官话与事介词"替"以及汉语各大方言区的事实，没有发现既表受益关系又表相与关系，但却不表指涉关系的介词用法，因而推断指涉关系应处于受益关系与相与关系的语法链条中间。李炜等（2014）发现，在18世纪中期后的琉球写本《人中画》《白姓官话》《学官话》中的"替"是唯一可以通表与事范畴三大关系的强势介词，但在较早的课本《官话问答便语》（1705），主要用"与"通表与事范畴三大关系（21例），"替"还处于萌芽期（9例），而这个时期表相与的"替"只有1例，表受益和指涉的"替"有8例。从"替"用法数量的变化可以看出，表相与的"替"也是最后发展出来的用法。可见，从指涉发展到相与是"替""跟"等与事介词的共性。

涉关系和相与关系的与事介词"跟$_2$"所有下位语义全部出现。如：

（34）夜里进里头，王爷跟提督说啦，非把这个放账的治了不可。（《小》，35 页）（顺指义）

（35）小额要是听见，必给家里带信，然后好借着这个跟额家要钱。（《小》，57 页）（逆指义）

（36）春爷，您跟我一块儿见太太去得啦。（《小》，41 页）（协同义）

（37）到了第二天早晨，额大奶奶跟老张商量，给至近的几家儿亲友送信。（《小》，43 页）（交互义）

（38）原来这位明五爷，跟伊老者是一个茶友儿，二位还是真说的来。（《小》，67 页）（关联义）

（39）后来嫁了大车王为妻，跟前三四个孩子，一个个的，都跟小反叛儿似的，整天的滚车辙，竟跟那一溜儿街房家孩子打架。（《小》，25 页）（等比义）

在数量上，《小》"跟"的介词用法也超过了动词用法（161：25）。

从"跟"的数量变化（见表 2），可以看出"跟"语义功能的演进情况。

表 2 北京话语料中"跟$_1$""跟$_2$""跟$_3$"用例情况统计

单位：次

语料	跟$_1$	跟$_2$							跟$_3$
		顺指	逆指	协同	交互	关联	等比	小计	
《红》前 80 回	225	1	0	0	0	0	0	1	0
《红》后 40 回	171	0	0	0	0	0	0	0	0
《儿》	287	1	1	5	0	0	0	7	0
《语》①	23	0	3	0	8	2	0	13	1
《小》	25	70	12	4	46	19	10	161	43
《评》	241	301	50	48	90	51	33	573	32
《京》	22	27	9	9	41	13	6	105	8

---

① 《语》之前，北京话语料主要用"和（合）""向"表指涉关系，用"与""和（合）""同"表相与关系。详见李炜、王琳《琉球写本〈人中画〉的与事介词及其相关问题》，载《中国语文》2011 年第 5 期。

在《小》之前,"跟"以动词用法为主。"跟"的介词用法从动词发展而来,首先发展出指涉关系中的顺指义,而后发展出逆指义和相与关系。在相与关系中,各下位语义的发展顺序为:协同义→交互义→关联义→等比义。协同义最早出现,它强调主语和介词宾语的主次之分,交互义则强调动作双方的互动,协同义和交互义"跟$_2$"后的主要动词是动作动词;关联义和等比义的"跟"强调的是主语和介词宾语之间的关系,主要动词为非动作动词。

做连词的"跟"即"跟$_3$",在《语》中首次出现,但仅有1例。在介词"跟$_2$"发展成熟的《小》中,"跟$_3$"才大量出现。如:

(40) ——那么着令兄是个卖布的么?
——可不是么?家父跟先祖,从前也是做那样的买卖。(《语》第二十五章,131页)

(41) 要说王先生的骨格尊容,跟他的穿章儿打扮儿,咱们得细说说。(《小》,74页)

由此,我们可以得出"跟"的语法化链条:跟随义动词 > 指涉关系介词 > 相与关系介词 > 并列连词,各个小类的演进关系如图3所示。

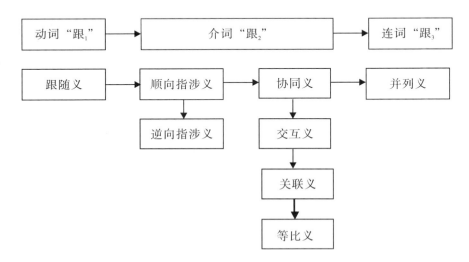

图3 "跟"语法化路径及语义演进关系

介词"跟"和介词"给"在指涉关系上有共同的语义节点——顺向指涉,但两者在功能上却有不同分工,形成互补。我们对比《京》中"给""跟"的顺向指涉用法,发现:"给"多在表示受益的前提下表达顺指义;而顺指义"跟"为单纯的顺指义,与受益义没有交叉。若表单纯的顺指义,多用"跟"少用"给"(用例分别为27例和5例)。但在动作的指涉对象同时为受益对象时,选择"给"更符合礼貌原则,因而常见"给他拜年/磕头",而没有出现"*跟他拜年/磕头"的用法。"给"源于给予/服务义,"跟"源于跟随义,两者语法化的来源不一样,动词的实义"滞留"(persistence)在各自与事介词语法化过程中,并限制着他们的介词语法功能。

"给""跟"在顺向指涉的表达上各有侧重,但宏观看来,他们在"顺向指涉"的语义节点上重合。从"给"的角度看,指涉关系由受益关系发展而来;从"跟"的角度看,指涉关系和相与关系紧密相连。我们根据与事介词"给""跟"的语义演进事实,将李炜、王琳与事系统图中的指涉关系调整至受益关系和相与关系之间,修订出以下汉语与事系统①,如图4所示。

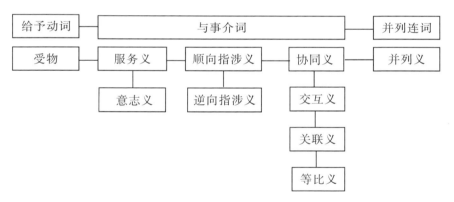

图4 汉语与事系统(详图)

将小类合并,得出一个与事系统的大类简图,如图5所示。

---

① 李炜、王琳:《琉球写本〈人中画〉的与事介词及其相关问题》,载《中国语文》2011年第5期,第420页。

图 5　汉语与事系统（简图）

以上汉语与事系统虽然主要依据北京话的语言事实修订而来，但具有较强的解释力，可以作为观察不同语言/方言与事系统的工具。详图可以用于分析考察某个语言/方言与事系统的具体语法形式，简图可以用于观察、解释语言/方言之间与事类型的差异。

三、汉语北方方言及北方少数民族语言的与事介词系统

我们以汉语北方方言和北方少数民族语言为例，说明如何运用汉语与事系统图描写具体语言/方言的与事系统，并观察他们与事范畴的类型差别。

把焦点集中在与事介词上，我们发现古代汉语、琉球官话和典型南方方言存在通表与事范畴受益关系、指涉关系、相与关系的介词，如"与"（古代汉语）、"替"（琉球官话）、"同"（粤语、客家话）、"共"（闽语）、"搭"（吴语）等；北京话不存在通表这三类关系的介词，分别由"给"和"跟"表达；西北的 4 种方言——西宁话、兰州话、银川话、西安话，在与事介词的选择上与北京话基本一致，分别用"给"和"跟"表达①。在与事的表达上，北京话、西北方言有别于典型的南方方言和琉球官话。

我国西北地区的阿尔泰语——蒙古语、锡伯语和维吾尔语，通过不同的格来表现与事范畴。和北京话、西北方言一样，阿尔泰语也不存在一个语法形式通表与事关系的情况。如②：

(42) 服务员给客人斟茶。
蒙古语：
ᠦᠢᠯᠡᠴᠢᠯᠡᠭᠴᠢ　ᠵᠣᠴᠢᠨ ᠳᠤ　ᠴᠠᠢ　ᠬᠢᠵᠦ᠃
服务员　客人（与位格）茶　盛

---

① 李炜、王琳：《琉球写本〈人中画〉的与事介词及其相关问题》，载《中国语文》2011 年第 5 期，第 423 页。
② 少数民族语言语料由笔者于 2010 年 7 月在西北民族大学调查所得，转写时得到中央民族大学高莲花老师（蒙古语）、西北民族大学乔金奎老师（锡伯语）的帮助，谨致谢忱。

锡伯语：

服务员　客人（与位格）　　茶　　倒

维吾尔语①：

مۇلازىم　خەۋەردارلارغا　چاي　قۇيۇپ　بەردۇ

给　　倒　　茶　（与位格）客人　　服务员

（43）我给老师敬了礼/我给他使了个眼色。

蒙古语：

我　老师（与位格）　礼　做

锡伯语：

我　他（与位格）　　眼色　　使

维吾尔语：

قويدۇم　قىلىپ　كۆز ئىشارىتى　ئۇنىڭغا　مەن

给　　使了　　眼色　（与位格）他　我

（44）他跟我借了一百块钱。

蒙古语：

他　我（从比格）　百　钱　借

锡伯语：

他　我（从比格）　百　元　钱　借

维吾尔语：

ئالدى　ئۆتنە　100 يۇەن　مەندىن　ئۇ

了　借　　一百块钱　（从比格）我　他

---

① 维吾尔语是一种拼音式文字，从右向左进行书写。此句句末的"给"与我们这里谈到的与事范畴无关，与其有类似功能且相对应的表达在西北方言如兰州话中存在，句（42）和句（43）在兰州话中分别应译为："服务员把茶给客人倒给了/我给他使给了个眼色。"有关此"给"，另文讨论。

(45) 李力跟王顺一起去兰州/乌鲁木齐。
蒙古语：

李力　王顺（和同格）　一起　兰州（与位格）　去
锡伯语：

李力　王　顺（和同格）　一　起　乌鲁木齐　去
维吾尔语：

去　　乌鲁木齐　一起　（和同格）　王顺　李力

(46) 李力跟王顺吵架了。
蒙古语：

李力　王顺（和同格）　吵架
锡伯语：

李力　王　顺（和同格）　吵架
维吾尔语：

了　　吵架　　（和同格）　王顺　李力

(47) 李力跟王顺一样高。
蒙古语：

李力　王顺（和同格）　一样　高
锡伯语：

李力　王　顺（和同格）　一　样　高
维吾尔语：

高　一样　（和同格）　王顺　李力

(48) 这件事情跟我没有关系。

蒙古语：

这　事　我（和同格）　关系　没有

锡伯语：

这　事情　　我（和同格）　关系　没有

维吾尔语：

没有　　关系　　（和同格）　　我　　事　　这件

以上 7 个例句，第（42）句表达受益关系服务义，例（43）（44）句表达指涉关系，例（45）—（48）句表达相与关系，蒙古语、锡伯语、维吾尔语均用格的手段来表达，具体情况见表 3。

表3　阿尔泰语与事范畴的表达

中文例句	蒙古语	锡伯语	维吾尔语	分类
服务员给客人斟茶	与位格	与位格	与位格	服务义
我给他使了个眼色	与位格	与位格	与位格	顺指义
他跟我借了一百块钱	从比格	从比格	从比格	逆指义
李力跟王顺一起去兰州/乌鲁木齐	和同格	和同格	和同格	协同义
李力跟王顺吵架了	和同格	和同格	和同格	交互义
这件事情跟我没有关系	和同格	和同格	和同格	关联义
李力跟王顺一样高	和同格	和同格	和同格	等比义

在蒙、锡、维语中，没有一种格可以通表与事范畴的三类关系。三者的共同点是：与位格表受益关系和指涉关系顺指义，和同格表示相与关系的所有小类。我们发现，3 种阿尔泰语与北京话、西北方言在与事表达上有较大的平行：北京话、西北方言的"给"表受益关系和指涉关系顺指义，对应于蒙、锡、维语的与位格；北京话、西北方言的"跟"表达相与关系所有

小类，对应于蒙、锡、维语的和同格。还有一点值得注意，3 种阿尔泰语的与位格没有表达受益关系意志义的用法，西宁话和兰州话表达受益关系的介词"给"也没有意志义的用法。（这也说明把受益关系分出服务义和意志义两个小类的必要性）

北京话、西北方言与阿尔泰语，都不存在用同一个介词/格通表与事范畴三类关系的现象，而且它们在相应的介词/格的语义分布上又相平行："给"和与位格对应，"跟"主要与和同格对应（除逆指义对应从比格外）。这种现象与古汉语及典型南方方言的情形有明显差异，如图 6 所示。

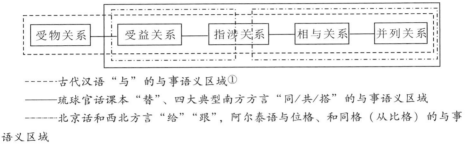

图 6　不同语言/方言的与事语义区域及与事类型对比

北京地区和西北地区在历史上曾与邻近的阿尔泰民族有过长期而密切的文化接触，文化的接触不可避免地带来语言的接触。北京话、西北方言在与事介词选择上，呈现出与古汉语、南方方言的对立，而与阿尔泰语有较大程度的平行，不排除是语言接触所导致的结果。

四、结　论

我们根据北京话"给""跟"的语法化路径，结合琉球官话课本及典型南方方言的语言事实，归纳出汉语与事系统。这个与事系统与 Haspelmath 根据欧洲语言得出的与格概念空间[②]、张敏根据汉语方言得出的主要间接题

---

①　除古代汉语的"与"可以通表汉语与事系统的各类语义，我们发现中原官话的"□［kɷ²⁴］"以及 100 年前的西南官话也存在通表与事系统所有小类的词（另文讨论）。这也说明本文归纳得出的汉语与事系统图具有较强的普适性。

②　Martin Haspelmath. The Geometry of Grammatical Meaning：Semantic Maps and Cross – linguistic Comparison. *The New Psychology of Language*, 2003, Vol. 2. pp. 211 – 243.

元概念空间①有重合之处，比如对"受益—方向/接受者—（共同施事）—伴随—并列"之间的语义关系有相似的归纳。然而，我们在分析北京话、西北方言、典型南方方言以及古代汉语的语言事实时，发现目前相关的语义地图不能很细致地反映这些与事系统各小类的演进情况及其内在关系，因而我们根据"给"和"跟"的语义演进事实，对语义地图上的节点进行拓展，并对小类的次序进行调整。

调整后的与事系统，可以帮助我们更加科学地分析汉语事实，不仅如此，利用与事系统简图，我们可以直观地观察到不同语言/方言在与事类型上的共性和差异。

参考文献

［1］李炜. 从《红楼梦》《儿女英雄传》看"给"对"与"的取代［J］. 兰州大学学报（社会科学版），2002（4）.

［2］李炜，和丹丹. 清中叶以来北京话的"跟"及相关问题［J］. 安徽大学学报（哲学社会科学版），2010（6）.

［3］李炜，王琳. 琉球写本《人中画》的与事介词及其相关问题——兼论南北与事介词的类型差异［J］. 中国语文，2011（5）.

［4］王琳. 琉球官话课本中的"得""替""给"及相关问题研究［D］. 广州：中山大学，2011.

［5］吴福祥. 多功能语素与语义图模型［J］. 语言研究，2011（1）.

［6］张敏. "语义地图模型"：原理、操作及在汉语多功能语法形式研究中的作用［C］//语言学论丛（第四十二辑），北京：商务印书馆，2010：3-63.

［7］朱德熙. 与动词"给"相关的句法问题［J］. 方言，1979（2）.

［8］Paul J. Hopper & Elizabeth C. Traugott. Grammaticalization. Cambridge：Cambrige University Press，1993. //语法化学说（国内原文版，沈家煊导读）［M］. 北京：外语教学与研究出版社，2001.

---

① 参见张敏《"语义地图模型"：原理、操作及在汉语多功能语法形式研究中的作用》，见《语言学论丛（第四十二辑）》，商务印书馆2010版，第55页。

西南官话的"跟"[*]

——从《华西官话汉法词典》说起

　　李炜、王琳根据琉球官话课本中介词"替"和吴语、闽语、粤语、客家话等典型南方方言与事介词的语义功能，整理出汉语的与事系统"受益—相与—指涉"，但该系统并未充分考虑各下位语义功能之间的内在联系及其语法化的合理演进路径①。李炜、石佩璇从历时的角度，以北京话"给"和"跟"的语法化路径为切入点，根据汉语与事系统各语义关系的演进情况，将汉语的与事系修订为"受物—受益—指涉—相与—并列"②。而这一与事系统恰好跟古代汉语"与"的多功能模式相对应。

　　在古代汉语中，"与"是既做给予动词又做与事介词并兼做并列连词的多功能词，但在当今的北京话及西北方言、典型南方方言中，都不存在由一个多功能词承担以上3种功能的现象，呈现出"多对一"的关系。比如北京话和西北方言是用给予动词、与事介词"给"以及与事介词和并列连词"和、跟"等来对应古代汉语的"与"，而典型南方方言是用给予动词"拨、

---

[*]《西南官话的"跟"——从〈华西官话汉法词典〉说起》，原刊于《中国语文》2015 年第 4 期。作者李炜、刘亚男。

　基金项目：国家社学科学基金重大项目"海外珍藏汉语文献与南方明清汉语研究"（12&ZD178）及广东省哲学社会科学"十二五"规划 2013 年度项目"海外珍藏汉语文献与清代官话语法研究"（GD13CZW15）。

　本文曾于 2013 年 12 月在中山大学召开的广东省中国语言学会 2012—2013 学术年会暨语言共时与历时交叉研究国际研讨会上宣读。承蒙唐钰明先生审阅，谨致谢忱。感谢审稿专家提出的宝贵意见。

　本文引用书目：外方传教士《华西官话汉法词典》（ Dictionnare Chinois – Français de la Langue Mandatin Parlée），香港外方传教会印书局 1893 年版。

　① 参见李炜、王琳《琉球写本〈人中画〉的与事介词及其相关问题——兼论南北与事介词的类型差异》，载《中国语文》2011 年第 5 期，第 419 – 426 页。

　② 参见李炜、石佩璇《北京话与事介词"给""跟"的语法化及汉语与事系统》，载《语言研究》2015 年第 1 期，第 45 – 54 页。

乞、畀、分"和与事介词、并列连词"搭、共、同"等来对应古代汉语的"与"①。

那么，汉语在进入现代语法阶段后，是否都是这种"多对一"的情况呢？有没有"一对一"的情况——只是在词汇上实现了对"与"的更替而语法功能却基本保持不变呢？回答是肯定的。

一、《华西官话汉法词典》中的"跟"

出版于 1893 的《华西官话汉法词典》(*Dictionnare Chinois – Français de la Langue Mandatin Parlée*) 是"由在四川生活了数年的传教士们和当地的教士们合作编写的，它收纳了生活在四川、云南和贵州的农村人和城市人的日常口语"②，为我们展现了 100 多年前西南官话的语音、词汇和语法面貌。

值得注意的是，《华西官话汉法词典》（以下简称《华西》）中的"跟"（kēn，原书注音）除了做跟随义动词外，主要的语法功能与古代汉语的"与"相一致，分别做表给予的动词、表与事关系的介词以及表并列的连词。例如：

(1) 要等新的上坎才有钱跟你。(《华西·坎》，193 页)
（要等有了新的收入才有钱给你。）
(2) 买东西不跟钱。(《华西·跟》，206 页)
（买东西不给钱。）
(3) 跟他几棒棒。(《华西·棒》，402 页)
（给他几棍子。）
(4) 这股地方我照买价让跟你。(《华西·价》，228 页)
（这个地方我按照买价让给你。）
(5) 断十吊钱跟他，断得公道。(《华西·断》，603 页)
（判十吊钱给他，判得公道。）

---

① 参见李炜、王琳《琉球写本〈人中画〉的与事介词及其相关问题——兼论南北与事介词的类型差异》，载《中国语文》2011 年第 5 期，第 419 – 426 页。

② 引自该词典前言，原文前言为法语。该词典为当时活跃在西南地区的巴黎外方传教士所编。全书近 6 万字，基本按音序排列，词条和词条下的例句先用汉语书写，再分别用法语的拼写法来注音，最后词条和例句都配有法语的翻译（或直译，或意译）；虽然是一部词典，但每个词条下面都提供了大量口语性的例句，语料价值很高。

（6）跟他脱衣服。（《华西·脱》，592页）
　　（替他脱衣服。）
（7）好好歹歹要跟我做完。（《华西·好》，83页）
　　（好好歹歹要给我做完）。
（8）这个事（这句话）你要跟我讲清楚。（《华西·讲》，233页）
　　［这件事（这句话）你要和我讲清楚。］
（9）我的牛是跟人家令的。（《华西·令》，334页）
　　（我的牛是向人家借的。）
（10）你跟我打伙开店子。（《华西·伙》，113页）
　　（你跟我合伙开店。）
（11）不要跟他两个顽。（《华西·顽》，379页）
　　（不要和他们两个玩儿。）
（12）跟雪一样白。（《华西·雪》，477页）
　　（和雪一样白。）
（13）这个老婆婆跟他的媳妇长行有一点口舌。（《华西·舌》，17页）
　　（这位老婆婆和她的儿媳妇经常发生口角。）
（14）差人跟强盗是通的。（《华西·通》，593页）
　　（衙役和强盗是串通好的。）

　　我们根据"跟"的语法功能，将"跟"分为"跟$_1$、跟$_2$、跟$_3$、跟$_4$"。例（1）—（3）的"跟"为"跟$_1$"，是句中的主要动词，表给予义。例（4）（5）的"跟"为"跟$_2$"，位于主要动词之后，动词性较"跟$_1$"弱，表达弱给予义。例（6）—（13）的"跟"为"跟$_3$"，做表与事关系的介词。鉴于"跟$_3$"所表达的与事关系下位义不同，我们将"跟$_3$"分为"跟$_{3a}$、跟$_{3b}$、跟$_{3c}$"。例（6）（7）的"跟"为"跟$_{3a}$"，表受益关系，其中例（6）的"跟$_{3a}$"表服务义，例（7）的"跟$_{3a}$"表意志义。例（8）（9）的"跟"为"跟$_{3b}$"，表指涉关系，其中例（8）的"跟$_{3b}$"表顺指义，例（9）的"跟$_{3b}$"表逆指义。例（10）—（13）的"跟"为"跟$_{3c}$"，表相与关系，依次表协同义、交互义、等比义和关联义。例（14）的"跟"为"跟$_4$"，在句中做连词，表并列关系。

　　以上例（1）—（7）中的"跟"（即"跟$_1$、跟$_2$、跟$_{3a}$"）按照普通话的语感来理解是比较费解的，但如果换成古代汉语的"与"就顺畅了。需要说明的是，虽然"与"和这种"跟"在功能上相对应，但"与"是汉语古代、近代语法层次的多功能词，而"跟"是汉语现代语法层次的多功能词。那么，这种多功能词"跟"在当今西南官话中还存在吗？带着这个问题，我们对当今西南官话进行了田野调查。

二、当今西南官话中的多功能词"跟"

《华西》中用"跟"做给予动词、与事介词和并列连词的现象在当今西南官话中仍然存在。例如：

(15) 我同学跟了我一本书。（我同学给了我一本书。）
  这个苹果跟你，那个苹果跟他。（这个苹果给你，那个苹果给他。）
  跟一个苹果。（给一个苹果。）
  （四川泸州、四川宜宾江安、贵州毕节）

(16) 把盐拿跟我哈。（把盐递给我一下。）
  我送几本书跟你。（我送几本书给你。）
  （四川泸州、四川宜宾江安、贵州毕节、贵州遵义、湖北恩施建始）

(17) 跟叔叔倒茶。（给叔叔倒茶。）
  还不快点跟我站倒！（还不快点给我站住！）
  （四川泸州、四川宜宾江安、贵州毕节、贵州遵义、湖北恩施建始、湖北宜昌、湖北荆州石首、湖北武汉汉口）

例（15）—（17）中的"跟"分别为"跟$_1$、跟$_2$、跟$_{3a}$"。至于"跟$_{3b}$、跟$_{3c}$、跟$_4$"的用法与普通话基本一致，不赘。需要说明的是，根据我们的调查，如今"跟$_1$、跟$_2$、跟$_{3a}$"从分布区域上看，主要集中在城市郊区和乡镇；从使用群体的年龄上看，中老年人常用，而年轻人不常用。

从历时和共时两方面来看，我们可以肯定，"跟"做给予动词、与事介词并兼做并列连词应当是西南官话本有的。

本文开头提到，古代汉语"与"的主要语法功能，北京话及西北方言是用动词兼介词的"给"和介词兼连词的"和、跟"等来对应，而典型南方方言是用给予动词"拨、乞、畀、分"等和介词"搭、共、同"等来对应。显然，在这个问题上，西南官话与南北方言的表现均不同。我们可以从下面的语义分布图来看西南官话、北方方言、典型南方方言三者之间的这种差异。

西南官话的"跟"——从《华西官话汉法词典》说起　235

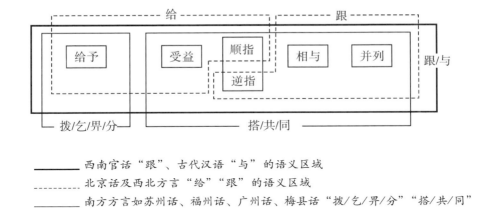

　　━━━━━ 西南官话"跟"、古代汉语"与"的语义区域
　　--------- 北京话及西北方言"给""跟"的语义区域
　　━━━━━ 南方方言如苏州话、福州话、广州话、梅县话"拨/乞/畀/分""搭/共/同"的语义区域

图1　语义分布图

　　由上图我们看到，西南官话的"跟"和古代汉语的"与"语义区域是重合的。

　　我们说这种多功能词"跟"是西南官话本有的，但这并不意味着当今所有西南官话的情况都是如此。

三、现代西南官话"跟"多功能的萎缩

　　由于受普通话的影响，现代西南官话多功能词"跟"的用法出现了不同程度的萎缩，"跟$_1$、跟$_2$、跟$_3$、跟$_4$"都有的方言点并不是普遍存在的，我们调查了30多个方言点，发现只有9个方言点不同程度地保留了"跟$_1$、跟$_2$、跟$_{3a}$"的用法，大多数方言点中的"跟"只有"跟$_{3b}$、跟$_{3c}$、跟$_4$"的用法，其他用法已经逐渐被"给"所取代，即已呈现出与普通话趋同的情形。详见表1。

表 1　现代西南官话中"跟"的语法功能分布①

方言点	跟					
	跟$_1$	跟$_2$	跟$_3$			跟$_4$
			跟$_{3a}$	跟$_{3b}$	跟$_{3c}$	
泸州	+	+	+	+	+	+
宜宾江安	+	+	+	+	+	+
宜宾长宁	+	+	+	+	+	+
毕节	+	+	+	+	+	+
遵义	−	+	+	+	+	+
恩施建始	−	+	+	+	+	+
宜昌	−	±	+	+	+	+
荆州石首	−	±	+	+	+	+
武汉汉口	−	−	±	+	+	+
成都	−	−	−	+	+	+
达州	−	−	−	+	+	+
绵阳	−	−	−	+	+	+
德阳	−	−	−	+	+	+
资中	−	−	−	+	+	+
襄阳	−	−	−	+	+	+
自贡	−	−	−	+	+	+
内江	−	−	−	+	+	+
荆州	−	−	−	+	+	+
仙桃	−	−	−	+	+	+
贵阳	−	−	−	+	+	+
重庆	−	−	−	+	+	+

---

① 表1中"+"表示可用,"−"表示不可用。"±"表示"跟"正在被"给"取代,这包括"给"在使用频率上已明显高于"跟"或年轻人只用"给"不用"跟"、只有一些老年人使用"跟"等情况。

此外,根据我们的调查,当今绝大多数西南官话中"跟"的用法与普通话完全一致,除表格中所列举之外,还有四川内江、眉山、乐山,广西桂林、柳州,湖北利川,贵州黔南,重庆云阳等地区。篇幅所限我们没有在表格中一一列举。总之,"跟$_1$、跟$_2$、跟$_{3a}$"应当属于方言中的濒危现象。可以肯定,这种濒危的状态会在不久的将来变为彻底消失。

从上表我们可以看出,"跟$_1$、跟$_2$、跟$_{3a}$"的萎缩不是同时发生的,而是渐进性的。首先作为给予义动词的"跟$_1$"率先消失(如遵义方言),其次是位于主要动词之后动词性较弱的"跟$_2$"(如武汉汉口方言),再次是与事范畴中表受益关系的介词"跟$_{3a}$"(如成都方言)。

从表 1 的矩阵中我们得出两条蕴含共性:

A. 如果该方言存在"跟$_1$",那么也一定存在"跟$_2$、跟$_{3a/b/c}$、跟$_4$",反之不然;

B. 如果该方言存在"跟$_2$",那么也一定存在"跟$_{3a/b/c}$、跟$_4$",反之不然。

也可以反过来说:

A'. 如果该方言不存在"跟$_2$",那么也一定不存在"跟$_1$",反之不然;

B'. 如果该方言不存在"跟$_{3a}$",那么也一定不存在"跟$_2$、跟$_1$",反之不然。

我们所调查的 30 余个西南官话方言点皆然。也就是说,现代西南官话多功能词"跟"的萎缩是按照"跟$_1$→跟$_2$→跟$_{3a}$"的顺序从实到虚依次消失的,消失至"跟$_{3a}$"即止,即保留与普通话用法基本一致的"跟$_{3b}$、跟$_{3c}$、跟$_4$"。

无独有偶,我们曾经考察清中叶以来"给"对"与"的取代①,发现北京话历时材料中"给"也是按照"与$_1$→与$_2$→与$_{3a}$"的顺序取代"与"的。② 详见表 2。

表 2 清中叶以来"与"的功能萎缩情况统计

单位:次

历时语料	与(出现次数)					
	与$_1$	与$_2$	与$_3$			与$_4$
			与$_{3a}$	与$_{3b}$	与$_{3c}$	
《红楼梦》(前 80 回)(约 80 万字)	29	186	42	34	230	343

---

① 参见李炜《从〈红楼梦〉〈儿女英雄传〉看"给"对"与"的取代》,载《兰州大学学报(社会科学版)》2002 年第 4 期,第 135－140 页。

② "与"功能的萎缩是在汉语进入现代语法阶段以后,"给"(跟"与$_1$、与$_2$、与$_{3a}$"对应)与"和、跟"等(跟"与$_{3b}$、与$_{3c}$、与$_4$"对应)对其分别取代的结果。这里,我们只说明了"给"对"与$_1$、与$_2$、与$_{3a}$"的取代过程,不涉及"跟"等对"与$_{3b}$、与$_{3c}$、与$_4$"的取代过程。

续上表

历时语料	与（出现次数）					
	与₁	与₂	与₃			与₄
			与₃ₐ	与₃ᵦ	与₃ᵧ	
《红楼梦》（后40回）（约34万字）	0	18	4	30	77	160
《儿女英雄传》（约61万字）	0	0	1	1	96	147
《骆驼祥子》（约14万字）	0	0	0	0	0	258

从表2我们看到，从《红楼梦》前80回到后40回，"与₁"已经消失，"与₂"由186例锐减为18例；到了《儿女英雄传》，"与₂"也消失了，"与₃ₐ"只有1例①；到了《骆驼祥子》，"与₃ₐ、与₃ᵦ、与₃ᵧ"都消失了，"与"只保留了"与₄"（并列连词）的用法，且只存在于高语体②中，这跟普通话的情形相一致。

四、结论

对于古代汉语"与"的主要语法功能（给予动词、与事介词、并列连词），北京话及西北方言、典型南方方言都呈现出"多对一"的对应关系，而位于中部的西南官话则存在"一对一"的对应关系。看来，汉语方言类型的差异并非"南北"差异这么简单，"中部方言"③的情况很值得我们关注。可以预见的是，受普通话越来越强大的影响，西南官话中一个多功能词

---

① 此例为："我合你三载相依，多承你与我掌持这小小门庭……"（《儿》第十八回，250页）。
② 这里"高语体"指风格古雅的书面叙述语体。
③ 2009年12月，在潮州韩山师范学院召开的广东省中国语言学会2008—2009学术年会暨语言接触国际研讨会上，我们曾提出，汉语在与事介词的选择上存在着典型的南方方言与北京话及西北方言之间的鲜明对立。江蓝生先生在与我们私下讨论时希望我们在探讨南北方言类型差异的基础上进一步关注"中部方言"的相关情况，当时我们认为应该把南北两端的问题搞清楚再考虑"中部方言"的问题，但江先生这一问题的提出对我们有很大的启发，我们对西南官话以上问题的思考也源于此。

做给予动词和通表 3 种与事关系的介词以及并列连词的现象终将消失。

我们知道，多功能词的演化路径（即语法化路径）一般遵循着从实到虚的单向性原则。而本文所反映出的西南官话多能词"跟"的部分功能萎缩的过程（即"跟$_1$、跟$_2$、跟$_{3a}$"被"给"取代的过程），也循着由实而虚的路径；古代汉语多能词"与"的部分功能（即"与$_1$、与$_2$、与$_{3a}$"）萎缩的过程也同样如此。

附录

西南官话方言调查发音人相关信息

方言点	调查总人数	性别与人数	年龄区间	其中老人数
泸州	21 人	男 12 人，女 9 人	20－75 岁	9 人
宜宾江安	6 人	男 3 人，女 3 人	25－65 岁	2 人
宜宾长宁	6 人	男 3 人，女 3 人	25－70 岁	2 人
毕节	9 人	男 4 人，女 5 人	20－70 岁	3 人
遵义	8 人	男 5 人，女 3 人	20－70 岁	3 人
恩施建始	6 人	男 2 人，女 4 人	25－65 岁	2 人
宜昌	4 人	男 2 人，女 2 人	25－65 岁	1 人
荆州石首	5 人	男 2 人，女 3 人	25－70 岁	2 人
武汉汉口	5 人	男 3 人，女 2 人	25－65 岁	2 人
成都	5 人	男 2 人，女 3 人	20－65 岁	1 人
达州	4 人	男 2 人，女 2 人	25－65 岁	1 人
绵阳	3 人	男 1 人，女 2 人	25－65 岁	0 人
德阳	4 人	男 1 人，女 3 人	20－65 岁	1 人
资中	5 人	男 2 人，女 3 人	25－65 岁	2 人
襄阳	5 人	男 3 人，女 2 人	25－65 岁	1 人
自贡	3 人	男 2 人，女 1 人	25－65 岁	0 人
内江	3 人	男 1 人，女 2 人	25－65 岁	1 人
荆州	5 人	男 3 人，女 2 人	20－65 岁	1 人
仙桃	6 人	男 3 人，女 3 人	25－65 岁	2 人
贵阳	6 人	男 4 人，女 2 人	25－65 岁	2 人

续上表

方言点	调查总人数	性别与人数	年龄区间	其中老人数
重庆	4人	男3人，女1人	25-65岁	1人

注：老人指60岁及以上。

参考文献

［1］李炜. 从《红楼梦》《儿女英雄传》看"给"对"与"的取代［J］. 兰州大学学报（社会科学版），2002（4）.

［2］李炜，王琳. 琉球写本《人中画》的与事介词及其相关问题——兼论南北与事介词的类型差异［J］. 中国语文，2011（5）.

［3］李炜，石佩璇. 北京话与事介词"给""跟"的语法化及汉语与事系统［J］. 语言研究，2015（1）.

从给予句 S_2、S_3 的选择看汉语语法地域类型差异[*]

朱德熙把与"给"相关的给予义句式分为以下 4 种①:

S_1: $N_1 + V + 给 + N_2 + N_3$ (我送给他一本书。)
S_2: $N_1 + V + N_3 + 给 + N_2$ (我送一本书给他。)
S_3: $N_1 + 给 + N_2 + V + N_3$ (我给他打件毛衣。)
S_4: $N_1 + V + N_2 + N_3$ (我送他一本书。)

---

* 《从给予句 S_2、S_3 的选择看汉语语法地域类型差异》,原刊于《中国语文》2017 年第 6 期。作者李炜、石佩璇。

基金项目: 国家社会科学基金重大项目"海外珍藏汉语文献与南方明清汉语研究"(12&ZD178)及广东省哲学社会科学"十二五"规划 2013 年度项目"海外珍藏汉语文献与清代官话语法研究"(GD13CZW15)。

本文曾在第八届现代汉语语法国际研讨会暨 30 周年庆典(杭州,2015 年 10 月)和历史语言学研究高端论坛(兰州,2017 年 6 月)上宣读。

本文引用书目包括:《白姓官话》、琉球写本《人中画》、《学官话》,日本天理大学附属图书馆藏本;曾朴《孽海花》,上海古籍出版社 1980 年版;李宝嘉《文明小史》,上海古籍出版社 1997 年版;鲁迅《鲁迅小说集》,人民文学出版社 2000 年版;[清]曹雪芹、[清]高鹗《红楼梦》,人民文学出版社 1982 年版;[清]文康《儿女英雄传》,人民文学出版社 1983 年版;威妥玛著、张卫东译《语言自迩集——19 世纪中期的北京话》,北京大学出版社 2002 年版;吴启太、郑永邦合著,金璞国改订《官话指南》,东京文求堂藏版,1906 年三刊于东京,日本京都大学文学部藏本;松友梅著、刘一之标点注释《小额》,世界图书出版公司 2011 年版;《燕京妇语》,日本好文出版社 1992 年版;陈士和讲述《评书聊斋志异》(第一集、第二集),百花文艺出版社 1980 年版;《华西官话汉法词典》(*Dictionnare Chinois – Français de la Langue Mandatin Parlée*),Imprimerie de la Société des Missions Étrangères(香港外方传教会印书局)1893 年版;《西蜀方言》(*West Mandarin*, *or the Spoken Language of Western China*; *with Syllabic and English Indexes*),Adam Grainger, American Presbyterian Mission Press(上海美华书馆)1900 年版;《华西初级汉语课程》(*Chinese Lessons for First Year Students in West China*),Omar L. Kilborn, M. A., M. D.(启尔德),the Union University(联合大学)1917 年版。

① 参见朱德熙《与动词"给"相关的句法问题》,载《方言》1979 年第 2 期。

以上 4 种句式，S_1 和 S_4 为双宾句①，S_2 和 S_3 是非双宾句。S_2 和 S_3 最明显的区别在于"给 + N_2"的位置：S_2 的"给 + N_2"在主要动词 V 之后，S_3 的"给 + N_2"在主要动词 V 之前②。朱德熙认为，S_2 可容纳的动词包括给予义动词 V_a、取得类动词 V_b 和制作义动词 V_c；S_3 在表达给予义时，只能容纳 V_b 和 V_c 两类动词，一般不能为 V_a③。而根据我们的调查，在实际使用中，S_3 可容纳 V_a、V_b、V_c 三类动词，表达给予义；且 S_3 的主要动词为 V_a 时，给予义最强（详见下文）。下面结合历时文献和共时田野调查，考察 S_2 和 S_3 在汉语官话和相关方言中的分布情况及成因。

一、清中叶以来官话文献中给予句 S_2、S_3 的分布

根据目前掌握的官话文献，含"给"的给予句最早见于清中叶（李炜，2002）。具有鲜明南方地域特征的琉球官话课本④《官话问答便语》《白姓官话》、琉球写本《人中画》以及《学官话》（以下简称《官话》《白》《琉》《学》）不用 S_3，只用 S_2。S_2 的主要动词涵盖了 V_a、V_b 和 V_c，如：

（1）老爷还问，他死了，穿的衣裳有没有？好<u>做些衣服给他</u>。（《白》）⑤

---

① 胡裕树（1995）认为，"给"等可以直接附着在动词或其他词语后边，构成一个整体，相当于一个动词。据此，我们可以将 S_1 定性为双宾给予句式。
② 张敏（2011）将这两者分别称为介宾补语式和介宾状语式。
③ 参见朱德熙《与动词"给"相关的句法问题》，载《方言》1979 年第 2 期。朱德熙先生认为，V_a 分两类：一类是给予义具有不确定性的 V_{a1}，如"写"类、"寄"类动词；一类是含固有给予义的 V_{a2}，如"卖"类动词。V_{a1} 具有不确定性，当它不表给予义时，句中给予义由"给"承担，S_3 句式成立。当主要动词是固有给予义的 V_{a2}，句中的"给"只表服务义，不表给予义。
④ 琉球官话课本即清中叶琉球国人学习汉语官话的课本，主要作于 18 世纪，其中语料价值较高的有：日本天理大学藏本《官话问答便语》（1703 或 1705）、《白姓官话》（1750）、琉球写本《人中画》（18 世纪中期）、《学官话》（1797）。其中琉球写本《人中画》由 5 个故事组成，包括：《风流配》《自作孽》《狭路逢》《终有报》《寒彻骨》。为行文方便，《人中画》的 5 个故事语料均以首字简称，数字表示每个故事的回数。根据李炜和濑户口律子（2007、2011）、王琳和李炜（2013）、李丹丹（2013）等的考察，琉球官话课本在与事、使役、被动、反身代词等重要语法范畴上具有鲜明的南方地域特征。
⑤ 《官话》的编写年代较早，语言面貌主要体现汉语近代语法特征（濑户口律子、李炜，2004），主要用"与"表给予。《官话》只有含"与"的 S_2，没有含"与"的 S_3，如："有小孩子奉大人命来拜年，<u>分些果子与他</u>，又<u>分些铜钱与他</u>。"

(2) 他不当打紧，娶一个瞎眼的小姐给他。(《琉》寒/三)

(3) 难道肯把这银子分些给我不成？(《琉》狭/二)

(4) 那好的人，玉帝就赐他福祥，那不好的人，玉帝就降下灾祸给他，却不是更要紧的？(《学》)

年代稍后的《孽海花》(1905年)、《文明小史》(1903—1906年)、《鲁迅小说集》(19世纪10年代—30年代)(以下简称《孽》《文》《鲁》)也只用S_2，不用S_3。S_2用例如：

(5) 筱亭非常快活，就靠着窗槛，当书桌儿，写了一封求救的信给丈人傅容。(《孽》第十四回，119页)

(6) 当下冲天炮掏了一张西文片子给他，他也掏张西文片子给冲天炮。(《文》第五十六回，326页)

(7) 但在前几天，却有学生总会上一个呈文给政府。(《鲁·端午节》，95页)

《孽》《文》《鲁》的作者均为南方人[①]，和琉球官话课本一样，他们的作品都具有南方地域特征，我们称之为"南部官话文献"。

北京官话文献却有不同的选择。我们选取了以下7部清中叶以来的北京官话文献为研究语料[②]，考察S_2、S_3的使用情况。这7部文献分别是：《红楼梦》(前80回，18世纪50年代；后40回，18世纪90年代)、《儿女英雄传》(19世纪40年代)、《语言自迩集——19世纪中期的北京话》(19世纪40年代—80年代)、《官话指南》(1881年)、《小额》(19世纪90年代)、《燕京妇语》(1906年)、《评书聊斋志异》(第一集、第二集)(1954年)，分别简称为：《红》《儿》《语》《官》《小》《燕》《评》。

《红》同时出现S_2、S_3。在前80回，S_2占主要优势，S_3数量少，两者用例分别为25例和4例；后40回中S_2仍占优势，但S_3的比例逐渐增大，两者

[①] 《孽海花》作者曾朴，江苏常熟人，主要在上海、江苏等地活动。《文明小史》作者李宝嘉，江苏常州人，主要在常熟、上海等地活动。鲁迅，浙江绍兴人，少时曾在南京求学，主要在上海工作、生活。

[②] 改革开放后，北京作为全国政治经济文化中心，社会交流频繁，北京话的面貌有了较大的变化，一些原先"京味"特征鲜明的作家如王朔等也受到了影响(详见李炜，2004)。为保险起见，我们只选取了20世纪60年代之前的北京官话文献作为研究语料。

用例分别为 7 例和 4 例。S_2 用例如：

（8）我有一件事，用些冰片麝香使用，好歹舅舅每样赊四两给我，八月里按数送了银子来。（《红》第二十四回，322 页）

（9）不管拿些什么给他们，他们那里看得出来？（《红》第六十回，840 页）

（10）咱们商量了写封书给琏二叔，便卸了我们的干系了。（《红》第一一七回，1603 页）

S_3 的用例如：

（11）这是二十两银子，暂且给这孩子做件冬衣罢。（《红》第六回，105 页）

（12）我们姑娘叫给姑娘送了一瓶儿蜜饯荔枝来。（《红》第八十二回，1181 页）

《红》主要使用 S_2，S_3 还是一个新兴句式，但在《儿》中，S_3 大量出现并占据优势地位（30 例），S_2 则迅速萎缩（6 例，例略）。S_3 的用例如：

（13）我除了给他送些薪水之外，凭你送他甚么，一概不收。（《儿》第十六回，259 页）

（14）我本说到了京给张姑娘添补些簪环衣饰。（《儿》第二十三回，415 页）

（15）有这项钱，你倒是给他作几件上路素色衣裳，如此事事从实，他也无从辞起。（《儿》第二十回，351 页）

自《儿》之后的北京官话文献，S_3 延续了其优势地位；S_2 迅速萎缩，直至消失。这些文献的 S_3 用例如：

（16）我给你买一张纸，一管笔，可以不可以？（《语》第三章，80 页）

（17）他就叫我们伙计，给他雇了俩小车子。（《官》第一卷第二十一章）

（18）这才知道一切的事情，赶紧又给文紫山写了一封信，是求他跟王爷说说，专治小额，害不着别人的事情。（《小》，31 页）

(19) 你给我送两枝儿来罢。(《燕》第二十课 22 乙,107 页)

(20) 回头我再给您沏上一壶好茶叶,勤续两趟开水,算我孝敬您。(《评》第一集,248 页)

表 1　北京官话文献中 S_2 和 S_3 的使用情况

语料	S_2 用例/次	S_3 用例/次	$S_2:S_3$ 比值
《红》(前 80 回)	25	4	6.25
《红》(后 40 回)	7	4	1.75
《儿》	6	30	0.2
《语》	8	13	0.615
《官》	0	14	0
《小》	0	17	0
《燕》	0	7	0
《评》	0	63	0

注:表中第 4 列数据是 $S_2:S_3$ 的结果。数值大于 1,表示 S_2 用例多于 S_3;数值小于 1,表示 S_2 用例少于 S_3。数值越大,表示 S_2 优势越明显。

可见,S_3 是清中叶才发展起来的新兴句式,但自 19 世纪中期的《儿》开始,S_3 已反转成为表达给予义的强势非双宾给予句式。[①] 也就是说,自清晚期始,北京官话文献在表达给予义时主要使用 S_3,S_2 逐渐消失。

我们在关注 S_2、S_3 在南部官话文献和北京官话文献中存在对立情况的同时,又发现了和前两者情况都不相同的第三种官话文献——西南官话文献。清末西方传教士编写的西南官话文献——《华西官话汉法词典》(1893年)、《西蜀方言》(1900 年)和《华西初级汉语初阶》(1917 年)(以下简

[①] S_3 从新兴句式发展到强势句式,除了数量上日益占据优势,功能上也日趋成熟。主要体现为:在 S_3 发展初期阶段的《红》中,S_3 尚未出现后加动词性成分的复杂形式,但《儿》之后的北京官话文献,出现了 S_3 的复杂形式,越晚近,复杂形式出现频率更高。如:(1) 舅太太便叫人在下首给他铺了个大红坐褥坐下。(《儿》第二十七回,509 页)(2) 我去给您弄碗汤喝,热热地一赶汗,就好啦!(《评》第一集,85 页)。S_3 复杂形式的出现,是 S_3 给予句成熟的标记之一。有关给予义句式复杂形式拟另文讨论。

称《汉法》《西蜀》《华西》)①同时使用 S_2 和 S_3。在这些文献中,与"给"等值的还有"跟"(李炜、刘亚男,2015)。S_2 用例如(21)—(23),S_3 的用例如(24)—(26):

(21) 多少要拿点<u>跟</u>他。(多少要拿点给他。)(《汉法》,9 页)
(22) 分点<u>给</u>我。(《西蜀》,45 页)
(23) 你就端一盘<u>给</u>人家。(《华西》18 课,193 页)
(24) 要<u>跟</u>你发一百钱。(要给你拨一百钱。)(《汉法》,435 页)
(25) <u>给</u>我写个来帐。(《西蜀》,19 页)
(26) 我们<u>给</u>他多买一点。(《华西》27 课,231 页)

表 2 西南官话文献中 S_2、S_3 的使用情况

单位:次

语料	S_2 出现次数	S_3 出现次数
《汉法》	7	13
《西蜀》	3	6
《华西》	2	2

从以上的考察发现,南部官话文献和北京官话文献在 S_2、S_3 的使用上形成鲜明对立,南部官话文献只用 S_2,不用 S_3;北京官话文献自清晚期起主要使用 S_3,逐渐弃用 S_2;而西南官话文献则同时使用 S_2 和 S_3。

值得注意的是,以上三类文献均是具有共同语特征的官话。同是官话文献,为何会呈现出如此大的差异?我们认为这与这些官话文献相关的方言语法特征有关。

---

① 这 3 种文献均由在我国云、贵、川地区传教的传教士编写。传教士认为这是"华西"地区(the west)的官话(Mandarin)。虽然《西蜀方言》的中文书名为"方言",但外文使用"官话"(Mandarin)表述。《华西官话汉法词典》(*Dictionnare Chinois-Français de la Langue Mandatin Parlée*)是由在四川生活了数年的外国传教士和当地传教士合作编写的,它收纳了生活在四川、云南和贵州的农村人和城市人的日常口语,展现了 100 多年前西南官话的语音、词汇和语法面貌。《西蜀方言》(*West Mandarin, or the Spoken Language of Western China; with Syllabic and English Indexes*)由中国(基督教)内地会(China Inland Mission)传教士 Adam Grainger 编写,该书比较全面地反映了 19 世纪末期西蜀地区的口语读音、词汇、语法及当地的习俗和价值观。《华西初级汉语初阶》(*Chinese Lessons for First Year Students in West China*)由加拿大基督教卫斯理会的启尔德编写,体现了 20 世纪初四川地区西南官话的情况。

二、当今方言中 S_2、S_3 的分布情况

当今典型南方方言如粤语、客家话、闽语和吴语（主要是南部吴语），在给予句 S_2、S_3 的选择上，只用 S_2，不用 S_3。例如①：

(27) 你赔翻二十蚊畀我。（你赔我二十块钱。）（广州话）
(28) 我买咗三本书畀细佬。（我买了三本书给弟弟。）（阳江粤语）
(29) 佢借欸五块钱分㑷。（他借了五块钱给我。）（梅县客家话）
(30) 织一件毛衣分/拿佢。（织一件毛衣给他。）（连城客家话）
(31) 姨姨送蜀合花瓶乞我。（阿姨送了一对花瓶给我。）（福州话）
(32) 我写一张批护伊。（我写一封信给他。）（福建平和闽语）
(33) 君牧个毛病，亏得我荐仔个医生拨俚，吃仔两贴药，难好点哉。（君牧的病，幸亏我给他推荐了个大夫，吃了两贴药，现在好些了。）（苏州话）
(34) 买拨辣我一根项链，今年又送一只戒子拨我。（他买给我一条项链，今年又送给我一个戒指。）（上海话）

以上方言表示给予义的动词分别是"畀"（粤语）、"分、拿"（客家话）、"乞、护"（闽语）、"拨"（吴语），他们与 N_2 组合后，均分布在主要动词之后。

当今北京话以使用 S_3 居多，如：

(35) 旅行社给大伙儿送了份纪念品。
(36) 给他取了五千块钱。
(37) 春儿给老爷子沏了壶龙井。

---

① 以下连城客家话及译句转引自项梦冰（1997）；福州话及译句转引自陈泽平（2000）；平和闽语及译句转引自庄初升（2000）；苏州话及译句转引自石汝杰（2000）；上海话及译句转引自钱乃荣（2000）。文中调查例句，除标明出处外，均为作者调查所得。

西北方言基本使用 $S_3$①，例如：

（38）你给尕娃拿个馍馍。（你给孩子拿个馒头。）（西宁话）
（39）楼上老回回给我炸了一袋子油香。（楼上的老回民给我炸了一袋油香。）（银川话）
（40）他给我发给了一个证明。（他给我发了一个证明。）（兰州话）
（41）你娃娃哈小人书哈买给。（你给孩子买本小人书。）（河州话）②
（42）哥给她拿了个勺勺子。（哥哥给她拿了个勺子。）（新疆乌鲁木齐回族方言，简称"乌回话"）

西宁话、银川话、兰州话、河州话、乌回话等西北方言只用 S_3，不用 S_2，在 S_2、S_3 的选择上，比北京话更纯粹。

我们对泸州等 18 个西南官话区的方言点进行调查，发现这些方言同时使用 S_2 和 S_3，只是使用频率有所不同：有些地区较常使用 S_3，如四川泸州、德阳、资中，贵州毕节、黔南，重庆云阳、渝北，武汉汉口，襄阳、荆州、荆州石首，宜昌、宜昌五峰，恩施建始、利川忠路等；而贵阳更倾向使用 S_2；有些地区则没有明显倾向，如达州大竹、绵阳江油。略举 3 例如下：

（43）我跟/给你送几本书。｜我送几本书跟/给你。（我送几本书给你。）
（44）跟/给他拿个苹果。｜拿个苹果跟/给他。（给他拿一个苹果。）
（45）跟/给叔叔倒杯水。｜倒杯水跟/给叔叔。（给叔叔倒杯水。）

由此可见，当今汉语方言在 S_2 和 S_3 的使用上存在地域差异，粤语、客家话、闽语、吴语等典型的南方方言（以下简称"南部方言"）多用 S_2，不用 S_3；北京话及西北方言（以下简称"北部方言"）主要使用 S_3，有些甚

---

① 西北方言在与事系统、使役等多个重要语法项上与北京话相平行；而且，相对于汉语其他方言，西北方言和北京话在历史上和阿尔泰语有过长期而密切的接触（李炜、石佩璇，2015；李炜、王琳，2011；王琳、李炜，2013），因而在此一并考察。

② 兰州话的"给 N_2"和河州话的"N_2 哈"都位于句子 VP 前，句中的主要动词是且只能是"V_a、V_b、V_c"，都是给予句 S_3。主要动词后跟起终点标记作用的"给"，以彰显句子给予义（李炜，1987）。不同的是，兰州话和北京话、西宁话等一样，用表受益义的与事介词"给"引进 N_2，河州话用表与位格的后置词"哈"来标记。顺便说一下，河州话标记宾格的后置词也用"哈"，标记和同格的后置词用"啦"（例见李炜，1993）。

至只使用 S_3；西南官话区诸方言（以下简称"西南方言"）则同时使用 S_2 和 S_3。这三类方言对 S_2 和 S_3 的选择，与南部官话、北京官话、西南官话 3 种文献的 S_2 和 S_3 分布情况是相对应的。

我们认为，官话文献中 S_2 和 S_3 分布差异应当看作是方言类型差异在共同语层面上的投射。不同地域方言背景的作家在写作时，不自觉地将各自母语的语法特点迁移到作品中，在官话文献中体现出了 S_2 和 S_3 的地域差异，形成了琉球官话课本等南部官话文献和《红》等北京官话文献中 S_2 和 S_3 分布对立的现象。西南地区的传教士编写文献时，主观上就追求最大程度地保留云、贵、川地区方言的语法特征，他们编写的西南官话文献同时使用 S_2 和 S_3，也就十分自然了。

三、普通话实际使用中 S_2、S_3 分布情况及产生原因

事实上，S_2、S_3 在共同语层面分布差异不仅存在于文献中，在当今汉民族共同语——普通话的实际使用中也存在着相应的差异。

2012 年 10 月，我们在中山大学不同专业新生中调查普通话 S_2 和 S_3 的使用情况。问卷分别列出由动词 V_a、V_b、V_c 组成的 S_2 和 S_3 两组句子，调查被访者在说普通话时这两组句子的使用情况。我们向新生随机发放 326 份问卷，回收有效问卷 293 份。在有效问卷中，母语为南部方言的 120 人，母语为北部方言的 35 人，母语为西南方言的 53 人。① 结果表明，120 位南部方言背景的被访者中有 97 位选择"更倾向使用 S_2"（约为 80.8%，包括只使用 S_2 及更常用 S_2 两种情况），35 位北部方言背景的被访者中有 30 位选择"更倾向使用 S_3"（约占 85.7%，包括只使用 S_3 及更常用 S_3 两种情况），53 位西南方言背景的被访者中选择"更倾向使用 S_2""更倾向使用 S_3"各有 23 位（均约为 43.4%）。也就是说，在说普通话时，以不同方言为母语的被访者对 S_2 和 S_3 做出了不同的选择：南部方言区的被访者主要使用 S_2，北部方言区的被访者主要使用 S_3，西南方言区的被访者的 S_2 和 S_3 使用频率相当。也就是说，普通话在实际使用中受到使用者母语方言的影响产生不同的"变体"。使用者将各自母语方言的语法特征迁移至普通话中，使得其普通

---

① 在有效问卷中，我们只选取了母语为本文涉及的三类方言的被访者作为调查对象进行统计考察，母语为其他方言的（如华北官话、中原官话、东北官话、江淮官话、赣方言、湘方言等）暂不列入统计。

话也呈现出相对应的地域特征。这种地域特征与3种官话文献中 S_2 和 S_3 的分布差异基本一致。

为何不同地域会对 S_2 和 S_3 存在不同选择？我们认为，这与"给"（及等值的给予动词）在不同地域方言中的语法化路径及语义范围不同有关。S_2 中的"给"是弱化动词，带受物对象，表给予；S_3 中的"给"是表服务义的与事介词，介引受益者（李炜、石佩璇，2015），两者性质不同。南部方言与给予动词同形的词如"畀、分、乞、护、拿、拨"等在动词前只能兼表使役义和被动义（李炜、濑户口律子，2007），一般没有表示受益的与事介词用法①，其受益义是用另一个与给予动词无关的介词如"同"（粤语、客家话）、"共"（闽语）、"搭"（吴语）等表达的（李炜、王琳，2011）。也就是说，南部方言不接受"*畀/分/乞/护/拿/拨你送一本书"（给你送一本书），而接受"同/共/搭你送一本书"（为你送一本书）的说法，但后者并不表给予义②。南部方言中与给予动词同形的词大多没有发展出受益义的介词，这是南部官话文献、南部方言不使用 S_3，以及受南部方言负迁移影响的普通话不接受 S_3 的原因③。北部方言和西南方言的给予动词发展出表示

---

① 个别南部方言点的给予动词也有发展为表示受益的与事介词的情况，如惠来鳌江（闽语）、福清城头（闽语）、温州（吴语）等。但是，这些南部方言中由给予动词发展出来的表受益的介词均纯粹表示受益，并非本文所说的动词为 V_a、V_b、V_c 三类，且宾语为有界的可供转移的名词的表给予义的 S_3，如惠来鳌江话中可以说"乞汝搔腰（给你搔背）"，但是不能说"乞汝倒杯茶（给你倒杯茶）"，也就是说，这些南部方言在非双宾给予句 S_2、S_3 的选择上，依然选择 S_2。

② S_3 能表给予义，其中一个重要因素是选取了"给"作为与事介词。"给"的给予动词实义滞留在语法化过程中，因而可以在表受益义的前提下表示给予义（李炜、石佩璇，2015）。南部方言"同/共/搭你送一本书"的与事介词"同、共、搭"等与给予动词无关，不表给予义。

③ 朱德熙认为，当主要动词为 V_{a2} 时，S_3 不能表给予义。我们也注意到，不少以南部方言为母语的学者也不大接受由 V_a 构成的给予句 S_3，但我们对随机选取的50位使用 S_3 的被访者（包括北部方言区和西南方言区）的进一步调研发现，当主要动词为 V_a 时，无论从"只表达""优先表达"还是"可表达"给予义的角度，都以 V_a 为主要动词的 S_3（V_a）所占的比例最大，给予义最突显。见表3。

表3　普通话实际使用中 S_3 "给予义"表达情况

项目	S_3（V_a）	S_3（V_b）	S_3（V_c）
可表"给予义"	26人	19人	16人
优先表"给予义"	15人	10人	7人
只表"给予义"	9人	6人	4人
选择率	100%	70%	54%

受益的与事介词用法①，是给予句 S_3 产生的基础。不同的是，西南官话文献及西南方言的"给/跟"和近代汉语的"与"主要功能是"一对一"的对应关系，仅实现了词汇上的更替②；北京官话文献及北部方言的"给"则不是对近代汉语"与"功能的完全继承，而与北方阿尔泰语的与位格呈现出平行的现象③。我们认为，北京官话文献和北部方言主要使用 S_3，不能排除是与阿尔泰语接触的结果④。

从 S_2 和 S_3 选择差异的角度看，汉语官话和相关方言在语法层面至少存在 3 种类型：南部型、北部型和中部型。"南部型"，包括以琉球官话为代表的南部官话及相关南部方言（粤、客、闽、南部吴语）；"北部型"，以北京官话为代表的北部官话及其他阿尔泰化程度较深的方言（如西宁话、银川话、兰州话、河州话、乌回话等西北方言）；"中部型"至少包括西南官话及西南方言。事实上，除了给予句，在与事范畴、使役、被动范畴等语法项目上，汉语官话和相关方言的语法层面也存在南、北、中 3 种类型。对此，我们将继续研究。

附录
方言调查合作人相关信息

广州话，李健慈，女，33 岁，在广州出生长大、学习、工作、生活。

阳江粤语，刘敏玲，女，25 岁，在阳江出生长大、学习，18 岁后外出。

梅县客家话，叶辉丽，女，35 岁，在梅县出生长大，18 岁后外出。

北京话，王健，男，33 岁，在北京出生长大，18 岁后外出。

西宁话，文祯亚，男，57 岁，在西宁出生长大、学习、工作，40 岁后外出。

银川话，段超，男，30 岁，在银川出生长大，18 岁后外出。

---

① 参见李炜、石佩璇《北京话与事介词"给""跟"的语法化及汉语与事系统》，载《语言研究》2015 年第 1 期；李炜、刘亚男《西南官话的"跟"——从〈华西官话汉法词典〉说起》，载《中国语文》2015 年第 4 期。

② 参见李炜、刘亚男《西南官话的"跟"——从〈华西官话汉法词典〉说起》，载《中国语文》2015 年第 4 期。

③ 参见李炜、石佩璇《北京话与事介词"给""跟"的语法化及汉语与事系统》，载《语言研究》2015 年第 1 期。

④ 张敏（2011）也注意到北方介宾状语式（即 S_3）的非汉语来源现象。当然，我们也不排除这是北部汉语自身发展的结果。

兰州话，第一作者母语，在兰州出生长大，25 岁后外出。

河州话，陈元龙，男，46 岁，在甘肃临夏（古城河州所在地）出生长大、学习、工作。

乌回话，苏健，女，55 岁，在乌鲁木齐市出生长大、学习、工作。

参考文献

［1］陈泽平．福州方言的介词［C］∥李如龙，张双庆主编．介词．广州：暨南大学出版社，2000：101－121．

［2］胡裕树主编．现代汉语（重订本）［M］．上海：上海教育出版社，1995．

［3］［日］濑户口律子，李炜．琉球官话课本编写年代考证［J］．中国语文，2004（1）．

［4］李丹丹．清琉球官话课本《人中画》语法研究［M］．北京：北京大学出版社，2013．

［5］李炜．兰州方言给予句中的"给"——兼谈句子给予义的表达［J］．兰州大学学报（社会科学版），1987（3）．

［6］李炜．甘肃临夏一带方言的后置词"哈""啦"［J］．中国语文，1993（6）．

［7］李炜．从《红楼梦》《儿女英雄传》看"给"对"与"的取代［J］．兰州大学学报（社会科学版），2002（4）．

［8］李炜．清中叶以来北京话的被动"给"及其相关问题——兼及"南方官话"的被动"给"［J］．中山大学学报（社会科学版），2004（3）．

［9］李炜，［日］濑户口律子．琉球官话课本中表使役、被动义的"给"［J］．中国语文，2007（2）．

［10］李炜，王琳．琉球写本《人中画》的与事介词及其相关问题——兼论南北与事介词的类型差异［J］．中国语文，2011（5）．

［11］李炜，石佩璇．北京话与事介词"给""跟"的语法化及汉语与事系统［J］．语言研究，2015（1）．

［12］李炜，刘亚男．西南官话的"跟"——从《华西官话汉法词典》说起［J］．中国语文，2015（4）．

［13］李炜，石佩旋，刘亚男，黄燕旋．清代琉球官话课本语法研究［M］．北京：北京大学出版社，2015．

［14］钱乃荣．上海方言中的介词［C］∥李如龙，张双庆主编．介词．广州：暨南大学出版社，2000：32－48．

［15］沈家煊．"有界"与"无界"［J］．中国语文，1995（5）．

[16] 石汝杰. 苏州方言的介词体系 [C] //李如龙, 张双庆主编. 介词. 广州: 暨南大学出版社, 2000: 1-22.

[17] 王琳, 李炜. 琉球官话课本的使役标记"叫""给"及其相关问题 [J]. 中国语文, 2013 (2).

[18] 项梦冰. 连城客家话语法研究 [M]. 北京: 语文出版社, 1997.

[19] 张敏. 汉语方言双及物结构南北差异的成因: 类型学研究引发的新问题 [C] //中国语言学集刊 (第四卷第二期). 北京: 中华书局, 2011: 87-270.

[20] 庄初升. 闽语平和方言的介词 [C] //李如龙, 张双庆主编. 介词. 广州: 暨南大学出版社, 2000: 139-156.

[21] 朱德熙. 与动词"给"相关的句法问题 [J]. 方言, 1979 (2).

[22] 朱德熙. 包含动词"给"的复杂句式 [J]. 中国语文, 1983 (3).

从多功能词"给"的不同表现
看汉语官话语法类型*

清中叶以前,"与"是汉语最常用的表达给予义的动词。除了做给予动词外,"与"还做通表与事范畴三种关系(受益关系、指涉关系、相与关系)的介词及并列连词。清中叶以后,"给"开始大量出现并逐渐取代"与"的部分功能,并且在南北官话中朝着不同的方向发展,逐渐形成"花开两朵,各表一枝"的局面。北京官话文献中"给"的主要功能是做给予动词和表受益关系和指涉关系顺指义的介词,例如①:

(1) 我只当是林姐姐给你的,原来是宝钗姐姐给了你。(《红楼梦》第三十二回)
(2) 下剩的我写个欠银子文契给你。(《红楼梦》第二十五回)
(3) 你出去叫人给他预备茶水,我叫醒他就是了。(《红楼梦》第五十二回)
(4) 你又发疯了,还不给我坐着呢。(《红楼梦》第五十七回)
(5) 讨人嫌哪!你给我讲底下怎么着罢。(《儿女英雄传》第二十九回)

---

* 《从多功能词"给"的不同表现看汉语官话语法类型》,原刊于《语言研究》2018 年第 1 期。作者李炜、刘亚男。

基金项目:国家社会科学基金重大项目"海外珍藏汉语文献与南方明清汉语研究"(12&ZD178)。

本文引用书目包括:《华西初级汉语课程》(*Chinese Lessons for First Year Students in West China*),Omar L. Kilborn, M. A., M. D., the Union University 1917 年版;《西蜀方言》(*West Mandarin, or the Spoken Language of Western China*; with Syllabic and English Indexes),Adam Grainger,上海美华书馆(American Presbyterian Mission Press) 1900 年版。

① 例 (1) — (5) 转引自李炜、石佩璇 (2015)。(见本书215–217页。——编者注)

以上例（1）中的"给"是句中的主要动词，表给予义。例（2）的"给"位于主要动词之后，动词性较弱，表达弱给予义。例（3）中的"给"做表受益关系服务义的介词，例（4）中的"给"做表受益关系意志义①的介词。例（5）中的"给"做表指涉关系顺指义的介词。

而以琉球官话课本为代表的南方官话中"给"的功能是做给予动词、使役（表容任）动词和被动义介词，例如②：

（6）罢了，给你二钱半，你秤却要称够的。(《学官话》)
（7）把银子送给黄先生。黄先生接来一看，是一两银子，就低头不做声，在那里思量。(琉球写本《人中画》)
（8）因为这边人多吵闹，恐怕病人不安，所以另盖这一间小房子，给他住在里头养病。(《白姓官话》)
（9）这个东西，给雨淋湿了。拿去晒晒。(《学官话》)

以上例（6）中"给"是给予动词。例（7）中"给"紧随主要动词之后，表达弱给予义。例（8）中"给"是表容任类使役的动词。例（9）中"给"是表被动义的介词。

那么，汉语在进入现代语法阶段以后，"给"的多功能模式是否都分为这两类呢？答案是否定的。

一、西南官话文献中的"给"

在清末反映西南官话面貌的传教士文献《西蜀方言》（以下简称《西蜀》）、《华西初级汉语课程》（以下简称《华西》)③中，"给"（罗马字拼音分别标为"GE[1]、KE[1]"）不仅可以做给予动词，还能做通表与事范畴3种关系的介词及并列连词。例如：

---

① "因合乎说话人的意志而获益"（李炜、石佩璇，2015）。（见本书216页。——编者注）
② 例（6）（7）转引自李炜、石佩璇、刘亚男、黄燕旋（2015），例（8）（9）转引自李炜、[日]濑户口律子（2007）。（见本书139–146页。——编者注）
③ 《西蜀方言》编者 Adam Grainger，是中国（基督教）内地会传教士，该书比较全面地反映了19世纪末期西蜀地区的口语读音、词汇、语法及当地的习俗和价值观。《华西初级汉语课程》是传教士启尔德（Omar L. Kilborn）为了帮助前来成都的年轻传教士学习当地方言而编写的。

(10) 给几个定钱。(《西蜀》，137 页)
(11) 又一盘一盘的端给人家。(《华西》，194 页)
(12) 给外国人煮过饭没有？(《华西》，16 页)
(13) 我给你说明白。(《西蜀》，253 页)
(14) 我们给他多买一点。(《华西》，231 页)
　　（我们向他多买一点。）
(15) 他给我们一路来的。(《西蜀》，199 页)
　　（他跟我们一起来的。）
(16) 莫给他一般的见识。(《西蜀》，441 页)
　　（别跟他一般见识。）
(17) 还有这个小箢箢、雨鞋给伞。(《华西》，135 页)
　　（还有这个小箢箢、雨鞋和伞。）

　　例（10）—（13）中的"给"分别是给予动词、弱给予义动词、表受益关系服务义和指涉关系顺指义的介词，这些"给"的用法跟普通话中的"给"是一致的。

　　例（14）—（16）中的"给"做介词，分别表指涉关系逆指义[1]、相与关系协同义和交互义。例（17）中的"给"做并列连词。这些"给"的功能按照普通话的语感来理解是比较费解的，但如果换成古代汉语的"与"就顺畅了，如"他与我们一路来的、莫与他一般的见识"。

　　由此可见，西南官话文献中的"给"整体取代了"与"而语法功能却没有发生变化。需要说明的是，当今西南官话中，这种多功能的"给"已经消失了，只保留了与普通话用法一致的"给"（给予动词和表受益关系与指涉关系顺指义的介词）。[2] 那么，这种多功能的"给"在当今汉语其他方言中是否还存在呢？答案是肯定的。

---

[1] 例（14）中的"给"，字面意思很容易让人误解为表受益关系服务义的介词，但我们从原书英文对译句"We will buy a considerable quantity from him."中可以看出此处的"给"表指涉关系逆指义。

[2] 据调查，跟古代汉语"与"的功能相对应且在当今西南官话中还存在的是"跟"，如四川泸州、宜宾和贵州毕节等方言中的"跟"可以做给予动词、通表与事范畴 3 种关系的介词及并列连词。详见李炜、刘亚男《西南官话的"跟"——从〈华南官话汉法词典〉说起》，载《中国语文》2015 年第 4 期。

二、河南中原官话的"给"

通过对河南境内20多个方言点的调查,我们发现在郑州、郑州上街区、荥阳、中牟、许昌、禹州、长葛、商丘、民权、淮阳、漯河、周口、临颍、项城、商水、西峡、淮滨、驻马店、上蔡、汝南、平舆等方言中,"给"[kei²⁴]① 可以做给予动词、通表与事范畴3种关系的介词及并列连词②,这种多功能模式也跟古代汉语的"与"相一致。其中,郑州、荥阳、中牟、许昌、禹州、西峡、淮滨等方言"给"还发展出处置介词的功能。下面我们分别详述。

1. 做给予动词、与事介词和并列连词的"给"

河南中原官话中,做给予动词、通表与事范畴3种关系的介词及并列连词的"给"是普遍存在的。我们以上蔡方言为例,举例说明。例如:

(18) 我给恁大娘几颗白菜。(我给你大娘几颗白菜。)
(19) 书是俺老师送给我哩。(书是我的老师送给我的。)
(20) 妮儿,给恁大爷倒茶。(给你大伯倒茶。)
(21) 你给我滚一边儿去!(你给我滚一边儿去!)
(22) 没听清,再给我说一遍。(没有听清楚,再给我说一遍。)
(23) 俺兄弟给俺妈要了一百块钱。(我弟弟跟我妈要了一百块钱。)
(24) 你给我一溜儿上广州去吧。(你跟我一起去广州吧。)
(25) 夜个儿他哥给俺哥打了一架。(昨天他哥哥跟我哥哥打了一架。)
(26) 这事儿给俺姐没关系。(这事儿跟我姐姐没关系。)
(27) 他给蛋蛋一般高。(他跟蛋蛋一样高。)
(28) 我给孩儿他爸是一个村儿哩。(我跟我爱人来自同一个村庄。)

---

① 河南中原官话给予动词的读音不尽相同,如郑州、许昌、长葛、商丘、民权、淮阳、漯河、周口、临颍、项城、商水、西峡、淮滨、驻马店等地区读音为[kei²⁴],郑州上街区、中牟、荥阳、禹州等地区读音为[kɯ²⁴],洛阳地区读音为[ku²⁴]。江蓝生先生(2012)认为[kei²⁴]应是郑州话的读书音,[kɛ²⁴](我们记为[kɤ²⁴])是郑州话"给"的方言音,其本字还是"给"。尽管给予动词读音有差别,但功能却没有任何差别。我们仍写作"给"。

② 从金小栋(2016)所报道的西华方言来看,"给"也是做给予动词、通表与事范畴3种关系的介词及并列连词的。

以上例（18）—（22）中"给"的用法跟普通话一致，不赘。例（23）中的"给"做与事介词，表指涉关系逆指义。例（24）—（27）的"给"做表相与关系的介词，具体来说，例（24）的"给"表协同义，例（25）的"给"表交互义，例（26）的"给"表关联义，例（27）的"给"表等比义。例（28）的"给"在句中做连词，表并列关系。以上例（24）—（28）中的"给"普通话一般用"跟、和、同"等。

　　根据我们的调查，"给"的这种多功能模式是普遍存在的，主要表现在两个方面：从分布区域上看，尽管城市方言有所变化，但无论是城市还是县乡镇，这种现象都没有消失；从使用群体的年龄上看，尽管有些方言点的年轻人用"两套"①，但无论是中老年人还是年轻人，这种多功能的"给"都是常用的。

　　需要说明的是，对于古代汉语"与"的功能，当今北京话、普通话都是用给予动词、表受益关系和指涉关系顺指义的介词"给"、表指涉关系和相与关系的介词及并列连词的"和、跟"等来对应，而典型的南方方言是用给予动词"拨、乞、畀、分"和通表与事范畴3种关系的介词及并列连词"搭、共、同"等来对应②。也即是说，北京话、普通话以及典型的南方方言都是用两个及以上的形式来对应古代汉语"与"的功能，而河南中原官话只用一个形式——"给"来对应。此外，从现代汉语方言给予动词的多功能模式来看，北京话、普通话都是"给予—受益—指涉（顺指）"模式，典型的南方方言是"给予—使役（表容任）—被动"模式，而河南中原官话普遍存在的是"给予—受益—指涉—相与—并列"模式。无论是从跟古代汉语"与"功能对应的角度来看，还是从给予动词的多功能模式的角度来看，河南中原官话都是不同于上述两种类型的另一种类型。单从这一语法项目来看，汉语的语法类型至少可以分为北部（北京官话文献及普通话）、南部（琉球官话等文献）、中部（西南官话文献及河南中原官话）3种类型。③

　　综上所述，一般认为的词汇更替必然伴随功能改变的观点是不全面的。

---

① 一套是用这种多功能的"给"，一套用普通话的"给"和"跟"，即给予动词和表受益关系和指涉关系顺指义的介词用"给"，表指涉关系逆指义和相与关系的介词及并列连词用"跟"。

② 参见李炜、王琳《琉球写本〈人中画〉的与事介词及其相关问题——兼论南北与事介词的类型差异》，载《中国语文》2011年第5期，第419–426页。

③ 参见李炜、石佩璇《从给予句 S_2、S_3 的选择看汉语语法地域类型差异》，载《中国语文》2017年第6期，第662–669页。

中部类型多功能词"给"的表现说明词汇更替也可以只是词汇更替，而与语法功能的改变无涉。但语言毕竟是发展的，正像我们观察到的当今西南官话中表指涉关系逆指义、相与关系的介词及并列连词已经不用"给"一样，而河南中原官话"给"的功能在继续保持跟古代汉语"与"的功能对应的前提下，又发展出了新的语法功能。

2. 做处置介词的"给"

河南境内有些方言点如郑州、荥阳、许昌、禹州等地区，"给"还能表达处置义，相当于普通话的"把"。例如郑州上街区方言：

(29) 快给饭吃了。(快把饭吃了。)
(30) 我给洋车子骑坏了。(我把自行车骑坏了。)
(31) 他爸给他打哩直叫唤。(他爸爸把他打得直叫唤。)
(32) 给肉剁剁，包饺子吃。(把肉剁剁，包饺子吃。)
(33) 他给俺家哩镢头往地上一撂，就走了。(他把我家的镢头往地上一扔，就走了。)
(34) 我给你哩书送人了。(我把你的书送人了。)
(35) 你快叫小花儿给鸡子撵窝里。(你快叫小花儿把鸡赶到鸡窝里。)
(36) 你给我当成啥人了！(你把我当作什么人了！)
(37) 他给脚崴住了。(他把脚崴了。)

河南中原官话"给"字处置句"NP_1 + 给 + NP_2 + VP"，从结构上来说，"VP"不能是光杆动词，至少要带上体标记，如例（29）—（35）。从处置句的意义类型来说，"给"字处置句的处置性既可以很强，如例（29）—（33），也可以较弱，如例（34）—（37）①。

除了"给"之外，河南中原官话的处置介词还有"叫"。据初步考察，"叫"和"给"表处置在河南境内呈现互补分布，如周口、漯河、驻马店、商丘等方言表处置用"叫"而不用"给"，郑州、荥阳、许昌、禹州等方言则选择"给"表处置，"叫"只表使役和被动，容另文讨论。

通过以上考察，我们得知河南中原官话中的"给"既跟古代汉语的

---

① 蒋绍愚、曹广顺（2005）将汉语的处置式分为广义处置式、狭义处置式和致使义处置式，广义处置式（给、作、到）和致使义处置式处置性较弱，狭义处置式处置性较强。

"与"一脉相承,又在一部分河南中原官话中发展出处置介词的功能。那么,河南中原官话中"给"的诸多功能之间有着怎样的联系呢?

三、河南中原官话"给"的语法化路径

李炜、石佩璇论证了北京话"给"和"跟"的语法化路径,即北京话"给"的语法化路径是"给予动词 > 受益关系介词 > 指涉关系介词"①,北京话"跟"的语法化路径则是"跟随义动词 > 指涉关系介词 > 相与关系介词 > 并列连词",并认为"给、跟"共同的语义节点是"指涉关系介词",据此连缀成汉语与事系统"受物—受益—指涉—相与—并列"。② 而这一与事系统恰好跟古代汉语的"与"和当今河南中原官话普遍存在的"给"的多功能模式相对应。

从河南中原官话"给"的多功能模式我们进一步认识到从指涉关系到相与关系之间最重要的节点是"给"表逆指义。当主语跟介词宾语之间的动作既可以顺指,也可以逆指时,说明动作的指向不再固定指向某一方,而是主语和介词宾语共同参与的行为。于是,主语跟介词宾语之间的语义关系便发生了变化:逆指义之前它们是一种单向的关系,而逆指义之后它们是一种双向的关系。相与关系协同义、交互义、等比义和关联义都强调主语跟介词宾语之间是一种双向关系,动作行为为双方共同参与,协同义的主语和介词宾语之间还有主次之分,交互义则强调动作双方的互动,主次之分就减弱了一些,而关联义主次之分更弱,到了等比义,主语和介词宾语之间几乎看不到主次之分了。当介词宾语提升到跟主语一样对等的位置时,并列连词"给"也随之产生。

对于"给"在郑州等部分河南中原官话中还能做处置介词这一现象,我们认为它是从受益介词演变而来的。"给"表受益和处置的标准句式分别为:

A. NP_1 + 给 + NP_2 + VP (我给你洗衣裳。)

---

① 北京话口语中"给"表使役和被动是 20 世纪 90 年代以后受南方官话的影响才逐渐多了起来,并不是北京话的"给"自身演变的结果(李炜,2004)。即便如此,在当今北京话口语中,"叫、让"做使役动词和被动介词仍然具有很强的生命力。

② 参见李炜、石佩璇《北京话与事介词"给""跟"的语法化及汉语与事系统》,载《语言研究》2015 年第 1 期,第 45–54 页。

B. NP_1 + 给 + NP_2 + VP（我给衣裳洗洗。）

我们看到两式的句法序列是一样的，这就为重新分析提供了必要的句法环境。问题在于"NP_2"，A 式中的"NP_2"为受益对象，一般是有生命的名词，B 式中的"NP_2"为处置对象，既可以是有生命的名词，也可以是无生命的名词。当有生命的受益对象"NP_2"被施加了影响而成为处置对象时，"给"就可以重新分析为处置介词，如"我给牲口喂喂"。而当"NP_2"由有生命的名词类推至无生命的名词时，"给"作为处置介词的功能扩展才最终得以完成。

从语义角色的角度来讲，A、B 两式中的"NP_2"分别为与事和受事。朱德熙先生很早就注意到与事和受事之间的语义联系，并指出"有时候我们可以把受事当作与事来对待"①，反之亦然，我们可以把"我给衣裳洗洗"中的"衣裳"看作是有生命的受益者，"洗"它是为了使它变得干净，这时的"衣裳"就可以理解为与事；而"我"对"衣裳"施加了影响"洗"这个动作，这时的"衣裳"就由与事转化为受事了。

汉语方言中的处置介词跟受益介词同形并不是个别现象，而是普遍存在的，如桂阳六合土话中的"带"②、常宁方言中的"得"③、福州方言中的"共"④ 和金华汤溪方言中的"帮"⑤ 等。

河南中原官话中的"给"表处置显然不是受以上南方方言的影响，那会不会是受北京话的影响呢？据考察，在汉语的历时语料中极少见到"给"表处置⑥，北京话口语中"给"表处置是很晚近的，且"给"从来不是一个强势的处置介词，而在"给"表处置的河南中原官话中，"给"则是强势的处置介词。因此，我们认为"给"表处置是河南中原官话自身发展演变的结果。

综上所述，河南中原官话"给"的多功能模式及语法化路径如下图所示。

---

① 参见朱德熙《语法讲义》，商务印书馆 1982 年版，第 180 页。
② 参见邓永红《桂阳土话的介词》，见伍云姬主编《湖南方言的介词》，湖南师范大学出版社 2009 年版，第 70 – 84 页。
③ 参见吴启主《常宁方言的介词》，见伍云姬主编《湖南方言的介词》，湖南师范大学出版社 2009 年版，第 12 – 23 页。
④ 参见陈泽平《福州方言处置介词"共"的语法化路径》，载《中国语文》2006 年第 3 期。
⑤ 参见曹志耘《金华汤溪方言的介词》，见李如龙、张双庆主编《介词》，暨南大学出版社 2000 年版，第 68 页。
⑥ 参见蒋绍愚、曹广顺《近代汉语语法史研究综述》，商务印书馆 2005 年版，第 159 – 177 页。

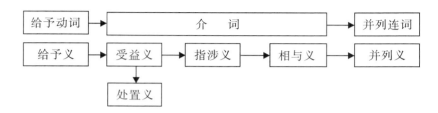

图 1　河南中原官话"给"的多功能模式及语法化路径

参考文献

[1] 曹志耘. 金华汤溪方言的介词[C]//李如龙,张双庆主编. 介词. 广州:暨南大学出版社,2000:60-77.

[2] 陈泽平. 福州方言处置介词"共"的语法化路径[J]. 中国语文,2006(3).

[3] 邓永红. 桂阳土话的介词[C]//伍云姬主编. 湖南方言的介词. 长沙:湖南师范大学出版社,2009:70-84.

[4] 江蓝生. 汉语连—介词的来源及其语法化的路径和类型[J]. 中国语文. 2012(4).

[5] 蒋绍愚. "给"字句、"教"字句表被动的来源——兼谈语法化、类推和功能扩展[C]//语言学论丛(第26辑). 北京:商务印书馆,2002:354-360.

[6] 蒋绍愚,曹广顺. 近代汉语语法史研究综述[M]. 北京:商务印书馆,2005.

[7] 金小栋. 西华方言多功能词"给"的语义演变[J]. 语言研究,2016(4).

[8] 李炜. 清中叶以来北京话的被动"给"及其相关问题——兼及"南方官话"的被动"给"[J]. 中山大学学报(社会科学版),2004(3).

[9] 李炜,[日]濑户口律子. 琉球官话课本中表使役、被动义的"给"[J]. 中国语文,2007(2).

[10] 李炜,王琳. 琉球写本《人中画》的与事介词及其相关问题——兼论南北与事介词的类型差异[J]. 中国语文,2011(5).

[11] 李炜,石佩璇. 北京话与事介词"给""跟"的语法化及汉语与事系统[J]. 语言研究,2015(1).

[12] 李炜,刘亚男. 西南官话的"跟"——从《华西官话汉法词典》说起[J]. 中国语文,2015(4).

[13] 李炜,石佩璇,刘亚男,黄燕旋.清代琉球官话课本语法研究[M].北京:北京大学出版社,2015.
[14] 李炜,石佩璇.从给予句S_2、S_3的选择看汉语语法地域类型差异[J].中国语文,2017(6).
[15] 吴启主.常宁方言的介词[C]//伍云姬主编.湖南方言的介词.长沙:湖南师范大学出版社,2009:12-23.
[16] 朱德熙.语法讲义[M].北京:商务印书馆,1982.
[17] Paul J. Hopper & Elizabeth C. Traugott. Grammaticalization. Cambridge:Cambridge University Press,1993.//语法化学说(国内原文版,沈家煊导读)[M].北京:外语教学与研究出版社,2001.

重论"我唱给你听"*

引　言

　　学界对"我唱给你听"这类句式进行过深入讨论的主要有朱德熙和赵金铭。二位先生均认为"我唱给你听"的结构层次为"（我唱）＋（给你听）"。①

　　朱德熙把与"给"相关的给予义句式分为以下四种②：

S_1：$N_1 + V + 给 + N_2 + N_3$③（我送给他一本书。）
S_2：$N_1 + V + N_3 + 给 + N_2$（我送一本书给他。）
S_3：$N_1 + 给 + N_2 + V + N_3$（我给他写一封信。）
S_4：$N_1 + V + N_2 + N_3$（我送他一本书。）

　　朱德熙指出，能够在 S_1 和 S_4 出现的动词为给予义动词 V_a；能够在 S_2 出现的动词为给予义动词 V_a、取得类动词 V_b 和制作义动词 V_c；能够在 S_3 出现的动词为取得类动词 V_b 和制作义动词 V_c。④

　　朱德熙讨论了在 S_1—S_4 后面加上一个动词或动词结构（记为 V_2）的句式⑤，即：

---

* 《重论"我唱给你听"》，原刊于《华文教学与研究》2019年第2期。作者李炜、黄燕旋、王琳。

　　基金项目：国家社会科学基金重大项目"海外珍藏汉语文献与南方明清汉语研究"（12&ZD178）。

　　① 参见朱德熙《包含动词"给"的复杂句式》，载《中国语文》1983年第3期；赵金铭《"我唱给你听"及相关句式》，载《中国语文》1992年第1期。

　　② 参见朱德熙《与动词"给"相关的句法问题》，载《方言》1979年第2期。

　　③ N_1 为原文的 Ns，N_2 为原文的 N'，N_3 为原文的 N。

　　④ 参见朱德熙《与动词"给"相关的句法问题》，载《方言》1979年第2期。

　　⑤ 参见朱德熙《包含动词"给"的复杂句式》，载《中国语文》1983年第3期。

S'_1：$N_1 + V_1 + 给 + N_2 + N_3 + V_2$（我送给他一本书看。）
S'_2：$N_1 + V_1 + N_3 + 给 + N_2 + V_2$（我送一本书给他看。）
S'_3：$N_1 + 给 + N_2 + V_1 + N_3 + V_2$（我给他买辆车骑。）
S'_4：$N_1 + V_1 + N_2 + N_3 + V_2$（我送他一本书看。）

并涉及与 S'_2 同构的句式：

S'_5：我唱（一个歌）给你听。
S'_6：（你以为我不会骑马）我骑给你看。

朱德熙[①]认为，"唱一个歌给你听"形式上跟"炒一个菜给你吃"一样，但实际上不同。"唱"属于 V_a、V_b、V_c 以外的一类动词，记为 V_d，而"炒"属于 V_c 类动词，虽然所带的宾语都是结果宾语（Object of result），这种宾语所指的事物在动作发生以前不存在，只是随着动作的完成才出现的，但 V_c 的宾语是实体的事物，而 V_d 的宾语所指的事物都不是实体，不能"给予"。因此，朱先生认为"只能有：$V_c + N_3 + 给 + N_2$，不能有：*$V_d + N_3 + 给 + N_2$"：

*唱个歌给我。
*讲个笑话给我。

继而推出这类句式的构造不是（$V_1 + N_3 + 给 + N_2$）+ V_2，而是（$V_1 + N_3$）+（给 + $N_2 + V_2$）。

赵金铭[②]明确指出"唱"类动词的动作不产生物质的结果，其所涉及的事物"歌"不能作为"给予"的对象。"我唱给你听"的结构层次是"我唱/给你听"，其语义分析形式是"我唱（ ）+ 让你听（ ）"。因此，赵先生也认为这类句式的结构是 $V_1 +$（给 + $N_2 + V_2$），并指出这种句型的特别之处主要体现在"给"上，"给"在这里相当于并可替换为"让（叫）"，赋予句子使役的含义。

二位的立论基于两点：一是现代汉语中没有"V_d（ + N_3）+ 给 + N_2"

---

① 参见朱德熙《包含动词"给"的复杂句式》，载《中国语文》1983年第3期。
② 参见赵金铭《"我唱给你听"及相关句式》，载《中国语文》1992年第1期。

的句式，二是"给"在"V_d（ $+N_3$） + 给 + N_2 + V_2"句式中做使役动词。我们对两位先生的分析表示怀疑。经过考察发现，这两点均不成立。

鉴于二位先生已经对 V_1 为 V_a、V_b、V_c 类动词的句式做了探讨，均认为是简单给予句加挂 V_2 的复杂给予句，我们表示同意，因此，我们这里主要谈 V_1 为 V_d 类动词的这类句式。

一、文献中的"V_d（ $+N_3$） + 给 + N_2"

清代北京官话作品《红楼梦》（以下简称《红》）、《儿女英雄传》（以下简称《儿》）中就出现了不少"V_d（ $+N_3$） + 给 + N_2"的实例，如：

（1）明儿我<u>说给</u>他们，凡要茶要水送东送西的事，咱们都别动，只叫他去便是了。（《红》第二十四回，342 页）

［试比较：如今新兴的，外头听了村话来，也<u>说给</u>我听，看了混帐书，也来拿我取笑儿。（《红》第二十六回，367 页）］①

（2）代儒往前揭了一篇，<u>指给</u>宝玉。（《红》第八十二回，1179 页）

［试比较：那人便怀内掏出赏格来，<u>指给</u>门上人瞧……（《红》第九十五回，1349 页）］

（3）你略歇歇儿就先回去，把这话<u>说给</u>你娘，并致意你岳父、岳母，叫他二位好放心。（《儿》第十二回，191 页）

当今的北京话和普通话中也存在"V_d（ $+N_3$） + 给 + N_2"句式，例如：

（4）苏叶子回到家，想<u>唱给</u>奶奶，但奶奶已经睡熟了。（北大语料库：白天光《歌殇》）

（5）她要把女儿童年的欢歌笑语通过巧妙的语言，绘声绘色地<u>讲给</u>病床上的女儿，减轻女儿的痛苦，直到梦乡……（北大语料库：孙黎平《母爱》）

（6）哪儿不经打先声明，经打肉厚的地方都<u>指给</u>我。（王朔《玩的就是

---

① 为了忠实反映语言现象，我们做对比时遵循唐钰明（1995）提出的"提取性原则"，即尽可能从现存文献中提取例证。

心跳》，159 页）

［试比较：你给我们指条明道吧，这回我们听你的。（王朔《顽主》，128 页）］

现代汉语中这类句子虽然不多，但"V_d + 给 + N_2"加"的"的情况却比较普遍，有两种情况。

第一，"V_d + 给 + N_2 + 的 + N_3"，即由"V_d + 给 + N_2"充当关系小句（Relative clause），修饰 N_3，例如：

（7）"呗"为古梵语的音译，意为赞叹、赞颂，是佛教举行宗教仪式时，教徒唱给佛与菩萨的颂歌。（北大语料库·《新华社 2004 年新闻稿》）

（试比较："呗"为古梵语的音译，意为赞叹、赞颂，是佛教举行宗教仪式时，教徒唱给佛与菩萨听的颂歌。）

（8）夏呵，在你的这些色彩中，鸣叫中，温馨中，我仿佛听到你说给我的灼热的情话，又像第一缕晨光洒在我身上，觉察到你的骄傲，你的强烈，你的自信。（北大语料库·《人民日报》1993 年）

（9）这一年，他完成了《即兴诗人》《讲给孩子们的故事》。［北大语料库·《读者（合订本）》］

第二，"V_d + 给 + N_2 + 的"，即将"V_d + 给 + N_2"名物化（Nominalization），"V_d + 给 + N_2"名物化后指的是 N_3，例如：

（10）旋律悠扬，是唱给报社、书刊社以及社会上所有充满爱心的人们的，是唱给家长的，也是唱给他们自己的。（北大语料库·当代报刊《市场报》1994 年）

（试比较：旋律悠扬，是唱给报社、书刊社以及社会上所有充满爱心的人们听的，是唱给家长听的，也是唱给他们自己听的。）

（11）"今天早点儿回来。"这一句话是说给阿荣的。（北大语料库·《生为女人》）

（12）"我懂。并不要你做什么。"这个回答，是讲给他的，也是讲给自己的。［北大语料库·《读者（合订本）》］

以上例子中的 V_1 均属于 V_d 类动词，而它们进入了"V_d（+ N_3）+ 给 +

N_2"句式,这说明无论是历时文献,还是当今的北京话和普通话,"V_d(+ N_3) +给+ N_2"句式都是存在的,我们不能以个人的语感去衡量句子格式的成立与否。

我们把"V_d(+ N_3) +给+ N_2"句式称为"模拟给予句"。模拟给予句与典型给予句的差别在于:朱德熙①定义的典型给予句存在着实物的所有权转移,即给予物 N_3 由 N_1 转移至 N_2,在这样的框架中,一定有作为可供转移之物 N_3 存在或者蒙前省略;而模拟给予句的 N_3 并非实体,不能发生实物的所有权转移,通常情况下只能靠视觉、听觉来感受,因此模拟给予句后加挂的 V_2 一般是感官类动词。

可见,V_d 类动词和非实体的宾语也能进入"V_1(+ N_3) +给+ N_2"句式,当宾语是非实体的事物时,它不是像赵先生所说的行为动作不产生结果,而是通过动词 V_d 产生可被感知的结果,从而作为信息具备〔+转移〕的语义特征,能被 N_2 所接受、所感知。至此,认为"V_d(+ N_3) +给+ N_2"的句式不存在的观点是有失偏颇的。

二、"给"的性质

接下来我们来考察一下"V_d(+ N_3) +给+ N_2 + V_2"句式中的"给"是否如赵先生所说的是一个使役动词,相当于并可替换为"让(叫)"。

首先,"V_d(+ N_3) +给+ N_2 + V_2"句式中的"给"可以省略,例如:

(13) 你念来我听。(《红》第八十四回,1208 页)

〔试比较:"我念给你听听。"(《红》第七十四回,1059 页)〕

(14) "买了雀儿你顽,省得天天闷闷的无个开心。我先顽个你看。"(《红》第三十六回,494 页)

(15) 妙却妙,只是不知怎么个变法,你先变个我们瞧瞧。(《红》第十九回,275 页)

(16) 我唱个《小两口儿争被窝》你听。(《儿》第四回,61 页)

不仅如此,即便是 V_1 为 V_a、V_b、V_c 的给予句加挂动词构成的复杂给予句,其中的"给"也同样是可省略的。如:

---

① 参见朱德熙《与动词"给"相关的句法问题》,载《方言》1979 年第 2 期。

(17) 阿弥陀佛，你来的好，且把那茶倒半碗我喝。(《红》第七十七回，1108 页)

[试比较："倒茶给师父们喝。"(《红》第一一五回，1569 页)]

而使役句中的使役动词不能省略。例如：

(18) 周瑞家的便道："既是女孩子的东西全在这里，奶奶且请到别处去罢，也让姑娘好安寝。"(《红》第七十四回，1055 页)

*周瑞家的便道："既是女孩子的东西全在这里，奶奶且请到别处去罢，也姑娘好安寝。"

(19) 紫鹃道："我们这里才沏了茶，索性让他喝了再去。"(《红》第八十二回，1176 页)

*紫鹃道："我们这里才沏了茶，索性他喝了再去。"

(20) 老爷也强为欢笑，说："闹了这许多天了，实在也乏了，且让我歇一歇儿，慢慢的再计议罢。"(《儿》第一回，20 页)

*老爷也强为欢笑，说："闹了这许多天了，实在也乏了，且我歇一歇儿，慢慢的再计议罢。"

其次，"V_d（$+N_3$）+给+N_2+V_2"句式中"给"后的 N_2 不能省略，例如：

(21) 我唱给你听。
　　*我唱给听。

而使役句中使役动词后的 N_2 能省略，例如：

(22) 我心里很喜欢。一面儿就叫收拾下酒菜，一面儿又叫拢了一盆子炭火。(《语言自迩集》，279 页)

(23) 门上的拿着小额的片子，上去一回待了半天，带出话来，说是这两天没功夫，让转请高明吧。(《小额》，338 页)

最后，"V_d（$+N_3$）+给+N_2+V_2"句式的 V_2 后不能再带宾语，而使役句 V_2 后还能带宾语，例如：

(24) 人民把钱发给你让你培养革命后代。(《王朔文集·顽主》,5314 页)

从以上对比可以看出,"V_d(+N_3)+给+N_2+V_2"中的"给"并不是一个使役动词,"V_d(+N_3)+给+N_2+V_2"不是使役句,它与使役句之间的差异如下表所示。

表1 "V_d(+N_3)+给+N_2+V_2"句式与使役句的差异

对比项	使役动词/"给"能否省略	N_2能否省略	V_2后能否带宾语
V_d(+N_3)+给+N_2+V_2	+	−	−
使役句	−	+	+

"V_d(+N_3)+给+N_2+V_2"句式与使役句存在如此显著的差异,为什么赵先生会把它误解为使役句呢?这与"给"可兼表使役有关系。如果与给予动词同形的词不表使役,那么这种误解就不会产生,西南官话文献《华西官话汉法词典》①(1893 年,以下简称《华西》)中的"跟"正好为我们提供了这方面的坚实例证。

《华西》中的给予动词及其相应的弱化动词②是"跟",例如:

(25) 要跟你的工钱。(要给你的工钱。)(《华西》,206 页)
(26) 还没有付钱跟他。(还没有付钱给他。)(《华西》,57 页)

与北京话的"$V_{a/b/c}$(+N_3)+给+N_2"句式一样,《华西》中的"$V_{a/b/c}$(+N_3)+跟+N_2"可加挂 V_2 构成复杂给予句,例如:

(27) 我拿一点辣子汤跟他吃。(我拿一点儿辣子汤给他喝。)(《华西》,304 页)

---

① 出版于 1893 年的《华西官话汉法词典》(*Dictionnare Chinois-Français de la Langue Mandatin Parlée*)是"由在四川生活了数年的传教士们和当地的教士们合作编写的,它收纳了生活在四川、云南和贵州的农村人和城市人的日常口语"(引自该词典前言),为我们展现了 100 多年前西南官话的语音、词汇和语法面貌。

② 用于主要动词之后的给予动词(如"送一本书给他"中的"给")语音上只能弱读,不能重读,前面不能出现副词(包括否定副词"不、没"),后面不能出现动态助词(如"了、过"),我们认为它是处于动词与介词之间的弱化动词,详见李炜(1995)、李炜等(2015)。

（28）<u>拿五十吊钱跟你做本钱</u>。（拿五十吊钱给你做本钱。）（《华西》，425 页）

当 V_1 为 V_d 时，该句式仍用"跟"，例如：

（29）我还有一句肺腑的话<u>说跟你听</u>。（我还有一句肺腑的话说给你听。）（《华西》，46 页）

（30）你<u>指跟我看</u>，你指我做。（你指给我看，你指我做。）（《华西》，521 页）

根据李炜、石佩璇①，李炜、刘亚男②等的研究，汉语官话在语法层面存在南、北、中 3 种类型：南部官话的给予动词可兼做使役动词和被动介词，北部官话的给予动词可兼做部分与事介词（表示服务义、意志义和顺指义），而中部官话的给予动词可兼做与事介词和并列连词，相当于古代汉语的"与"。

20 世纪 90 年代以后，由于受到南方官话的影响，北京话中的"给"可表使役③，复杂的句法环境使得"我唱给你听"中的"给"可能被误解为使役动词；而西南官话的"跟"在"我唱跟你听"中只有一种理解，即表给予，与使役无涉。我们做过相关的调查，西南官话母语者不会把"我唱跟你听"中的"跟"误解为使役动词。

北京话的"我唱给你听"和西南官话的"我唱跟你听"，无论在语义上还是在结构上都是相同的。作为同样的句式，如果"我唱跟你听"中的"跟"不是使役动词，那么"我唱给你听"中的"给"也不可能是使役动词。至此，我们可以肯定地说把"V_d（+N_3）+ 给 + N_2 + V_2"中的"给"当作使役动词是一种误解，这种误解有可能是由典型的南方方言在官话层面上的负迁移所造成的。

---

① 参见李炜、石佩璇《北京话与事介词"给""跟"的语法化及汉语与事系统》，载《语言研究》2015 年第 1 期；李炜、石佩璇《从给予句 S_2、S_3 的选择看汉语语法地域类型差异》，载《中国语文》2017 年第 6 期。

② 参见李炜、刘亚男《西南官话的"跟"——从〈华西官话汉法词典〉说起》，载《中国语文》2015 年第 4 期。

③ 参见李炜《清中叶以来北京话的被动"给"及其相关问题——兼及"南方官话"的被动"给"》，载《中山大学学报（社会科学版）》2004 年第 3 期。

综上所述，我们认为有关"我唱给你听"是使役句的立论是不成立的，汉语中存在"V_d（+N_3）+给+N_2"句式；"给"不是使役动词，"V_d（+N_3）+给+N_2+V_2"句式与"$V_{a/b/c}$（+N_3）+给+N_2+V_2"句式的结构层次一样，都是简单给予句加挂 V_2 的复杂给予句，并不是所谓的使役句。

三、复杂给予句中"使役感"的由来

既然"V_d（+N_3）+给+N_2+V_2"并非使役句，那么，为什么有人会觉得句中有不同程度"使役感"的存在呢？

首先，我们肯定这种"使役感"不是"给"带来的。18 世纪具有南方方言特征的琉球官话课本①《人中画》（以下简称"琉本《人》"）改写自啸花轩本《人中画》（约 1650 年，以下简称"啸本《人》"）。我们在琉本《人》中发现了不少由啸本《人》中不含"与"②的复杂给予句改写而来的含"给"的复杂给予句，例如：

（31）商春茂道："小小年纪，一味会说大话，你既说他文字不好，你有本事，明指出他那里不好来我看，莫要这等狂言无实，坏了我商府读书体面！"（《啸/寒/一》）③

（32）他若果然有意，你能设法我再会他一会，我再谢你五十两，决不爽信！（《啸/终/一》）

此两例在琉本《人》中分别被改写为：

（31'）商春茂说："小小年纪，会说大话，你既说他文章不好，你有本事，就指出他那里不好来给我看看。不要这样狂话，坏了我商府读书的体面！"（《琉/寒/一》）

（32'）他果然有意，你设个方法给我会他一会，我再谢你五十两，断不骗你！（《琉/终/一》）

---

① 琉球官话课本即清朝时期琉球国人学习汉语官话的课本，主要作于 18 世纪，包括日本天理大学藏本《官话问答便语》《白姓官话》、琉球写本《人中画》和《学官话》等。

② 啸本《人》属于近代汉语语法层次，给予动词主要使用"与"。

③《人中画》由 5 个故事组成，包括：《风流配》《自作孽》《狭路逢》《终有报》《寒彻骨》，为行文方便，均以首字简称。如《啸/寒/一》表示啸本《人》中的《寒彻骨》第一回。

琉本《人》与母本啸本《人》的句子含义相同，如果认为琉本《人》中含"给"的句子的"使役感"是由"给"带来的，那么，啸本《人》中不含"与"的句子的"使役感"又从何而来呢？

在当今典型的南方方言中，这种"给①"可有可无的现象更是常见，例如：

粤语广州话：
（33）我唱支歌（畀）你听。（我唱支歌给你听。）
（34）我话（畀）你知。（我告诉你。）
客家梅州话：
（35）俚讲只笑话（分）佢听。（我讲个笑话给他听。）
（36）俚讲（分）佢听。（我讲给他听。）
闽语福州话：
（37）我讲个笑话（乞）汝听。（我讲个笑话给你听。）
（38）我讲（乞）汝听。（我讲给你。）
吴语上海话：
（39）我唱支歌（拨）耐听。（我唱支歌给你听。）
（40）耐如何做法，阿好先说（拨）我听听？（你怎么做的，先说给我听一下好不好？）

据我们调查，这些句子无论有没有"畀、分、乞、拨"，意义都没有任何改变，给人的所谓"使役感"也不受影响。

另外，把"给、畀、分、乞、拨"换成"送"，句子同样有些许"使役感"，例如：

（41）我也得了一包好的，送你擦脸。（《红》第六十回，840页）

因此，此类句子的"使役感"并非来自"给、畀、分、乞、拨"或"送"。我们认为是结构的双重语义关系给句子带来了"使役感"。一个句子里存在一个名词同时充当两种语义角色，就会产生或多或少的"使役感"。

---

① 为了表达简洁，粤、客、闽、吴的给予动词及其弱化动词均用"给"表示，不一一列举方言用字。

"$V_d(+N_3)+给+N_2+V_2$"句式中，N_2扮演了两种语义角色，既是V_1 [$V_d(+N_3)$]的与事，又是V_2的施事，这是句子产生"使役感"的根本原因。

事实上，即便是V_1为V_a、V_b、V_c的复杂给予句，由于结构的双重语义关系，同样带有所谓的"使役感"，例如：

（42）我送本书给他看。
（43）我偷本书给他看。
（44）我炒碟菜给他吃。

这些句子朱、赵两位先生也认为是给予句，而非使役句，但它们同样给人以"使役感"，因此，我们不能把所有带"使役感"的句子都看成使役句。

江蓝生指出"所谓使役，是指动词有使令、致使、容许、任凭等意义"①，刘永耕对使令类动词的表述是"施事者以一定的行为支配受事者，意欲促使受事者发出某行为或接受某变化"②。可见，在使役句里，N_2是V_1的受事（Patient），这是界定使役句的语义标准。因此，把"$V_d(+N_3)+给+N_2+V_2$"中的N_2看成受事还是与事是判定句子是使役句还是复杂给予句的关键。我们认为这里的N_2是与事。试看下面两个句子：

（45）A. 你站起来走几步给我看看。（《我是你爸爸》，139页）
      B. 你起来给我走上几步看看。（《我是你爸爸》，139页）

A、B两句表达同一个意思，虽然"给我"的位置有所不同，但是"给"的功能都是引出受益对象，整个句子表示要求听话者为说话者走几步。B句中的"给"是表服务义的与事介词，"我"是与事不会有争议；A句中的"给"是一个介于动词与介词之间且十分接近介词的弱化动词，并且有向介词靠拢的趋势，作为一个十分接近介词的弱化动词，A句中"给"的功能和B句中的"给"一样，也是用来标记与事的。

认知语言学认为人类语言有观念距离象似性，句法结构能体现语义关系

---

① 江蓝生：《汉语使役与被动兼用探源》，见《近代汉语探源》，商务印书馆2000年版，第221页。
② 刘永耕：《使令类动词和致使词》，载《新疆大学学报（社会科学版）》2000年第1期，第93页。

距离[①],"语义关系紧密的成分在句法结构上也更加紧密。比如人类语言通常让与动词关系最密切的施事和受事分别占据直接格即主宾语位置,而让其他题元成为间接格状语,用介词一类标记引出"[②]。也就是说,施事和受事是动词直接的、无标记(Unmarked)的题元,而与事及其他题元则是间接的、有标记(Marked)的题元,如汉语须由介词引出。因此,从语义角度看,与事和施/受事并不在一个语义层次上,从句法角度看,与格和主/宾格也不在一个结构层次上。

使役句里的 N_2 既是 V_1 的受事,又是 V_2 的施事,施事和受事都与动词的关系密切,且在同一层次上。

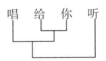

复杂给予句里的 N_2 是与事,属于间接题元,与施事无论在语义上还是在句法上都不在同一层次上,而弱化动词"给"的功能是标记与事,与动词 V_1、V_2 也不在同一层次上,因此,"给"首先与与事 N_2 结合,再与 V_1 结合,最后与 V_2 结合。

故此,使役句的 N_2 前后都不能切分,也不能以"让 + N_2"结句:

* 妈妈不让/我去。
* 妈妈不让我/去。
* 妈妈不让我。

而复杂给予句能在 N_2 后切分,也能以"给 + N_2"结句:

---

① 参见 William Croft:*Typology and Universals*,剑桥大学出版社 1990 年版;张敏《认知语言学与汉语名词短语》,中国社会科学出版社 1998 年版。
② 刘丹青:《汉语给予类双及物结构的类型学考察》,载《中国语文》2001 年第 5 期,第 389 页。

我唱给你/听。

指条明路给你。

通过以上语义角色及结构层次的分析，我们看到"V_d（+N_3）+给+N_2+V_2"与使役句的本质区别。

无论是相关文献，还是当今方言，都证明"我唱给你听"相关句式并非使役句。通过与西南官话中的"跟"的对比，我们更加肯定："给"不是一个使役动词，而是一个标记与事的弱化动词，与之相关的"我唱给你听"不能分析为"我唱/给你听"，而应分析为"我唱给你/听"。复杂给予句确实带有些许"使役感"，但是这种"使役感"是由于结构的双重语义关系造成的，不仅复杂给予句，其他具有双重语义关系的结构同样带有不同程度的"使役感"，但不是所有带"使役感"的句子都是使役句。

参考文献

[1] 江蓝生. 汉语使役与被动兼用探源[C]//近代汉语探源. 北京：商务印书馆，2000：221-236.

[2] 李炜. 句子给予义的表达[J]. 中山大学学报（社会科学版），1995（2）.

[3] 李炜. 清中叶以来北京话的被动"给"及其相关问题——兼及"南方官话"的被动"给"[J]. 中山大学学报（社会科学版），2004（3）.

[4] 李炜，刘亚男. 西南官话的"跟"——从《华西官话汉法词典》说起[J]. 中国语文，2015（4）.

[5] 李炜，石佩璇. 北京话与事介词"给""跟"的语法化及汉语与事系统[J]. 语言研究，2015（1）.

[6] 李炜，石佩璇，刘亚男，黄燕旋. 清代琉球官话课本语法研究[M]. 北京：北京大学出版社，2015.

[7] 李炜，石佩璇. 从给予句S_2、S_3的选择看汉语语法地域类型差异[J]. 中国语文，2017（6）.

[8] 刘丹青. 汉语给予类双及物结构的类型学考察[J]. 中国语文，2001（5）.

[9] 刘永耕. 使令类动词和致使词[J]. 新疆大学学报（社会科学版），2000（1）.

[10] 唐钰明. 古汉语语法研究中的"变换"问题[J]. 中国语文，1995（3）.

[11] 吴福祥. 尝试态助词"看"的历史考察[J]. 语言研究，1995（2）.

[12] 张敏. 认知语言学与汉语名词短语[M]. 北京：中国社会科学出版

社，1998.
[13] 赵金铭． "我唱给你听" 及相关句式 [J]．中国语文，1992（1）．
[14] 朱德熙．与动词 "给" 相关的句法问题 [J]．方言，1979（2）．
[15] 朱德熙．包含动词 "给" 的复杂句式 [J]．中国语文，1983（3）．
[16] Croft, William. Typology and Universals [M]. Cambridge: Cambridge University Press, 1990.

从给予、使役、被动范畴看清代官话语法的类型差异[*]

引 言

桥本万太郎[①]认为汉语存在"南方型"和"北方型",并"把南方汉语与南亚语联系起来,把北方汉语与阿尔泰语联系起来"。此后,汉语方言存在南北对立的思想在学界产生了十分深远的影响,对北方官话方言和吴、闽、粤、客等典型南方方言的区分就是具体的表现之一。该观点对于我们探讨汉语官话的语法类型也具有一定的启发意义。

传统意义上的官话指通行于北方地区的汉民族共同语的基础方言。[②] 随着对官话文献发掘和研究的不断深入,流行于官话方言区以外的、带有不同地域和方言背景的官话文献得到了学界越来越多的关注。李炜、濑户口律子[③],王琳、李炜[④]考察了琉球官话课本[⑤]中的"给"与吴、闽、粤、客等典型南方方言中给予、使役、被动范畴的表达形式,指出给予动词兼表使役和被动是琉球官话及相关的典型南方方言的共同特点,认为琉球官话与以北京官话为代表的北方官话不同,是具有鲜明南方方言色彩的官话。李丹丹[⑥]

---

[*] 《从给予、使役、被动范畴看清代官话语法的类型差异》,原刊于《语文研究》2020年第1期。作者李炜、于晓雷。

基金项目:国家社会科学基金重大项目"海外珍藏汉语文献与南方明清汉语研究"(12&ZD178)。

感谢《语文研究》匿名审稿专家和编辑部的修改意见。

① 参见[日]桥本万太郎《北方汉语的结构发展》,载《语言研究》1983年第1期。

② 参见丁声树、李荣《汉语方言调查》,罗常培、吕叔湘《现代汉语规范问题》,见现代汉语规范问题学术会议秘书处《现代汉语规范问题学术会议文件汇编》,科学出版社1956年版。

③ 参见李炜、[日]濑户口律子《琉球官话课本中表使役、被动义的"给"》,载《中国语文》2007年第2期。

④ 参见王琳、李炜《琉球官话课本的使役标记"叫""给"及其相关问题》,载《中国语文》2013年第2期。

⑤ 琉球官话课本即清代琉球国人学习汉语官话的系列课本,主要著于18世纪。

⑥ 参见李丹丹《清琉球官话课本〈人中画〉语法研究》,北京大学出版社2013版。

通过对琉球官话课本中的与事系统，使役、被动范畴，反身代词，差比句等重要语法范畴的考察，指出其语言是一种在语法上与南方多种方言整体上高度对应的"官话"，并将其称之为"南方官话"。① 可见，以琉球官话为代表的"南方官话"与以北京官话为代表的北方官话在语法类型上存在差异。

此外，与琉球官话和北京官话均有所不同的"中部地区"官话的情况同样值得关注。李炜、刘亚男②考察了西南官话文献中的多功能词"跟"，发现在"受物—受益—指涉—相与—并列"这一与事系统的表达上，西南官话的"跟"可以做给予动词、与事介词和并列连词，这与琉球官话及其相关的吴、闽、粤、客等典型南方方言，北京官话及其相关的北方官话方言都不同，而同近代汉语的"与"的基本功能相一致。李炜、石佩璇③考察了清中叶以来的官话文献对含"给"字的给予句 S_2（$N_1 + V + N_3 + 给 + N_2$）、S_3（$N_1 + 给 + N_2 + V + N_3$）④ 的选择情况，发现琉球官话课本一直使用 S_2，不用 S_3；清晚期以来的北京官话文献则多使用 S_3，原先占优势的 S_2 迅速萎缩直至消失；西南官话文献的 S_2、S_3 出现频率相近。对相关方言和来自不同地区的普通话使用者的调查结果也反映了 S_2 和 S_3 大致相同的地域分布特征。

从以上研究的背景来看，无论是前人的研究，还是李炜、濑户口律子⑤、王琳、李炜⑥对南北官话给予、使役、被动范畴的表达形式的考察，都未考虑到"中部地区"的情况，对不同背景官话的语法类型也未做进一步的探讨。因此，本文将在此前研究的基础上，对清代中期以来不同地域和方言背景的官话文献中的给予、使役和被动范畴的表达形式进行考察，以期获得对清中期以来汉语官话在语法层面类型上的更全面的认识。

---

① 参见李丹丹《清琉球官话课本〈人中画〉语法研究》，北京大学出版社2013年版，第162页。
② 参见李炜、刘亚男《西南官话的"跟"——从〈华西官话汉法词典〉说起》，载《中国语文》2015年第4期。
③ 参见李炜、石佩璇《从给予句 S_2、S_3 的选择看汉语语法地域类型差异》，载《中国语文》2017年第6期。
④ 朱德熙（1979）把与"给"相关的给予义句式分为4种，S_1：$N_1 + V + 给 + N_2 + N_3$（我送给他一本书），S_2：$N_1 + V + N_3 + 给 + N_2$（我送一本书给他），S_3：$N_1 + 给 + N_2 + V + N_3$（我给你打件毛衣），S_4：$N_1 + V + N_2 + N_3$（我送他一本书）。
⑤ 参见李炜、[日]濑户口律子《琉球官话课本中表使役、被动义的"给"》，载《中国语文》2007年第2期。
⑥ 参见王琳、李炜《琉球官话课本的使役标记"叫""给"及其相关问题》，载《中国语文》2013年第2期。

一、琉球官话课本中给予、使役、被动范畴的表达

江蓝生认为"所谓使役,是指动词有使令、致使、容许、任凭等意义"①,王琳、李炜②结合琉球官话课本中使役标记"叫"与"给"的分布情况,将使役范畴根据使役者对被使役者的控制强弱度分出两个下位范畴:由使令和致使构成的使役者对被使役者控制度较强的使役,简称"令致类"使役;由容许和任凭构成的使役者对被使役者控制度较弱的使役,简称"容任类"使役。该文进而指出,琉球官话及相关的吴、闽、粤、客等典型南方方言中与给予动词同形的词表示容任类使役,不表令致类使役;北方方言则令致类、容任类使役使用同一语法标记。本文遵从江蓝生的看法,采纳王琳、李炜的观点,将使役范畴划分为"令致类"使役和"容任类"使役两类。

本文选取了琉球官话课本中的《官话问答便语》(1703 或 1705 年,以下简称《官》)、《白姓官话》(1750 年,以下简称《白》)、琉球写本《人中画》(18 世纪中叶,以下简称《人》)和《学官话》(1797 年,下简称《学》)等 4 部文献③为语料,对琉球官话课本中的给予、使役和被动标记情况做了进一步的考察,发现琉球官话课本中用"给"表给予、容任类使役和被动,用"叫"表令致类使役。例如:

(1) 我自然数足,拣选干净,都是好钱给你,不用费心。(《官》)
(2) 司马玄说:"我多给你些银子卖了罢。"老头子说:"相公给我多少银子呢?"(《人/风/二》)
(3) 柳春荫说:"既蒙大人收养,请大人端坐,给我磕头!"(《人/寒/一》)
(4) 他当日才生的时节,为什么不请医生调治,给他烂到这个样呢?(《学》)

---

① 江蓝生:《汉语使役与被动兼用探源》,见《著名中年语言学家自选集》(江蓝生卷),安徽教育出版社 2002 年版,第 139 页。
② 参见王琳、李炜《琉球官话课本的使役标记"叫""给"及其相关问题》,载《中国语文》2013 年第 2 期。
③ 《官话问答便语》《白姓官话》、琉球写本《人中画》、《学官话》,均为日本天理大学附属图书馆藏本。其中琉球写本《人中画》由 5 个故事组成,包括:《风流配》《自作孽》《狭路逢》《终有报》《寒彻骨》。为行文方便,均以首字简称,其后的数字表示每个故事的回目。

(5) 那豆子原是草包包的，要打开包晒晒才好。里头原是给雨打湿了的，若是把原包抬去晒，怎么会晒得透呢？(《白》)

(6) 家里的东西，给人抢去的抢去，给火烧去的烧吊，到第二天来，一条草都没有了。(《学》)

(7) 吃过午饭，就叫徒弟捧上香茶。茶吃了，洗洗手面。和尚又邀我们前后左右玩玩。(《官》)

(8) 就是做花子，千山万水，路途遥远，奔走艰难，想来总是他乡饿鬼，叫人怎不心伤？(《白》)

例（1）（2）表示给予义，使用"给"为标记；例（3）（4）表示容任类使役，使用"给"为标记；例（5）（6）表示被动，使用"给"为标记；例（7）（8）表示令致类使役，使用"叫"为标记。

琉球官话课本中给予、使役、被动标记的总体分布情况见表1。

表1 琉球官话课本中给予、使役、被动标记的分布情况

单位：次

文献	给予范畴	使役范畴		被动范畴
		令致类	容任类	
	给	叫	给	给
《官》	18	13	6	0
《白》	28	18	6	4
《人》	167	203	24	51
《学》	20	23	8	6

琉球官话课本中，给予、使役、被动 3 个范畴所使用的标记呈现两分的格局，其中表给予、容任类使役和被动均主要使用"给"，① 而表令致类使役主要使用"叫"。相关的吴、闽、粤、客等典型南方方言在给予、使役、被动标记的选择上也呈现两分格局：表给予、容任类使役和被动主要使用与相应的给予动词同形的"拨"（吴）②、"乞、护（互）、度、传"（闽）③、"畀"（粤）④、"分"（客）⑤，而表令致类使役主要使用叫喊类/使令类动词"叫"（吴、闽、粤）⑥、"喊"（吴、客）⑦、"话"（客）⑧、"令"（粤）⑨等。由此可见，琉球官话及相关的吴、闽、粤、客等典型南方方言给予、使役、被动 3 个范畴所使用的标记均呈现两分格局：用给予动词以及与给予动词同形的标记表示容任类使役和被动，用叫喊类/使令类动词标记表示令致类使役。

---

① 在《官》《白》、琉本《人》和《学》中，分别有 4 例、7 例、9 例和 3 例"被"表示被动，呈现出整体上用例逐渐减少的情况。唐钰明先生（1987）认为，"随着'叫''给'等新形式的出现，揭开了'被'字句从口语中受排挤的序幕"。在近代语法痕迹相对较重的《官》中，还没有表示被动的"给"的出现，但到琉本《人》中，被动标记"给"的用例开始超过了"被"并占据了主体地位。并且其中的"被"逐渐被"高语体化"，作为被动标记的"给"和"被"呈现出语体色彩的差异，例如：

a. 这里地方，毒蛇狠多，若是给他咬了，立刻就死，有药也不会救得来，各位小心要紧。（《白》）（口头）

b. 各位先生，弟们被风漂来，不知贵国的礼数，又不知贵国的言语，得罪处狠多，敢求见谅，不要记怪。（《白》）（书面）

② 参见刘丹青《苏州方言的动词谓语句》，见李如龙、张双庆《动词谓语句》，暨南大学出版社 1997 年版。

③ 参见陈泽平《福州话的动词谓语句》、李如龙《泉州方言的动词谓语句》和施其生《汕头方言的动词谓语句》，见李如龙、张双庆《动词谓语句》，暨南大学出版社 1997 年版。

④ 参见张双庆《香港粤语的动词谓语句》，见李如龙、张双庆《动词谓语句》，暨南大学出版社 1997 年版。

⑤ 参见项梦冰《连城方言的动词谓语句》，见李如龙、张双庆《动词谓语句》，暨南大学出版社 1997 年版。

⑥ 参见刘丹青《苏州方言的动词谓语句》、陈泽平《福州话的动词谓语句》、李如龙《泉州方言的动词谓语句》、施其生《汕头方言的动词谓语句》和张双庆《香港粤语的动词谓语句》，见李如龙、张双庆《动词谓语句》，暨南大学出版社 1997 年版。

⑦ 参见刘丹青《苏州方言的动词谓语句》、项梦冰《连城方言的动词谓语句》，见李如龙、张双庆《动词谓语句》，暨南大学出版社 1997 年版。

⑧ 参见项梦冰《连城方言的动词谓语句》，见李如龙、张双庆《动词谓语句》，暨南大学出版社 1997 年版。

⑨ 参见张双庆《香港粤语的动词谓语句》，见李如龙、张双庆《动词谓语句》，暨南大学出版社 1997 年版。

二、北京官话文献中给予、使役、被动范畴的表达

本文选取了《红楼梦》的对话部分①（18 世纪中叶，以下简称《红》）、《儿女英雄传》（19 世纪 40 年代，以下简称《儿》）、《语言自迩集》（19 世纪 40—80 年代，以下简称《语》）和《小额》（19 世纪 90 年代，以下简称《小》）等 4 部文献②为语料，对清中晚期北京官话文献中的给予、使役和被动标记情况进行了考察，发现北京官话文献中主要用"给"表给予，用"叫"或"让"通表令致类使役、容任类使役和被动。例如：

(9) 凤姐道："说迟了一日，昨儿已经<u>给</u>了人了。"（《红》第六回）

(10) 姓田的说：我只<u>给</u>你一件。你随手儿拿罢，不用挑拣。（《语》，285 页）

(11) 可惜了儿的，就是有一样儿，在这儿多住些日子未免误了考期；若是去考试又怕错了这个机会，真<u>叫</u>我进退两难。（《语》，291 页）

(12) 可巧胎里坏孙先生，又没在家，这才赶紧打发人把摆斜荣找来，<u>让</u>他给打听打听去。（《小》，91 页）

(13) 袭人道："……如今我们家来赎，正是该<u>叫</u>去的，只怕连身价也不要，就开恩叫我去呢。……"（《红》第一九回）

(14) 那女子道："既这样，<u>让</u>你哭。哭完了，我到底要问，你到底得说。"（《儿》第五回）

(15) 太太这才想过来，说："是呀，真真的，我也是<u>叫</u>你们唬糊涂了！"（《儿》第十二回）

(16) 就听楞祥子说："王妈你可给我瞧着点儿狗，上回我就<u>让</u>他给咬了一下子。"（《小》，33 页）

---

① 王力先生的《中国现代语法》仅使用《红楼梦》的对话部分作为研究语料，将《红楼梦》的对话部分和叙述部分两种语料切分得很清楚。我们遵从王力先生的看法，认为《红楼梦》的对话部分能够反映当时的语言面貌，主要属于现代汉语语法层次，故只选用《红楼梦》的对话部分进行考察。

② [清] 曹雪芹、[清] 高鹗《红楼梦》，人民文学出版社 1982 年版；[清] 文康《儿女英雄传》，人民文学出版社 1983 年版；威妥玛著，张卫东译《语言自迩集——19 世纪中期的北京话》，北京大学出版社 2002 年版；松友梅著、刘一之标点注释《小额》，世界图书出版公司 2011 年版。

例（9）（10）表示给予义，使用"给"为标记；例（11）（12）表示令致类使役，使用"叫"和"让"为标记；例（13）（14）表示容任类使役，使用"叫"和"让"为标记；例（15）（16）表示被动，使用"叫"和"让"为标记。

北京官话文献中给予、使役、被动标记的总体分布情况见表2。

表2　北京官话文献中给予、使役、被动标记的分布情况

单位：次

文献	给予范畴	使役范畴				被动范畴	
		令致类		容任类			
	给	叫（教）	让	叫（教）	让	叫（教）	让
《红》	613①	897	0	179	87	49	0
《儿》	320	522	0	122	145	25	0
《语》	80	156	0	29	6	45	0
《小》	46	9	65	2	42	4	24

北京官话文献中，给予、使役、被动3个范畴所使用的标记同样呈现两分的格局，但与琉球官话及相关的吴、闽、粤、客等典型南方方言不同，北京官话文献中主要用"给"表给予，用"叫"或"让"通表令致类使役、

---

① 《红楼梦》对话部分中有126例表示给予范畴的"与"，仍保留了近代语法层次的一些留存痕迹，但相比之下"给"已经成为给予动词的主体。且给予范畴的"与"多出现在跛足道人、癞头和尚等"仙界人士"以及贾政、贾雨村等"时官腐儒"的言谈中，具有一定的书面语体色彩，例如："那道士叹道：'你这病非药可医。我有个宝贝与你，你天天看时，此命可保矣。'"（《红楼梦》第十二回）

容任类使役和被动。①

现代济南、西安、银川、忻州、哈尔滨等相关北方官话方言的情况也是如此：表给予用"给"，表令致类使役、容任类使役和被动主要用"叫"或"让"。②

也就是说，在给予、使役、被动这 3 个范畴的表达上，琉球官话及相关的吴、闽、粤、客等南方方言和北京官话及其相关的北方官话方言都是两分的，即分别使用两个标记分割这 3 个范畴，只是分割出来的功能区域不同。那么，除这两种格局外，是否还存在其他的第 3 种类型的格局呢？在考察了西南官话文献之后，我们发现答案是肯定的。

三、西南官话文献中给予、使役、被动范畴的表达

本文选取了清末西方传教士编写的西南官话文献《华西官话汉法词

---

① 与南方官话和方言的情况相似，北京官话中也存在被动标记"被"的用例逐渐减少和"高语体化"的情况。《红楼梦》对话部分表被动时同时使用"被"和"叫/教"（"被"95 例，"叫/教"49 例），这种局面持续了相当一段时间，在稍后的《儿女英雄传》中仍是如此（"被"167 例，"叫/教"25 例）。直到再往后的《语言自迩集》中，"叫/教"成为被动的主要表达形式，有 45 例之多，而相比之下"被"锐减到只有 3 例，并且二者之间存在明显的语体差别，例如：

a. 过了好一会子，身上还是打战儿，心里还是突突的跳，睁开眼一瞧，屋里所有的东西，都没有损坏一点儿，叫人出去一看，说是街坊家的山墙，叫雨淋透了倒咯。（《语》，278 页）（口头）

b. 那百姓的困苦他全不怜恤，不论鳏寡孤独的他都是一样儿的勒掯，遇事假公济私，又没有正经本事，到底被人参了。朝廷大发雷霆，叫他闭门思过。（《语》，287 页）（书面）

"叫"成为被动标记的主体之后，北京官话相关范畴表达的二分格局正式形成。

② 北京官话中也存在用"给"表示使役、被动的现象，但属极个别用法。从 19 世纪中期到 20 世纪 90 年代的《儿女英雄传》《语言自迩集》《小额》《骆驼祥子》《评书聊斋志异》《京味小说八家》等 6 部北京话中共出现了 3842 个"给"，其中表使役的"给"有 1 个，表被动的"给"有 6 个。可见北京官话中的使役、被动标记主要使用的仍是"叫"或"让"，表给予的词兼表使役在南方官话里属常见用法，在北京话里则属个别用法。详可参见李炜（2002）。相关北方方言情况参见曹志耘《汉语方言地图集》（语法卷），商务印书馆 2008 年版，第 95 页；陈章太、李行健《普通话基础方言基本词汇集》，语文出版社 1996 年版，第 4547 页。济南方言参见李荣《现代汉语方言大词典分卷·济南方言词典》，江苏教育出版社 1997 年版，第 145 页。西安方言参见李荣《现代汉语方言大词典分卷·西安方言词典》，江苏教育出版社 1996 年版，第 164 页。银川方言参见李荣《现代汉语方言大词典分卷·银川方言词典》，江苏教育出版社 1996 年版，第 183 页。忻州方言参见李荣《现代汉语方言大词典分卷·忻州方言词典》，江苏教育出版社 1995 年版，第 234 页。哈尔滨方言参见李荣《现代汉语方言大词典分卷·哈尔滨方言词典》，江苏教育出版社 1997 年版，第 188 页。

典》①（1893 年，以下简称《华西》）为语料，对西南官话文献中的给予、使役和被动标记情况进行了考察，发现西南官话文献中用"跟"表给予，用"喊、叫"表令致类使役，用"等、佲②"表容任类使役，用"遭③、被"表被动，四者各自使用不同的标记。例如：

（17）买东西不跟钱。（买东西不给钱）（《华西》，206 页）
（18）要跟你的工钱。（要给你的工钱）（《华西》，206 页）
（19）喊他走。（叫他走）（《华西》，78 页）
（20）没钱叫我怎样去法。（《华西》，238 页）
（21）押倒一个人不等他走。（押着一个人，不让他走）（《华西》，141 页）
（22）佲他诀骂，不要答应。（让他骂，不要回应）（《华西》，161 页）
（23）箱子遭虫打了。（箱子被虫子咬了）（《华西》，615 页）
（24）被人打伤了。（《华西》，5 页）

例（17）（18）表示给予义，使用"跟"为标记；例（19）（20）表示令致类使役，使用"喊"和"叫"为标记；例（21）（22）表示容任类使役，使用"等"和"佲"为标记；例（23）（24）表示被动，使用"遭"和"被"为标记。

《华西》中给予、使役、被动标记的总体分布情况见表3。

表3　《华西》中给予、使役、被动标记的分布情况

单位：次

文献	给予	使役				被动	
		令致类		容任类			
	跟	喊	叫	等	佲	遭	被
《华西》	79	5	2	6	2	2	1

---

① 出版于 1893 年的《华西官话汉法词典》(Dictionnare Chinois – Français de la Langue Mandatin Parlée, Imprimerie de la Société des Missions E) 是由在四川生活了数年的传教士们和当地的教士们合作编写的，它收纳了生活在四川、云南和贵州的农村人和城市人的日常口语，展现了 100 多年前西南官话的语音、词汇和语法面貌。
② 本字不明，文献中写作"佲"。
③ 西南官话的被动标记应为"着"，文献中写作"遭"，本文引用文献时依文献写作"遭"。

也就是说，在清代晚期的西南官话文献中，给予、使役、被动3个范畴所使用的标记呈现四分的格局。那么，这种四分格局在当今西南官话中是否存在呢？

我们对30多个西南官话方言点进行了调查，发现其中有14个方言点的情况与《华西》相同①，即给予、令致类使役、容任类使役和被动各自使用不同的标记：用"跟、给"表给予，用"喊、叫"等表令致类使役②，用"等、准"等表容任类使役，用"着"表被动。见表4。例如：

（25）我同学跟了我一本书。（我同学给了我一本书。）（四川泸州、宜宾江安，贵州毕节等）

（26）你喊他走快点儿。（你叫他快点儿走。）（四川泸州、宜宾江安，贵州毕节等）

（27）我妈不等我跟你玩。（我妈不让我跟你玩。）（四川泸州、宜宾江安，贵州毕节等）

（28）牛着他牵起去咯。（牛被他牵走了。）（四川泸州、宜宾江安，贵州毕节等）

表4 现代西南官话方言中给予、使役、被动标记的分布情况

方言点	给予	使役		被动
		令致类	容任类	
泸州	跟	喊	等/要	着
宜宾江安	跟	喊	等	着
毕节	跟	喊	等	着
南充	给	喊	等	着
金沙	给	喊	等	着

① 发音人资料详见李炜、刘亚男（2015）附录。（见本书239-240页。——编者注）。由于普通话的影响，西南官话如今正处于快速变化当中，许多方言点在该语法项上的情况已经发生了变化。30个方言点中有16个的表现已经与普通话类型相近，还有14个方言点的情况能够与文献中所描写的情况相互印证，我们对这14个方言点的情况进行着重介绍。

② 在当今西南官话中，部分使用"等、准"等表达致使义，部分不存在表达致使义的使役句，表达致使义时必须变换句式，说明致使义的使役句在西南官话中还没有发展成熟，故此处仅讨论令致类使役中的使令义。

续上表

方言点	给予	使役		被动
		令致类	容任类	
自贡	给	喊	等	着
内江市区	给	喊	等/许	着
内江资中	给	喊	要/让/等	着
贵阳	给	喊	等	着
重庆云阳	给	喊	佄	着
恩施建始	给	要/叫/喊	佄/准/等	着
宜昌五峰	给	叫/让	等	着
达州	给	叫	佄/准	着
德阳	给	喊	让/等/要/准	着

从目前掌握的不同地域和方言背景的官话文献语料来看，清中期以来的官话在给予、使役、被动范畴的表达上至少存在 3 种不同的类型。那这 3 种类型相互对立的格局是否从一开始就是泾渭分明的？为了更好地梳理这 3 种不同类型之间的关系，我们把目光投向了年代相对更早的明末官话文献。

四、《金瓶梅》中给予、使役、被动范畴的表达

《金瓶梅》[①]（17 世纪初，以下简称《金》）刊行于明代晚期，反映了近代汉语语法层次的情况。《金》中表给予、令致类使役、容任类使役与被动各自使用不同的标记：主要用"与"表给予，主要用叫喊类/使令类动词"叫（教、交）、命、令、使"表令致类使役，主要用"让、由、容"表容任类使役[②]，主要用"被、吃、乞"表被动。例如：

---

① 《金瓶梅》版本众多，有"词话本"和"绣像本"两大系统。本文所涉及语料选自通行的《新刻绣像批评金瓶梅》（齐鲁书社 1989 年版），即明末崇祯年间刊行的"绣像本"。

② 《金瓶梅》中有极少的 2 例"与"表示容任类使役，这与全书的方言面貌有关。学界大多数学者比较认同《金瓶梅》的主体属于以山东方言为主的北方方言（张鸿魁，1987；蒋绍愚，1994）。但同时书中也出现了一些带有江淮官话、吴方言色彩的语汇，这可能与书稿经过不同方言背景文人的多次传抄、增删有关。

(29) 妇人骂道："混沌魍魉，他来调戏我，到不乞别人笑话！你要便自和他过去，我却做不的这样人！你与了我一纸休书，你自留他便了。"(《金》第二回)

(30) 西门庆道："既赃证刀杖明白，叫小厮与我拴锁在门房内。明日写状子，送到提刑所去！"(《金》第二十六回)

(31) 直到掌灯，街上人静时，打他后门首扁食巷中——他后门旁有个住房的段妈妈，我在他家等着。爹只使大官儿弹门，我就出来引爹入港，休令左近人知道。(《金》第六十九回)

(32) 少顷，棋童儿拿茶来，西门庆陪伯爵吃了茶，就让伯爵西厢房里坐。(《金》第四十五回)

(33) 武大那里再敢问备细，由武松搬了出去。(《金》第二回)

(34) 这来旺儿告道："望天官爷察情！容小的说，小的便说；不容小的说，小的不敢说。"(《金》第二十六回)

(35) 西门庆再三谦让，被花子虚、应伯爵等一干人逼勒不过，只得做了大哥。(《金》第一回)

(36) 月娘道："你不来说，俺怎得晓的，又无人打听。倒只知道潘家的吃他小叔儿杀了，和王婆子都埋在一处，却不知如今怎样了。"(《金》第八十八回)

(37) 武大道："我兄弟不是这等人，从来老实。休要高声，乞邻舍听见笑话。"(《金》第二回)

例（29）表示给予义，使用"与"为标记；例（30）（31）表示令致类使役，使用"叫""使""令"为标记；例（32）—（34）表示容任类使役，使用"让""由""容"为标记；例（35）—（37）表示被动义，使用"被""吃""乞"为标记。

《金》中给予、使役、被动标记的总体分布情况见表5。

表5 《金》中给予、使役、被动标记的分布情况

单位：次

文献	给予范畴	使役范畴							被动范畴		
		令致类				容任类					
《金》	与	叫①	使	令	命	让	由	容	被	吃	乞
	1793	1672	508	275	6	108	69	36	194	99	4

也就是说，在《金》中，给予、使役、被动3个范畴所使用的标记呈现四分的格局。② 由此可见，在近代汉语语法层次，给予、令致类使役、容任类使役与被动所使用的标记是各有其词、各司其职的，而进入现代汉语语法层次，带有不同地域特色的琉球官话、北京官话和西南官话开始分化发展，其中琉球官话和北京官话中的语法标记在功能上发生较大变化，逐渐发展为不同类型的两分格局，西南官话则延续了汉语近代语法层次的四分格局，只在相关的语法标记上发生了词汇更替。

五、余论

以琉球官话为代表的"南方官话"，并非传统意义上的官话方言，而是流行于官话方言区以外的吴、闽、粤、客等典型南方方言区的一种"工具性"官话。在长期实行中央集权的国家体制下，官话处于强势地位，具有"超地域性"的特点，非官话方言区的人们为了方便社会交际，也有学习和使用官话的需要。③ 在这个过程中，母语方言为吴、闽、粤、客等典型南方方言的学习者和使用者，难免会将母语方言的词汇、语法和语用特点映射到官话中，产生母语方言的"负迁移"，从而形成了以琉球官话为代表的"南方官话"。

李荣④把官话区分成江淮、西南、中原、兰银、北方、北京、胶辽等7

---

① "叫、教、交"作为令致类使役标记分别有465例、1099例和108例。

② 《金瓶梅》中有16例"叫（教）"表示容任类使役，有17例"叫（教）"表示被动，这反映了明代晚期近代汉语语法已经开始萌生了一些向现代语法发展变化的迹象。但从全书整体来看，我们认为给予、令致类使役、容任类使役与被动的标记主体上是较为清晰的近代语法四分格局。

③ 参见李丹丹《清琉球官话课本〈人中画〉语法研究》，北京大学出版社2013年版，第176-177页。

④ 参见李荣《官话方言的分区》，载《方言》1985年第1期。

个次方言。罗杰瑞①在其基础上将官话方言内部进一步划分为南北两系：江淮官话、西南官话为"南系官话"，中原官话、兰银官话、北方官话、北京官话、胶辽官话为"北系官话"。并指出"南系官话"的出现要早于"北系官话"，"北系官话"更多地受到与阿尔泰诸语接触的影响，"南系官话"和"北系官话"先后都充当过"标准语"的角色。不难发现，"北系官话"基本相当于我们所说的以北京官话为代表的典型北方官话方言，而"南系官话"则与我们所说的"中部地区"官话大致相当。"南系"之"南"是在官话方言区内部相对于"北系"而言的，而"中部地区"是就其相对地理区位而言的。

李炜、刘亚男②，李炜、石佩璇③通过对不同语法项的考察，指出中部的西南官话与以琉球官话为代表的"南方官话"及以北京官话为代表的北方官话三者存在语法类型上的对立。李炜、石佩璇④指出，汉语官话及其相关方言至少在语法层面可分为3种类型：南部型、北部型和中部型。"南部型"，包括以琉球官话为代表的"南部官话"及相关的南部方言（吴、闽、粤、客）；"北部型"，包括以北京官话为代表的北部官话及其他阿尔泰化程度较深的方言（如西宁话、银川话、兰州话等西北方言）；"中部型"，至少包括西南官话和西南方言。我们认为，这种三分的观点是符合官话实际情况的，实际上"南部型"官话基本对应的就是"南方官话"，"北部型"官话基本对应的是"北系官话"，而"中部型"官话应大致相当于"南系官话"。⑤

通过考察我们发现，在"给予—令致类使役—容任类使役—被动"这一系统的表达上，西南官话的表现与以琉球官话为代表的"南方官话"及以北京话为代表的北方官话都不同，而与近代汉语语法的格局相一致。这进

---

① 参见罗杰瑞《关于官话方言早期发展的一些想法》，载《方言》2004年第4期。
② 参见李炜、刘亚男《西南官话的"跟"——从〈华西官话汉法词典〉说起》，载《中国语文》2015年第4期。
③ 参见李炜、石佩璇《从给予句 S_2、S_3 的选择看汉语语法地域类型差异》，载《中国语文》2017年第6期。
④ 参见李炜、石佩璇《从给予句 S_2、S_3 的选择看汉语语法地域类型差异》，载《中国语文》2017年第6期。
⑤ 根据我们的考察，西南官话在语法类型上与"南部型"和"北部型"官话均不相同，是"中部型"官话的典型代表。"南系官话"除西南官话外还应包括江淮官话（罗杰瑞，2004），但由于缺乏文献材料，目前我们尚不能确知清代江淮官话的语法面貌，这一问题随着对文献材料的深入挖掘可期得到突破。

一步证明了"南部型""北部型""中部型"官话存在语法类型上的对立的观点。

"南部型"官话本质上是流行于非官话方言区的官话变体，与吴、闽、粤、客等典型南方方言关系密切。"官话"作为共同语本身具有一定程度的"模糊性"，"南部型"官话不可避免地在一定程度上带有使用者母语方言的词汇、语法和语用的特点，成为具有鲜明"南方方言特色"的官话。这也是琉球官话在给予、使役、被动范畴的表达上与吴、闽、粤、客等典型南方方言存在一致性的根本原因。

"北部型"官话与阿尔泰诸语关系密切。关于"北部型"官话给予、使役、被动范畴的表达是否受到语言接触的影响，学界意见不一。罗杰瑞[1]认为，北方汉语用使役标志来表达被动，很可能有阿尔泰语句法的背景。桥本万太郎[2]指出，不仅通古斯——满族语，锡伯语、土族语、东乡语等阿尔泰语系里某些蒙古族语言也有使动标志兼表被动的特征，这种使役与被动的兼用是整个北方各族语言共有的一种区域特征。而江蓝生[3]对这种观点持怀疑和否定态度，认为这种兼用现象完全是汉语语法本质特征的表现。我们认为，江先生的考察是可信的，使役、被动兼用现象很可能与汉语语法本质特征有关。但从目前的研究成果来看，尚不能完全排除使役、被动兼用现象受到了语言接触的影响，甚至有可能是汉语自身发展和语言接触共同作用的结果，该问题尚有待更进一步的考察。

"中部型"官话在官话体系中的形成和出现相对更早，地理分布上介于"南部型"和"北部型"之间，相对更少受到方言负迁移和语言接触的影响，更能保留原本的一些语法特征，这从一定程度上也可以解释"中部型"官话总是更加接近近代汉语语法层次的面貌的问题。

参考文献

［1］曹志耘．汉语方言地图集（语法卷）［M］．北京：商务印书馆，2008．
［2］陈泽平．福州话的动词谓语句［C］//李如龙，张双庆．动词谓语句．广州：暨南大学出版社，1997．

---

① 参见罗杰瑞《汉语和阿尔泰语互相影响的四项例证》，载《台湾清华学报（新）》1982年第14期。
② 参见桥本万太郎《汉语被动式的历时·区域发展》，载《中国语文》1987年第1期。
③ 参见江蓝生《汉语使役与被动兼用探源》，见《著名中年语言学家自选集》（江蓝生卷），安徽教育出版社2002年版。

[3] 陈章太，李行健．普通话基础方言基本词汇集［M］．北京：语文出版社，1996．
[4] 丁声树，李荣．汉语方言调查［C］//现代汉语规范问题学术会议秘处．现代汉语规范问题学术会议文件汇编．北京：科学出版社，1956．
[5] 江蓝生．汉语使役与被动兼用探源［C］//著名中年语言学家自选集·江蓝生卷．合肥：安徽教育出版社，2002．
[6] 蒋绍愚．近代汉语研究概况［M］．北京：北京大学出版社，1994．
[7] 李丹丹．清琉球官话课本《人中画》语法研究［M］．北京：北京大学出版社，2013．
[8] 李荣．官话方言的分区［J］．方言，1985（1）．
[9] 李荣．现代汉语方言大词典分卷·哈尔滨方言词典［M］．南京：江苏教育出版社，1997．
[10] 李荣．现代汉语方言大词典分卷·济南方言词典［M］．南京：江苏教育出版社，1997．
[11] 李荣．现代汉语方言大词典分卷·西安方言词典［M］．南京：江苏教育出版社，1996．
[12] 李荣．现代汉语方言大词典分卷·忻州方言词典［M］．南京：江苏教育出版社，1995．
[13] 李荣．现代汉语方言大词典分卷·银川方言词典［M］．南京：江苏教育出版社，1996．
[14] 李如龙．泉州方言的动词谓语句［C］//李如龙，张双庆．动词谓语句．广州：暨南大学出版社，1997．
[15] 李炜，［日］濑户口律子．琉球官话课本中表使役、被动义的"给"［J］．中国语文，2007（2）．
[16] 李炜，刘亚男．西南官话的"跟"——从《华西官话汉法词典》说起［J］．中国语文，2015（4）．
[17] 李炜，石佩璇．从给予句 S_2、S_3 的选择看汉语语法地域类型差异［J］．中国语文，2017（6）．
[18] 李炜．清中叶以来使役"给"的历时考察与分析［J］．中山大学学报（社会科学版），2002（3）．
[19] 刘丹青．苏州方言的动词谓语句［C］//李如龙，张双庆．动词谓语句．广州：暨南大学出版社，1997．
[20] 罗常培，吕叔湘．现代汉语规范问题［C］//现代汉语规范问题学术

　　　　　　会议秘书处. 现代汉语规范问题学术会议文件汇编. 北京：科学出版社，1956.
［21］罗杰瑞. 关于官话方言早期发展的一些想法［J］. 方言，2004（4）.
［22］罗杰瑞. 汉语和阿尔泰语互相影响的四项例证［J］. 台湾清华学报（新），1982（14）.
［23］［日］桥本万太郎. 北方汉语的结构发展［J］. 语言研究，1983（1）.
［24］［日］桥本万太郎. 汉语被动式的历时·区域发展［J］. 中国语文，1987（1）.
［25］施其生. 汕头方言的动词谓语句［C］//李如龙，张双庆. 动词谓语句. 广州：暨南大学出版社，1997.
［26］唐钰明. 唐至清的"被"字句［J］. 中国语文，1988（6）.
［27］项梦冰. 连城方言的动词谓语句［C］//李如龙，张双庆. 动词谓语句. 广州：暨南大学出版社，1997.
［28］王琳，李炜. 琉球官话课本的使役标记"叫""给"及其相关问题［J］. 中国语文，2013（2）.
［29］张鸿魁. 《金瓶梅》的方音特点［J］. 中国语文，1987（2）.
［30］张双庆. 香港粤语的动词谓语句［C］//李如龙，张双庆. 动词谓语句. 广州：暨南大学出版社，1997.
［31］朱德熙. 与动词"给"相关的句法问题［J］. 方言，1979（2）.

口语中对称的使用[*]

对称，亦即第二人称。本文所说的"对称"是指谈话者双方可用来相互称谓的所有的"词儿"（词或者大于词）。本文重点讨论口语中对称的使用情况。

一

口语中究竟有多少个词儿可用于对称，具体数字无法统计。但我们可以将这些词儿大致分为如下几类。

（1）第二人称代词。你、你们、您，这三个词是对称的最基本形式。

（2）面称亲属词、类亲属词。亲属词如"爸爸、妈妈、爷爷、奶奶、外公、外婆、二伯、三叔、大姑、小姑、大舅、三舅、姐夫、二哥、三姐、表哥、表姐"等均可直接用来对称，并且一般用来称呼亲属。背称亲属词不用做对称，如"大舅子、小舅子、小姨子、小姑子"等，称呼有这样亲戚关系的人，只需随自己的丈夫（妻子）一样称呼便可，比如丈夫的哥哥，妻子也跟着叫哥，反之亦然。因汉语中对下辈或年龄小的平辈一般称呼名字，所以以下这些亲属词很少用做对称，如"儿子、女儿、弟弟、表弟、妹妹、表妹"等。"弟弟把书撕坏了"，应当认为这里撕书人的哥哥或姐姐在向父母告状。换个祈使句就更清楚："弟弟，别把书弄坏了。"这不像口语里的句子，听着别扭。

有些表面上看像亲属词的但实际上一般不用来称呼亲属，如"大爷、大娘、大叔、大婶儿、小弟弟、小妹妹、哥们儿、兄弟、兄弟们"等，这些可叫作类亲属词。还有亲属词、类亲属词两可的，如"大哥、大姐、大嫂、大伯"等，若在这些词前加上姓名，那就只能是类亲属词了。"大姐，

---

[*]《口语中对称的使用》，原刊于《语文建设》1993年第5期。

快来看呀。"这里的"大姐"既可以是亲属词，也可以是类亲属词，如果换成"李大姐，快来看呀"，那只能是类亲属词了。

在亲属词、类亲属词前加个代词"他（她）"构成"他舅、他大伯、他婶儿、他大姐"的形式也可用作对称，用作对称时被称呼的对象并非言者自己的舅、大伯什么的，而是"他"即晚辈、后辈的舅、大伯，这个"他"本身既可以是言者的亲属，也可以是非亲属，以"他"做参照并随"他"称呼对方，但这种对称形式的亲属词只能是表示长辈和上辈的，不能是表示晚辈、后辈的，像"他弟弟、他表妹、他儿子"就只能是他称，不是对称。顺便说一句，口语中第一人称代词"我"与亲属词、类亲属词结合只做他称用，如"我哥、我妈、我哥们儿"等。

（3）职称、职务等。如"主任、书记、经理、厂长、处长、科长、校长、司令、军长、团长、老师、教授、博士、总编"等。这些大部分可直接用来对称，如"经理，车在下面等着呢，可以走了吧。""厂长，这是各车间送来的材料。""司令，这么熟悉是什么人呢?"（《沙家浜》）这些名词前加姓更为常见，（如"马厂长、刘科长"）不过，很少有只用军衔来称呼对方的。

（4）姓名、小名、外号。直接用姓名称呼对方在学生中很普遍。在工作单位，除复姓外，姓前面加词头"老、小"构成"老黄、小王"这样的形式用来对称最为普遍。不加姓，只用名来对称一般限于双音节，"陈大海"可称"大海"，"孙丽"一般不能只称"丽"。小名、外号可用于对称，不过两者是有区别的：小名多是父母或长辈从小给起的，外号多是朋友或平辈人起的；小名一般不变，外号却有可能更换或消失；小名一般起得比较可爱或正式，外号却可能滑稽、好玩儿（如"小白鞋、蝴蝶迷"），也可能凶恶、可恶（如"座山雕、疤痢眼儿"）。

大名和小名、外号有时在形式上没有绝对界线。电视剧《女人不是月亮》的"扣儿"可以说是名，也可以说是小名，她参加模特儿选拔赛时若填表格总不能只填"扣儿"，依着笔者的意思，那位好心的老大姐该给她起个大名，姓亦可随她，反正扣儿也不知自己姓什么。"扣儿"这个词在一定情况下也完全可以成为某人的外号。

（5）其他。"同志、先生、小姐、小伙子、小朋友、老头儿（子）、老太太、老太婆"等都可直接用于对称，有些可以和姓名结合起来（王先生、刘小姐），有些不行（小伙子、小姑娘、小朋友）。近几年来又在某些阶层（如商界）兴叫某些人的妻子为"太太"，这原来是新中国成立前的老玩艺儿。"太太"前一般要加"姓",但不能是当事人本身的姓,而是随夫姓。

以上所列举的对称形式基本上也都可兼做他称,有时还可兼做自称。如何予以区分,笔者认为至少有以下3种办法。

第一,能做称呼语用的基本上都是对称,由于称呼语像个独词句,不充当句子成分,因而往往与前后的句子间有较大的停顿。如"二叔,车票买到了"或"车票买到了,二叔",如果说成"二叔车票买到了",就不是对称了。

第二,问候和祈使是对称的典型语境,如"老爷子,身体还好吧?""老张,下班儿了。""下命令吧,排长!""小姐,再来两瓶啤酒。"等等。

第三,代词"你""你们"、名词"大家"等常与其他对称形式形成复指关系,如"小朋友,你知道七里河小学怎么走吗?""伙计,你也太小心眼儿了。""大家抓紧干吧,小伙子们!"等等。

二

我们天天都要与各式各样的人打交道,如何称呼对方是非常重要的,这里笔者想谈几个与对称有关的语言运用问题。

(1)礼貌待人。直呼人姓名一般限于长辈对晚辈或平辈的熟人之间,晚辈对长辈指名道姓就不礼貌了。平辈的陌生人之间一般也不应直呼其名。假如某位陌生人是你有所求的就更不能直呼姓名了,否则也许会因此而事与愿违。熟人间可用小名互称,显得亲切、随便,不太熟的人之间要掂量着点儿,搞不好会显得唐突。比如你刚被介绍认识了一位叫杨娟娟的姑娘,并没聊多少,次日又见便来一声"娟娟",效果恐怕就不好了,想套近乎也有其他合适的形式可选,比如,"娟娟小姐",既可表达你的感情又较得体。熟人间用外号互称也是很少见的(尤其是成年人),因为是不礼貌的。当然,有时对方对自己的外号很得意,也可能会喜欢别人用外号称呼他。笔者有位朋友自信算命很准,大伙爱称他"大仙",每当这时,他总报以微笑。

晚辈对长辈称呼"老头(儿)、老太婆"是极不礼貌的,所以在电影上一般也只是反面人物才如此称呼老人。对不认识的小孩子可称"小朋友",这样显得和蔼,称"小孩子"则无甚和蔼可言了。

过去有身份、地位的人,除了有名有姓外,还有字,用字互称是很礼貌的,现在都只起名没有字了。但对一些年逾古稀的老先生,适当的时候用一下也无妨,比如有位老先生名天骥、字地龙,平辈人可亲切地叫他一声

"地龙兄",晚辈人可敬重地唤他个"地龙先生",没准儿他会很高兴。

总之,称呼对方时要注意礼貌,尤其是初次见面。在选择对称方式时还应当注意,礼貌—亲切—随便—没礼貌之间往往只差一步,要把握好分寸。

(2)入乡随俗。城市里,亲属词一般限于对称亲属,乡下的情形可大不相同。1979年春节,笔者第一次去母亲的故乡——广东某县的一个村,一切都好,就是如何称呼来拜年的人成了大问题,这个要叫叔公,那个要称姑丈,仅"舅父(舅舅)"一词就用了十几次。笔者只顾按大舅(真的大舅)的指令一律用亲属词相称,当时还真以母亲拥有如此庞大的家族而感到震惊,同时,还有种莫名的自豪感。后来才知道来人一半以上都跟我八竿子也打不着,有些邻村乃至邻县来的只是我大舅的朋友,我照样叫了舅舅,人家要的就是这个热乎劲儿。不过,能用亲属词称呼人家,沟通的速度似乎也确实加快了许多。

对称形式的使用是因时地的不同而不同的,比如这七八年来,"同志"一词越来越少用了,但在这以前,新中国成立以后的几十年中却很流行,20世纪五六十年代老百姓还喜欢把上面派下来的干部亲切地称作某同志。当今党政军界还流行"名+同志"的称谓形式,是不是毛主席发明的不敢说,但他老人家喜欢用此方式称谓,如"恩来同志、小平同志"等。"先生、小姐"倒是这七八年兴起的,但在乡下,目前仍不兴这个。

同一时代不同地方乃至不同社区(指同一城市),对称的使用亦不同,不同场合不同称谓就更不用说了,总之"随大流"是一种好办法。

(3)人往高处走。常常可以发现这样一种现象:人们在称呼对方时抬举对方。比如姓马的是位副厂长,姓孙的是个副教授,这个"副"字往往在称呼时被删去了,从而"晋升"为"马处长、孙教授"。一个人身上常常有不止一个头衔,高低可能不等,人们也会拣好听的来称。如王某是个股长,同时兼任一小厂的总经理,一般他都会被称为"王经理,王总经理",会拍马的人还干脆称他"王总",甚至"老总"。

职务(称)的高低是一种相对评价,大学里的讲师、助教被视为中低档,所以很少称人家"李讲师、万助教"的,代之以"李(万)老师","老师"一词较含糊,不牵涉高低问题。奇怪的是工程师、讲师原本同级,但在工厂里"某工程师"之类的称呼却叫得很欢,这可能是因为讲师下面只有助教垫底,工程师下面却有助工和大批工人垫底而"水涨船高"的缘故。

在部队系统里,班长就称班长,马副司令就得叫马副司令,老老实实,一般不会含糊。

（4）挠痒痒。为达到某种交际效果，有时不得不揣摩对方心理而投其所好地选择恰到好处的称谓形式。有位姓高的朋友原先是大学老师，因某种原因不得不弃教从商，运气好，现任某公司总经理，但仍眷恋着他的教师生涯。有一回手里有一桩极好的生意，来求他合作的人络绎不绝。这里面也有他从前的学生，来者个个都是左一个"高经理"，右一个"高总"，还有称"高兄"的。有位并非高某学生的年轻人见面便唤"高老师"，高某当时心头一热，最终这桩生意落到了这位"挠"到点儿上的年轻人手里。

（5）绕道儿走。"丈夫、妻子"不能做对称用，可夫妻对称有无统一方法呢？好像没有。古人夫妻倒还直率，以"官人、娘子"相称。英美夫妻（或情人）也有较为固定的称呼 Honey（香港人译为"甜心儿"）、Darling（亲爱的），只要听到用这俩词儿互称便可知他俩不是夫妻便是情人。我们只进口了一个"亲爱的"，夫妻间也不敢在公开场合以此互称，好像生怕别人受刺激似的，所以夫妻互称的形式真是五花八门，但就是不往点儿上说。乡下人有时用"他爹、他娘"互称，也能通过这种称呼形式本身明了他们的夫妻关系，不过也限于有了孩子的夫妻，而且也并非直说，还是绕着来。

以上问题都不同程度地与文化、社会、心理、政治等问题相联系。我们认为如进一步从多角度多侧面进行研究，一定会有所收获的。

《语法研究入门》读后*
——向青年语法研究爱好者推介一本好书

一

《语法研究入门》（以下简称《入门》）1999年由商务印书馆出版①。《入门》共有37篇文章，由33位学者分别撰写。《入门》既不是一般意义上的论文集，也不是一般意义上的教科书，更不是阐述某个学说的专著。应当说是中国20世纪尤其是1978—1996年间现代汉语语法领域学术成就的总结与博览。

汉语语法学自《马氏文通》问世以来，已走过了100年的历史。"文革"前中国的汉语语法学领域出现了一些大师级的学者，他们是黎锦熙、吕叔湘、王力、丁声树、朱德熙、方光焘、胡附、文炼等，他们的学术成就特别高，影响力特别大，使得汉语语法学在大半个世纪里呈现出"众星拱斗"的特点（马庆株语）。"文革"后，吕叔湘先生的《汉语语法分析问题》②、朱德熙先生的《现代汉语语法研究》③相继问世，翻开了汉语语法学崭新的篇章，从此汉语语法学步入了最为辉煌的新时期。这个时期的特点是涌现出了一大批拥有丰硕学术成果的优秀学者，他们的研究涉及范围之广、发现问题解决问题之多、描写之深入细致、理论方法之新颖、成就之高，从总体上看是前人所无法比拟的，他们在各自学术领域里各有千秋、各领风骚，使新时期的汉语语法研究出现了"群星灿烂"的局面（马庆株语）。《入门》的33位作者除了吕叔湘、朱德熙两位大师外，其余的31位大都是当今学术精英队伍中的主干成员，他们的论著代表了当今汉语语法研

---

* 《〈语法研究入门〉读后——向青年语法研究爱好者推介一本好书》，原刊于《南开语言学刊》2005年第1期。

① 参见马庆株《关于〈语法研究入门〉的组编》，载《世界汉语教学》1999年第4期。本文中"马庆株语"均引自该文。

② 参见吕叔湘《汉语语法分析问题》，商务印书馆1979年版。

③ 参见朱德熙《现代汉语语法研究》，商务印书馆1980年版。

究的水平，他们当中的许多人是汉语语法学界不同流派的代表。《入门》的这些作者还包括了当时现代汉语语法学全部博士生导师，以及其他相关专业的博士生导师和当时语法研究领域的国家社会科学规划课题的主持人、承担者。总之，他们"是现代汉语语法研究的带头人和中坚力量"（马庆株语）。这样一批优秀的学者专为一部书撰写文章，这在汉语语法学史上恐怕还是头一回。

《入门》的最大特点是兼容并包，各种不同学术流派的声音、各种不同的甚至是针锋相对的理论观点共存于一书之中，这也是汉语语法史上所罕见的。由此可以想见本书的编辑难度：任何一位学者（哪怕是学术大师）想要写这么一部能够兼容并包并能够反映当今语法研究全貌的书都是不可能的，因为无论如何也无法避免个人的主观倾向。这样的书只能由各方"高手"集体来写。但谁来牵头是个难题。牵头人起码应具备两个条件：一是牵头人自己必须在学术上拥有公认的成果，二是牵头人必须是各方"高手"都愿意接受的人。商务印书馆张万起先生把这一难度很高的编书任务交给了马庆株先生，这是一个明智之举。马先生具备牵头人的两个条件。他是语法学界公认的中年（学术含义上）语法学者的代表人物之一；他"和各年龄层的学者都有共同语言"，"和全国语法学界名流有广泛的接触"（马庆株语），是语法学界可接受度很高的学者。应当说马先生圆满地完成了这一编书任务，从选定作者到约定文章内容都充分贯彻了他力避门户之见、体现兼容并包的编书方针。笔者以为，这是与马先生的一段经历分不开的。马先生曾在1978—1981年间就读于北大中文系语言专业，是朱德熙先生的研究生，马先生不但从朱德熙等先生身上获得了许多做学问的"真传"，更重要的是从以朱先生为代表的北大人身上学到了兼容并包这一北大文化的精髓。该书的成功编辑就是一个有力证明。《入门》的作者之一张斌先生（文炼）在给马庆株的信中说"深庆主编得人"，这话是客观的。

与兼容并包直接相关的是本书的另外两个特点：视野开阔、富于启发性。《入门》的文章采用不同的视角，涉及了当今语法研究的各主要领域，运用了当今汉语语法研究中几乎所有行之有效的理论方法，介绍了语法研究中各主要课题的研究状况并提出了一系列需要攻克的新课题和亟待解决的具体问题。

看得出，《入门》的主旨就是要说明语法研究尤其是当今汉语语法研究的门径，这对于我们这些青年语法研究爱好者（包括本科高年级对语法研究有兴趣的学生，尤其是语言类专业的研究生、青年教师等）来说无疑是一部极好的入门之书。该书的书名用了"入门"二字是极其恰当的,"入门"是指研究意义上的、实操意义上的"入门"。

二

《入门》的37篇文章字数最多的约有2.8万字,最少的约有0.3万字。我们根据字数的多少将《入门》的文章分为两大类。一类是篇幅较长的,一般在1.5万字左右或以上;一类是篇幅较短的,一般在1.2万字左右或以下。篇幅较长的文章共10篇,以下按在书中的出现次序予以简介。

(1)《朱德熙先生论语法研究》(马庆株编),全文共37页。文中辑录了137则朱先生的话,马先生将其编为语录体,分以下10个专题:第一,眼界;第二,现代汉语语法研究的对象;第三,汉语语法特点和语法体系;第四,汉语语法学史;第五,西方语法学流派;第六,语法研究方法;第七,词类、语素和形态音位;第八,结构、语义、表达三个平面;第九,全方位研究汉语语法;第十,学风和论文写作。"大致反映了这位大师对语法研究重要问题的指导性意见和学术思想精华,有的内容是第一次正式发表。"(马庆株语)笔者认为这完全可称得上是中国语法学的《论语》。当笔者读到文中的这样一段话时,眼睛湿润了,"做学问要有一颗童心才行,就像小孩儿在地上玩泥巴似的,只有本身的乐趣,而没有任何功利的动机和其他的目的"。对比"学而时习之,不亦说乎",二者境界之高下就自在比较之中了。如果《入门》再版,笔者希望将朱先生的这番话放在单独的扉页中。

(2)《汉语语法研究的回顾》(龚千炎),共19页。是一部浓缩了的现代汉语语法学史[①]。

(3)《语法研究中的十大关系》(范晓),共22页。作者从形式和意义、静态和动态、生成和分析、结构和功能、语言和话语等十个方面阐述了在语法研究中应正确理解并处理好的十种关系,具有理论和实践的双重意义。

(4)《"字"和汉语的语义句法》(徐通锵),共25页。作者对汉语的结构单位提出了独创性的见解,认为"汉语语义句法的结构单位是'字',而不是'语素'之类的东西","字是汉语所特有的一种结构单位,印欧系语言没有与此相当的结构",因此,"汉语的结构以'字'为本位,应该以

[①] 参见龚千炎《中国语法学史》,语文出版社1997年版。

'字'为基础进行句法结构的研究"。

（5）《系统功能语法与汉语语法研究》（胡壮麟），共 19 页。作者从及物性、语态、语气、情态等 7 个方面较为细致地介绍了系统功能语法在汉语"小句和语篇"研究中的运用情况。

（6）《层次、语法单位和分布特征》（马庆株），共 19 页。作者从方法论的角度，结合汉语的实际，对结构主义语言学中的层次、语法单位和分布特征进行了透彻的阐述，文章指出："很难设想，语法学可以离开形式的描写。……20 世纪中国语法学的历史就是结构主义逐步兴起并逐步占主流地位的历史。现在分布特征的分析又与语义、语用分析结合了起来，这种分析方法就更加有生命力了。"

（7）《歧义——语法研究的突破口》（邵敬敏），共 20 页。作者对歧义现象的研究历史和现状进行了总结，较为系统地介绍了汉语主要的歧义类型、借助新的理论来分化歧义的方法以及如何消除歧义的手段。

（8）《动词研究述要》（吴为章），共 31 页。作者较为完整地介绍了汉语动词研究这一重点课题的重要性、研究范围和在 20 世纪 80 年代所取得的显著成果。对以朱德熙、马庆株、范晓等为代表的学者在汉语动词次类研究中做出的突出贡献给予了高度评价。为进一步深化汉语动词研究提出了一些有意义的子课题。

（9）《句子：三个平面的语法研究的对象》（施关淦），共 20 页。作者从句法、语义、语用三个层面用实例论证了"语言的句子"和"言语的句子"两种句子的存在，并说明了如何区分的问题。

（10）《关于疑问句的研究》（邵敬敏），共 22 页。作者对疑问句研究的历史和现状做了扼要总结，用较大篇幅系统介绍了疑问句的分类、疑问语气词、疑问点与答问、疑问程度、疑问句内部类型、特殊疑问句等 6 个方面的研究情况。在疑问句内部类型研究方面还介绍了相关的方言语法的研究情况。

篇幅较短的文章共 27 篇。

（1）《漫谈语法研究》（吕叔湘），共 11 页。作者以自己做学问的亲身体会用问答形式回答了做语法研究时应注意的 6 个问题：怎样找问题，题目决定了如何一步步进行，怎样选用例句，怎样做研究才能出成绩，研究中怎样突出汉语的特殊性，语法与修辞的联系。提出了现代汉语单双音节分别对词语结构所产生的影响这一重要问题。文章生动而深刻。

（2）《通过对比研究语法》（吕叔湘），共 16 页。作者集中介绍了汉语语法研究中应注重的 4 个"对比":汉语和外语对比,现代汉语和古汉语对比,普通话和方言对比,普通话内部的对比。这些问题是汉语语法研究中带全局性、原则性的大问题。

(3)《扩大语法研究的视野》(文炼、胡附),共 4 页。作者提倡"从多角度分析与对象相关的带整体性的问题"。从符号学的角度出发,主张区分句法、语义、语用三个平面,同时研究三者的联系;从信息论的角度出发,主张区分抽象的句子和具体的句子并对信息量、信息类别等问题进行了讨论。全文仅 3000 余字,但含量很大,理论性很强,"字字珠玑"(马庆株语)。

(4)《汉语语法研究的展望》(邢福义),共 16 页。这是一篇总结经验展望前景的文章。作者在全面而概括地总结了汉语语法研究经验的基础上,指出今后相当长的一段时期里汉语语法研究的目标仍然应当是"全面揭示现代汉语语法事实的客观规律",为了达到这一目标就必须根据三个"充分"的要求(即:观察充分、描写充分、解释充分),沿着以两个"三角"为代表的动态的多角验证路子继续前进(两个"三角"指大"三角":普—方—古;小"三角":表—里—值)。文章还指出:"我们语法研究的深入,特别需要出现不同的学术派别。"

(5)《怎样阅读语法论文》(徐枢),正文共 9 页,附录 9 页。作者凭借在《中国语文》10 多年的编辑工作经验,以切身的体会从 5 个方面介绍了如何阅读语法论文的方法。对于青年语法研究爱好者来说,这些方法都是非常实用的"招儿"。该文的附录中还列出了以 20 世纪 80 年代和 90 年代初期为主的 172 篇汉语语法研究论文篇目。

(6)《谈谈撰写语法论文的几个问题》(饶长溶),共 12 页。作者也是凭借在《中国语文》10 多年的编辑工作经验,从 4 个方面谈了如何撰写语法论文的切身体会。饶先生的文章恰好和徐先生的文章形成了姊妹篇,一篇谈撰写一篇谈阅读。两位都是《中国语文》的元老,都是语法研究方面优秀的学者。他们的文章对以在《中国语文》上发表文章为目标的青年语法研究爱好者来说具有当然的说服力。

(7)《从轻音现象看语音与语法研究的关系》(沈炯),共 12 页。作者介绍了林焘先生早年的两篇论作——《现代汉语补语轻音现象反映的语法和语义问题》《现代汉语轻音和句法结构的关系》,并以其中的理论方法、论点论据从轻音的角度对现代汉语句法结构中的 7 个具体问题进行了严密的考察,说明了语音与语法研究之间的重要关系,令人信服。

(8)《语义语法范畴》(胡明扬),共 5 页。作者对语义语法范畴这一概念从理论上给予清晰的界定，论证了这一概念在研究像汉语这样的非形态语言时在方法论上的重要意义。

（9）《谈汉语语法范畴的研究》（刘叔新），共 13 页。作者着眼于汉语的"形态词"并通过形态词发掘汉语的语法范畴，介绍了他在汉语中发掘的三个语法范畴：趋向范畴、态范畴和继续范畴。

（10）《逻辑与语法》（王维贤），共 16 页。作者从现代逻辑学（数理逻辑）的角度出发，从 9 个方面阐述了现代逻辑学的理论和方法在语法研究中的运用。

（11）《认知心理和语法研究》（沈家煊），共 11 页。作者从认知心理的角度出发，通过对汉语中的词序和时间顺序、肯定/否定和数量等级、语义重点和注意焦点等方面的实例分析，讨论了认知心理和语法研究的关系，并简要介绍了从认知出发研究语法的两个主要方法。极富启发性。

（12）《自然语言理解与语法研究》（俞士汶），共 12 页。作者对自然语言理解的研究对象、当代自然语言处理的基本模型、语法分析在自然语言处理中的地位进行了简要的介绍。用主要的篇幅向汉语语法学界提出了面向自然语言处理的汉语语法研究 4 个方面的系列课题。

（13）《语用和语法研究》（沈家煊），共 10 页。作者通过对汉语语法 4 个方面的实例分析来说明语用研究对语法研究的重要作用，指出："语法规则要受语用原则的制约，语用原则对语法现象有极强的解释力。"

（14）《话语语法研究的性质、范围和对象》（左思民），共 13 页。作者主张区分话语语法和语言语法，认为话语语法应"指包括形式衔接和语义连贯在内的句子的连接规律，以及话语的语用意义的获得规律"。文章对汉语话语语法的一些具体问题进行了理论性的探讨。

（15）《现代汉语语法规范问题》（邹韶华），共 7 页。作者对如何把握现代汉语语法规范的标准、规范的范围和原则进行了说明，并简要回顾了 1949 年以来语法规范工作的概况。

（16）《变换、语义特征和语义指向》（马庆株），共 15 页。作者对变换和语义指向进行了理论方法上的定位，用主要的篇幅结合汉语的研究成果重点介绍了提取语义特征的意义，语义特征的性质、分类角度和相互关系，提取语义特征的方法。

（17）《蕴含、预设和寓义》（石安石），共 9 页。文章通过贴切的实例说明了作者对蕴含、预设、寓义三个语用概念的理解和把握。

（18）《句法空位和成分提取》（袁毓林），共 16 页。作者从述谓结构入手简述了句法空位现象进而介绍了 GB 理论对空范畴研究的一些情况。重点介绍了以朱德熙先生为代表的学者引进句法空位的概念、运用句法成分提取及其语义所指的方法对汉语名词语义结构进行研究所获得的一些成果,并对朱先生计算"的"字结构歧义指数的公式提出了自己的修正办法。

(19)《如何整理与归纳口语句型》(陈建民),共 13 页。作者基于多年对汉语口语的研究经验,提出了 3 种颇具独创性的归纳口语句型的方法:停顿法、还原法、校正法。

(20)《关于汉语词类的划分》(陆俭明),共 15 页。作者是国家"七五"重点科研项目"现代汉语词类问题"的主要承担者,曾对 4 万个词逐个进行过研究。该文正是这一研究成果的提纲挈领式的说明。文章体现了作者一贯严谨的学术风格。

(21)《关于虚词的研究》(马真),共 16 页。作者用分类例举的办法,对五类汉语虚词中的许多十分具体的问题进行了深入细致的分析,并通过这些分析相应地引出了十五个更为具体的悬而未决的问题。具有严谨而坦诚的特点。

(22)《词组的研究》(马庆株),共 13 页。作者从汉语词组本位的立场出发,强调了词组研究在汉语语法研究中的中心地位,并用主要篇幅深入讨论了词组的研究角度问题。在这一部分,作者按照语法形式结合语义表达的原则提出了一些富于启发性的并亟待解决的课题,思路开阔敏锐。最后作者介绍了一些有关词组研究的原则性方法。

(23)《时间方所》(邢福义、李向农、储泽祥),共 12 页。作者对"时间"范畴中的"时点和时段","方所"范畴中的"处所和方位""命名标和方位标"进行了系统的分析,并提出了一些重要的相关问题。文章指出"弄清汉语里时间方所的表达采用一些什么样的形式,形成什么样的表述系统,这是深入认识汉语的重要角度"。

(24)《谈谈句型研究》(李临定),共 9 页。作者结合自己多年研究汉语句型的丰富经验,漫谈了如何对汉语这种"非形态语言"的句型进行研究的体会,认为揭示、描述并解释句型的特征应当"是语法研究的主要任务"。文章体现了一种务实精神。

(25)《谈谈特殊句式研究》(宋玉柱),共 8 页。作者简要介绍了现代汉语特殊句式中的"把"字句和存在句当时[①]的研究状况及存在的问题,并

---

① 指 20 世纪 90 年代初。

从3个方面介绍了作者在特殊句式研究过程中的体会。

（26）《复句》（邢福义），共14页。作者凭借对汉语复句丰富的研究经验，对复句研究中的若干重要问题及其解决办法进行了原则性的说明。作者特别强调复句研究中的多角度验证方法，指出"其基本内容是'语表—语里—语值'三个角度的验证"。作者还强调"做研究，写论文，贵在'小题大作'"，这也是作者一贯的学术风格。

（27）《语段的研究》（沈开木），共16页。该文从话语语言学的立场出发，对超句体研究中的一系列理论方法在现代汉语中的运用进行了较为全面的介绍，包括实义切分、超句体语义之外的信息等。认为"超句体的研究，不但揭示语义的字面意义联系的规律，而且揭示语义—功能联系的规律"。

三

我们很难想象有这样一种青年语法研究爱好者，读了《入门》并且全都读懂了，但没有受一点儿启发，没有一点儿收获，理论上讲这是不可能的。正常情况下，读了《入门》并且真读懂了，就定会受启发、有收获，只是存在程度上的差异而已。笔者认为《入门》应当通读，其中绝大多数文章更应当精读，但切忌泛读。也许有人以为只要搞懂了与自己相关的领域的东西就可以了，这是错误的。所谓与自己相关的领域本身也存在于更大的领域之中，没有广博就很难有深入。更重要的是"新世纪对汉语语法研究者提出了更高的要求，专业知识要系统而深入，基础理论要坚实而宽广"（马庆株语）。从这个意义上说应当通读《入门》。精读是真正读懂的前提，《入门》的37篇文章中有27篇是较短的文章，其中不足1万字的文章就有18篇，而这些文章大都有言简意丰甚至是微言大义的特点，如不细细来读、好好揣摩，恐怕很难得其要领，因此只能精读，泛读是不会有什么收获的（除非是水平很高的专家）。

如何真正读懂《入门》的文章，笔者建议不妨先读一读《入门》中徐枢先生的《怎样阅读语法论文》一文，该文介绍了5个阅读的方法，很实用。其中最后一个方法值得青年语法研究爱好者注意："在阅读论文时，我们还可能遇到自己不太了解或理解不透的问题，最好能随时记下来，以便加以解决。有的问题只要多读两遍论文就可以弄明白的，有的问题却是由于自己在知识上存在薄弱环节而引起的，只有把知识上的缺陷弥补上，文章才能读懂。对于这类文章，阅读前要做一些准备工作。"这里的"多读两遍"就是精读,这里的"要做一些准备工作"就是要读相关的书籍、论文。《入门》中大多数的文章有一个共同特点,就是要么在行文中引述或指出相关书籍、文章的观点或名称,要么在最后列出主要参考文献,这给读者提供了很大的方便。例如读马庆株的《变换、语义特征和语义指向》时,如果对不同层级的语法单位的语义特征的一些问题弄不明白,可能是因为没有读过马庆株的《自主动词和非自主动词》一文的缘故,那就应当先读这篇文章。这篇文章就在《入门》的《变换、语义特征和语义指向》后面所列的主要参考文献《现代汉语动词和动词性结构》这部书中。再如,读邵敬敏的《关于疑问句的研究》时,想要对汉语疑问语气词有一个更为深入的了解,就应当将文中所例举的包括邵敬敏在内的胡明扬、陆俭明等5位先生的文章找来读,正文下方的注里已将5篇文章的出处一一列明,查找非常方便。笔者在尽量避免重复、交叉的前提下对《入门》行文、注释、参考文献中的论文、专著做了一个粗略的统计,中外论文共计250余篇,已从徐枢先生列出的论文篇目中扣除了与250余篇重复的部分,不重复的部分还有150余篇。这250余篇都与《入门》中的文章紧密相关,直接有助于阅读《入门》。中外专著共计160余种,也都与《入门》中的文章紧密相关。当然笔者的意思绝不是不读这400余篇/种论文、专著就无法读懂《入门》(再加上徐枢先生所列篇目,仅论文就达400余篇),笔者的意思是应当根据读者个人的实际水平各取所需。但有一个原则:读了比不读的好,读得多比读得少好。假如真做到了这一点,那么其收获定会远远超出只读《入门》本身。

  读懂《入门》不是真正的目的,真正的目的是要通过读《入门》提高思考、分析并解决语法问题的能力。《入门》的一大特点是富于启发性,这主要表现在许多文章在行文中提出了供读者思考的各类问题,而且往往在提出问题前作者已做了相当深入的分析甚至已解决了问题当中的部分子问题,这就好比帮您选好了课题并送了您一程一样。也许,真正能解决这些问题的人正是作者本身,他们能够"贡献"出这些问题恰恰体现了他们谦虚、坦诚的学术风范和欲助后学的胸怀。马真先生在《关于虚词的研究》一文中就提出了15个具体问题,比如她用很生动的方式提出为什么"他这样做是合情合理的"中"的"字不能少,而"他这样做是偏听偏信"中句末不能加"的"字?又如陆俭明先生的《关于汉语词类的划分》例举出了难以定类的词,如"三七开、四六开"的"开"、"一丈见方"的"见方"以及"皑皑、潺潺、沉沉","大好、繁多、十足",等等。这些都是"小题大作"的好课题。有些问题则富于理论思路上的启发性,如马庆株先生在

《词组的研究》一文中提出"决定词序的因素还与认知和其他尚不知道的一些因素有关,举例来说,连谓词组、述补词组中词序临摹客观事物,词序与时间先后或空间范围顺序相一致,但也有并不尽然的情形。语法首先要弄清与客观事物相一致的方面,使汉语语法在较高的程度上成为可以解释的规律或规则的系统"。这个问题至少会促使我们从认知语言学的角度来考察决定词序的因素。事实上,马先生已经在做类似的考察了。比如,马先生曾与笔者谈论起英汉两语在表述空间、时间、姓名上的词序差异问题。用英语写信时在信封上表述空间大小的次序与汉语的正相反;表述时间时汉语一定是年、月、日的次序,而英语则有两种,但年是在最后的;表姓和名的次序英汉也正相反。马先生提出了这样的设想:汉人的思维方式可能是从大到小,注重"大";英人的思维方式可能是从小到大,注重"小"。有点儿像国画和油画,前者注重大效果,后者注重小细节。这是一个有趣的思路。马文还提出"词组的整体功能,与其构成部分的性质常常有一定的关系。哪类成分怎样影响词组的整体功能,是亟待研究解决的问题"。这不仅是汉语词组研究中亟待研究解决的问题,同时也是汉语自然语言处理需要研究解决的重要问题。俞士汶先生在《自然语言理解与语法研究》一文中就指出:"对学汉语的人说,'动词后接名词可以组成述宾短语或定中短语,偶尔也可构成主谓短语'也许就够了。但计算机无法运用如此高度概括的结论,需要更明确地指出哪个系类或具有什么属性的动词和哪个系类或具有什么属性的名词能构成什么样的短语,这个短语的特性如何,它继承了构成成分的哪些属性,丢失了哪些属性,又派生出了哪些属性等等。"类似以上这样的大小问题,笔者做了一个粗略统计,《入门》中共提出了88个。

许多问题不是《入门》中明写出来的,而是可以通过阅读受到启发而想到的,笔者就在读《入门》时受到很多启发,想到或联想到了很多问题,篇幅所限,略举两例。

第一例,读了沈炯先生的文章①便从轻音想到重音,想到重音现象和句法结构的关系,然后拿重音来测试自主动词与非自主动词之间的对立,做了以下分析。

马庆株先生在《自主动词和非主动词》一文中用否定祈使句说明自主与非自主的对立,指出"'别'后面的自主动词带不带后缀'了'字是自由

---

① 参见沈炯《从轻音现象看语音与语法的关系》,见《语法研究入门》,商务印书馆1999年版,第158–169页。

的；而非自主动词一般要带上后缀'了'字，前面才有可能出现'别'字"。① 实例比较如下：

自主		非自主	
别玩	别玩了	*别病	别病了
别写	别写了	*别塌	别塌了
别说	别说了	*别流	别流了
别看	别看了	*别垮	别垮了
别念	别念了	*别是	*别是了
别吃	别吃了	*别如	*别如了

以上实例比较显示出"自主动词能构成肯定和否定的祈使句；非自主变化动词不能构成肯定的祈使句，但能构成否定祈使句；非自主属性动词尤其是不能加后缀'了'的那些，任何祈使句都不能构成"②。我们用不同的重音分布将"别 V 了"这一格式分成了两类（加着重号者为重音所在位置）：

A	B
别玩了	别病了
别写了	别塌了
别说了	别流了
别看了	别垮了
别念了	别丢了
别吃了	别摔了

A 组正好是自主动词，B 组正好是非自主变化动词。但分析并没有就此完结。沿着这个思路我们发现了进一步的问题。

（1）B 组的"了"在北京话里大多应读 [·lou]③，是一种假设的完成体，表现言者对由"V"所可能产生的后果的一种担心。所以该格式应重写

---

① 参见马庆株《汉语动词和动词性结构》，北京语言学院出版社 1992 年版。
② 参见马庆株《汉语动词和动词性结构》，北京语言学院出版社 1992 年版。
③ 参见马希文《关于动词"了"的弱化形式 [·lou]》，载《中国语言学报》1983 年第 1 期。

为"别 V 了"（自主）和"别 V̇ 了（·lou）"（非自主变化）两种。

（2）自主动词中有些动词是分跨"别 V 了"和"别 V̇ 了（·lou）"两种格式的，如：

别擦̇了   别擦̇了（·lou）
别砍̇了   别砍̇了（·lou）
别卖̇了   别卖̇了（·lou）
别剪̇了   别剪̇了（·lou）

也就是说这些动词，除了具有自主义以外，在一定的句法环境中还可以获得非自主义，如"别 V̇ 了（·lou）"。我们暂且把这类动词称为"擦"类动词。

（3）并非所有非自主变化动词都能进入"别 V̇ 了（·lou）"的格式。这分两种情况：一种是双音节的变化动词多数不能进入该格式，个别几个可以，如"别感染了（·lou），别瘫痪了（·lou）"；另一种是相当一部分单音节的变化动词不能进入该格式，比如"颤、浮、逢、获、恋、涝、梦、怒、凝、怕、失、遇"等。相反自主动词无论是单音节还是双音节似乎都能进入"别 V̇ 了"。为什么，值得研究。

（4）能够进入"别 V̇ 了（·lou）"格式的动词（包括非自主"擦"类）似乎有共同的语义特征，我们暂且将其假定为 [＋消失、损失]，是否如此，还需进一步验证，验证的办法之一应是用不同的格式多次验证，即不仅限于"别 V̇ 了（·lou）"式。

第二例，邹韶华先生在《现代汉语语法规范问题》①一文中说："现代汉语语法规范的标准是典范的现代白话文著作。……典范的是指那些长久传诵的有代表性的作品，规范的巩固和发展，当然是这些作品在起决定性的作用的。这个标准应理解为'典范的现代白话文著作里的一般用例'，即使是典范的著作，不同作者甚至同一作者的用例也不是处处一致，永远没有冲突的，因此不得不舍弃其中比较特殊的部分而接受其中比较一般的部分。"但

---

① 参见邹韶华《现代汉语语法规范问题》，见《语法研究入门》，商务印书馆1999年版，第294－300页。

事实可能比邹先生想象的要复杂得多,我们不妨举《鲁迅小说集》(内蒙古人民出版社1998年版,以下简称《鲁》)和《赵树理小说选》(山西人民出版社1997年版,以下简称《赵》)为例,相信鲁迅和赵树理的小说应当是大家公认的典范的白话文作品,因而其中的语言也应是规范的。但这两部作品中用例的差异之大是出乎笔者原先预测的。笔者曾对这两部书的"给"字句用例在统计的基础上进行了比较①,现将部分结论列出如下。

(1)《鲁》共计27.6万字,"给"字例句共255例;《赵》共计37.2万字,"给"字例句共1019例。

(2)《鲁》中表被动的"给"字例句有27例,《赵》中表被动的"给"字例句只有3例,其中一例还有存疑:"我怕把牲口组织进去给大家支差,就问人家能不参加不能。"(《地板》)这里的"给"换成"被"不如换成"让"顺,换句话说,它可能更多的是使役义,或者是使役义和被动义混合着。

(3)《鲁》中类似"跟、对、朝、向"的"给"字例句只有1例:"水生,给老爷磕头。"(《故乡》)《赵》中的这种"给"字例句却有104例。

(4)由"送"类动词构成的"N_1 + 给 + N_2 + V + 数量 + N_3"式(如"我给他送一本书""他给我还了一百元"等)在《鲁》中没找到1例,在《赵》中却有85例。

假使我们以《鲁》或《赵》其中1部作品进行归纳,寻找出一般用例,舍弃特殊用例,那从以上几个方面所得出的结论将几乎是相反的。

这又让我们联想到以下4个问题。

(1)有学者认为"我给他送一本书""他给我还了一百元"[见上述(4)]这类句子中"给"是表服务义的,整句不表示给予义。另有学者则认为这类句子绝对能够表示给予义。笔者做了一个实验。从粤语的语感角度来理解这类句子,会感觉不能表给予义,因为这个分布位置上的"给",粤语只能"对译"为表与格(包括服务义)的"同"②;从北京话的语感角度来理解,首先感觉是表给予义,然后感觉有时有歧义(即给予与服务);而从兰州话的语感角度来理解则绝对是给予义,兰州话里表达给予义的句式只有

---

① 文中所有关于"给"字句的论点、论据均为笔者正在主持研究的国家社会科学基金项目(青年项目)"现代汉语'给'字及其相关句式的研究"中的部分内容,该项目将于2001年11月结项(99CY002)。

② 参见李新魁等《广州方言研究》第八章第三节,广东人民出版社1995年版。

一种"N_1 + 给 + N_2 + V（给）+ 数量 + N_3"[①]。这个问题与以上对《鲁》《赵》的比较从不同方向说明了同一件事：无论是作家还是研究者都有各自的方言背景，这个背景会不同程度地影响着作家、研究者的表述与理解。当然，还有 1 种可能，甲研究者偏重于关注《鲁》类用例，乙研究者偏重于关注《赵》类用例，那照样会打这类"官司"。其实，经常困扰我们的"能不能说"的问题往往也与此相关。

（2）我们到哪里去找现代汉语的规范用例？典范的白话文著作（尤其是那些影响很大的）中的用例存在较大差异，我们应以哪个为准？用老舍的，那就差不多等于用北京话取代了所谓"普通话"。都用，那就得做大量的统计分析工作，找出 1 个"最大公倍数"，这个"最大公倍数"是否才是真正的普通话规范？

（3）既然这些典范的白话文的作家各有其方言背景，我们是否应该在分析他们语料的同时，调查研究其相应的方言情况呢？

（4）不同的文体情况可能不同。毛泽东是湖南人，但我们从《毛泽东选集》中看不出多少"湖南味儿"，其用例的规范色彩较强。但《毛泽东选集》主要是证论文体的，结构句式的类型及变化并不十分丰富，至少从"给"字用例就可看出。所以我们是否应当将书面上倾向于口语体的语料和倾向于政论文体、公文体等的语料区分开来分析呢？也许前者的"最大公倍数"很难得出，后者却容易得出。因为前者受相应的方言背景的影响往往最明显。

总之，现代汉语语法的规范问题还值得深入研究。

《入门》能很好地帮助我们入语法研究之门，但"入门"以后的路还很长。

[①] 参见李炜《兰州方言给予句中的"给"——兼谈句子给予义的表达》，载《兰州大学学报（社会科学版）》1987 年第 3 期。

清代"小琉球""大琉球"考*

引 言

作于清康熙年间的琉球官话课本《官话问答便语》①里有一段中国福州官员与琉球进贡使者之间的对话:"尊驾是那(哪)里人?弟是琉球国人。是大琉球国还是小琉球国呢?弟是大琉球国。到此贵干?是来进贡的。"就对话中的"大琉球国"和"小琉球国"的所指问题我们曾请教日本冲绳琉球学专家 SL 先生,SL 先生的回答是:这里的"大琉球国"指当时的琉球王国,"小琉球国"则指台湾。我们不同意这个观点。本文将用清代的有关史料来回答这一问题。

本文主要依据以下史料:①《历代宝案》(全 15 册,台湾大学印行 1972 年版)。《历代宝案》是琉球国与中国往来的文书集成,汇集了自明永乐二十二年至清同治六年(1424—1867)400 多年间琉球国方面的"表奏""国王咨""符文"等和中国方面的"诏勅""礼部咨文""福建布政使司等咨"等历史文档。②《清代中琉关系档案四编》(中国第一历史档案馆编,中华书局 2000 年版)。③《中山传信录》[徐葆光,康熙六十年(1721)二友斋刻本]。④《中山沿革志》(汪楫,康熙雍正间刻悔斋集本)。⑤《琉球国志略》[周煌,乾隆二十四年(1759)漱润堂刻本]。⑥《琉球入学见闻录》[潘相,乾隆二十九年(1764)刻本]。徐葆光、汪楫、周煌三位均为亲赴琉球国的中国清代使者,其著述中的材料亦均为亲赴实地调查所得。潘相的材料则来自他的琉球籍学生。③—⑥均收入《国家图书馆藏琉球资料汇编》(全 3 册,黄润华、薛英编,北京图书馆出版社 2000 年版。以下

---

* 《清代"小琉球""大琉球"考》,原刊于《中山人文学术论丛(八)》,台湾文津出版社 2007 年版。

① 参见[日]濑户口律子、李炜《琉球官话课本编写年代考证》,载《中国语文》2004 年第 1 期,第 77–84 页。

简称《汇编》）。⑦《清史稿》（中华书局1977年版）。除以上史料外，我们还参考了日本的《冲绳县の地名》（《日本历史地名大系》第四八卷，东京平凡社2002年版）。

一

（1）《中山传信录》卷三："大岛，土名乌父世麻，在度姑东北，去中山八百里，水行三日可达。其岛长一百三十里……分属二百村县。其岛无孔庙，有四书五经唐诗等书，自称小琉球……"（《汇编》中册，319页）

（2）《琉球国志略》上："大岛，土名乌父世麻，在国东北八百里，水行三日可达。其岛长一百三十里，自称小琉球……"（《汇编》中册，840页）

以上两条史料中所说的"小琉球"均指"大岛"。"大岛"为当时琉球属岛，即今之冲绳本岛外东北部岛屿。

（3）乾隆二年（1737）十一月十八日《文华殿大学士嵇曾筠为抚恤遣发琉球国遭风难民赴闽归国事题本》："本年七月间宁波府属之定海县青龙港地方风飘小琉球国船一只，内有官员舵水等三十六名，装载米粟等物前往大琉球，遭风飘泊浙洋，桅舵损坏。又象山县南盘 [ ]① 面飘泊中山国差船，内有舵水等十名，装载棉花粟布，在洋遇飓砍桅，止存粟米，船只破烂难修……皇上柔远深仁，批司转饬加恤动项，修整舟楫，资给衣粮，护送赴闽，附伴归国……小琉球国船只器具业经领项修整坚固，分别制备棉衣等项，给发口粮，带来货物照数给领，并将中山国新垣等附搭该船，另雇舵水代驾……"（《清代中琉关系档案四编》，108页）

（4）《历代宝案》第四册："琉球国难夷顺天西表首里大屋子等船只被风飘至浙江定海、象山等县地方，经浙省移送 [ ] 闽……难番顺天西表首里大屋子等叁十叁人係琉球属岛太平山人氏，回太平山装载米 [ ] 棉花棉布等物赴琉球国王交纳，并有琉球中山原间流于太平山之饶波大城同犯妇 [ ] 叁名，口今已年满，附搭其船载 [ ] 中山，于乾隆贰年陆月拾陆日夜 [ ] 洋被风飘入浙省定海县地方。又琉球那霸差船新垣等拾人驾坐夷船于

---

① "[ ]"为原文缺字或字迹不清之处，下同。

本年叁月贰拾捌日由那霸往［　］古山载运粟米棉花等物回国交纳，于陆月贰拾肆日船回半洋遭风飘入浙省象山县地方……小琉球国、中山国装载粟米棉花船贰只遭值飓风，断桅折舵，飘至浙江定海、象山地方［　］经大学士嵇曾筠等查明人数，资给衣粮，将所存货物一一交还［　］船只器具修整完固，咨赴闽省，附伴归国……"（《历代宝案》第四册，2270－2272页）

（3）（4）两条史料记载的是同样的历史事件：顺天西表首里大屋子等共计36人所在的太平山船去太平山装载粟米棉花等物，然后前往琉球国王府所在地——中山交纳，洋中遭风飘入浙江省定海县。新垣等10人所在的那霸①差船往［　］②古山载运粟米棉花等物，然后回中山交纳，洋中遭风飘入浙江省象山县。中国官员嵇曾筠负责善后事宜，给琉球国难民以抚恤，并将太平山船修整坚固，两批难民同乘此船，一起回国。两条史料中的"小琉球国"实指太平山，"太平山是琉球王国时代的宫古的别称。在狭义上指称宫古岛，古代是宫古和八重山的总称……'太平山'也被记载为'大平山、太平岛、太平山岛'等"（《冲绳县の地名》第585页。本处引号内文为笔者所译）。宫古岛即今冲绳本岛外西南部岛屿，八重山则在今宫古岛西南的八重山列岛（包括石垣岛和西表岛）范围内。史料（3）中的"大琉球"即指史料（3）（4）中的"中山国"，亦即琉球国王府以及琉球国港口重镇那霸所在地——中山。

（5）《清史稿》卷五百二十六（14620页）："乾隆二年六月，琉球所属之小琉球国有粟米、棉花二船遭风飘至浙江象山，浙闽总督嵇曾筠资给衣粮遣还。"

这与史料（3）（4）记载的是同一个历史事件，但该条史料记载有误：将太平山船、那霸船遭遇海难分别飘至浙江定海、象山两件事并为一谈。

（6）《历代宝案》第九册（5476页）："查得琉球国难番仲村乐等人船遭风［　］［　］浙江临海县护送来闽一案，缘该难番仲村乐等贰拾壹名係琉球国那霸府西县同泊同庄等处人，坐驾海船壹只……于嘉庆贰拾壹年七月间

---

① 那霸属中山所辖。
② 缺字处应为"宫"。

在该国那霸府装载黑糖壹千［　］百桶，初五日开船往小琉球国喜屋县贩卖，拾贰日在洋遭风……"

　　查相关史料、资料均未见"喜屋县"，但有"喜屋武（村）"。如《中山传信录》卷四："喜屋武，在首里南四十里，为国中极南沿海边上。"①《琉球国志略》（上）有同样记载："喜屋武，在首里南四十里，为国中极南沿海边上。"②《冲绳县の地名》中有"喜屋武村"③，在今冲绳系满市，位于冲绳本岛最南端。三个"喜屋武（村）"同指一地。我们推断，史料（6）中的"喜屋"即为"喜屋武"，理由如下：①"喜屋武"三字是琉球"ちゃん"的汉语名称，用于表音，与其汉字字义无关。"ちゃん"（"喜屋武"）读作 chi（"ち"，音译为"喜"）ya（"や"，音译为"屋"）n（"ん"，音译为"武"）。史料（6）中的"喜屋"后可能缺漏了"武"字，因为无论是过去的琉球还是今天的冲绳都没有"ちゃ"这个地名。同类情况在《历代宝案》中有不少，比如《历代宝案》第三册中有这样一段记载："雍正二年闰四月及五月内，敝国民船三只内一只西马不孤等……飘至闽安镇……仍给行粮一个月，附搭贡船遣归本国。今扣除西马不孤案内病故加那一名……外，实在六十一名，悉归原籍，各安生业。"④ 琉球人姓氏中有"しまぶくろ"一姓，读作 shimabukulo，汉字应写作"岛袋"，"岛"即"し（shi）ま（ma）"，"袋"即"ぶ（bu）く（ku）ろ（lo）"。如果将其每一个音节都用汉字音译出来的话，那可以写作"西马不孤咯"之类，但不能只写作"西马不孤"，因为琉球人姓氏中没有"しまぶく"。这里的"西马不孤"明显是缺漏了末尾的"咯"之类。"喜屋武"被写成"喜屋"可能属同类情况。②与 shimabukulo 不同的是，在实际读音中 chiyan（"ちゃん"）三个音节是连读为一个音节的。周煌说"喜屋武，读如'腔'，三字一音"⑤，周煌的观察是细腻而准确的。我们做了实验，当 chiyan 快速连读

---

　　① 参见《中山传信录》卷四，见《国家图书馆藏琉球资料汇编》中册，北京图书馆出版社 2000 年版，第 343 页。
　　② 参见《琉球国志略》上，见《国家图书馆藏琉球资料汇编》中册，北京图书馆出版社 2000 年版，第 833 页。
　　③ 参见《冲绳县の地名》，见《日本历史地名大系》第四八卷，东京平凡社 2002 年版，第 226 页。
　　④ 参见《历代宝案》第三册，台湾大学印行 1972 年版，第 1967 页。
　　⑤ 参见《琉球国志略》上，见《国家图书馆藏琉球资料汇编》中册，北京图书馆出版社 2000 年版，第 825 页。

变成一个音节时，这个音节中除了开头的辅音没有发生变化外，其余音素都发生了不同程度的变化："iy"合而为一，变成了一个介音；主要元音［a］央化；而鼻音韵尾"n"则似乎变成了前面元音的鼻化色彩。这样一来整个音节就读若［kʰio］，听起来当然也就似"腔"音了，尤其似闽南语之"腔"音。如是，则对应于"n"的"武"字就无所依托，漏掉"武"字也就比较合乎情理了。日本琉球籍学者濑户口律子先生、原籍福建的日本学者郑新培先生均赞同我们的这一分析。

在史料（1）至（4）中"小琉球（国）"指现冲绳本岛以外琉球所属的"外岛"[①]，在史料（6）中"小琉球（国）"指的则是现冲绳本岛以内的地方，那么"小琉球（国）"到底应当如何理解呢？综合上面的史料，我们认为"小琉球（国）"应当泛指中山以外的琉球国所属之地。

在明永乐十四年（1416）之前，现冲绳本岛分为三个国家：中山国、山北国、山南国。这三个国家曾分别向中国皇帝进贡。明宣德四年（1429）中山国统一了三国及"外岛"，建立了整体作为中国番属国的琉球王国。[②]尽管三国统一，但原中山国、山北国、山南国所辖之地仍然沿用"中山、山北、山南"之名，"喜屋武"即属山南范围。由于政治地位特殊，"中山"仍常被称作"中山国"，甚至把从外岛返回中山也叫作"回国"［见史料（4）"载运粟米棉花等物回国交纳"句］，琉球国王则常被称作"中山王"，这些在《历代宝案》等史籍中都是屡见不鲜的。也就是说中山在整个琉球是绝对的中心和代表。如此则将中山以外的琉球属地称作"小琉球（国）"也就可以理解了，而且在《历代宝案》等史籍中没有看到将中山以内的地方（如那霸、泊村等）称作"小琉球（国）"的。另外"小琉球国"的"国"字不同于"琉球国"的"国"字，前者不应理解为国家之"国"，应理解为"地区／范围"之义。就这类"国"字，潘相曾说"该国于其村县亦称'国'"[③]。这与中国人对"国"字的理解不同，这也许就是徐葆光、周煌两位中国使者没有在"小琉球"之后加"国"字的原因。

---

① 《历代宝案》中常使用"外岛"这一概念，"太平山"前就常有"外岛"二字。例如"［雍正八年（1730）］毛汝龙等捧勅归国，接贡船因风不顺收入外岛太平山地方，至次年方回本国"（《历代宝案》第四册，2078 页）。

② 清代琉球王国的范围是指我国台湾岛、钓鱼岛以东，日本列岛之西南的"三十六岛"，详见徐葆光"琉球三十六岛图"（《中山传信录》卷四，见《汇编》中册，311－312 页）。

③ 参见《琉球入学见闻录》卷一，见《国家图书馆藏琉球资料汇编》下册，北京图书馆出版社 2000 年版，第 328 页。

二

史料（3）中"小琉球国船一只……装载米粟等物前往大琉球"的"大琉球"明显是与前面"小琉球国"相对的概念，就是指中山。但是下面两条史料中的"大琉球"似乎不是指中山。

（7）《历代宝案》第五册（2684页）："乾隆十六年四月十七日据铜山营参将聂吴昭禀……三月十九日虎头山下飘有双桅小船一只，登船查验内番人十九名，该番能写汉字，据伊字开係大琉球之太平山人，为公务载米往中山王府交卸。三月十五日在本岛开船，洋中遭风，将米弃水。船内人名：南风见目指、玻座真与人、古见、石垣、下地、与那国……"

（8）《历代宝案》第五册（2812页）："乾隆二十年十二月十四日有琉球番人梅公氏、上官氏等三十六名驾［　］蓬船一只遭风飘厦……因厦门并无谙晓琉球番语通事，随写字问，据番目梅公氏等写字回称係大琉球内大平山船，为年贡米粟于五月二十四日解至王府地方交纳……"

这两条史料中的"大琉球"似乎等同于琉球国。同样是去太平山装载米粟等物然后前往中山交纳（并且同样是在乾隆年间），史料（3）（4）中的太平山属"小琉球国"，而史料（7）（8）中的太平山又为"大琉球"所属。看来"大琉球"的所指具有不确定性，所以"大琉球"有时指中山，与"小琉球（国）"相对［见史料（3）］；有时又包括了"小琉球（国）"指整个琉球国，但我们又没有看到这一概念层次上的另一个与之相对的"小琉球（国）"。据此我们看得出，无论是"小琉球（国）"还是"大琉球"，其概念所指都不同程度地具有模糊性、不确定性。

三

与"小琉球（国）""大琉球"不同的是，"台湾"这一名称的概念所指在清代是十分明确的，与今日我国台湾所指相同。① 这里略举几例：

(9)《中山沿革志》下卷："（康熙）二十二年臣楫（笔者按，汪楫）等至闽时，总督臣姚启圣等方治兵攻台湾，遂不候造船，径取战舰渡海……"（《汇编》上册，1059 页）

(10)《中山传信录》卷三："八重山，在太平山西南四十里，去中山二千四十里。由福建台湾彭家山用乙辰针至八重山……乌巴麻二岛译曰宇波间，在八重山西南。巴度麻译曰波渡间，在八重山西南。由那姑呢（笔者按，即 yonakuni——与那国）在八重山西南。以上四岛皆近台湾。"（《汇编》中册，322 页）

(11) 康熙六十年（1721）："台湾府诸罗县淡水金包里社地方飘到难番肆名……此难番四名係是琉球属岛北山人氏……"（《历代宝案》第三册，1841 页）

(12) 雍正二年（1724）："琉球国番民宫国目指等被风飘至台湾淡水地方……"（《历代宝案》第三册，1953 页）

(13) 乾隆十五年（1749）："琉球国难夷庆留间等四人被风飘至台湾淡水八尺门地方……"（《历代宝案》第五册，2585 页）

(14) 嘉庆十三年（1808）："台湾府移送日本国遭风难夷源吾郎等贰拾参名……"（《历代宝案》第九册，4975 页）

"台湾"一词在清代有关史料中的出现次数远远多于"小琉球／大琉球"。我们曾对《历代宝案》的相关记载做了这样一个统计：自清顺治年至嘉庆年间，琉球国难船飘至中国的事件总共被记载了两百余次，这些琉球国难船绝大多数都飘至我国浙闽沿海地区，如果提及这些难船在琉球国所属之地的地名的话一般都用正式名称来记载（例略），用"小琉球／大琉球"这两个名称的只有 4 次［即史料（4）（6）"小琉球国"和史料（7）（8）"大琉球"］；琉球国难船飘至我国台湾的只有 20 余次，但每次都只用"台湾"一词来表述。据此我们有理由认为，"小琉球／大琉球"并非正式的行

---

① 今天台湾南部有一小岛名为"琉球屿"（又名"琉球乡"），位于东经 120 度 21 分 55 秒，北纬 22 度 19 分 48 秒，即东港镇西南海面约 8 海里，高雄市西南方约 18 海里处，面积仅 6.818 平方公里。该岛在历史上至少还有下列名称："金狮岛、砂玛矶、小琉球山、小琉球屿、小琉球社、剖腹山屿"等。在清代有关中琉关系的史籍中未见提及该岛，该岛也不在中琉航海线路上，所以，该岛应与本文所讨论的清代"小琉球（国）"无关。

政名称、官方名称，所以很少出现于正式公文中（《历代宝案》中均为两国正式的官方公文）；而"台湾"则是正式的行政名称、官方名称，所以在正式公文中只要涉及台湾的事件就一定用到"台湾"二字。

另外，我们也没有从《历代宝案》以外的其他清代相关史籍中找到任何正面解释有关"小琉球／大琉球"的文字记载。

结 论

第一，清代的"小琉球／大琉球"应当为琉球人的说法。在史料（1）（2）中出使琉球的徐葆光、周煌两位都说"小琉球"是琉球人"自称"的，而在史料（7）（8）中的"大琉球"则是由琉球人亲手写出来的。所以，我们有理由认为本文引言中福州官员询问琉球进贡使者时所说的"是大琉球国还是小琉球国"应当是照琉球人的说法来问的。史料（5）的问题也从一个侧面说明中国人对"小琉球／大琉球"的概念所指不甚清楚。

第二，清代的"小琉球／大琉球"应当是一种俗称。俗称具有两个特征，一是概念所指往往具有模糊性、不确定性，二是很少出现在正式文体尤其是公文中。"小琉球／大琉球"不同程度地具备了这两个特征。

第三，可以肯定的是，清代"小琉球／大琉球"的所指仅限于琉球国范围内，与我国台湾无涉。

陈小奇歌词作品中的规范与创新[*]

自 20 世纪 80 年代以来，陈小奇创作了两千余首流行音乐作品，其作品以典雅、富含古意著称，其中《涛声依旧》《高原红》等作品传唱大江南北且经久不衰，成为流行音乐中的经典之作。从语言学的角度看，歌词是语言的特区，往往会突破日常语言常规，以达到陌生化的效果，但这种突破必须在语言规范的框架内。如何在创新和规范这两者之间取得平衡，需要创作者对语言特点和诗歌特点有准确把握。同时，歌词作为一种语言和音乐的结合体，讲究词、曲在韵律上的和谐，要求创作者对汉语特点和音乐特点有理性的认识。陈小奇歌词作品在语言规范、语言创新和词曲和谐这三个方面均作出了表率。

一、严格遵守语言规范

所谓"歌词可以突破语言常规"，指的是在语义上的突破，而非语法上的突破。什么是语义上的突破呢？比如日常语言中，我们不会说"竹笛吹老叹息"，只会说"牛郎吹竹笛，表达叹息"；也不会说"梦乡在江南"，只会说"故乡在江南"。歌词创作允许在遵循语言规范的前提下，使用通感、比喻、象征方法，突破逻辑语义关系和搭配习惯，创造出陌生化的艺术美感。所以我们认为"牛郎的竹笛，吹老了多少叹息"（陈小奇《七夕》）、"白帆片片是梦乡，梦乡在江南"（陈小奇《梦江南》）① 这类歌词既合乎语

---

* 《陈小奇歌词作品中的规范与创新》，原刊于《中国文艺评论》2019 年 8 期。作者李炜、石佩璇。

本文初稿为第一作者李炜在"陈小奇词曲作品研讨会"（2018 年 4 月，北京，中共广东省委宣传部主办）上的发言稿，经第一作者同意由石佩璇进行整理和增补。后因第一作者于 2019 年 5 月 6 日病逝，未及核对本稿，文中谬误，均由石佩璇负责。在后期修改中，曾就部分内容与冯胜利、祁斌斌、黄燕等师友讨论，启发颇大，谨此致谢。

① 陈小奇作品均援引自《涛声依旧——陈小奇歌词精选 200 首》，小奇音乐官网 http：//www.chenxiaoqi.com/Other_files/635108712103593750.pdf。

言规范,又让诗歌获得了新奇独特的艺术效果。但如果罔顾语言规范,滥用"特权",就会出现语病。比如有些作者在填词时将"徘徊(huai)"的"徊 huai"放在 ui 韵的韵脚,将"不能自已(yǐ)"误填成"不能自己(jǐ)"。这些不符合语言规范的"创新"是所有创作者必须避免的。

准确、规范使用语言是所有文学创作的基本要求,歌词创作也不例外。陈小奇的歌词作品均严格遵守现代汉语语言规范,无论是化用古诗还是"单纯"的现代歌词作品,均是如此。比如传唱度最高的《涛声依旧》,化用了唐诗《枫桥夜泊》,这首作品在继承古典诗词的意象和诗法的同时,又严格遵守了现代汉语的语言规范。以这首歌词的前两节为例:

带走一盏渔火让它温暖我的双眼,
留下一段真情让它停泊在枫桥边,
无助的我已经疏远了那份情感,
许多年以后却发觉又回到你面前。

流连的钟声还在敲打我的无眠,
尘封的日子始终不会是一片云烟,
久违的你一定保存着那张笑脸,
许多年以后能不能接受彼此的改变?

在语音上,以上歌词采用我国古典诗词的押韵方法,但根据现代汉语普通话的语音来押韵(以上两节韵脚均为 ian),而不拘泥古韵。在句法上,作者通过汉语句法手段塑造歌词的结构美。从第一节内部看,"带走一盏渔火""留下一段真情"均为动宾结构①,对仗工整,而后半部分"温暖我的双眼""停泊在枫桥边"分别为动宾结构和中补结构,略有变化。上下两节,通过"无助的我已经疏远了那份情感"和"久违的你一定保存着那张笑脸"的对仗的方法将两节相连(两句均为主谓宾结构,主语均为偏正结构,谓语前均有副词修饰,后带单音节体标记,宾语前有数量结构修饰);但这两节的句法结构又有区别:第一节首两句为复句,第二节首两句则是单句。两节歌词工整中又有变化,让歌词既有重复回环的旋律美,又有灵动的

---

① 本文语言学术语均沿用黄伯荣、李炜主编的《现代汉语》。参见黄伯荣、李炜《现代汉语》,北京大学出版社 2012 年版,第 36–37 页。

变化。歌词结构美来自作者遣词造句的能力，而这种能力又必须以创作者对汉语句法特点的准确把握为基础。

二、古语今化的语言创新

巧妙化用古诗词是陈小奇歌词作品的突出特点，比如《涛声依旧》《烟花三月》《大浪淘沙》《白云深处》《巴山夜雨》分别化用了张继的《枫桥夜泊》、李白的《黄鹤楼送孟浩然之广陵》《早发白帝城》、杜牧的《山行》和李商隐的《夜雨寄北》。但这种化用不是简单的照搬照抄，而是"我手写我口"，将古典诗词语言现代化。比如《涛声依旧》中的"月落乌啼总是千年的风霜"化用了"月落乌啼霜满天"，保留了四字格"月落乌啼"，但是把"霜"变成"风霜"。这种改写创作十分准确，因为双音化是汉语现代语法和古代语法的区别特征之一，而四字格是汉语沿用至今的格式。整首歌词因化用古诗而高雅，因采用现代语言表述方式而近俗，达到贯通古今、雅俗共赏的美学效果。

再比如《巴山夜雨》化用了李商隐的《夜雨寄北》，原诗表达对远方亲友的思念和对重逢的期盼：

君问归期未有期，巴山夜雨涨秋池。
何当共剪西窗烛，却话巴山夜雨时。

"问归期"是思念的缘由，"烛（剪烛、秉烛长谈）""巴山夜雨"是经典意象。陈小奇保留了《夜雨寄北》的创作思路和两个经典的文学意象，但是将诗歌语言进行现代化，创作了《巴山夜雨》：

什么时候才是我的归期？
反反复复的询问却无法回答你。
远方是一个梦，
明天是一个谜，
我只知道他乡没有巴山的雨。
借着烛光把你的脸捧起，
隐隐约约的笑容已成千年的古迹。
伤心是一壶酒，
迷惘是一盘棋，

我不知道今夜该不该为我哭泣？
　　许多年修成的栈道在心中延续，
　　许多年都把家想成一种永远的美丽。
　　推不开的西窗，
　　涨不满的秋池，
　　剪不断的全是你柔情万缕。

　　陈小奇首先是选用现代人耳听能懂的现代词汇替换古语词，将"巴山夜雨""剪烛"等经典意象重新分析组合，将"巴山夜雨"变成了"他乡没有巴山的雨"，"剪烛"化为"烛光"。其次，用现代句法结构形成新的诗法，比如"西窗""秋池"在原诗中句法位置不同，分别是名词"烛"的修饰语和动词"涨"的宾语，在《巴山夜雨》中它们均做中心语，并且形成对偶句。这种创作既保留了原诗意象，又赋予新的意义，同时比原诗更易懂。再次，增加了与"归期不定"主题相关的对偶句"远方是一个梦，明天是一个谜""伤心是一壶酒，迷惘是一盘棋"，强化表达了因未来不可预期而迷惘的情感。原诗主题比较隐晦委婉，增加这两联对偶句，思念的主题变得清晰，也更贴近今人的表述方式。

　　没有语言的现代化，就不可能实现情感主题的现代化。彭玉平这样评价陈小奇的歌词："从古典中走出来的陈小奇，分明带着现代的气息。因为古典，他的歌词耐人寻味，让人有一种不言而喻的文化归属感；因为现代，他的歌词能迅速走进听众心里，让他们感受似曾相识的情怀。"[①] 情感的抒发必须以语言为载体。化古人之语为今人之语，进而化古人之境为我之境。只有具备"古语今化"的语言能力，才有可能超越原经典创造新经典。

三、 歌词与旋律在韵律上的和谐

　　音乐和语言存在密切关系，他们在物理上都具有音高、时长、音色、音强4种要素。汉语作为声调语言，与音乐关系最密切的是音高和音长两个特征。在音高方面，我们用五度标记法[②]来描述汉语声调的调值，如汉语普通

[①] 彭玉平：《从经典中再创经典——陈小奇歌词的古意与今情》，"陈小奇词曲作品研讨会"会议论文，2018年4月，北京。
[②] 赵元任先生参照五线谱创造了五度标记法，用于描写汉语的声调，1、2、3、4、5来表示音值的高低，其中1表示本语音系统中声调中最低的音值，5表示最高音值。

话有阴平、阳平、上声、去声四个声调,调值分别为55(高平调)、35(中升调)、214(降升调)、51(高降调)。在实际语流中还会发生音变,比如上声在上声前变成中升调35,在阴平、阳平、去声前变成低降调21或211。在音长方面,汉语的一个音节(汉字)就是一个"节奏单音调(monotony)"①,每个字都是一个大致"等音长"的节奏单位②。但在实际语流中,却有主观的节奏感,相同音节数的字和词都不一定是完全等音长。比如从词性的角度看,实词(动词、名词、形容词)比虚词(包括"在""向"等介词,"着、了、过"等助词)的音长要长,实词必须"音足调实"③,虚词在现代汉语的韵律系统可以弱读轻声,或者依附在前面的实词音节中。

陈小奇最著名的作品《涛声依旧》《烟花三月》《高原红》等,词曲作者同为一人。这些歌曲均基于汉语的语音特点,歌词的韵律特征和歌曲的曲调特征高度吻合,词曲和谐,朗朗上口。具体表现在以下三个方面:歌词中虚词所占的拍数比实词的少;在一个音乐片段中,声调调值高或作为焦点重音的歌词一般对应旋律中的高音;声调和曲调的调值走势基本一致。④ 以《烟花三月》为例说明,见表1。

表1 《烟花三月》部分简谱和歌词调值、节律表

曲调	‖ 3 3̂ 2̂3̂ 5̂ 6̂ 1	2 2̂ 3̂ 2̂1̂ 6̂ 5̂6̂ 5·	6̂1̂ 5̂ 6·1 5̂ 3̂ 2̂ 3	5̂ 5̂3̂ 3̂2̂ 1 2 - ‖
单字调值	55/51/ 214/51/214	55/35/51/35/51/35	55/51/214/51/214	51/214/51/35/55
语流调值	55/51·/21/55·/214	55/35/51/35/51/35	55/55/51/21 /35/55/211	51/21/51/35/55
歌词节律	牵住/ 你的手	相别在/黄鹤楼	波涛万里/长江水	送你/下/扬州

注:单字调值和语流调值符号说明:"/"表示汉字音节之间的界限,"|"表示句的界限,"·"表示音长变短。

第一行是歌曲旋律,第二行是歌词的单字调值,第三行是在语流中的实

---

① Chao Yuen Ren, Rhythm and Structure in Chinese Word Conceptions. *Journal of Archeology and Anthropology*, 1975, Vols. 37 & 38: 1 - 15. (赵元任:《汉语词的概念及其结构和节奏》),王洪君译,见《赵元任语言学论文集》,商务印书馆2002年版,第890 - 908页。
② 参见沈家煊《汉语"大语法"包含韵律》,载《世界汉语教学》2017年第1期,第4 - 5页。
③ 冯胜利:《汉语韵律诗体学论稿》,商务印书馆2015年版,第161 - 163页。
④ 虽然词和曲是两个独立的韵律系统,但我国传统音乐尤其是戏曲讲求"腔词"关系,根据歌词的声律特点谱出与之和谐的曲调,听感上更和谐,更符合汉语/汉文化的审美追求。

际调值,第四行表示歌词在没有旋律情况下的语音节律(也叫音步①)。这段歌词在语言和音乐旋律上都有四个分句,语音韵律和音乐旋律的和谐体现在以下三个方面:从音长角度看,虚词"的""在"所占拍数小于(或等于)与之相关的实词"你""相别";在同一分句中,每个实词(字)对应的拍数也大致等长,如第一分句"牵住你的手"每个字占一拍(虚词"的"拍数并入"你"),后面三个分句除尾字因拖腔占一拍外,其余单字均为半拍(虚词"在"的拍数并入"别"),旋律的疏密与歌词在实际语流的音节时长基本对应。从音高角度看,每个分句中声调最高的实词(音节)或者重音成分(一般为核心词)对应旋律音高最高的部分②。如在"牵住你的手"这一分句中,"牵"声调为调值最高的高平调55,同时也是分句中的核心动词(重音成分),对应的旋律是本小节中最高音3,"你""手"是上声(214),不是声调中的最高调值,也没有出现在高音位置;第三分句中"长江水"是句中的核心成分,对应的旋律音高也比修饰成分"波涛万里"的高;第二、四分句的核心动词"相别(在)"和"送"也占据了语流中的重音位置,对应的旋律也是本小节中最高音。从节律角度看,这四句歌词每句有两个节律单位构成,每个节律单位对应的旋律最高音和最低音跨度不超过5度,与汉语声调的调值差相仿(约等于5度)③。因而这首歌的曲调与自然语言韵律十分贴近,歌唱起来有"倾诉感",与对老朋友娓娓道出赠别诗句的主题特别契合,"怎么想、怎么说、怎么唱",在声、音、意三个方面高度统一,因而成为经久不衰的佳作。

通过对陈小奇优秀歌词作品的语言学分析,我们提出流行歌词创作的三条语言原则:准确、规范使用现代汉语是写作的基本要求,古语今化是现代作品继承优秀传统文化时应遵守的要求,词曲和谐是歌词创作者的美学追求。这是在提倡讲好中国故事,传播好中国声音的当下,歌词创作者写好中国歌曲,树立文化自信,应当努力做到的三个语言标准。

---

① 音步也叫节律单位,是语言中最小的一个"轻重"片段。冯胜利认为,汉语最基本而且最小的节律单位是双音节(两拍)。这段歌词"你的手""相别在"虽然有三个字,但虚词在语音上弱读,在节律上仍属于两拍。汉语的四字格属于复合韵律词,也可以看成一个节律单位,如"波涛万里"。参见冯胜利《汉语的韵律、词法与句法(修订版)》,北京大学出版社2009年版,第27-29页。

② 音乐中音高也可以实现强拍(强调),因而旋律中的高音不仅可以对应于语言中的声调,也可对应于句中重音成分。语言中的重音可以分为核心重音和焦点(对比)重音,关于汉语重音的论述,参见冯胜利《论汉语的自然音步》,载《中国语文》1998年第1期,第40-47页。

③ 词曲和谐是复杂的系统,影响因素很多。本文对词曲关系的讨论仅限于《烟花三月》歌曲中最凸显的部分。关于词对曲管约的普遍规律,另文讨论。

一目十行[*]

——汉、英母语者篇章加工的模式差异及其在语言障碍诊疗中的价值

引　言

自古以来，人类文明独立产生的文字都是表意符号，比如汉字、古埃及圣书字、苏美尔楔形文字等，汉字是其中唯一流传使用至今的。以汉字为代表的表意文字具有具象性特征，其组织方式以有意义的语素与二维图形的联系为基础，意义与字形直接系连，本文提出"视觉能指"这一概念来概括这一特征；而当前世界上绝大多数的文字属于拼音文字，以字形与音素的直接联系为基础，即听觉能指。相比于拼音文字，汉字的另一特征是方块字带来的词汇界限缺失。汉字的句子和篇章中方块字紧密排列相连，没有物理形式标示词界。

具体地说，与以英文为代表的拼音文字相比，汉字具有独特特征。首先，由于汉字体现了字形与语义间更强的关联[①]，而非拼音文字中字形与语音的强连接性，因此引发了汉字阅读时语音信息并不会主动激活的猜想[②]。其次，有学者提出单个汉字包含的信息密度是大于单个拼音字母的[③]，因此汉语书面阅读可以在更简短的话语中表达相同的信息量。第三，汉语文本由

---

[*] 本文是在李炜教授于中国徐州"中国语文现代化学会神经语言学研究会成立大会暨第一届年会"（2018年6月30日—7月1日）上宣读的同题学术报告基础上整理写作而成，本文在原报告的基础上有所增补修改，文中如有谬误均由整理团队负责。截至本书截稿日期，本文暂未公开发表。作者李炜、陆烁（通讯作者）、罗琴芹、杨靖雯。

[①] Yeh & Chen, 2003; Tan et al., 2005; Kong et al., 2010; Zhang & Damian, 2012.

[②] Hsuan-Chih Chen, Giovanni B. Flores d'Arcais, Sim-Ling Cheung. Orthographic and Phonological Activation in Recognizing Chinese Characters. *Psychological Research*, 1995, 58 (2).

[③] Keung H S, Hoosain R. Right Hemisphere Advantage in Lexical Decision with Two-character Chinese words. *Brain and Language*, 1989, 37 (4).

于方块字的组织特征，通常缺乏词汇间的界限，Li 等[1]发现汉语母语阅读者通常依赖词汇知识（Word knowledge）进行分词。上述汉字的具象性特征在文本阅读时会带来何种影响？方块字组织特征带来的词汇界限缺失是否减损汉语阅读加工效率？这些均为本文试图讨论的问题。

前人对汉字的具象性特征带来的加工方式特异性给予了一定关注，有学者利用 fMRI 等影像技术，探讨汉字加工优势半球的问题。部分学者的研究支持，右侧大脑半球可能为加工汉字的优势半球[2]。部分研究则支持"两半球均势说"[3]。目前更主流的观点则认为，汉字加工以左侧半球占优势，右侧半球也有一定程度的参与，两侧半球共同作用构成一个脑网络共同发挥作用[4]。其中 Weekes 等[5]提出汉字加工在双侧半球都存在双通路加工过程[6]。

一些研究运用脑影像、电生理技术对中英文字加工的差异进行了探索。其中一些研究认为中英文字加工在激活脑区上没有显著的差异[7]。而较近期的研究则发现中英阅读任务下，母语者的脑激活模式存在相同部分，但也存在特异性。[8]

眼动追踪技术是近年来新兴的一项研究阅读加工过程的有效方法。运用该技术对汉语篇章阅读进行考察，发现汉语母语者的阅读知觉广度通常为左侧1个字符、右侧2～3个字符[9]。Li[10]曾对汉语文本阅读中常用的处理单位进行了研究，结果表明正常的汉语使用者明显倾向于同时看属于一个词的两个汉字。然而，运用此技术研究中英阅读机制差异的发表并不多。Sun、

---

[1] Li Xingshan, Rayner Keith, Cave Kyle R. On the Segmentation of Chinese Words during Reading. *Cognitive Psychology*, 2009, 58 (4).

[2] Keung et al., 1989；张华宁等，2003；何华等，2000；何金彩等，2000；Tan et al, 2001。

[3] 郭可教、孙勇，1992；郭可教、杨奇志，1995。

[4] 如 Weekes et al., 1999；李恩中等，1999；Chee et al., 1999；Tan et al., 2000；Kuo et al., 2001；Kuo et al., 2003；伍建林等，2003。

[5] Weekes N Y, Capetillo - Cunliffe L, Rayman J, Iacoboni M, Zaidel E. Individual Differences in the Hemispheric Specialization of Dual Route Variables. *Brain and Language*, 1999, 67 (2).

[6] 一条是词汇通路，即从视觉编码到语义存储，到语音编码，到言语。另一条是非词汇通路，即从形—音转换为语音编码，到言语。（Weekes et al., 1999）。

[7] Chee et al., 1999；Chen et al., 2002；Tan et al., 2000；Chee, Caplan et al., 1999。

[8] Pu et al., 2001；Ding et al., 2003；Tan et al., 2003；马恒芬等，2008；Perfetti et al., 2013。

[9] Inhoff A W, Liu W. The Perceptual Span and Oculomotor Activity during the Reading of Chinese Sentences. *Journal of Experimental Psychology*, 1998, 24 (1).

[10] Li Xingshan, Gu Junjuan, Liu Pingping, Rayner Keith. The Advantage of Word - based Processing in Chinese Reading: Evidence from Eye Movements. *Journal of Experimental Psychology*, 2013, 39 (3).

Morita 和 Stark[①] 对比了中英阅读眼动数据，在整体阅读速度（单位时间阅读的单词量）、回视、矫正眼跳相关数据上没有差异，平均注视点时长没有差异。Kong 等[②]对比了汉语、英语、芬兰语的对齐语篇阅读眼动数据，发现英语总阅读时长和总注视点个数没有显著差异，汉语的平均注视点时长最长，平均眼跳距离汉语最短。他们的解释是汉语语篇的密度更大，且缺少词间空位。但两个研究都有其局限所在，Sun、Morita 和 Stark 的研究[③]问题在于：第一，测试仅有 4 名汉语母语者，而 8 名英语被试从自己的实验室招募，熟知实验思路；第二，没有依照词为单位来分析数据，而是把汉语每 1.5 个字认定为一个词，不符合汉语的语言学特征；第三，设备技术有限，使用的是早期设备红外眼动监测仪（Infrared television eye monitor）。Kong 等的研究[④]局限有两点，一是实验全部选用了科技性语篇作为测试材料（没有汇报具体领域），二是被试都有较高水平的第二语言能力。以上都是可能干扰试验结果的因素。

本文认为上述两个眼动研究可能未能反映真实的汉英母语者在中英自然文字语料阅读中的模式。本文采用根据难度分级、内容主题多样性更高的母语自然篇章语料，对这一问题进行研究，并引入汉语失语症患者，进一步考察失语症患者的汉字阅读模式。

一、实验方法

1. 实验设计

本实验使用根据难度分级的母语自然篇章语料，测试了汉英母语者及汉语失语症患者在自然篇章阅读任务中的眼动表现。实验被试自然阅读 8 篇段落后，根据阅读内容回答一道难度偏低的选择题。实验由 Eyelink 眼动仪配

[①] Sun F, Morita M, Stark L W. Comparative Patterns of Reading Eye Movement in Chinese and English. *Perception Psychophysics*, 1985, 37 (6).

[②] Kong Lingyue, Zhang John Xuexin, Ho Connie Suk – Han, Kang Cuiping. Phonology and Access to Chinese Character Meaning. *Psychological Reports*, 2010, 107 (3).

[③] Sun F, Morita M, Stark L W. Comparative Patterns of Reading Eye Movement in Chinese and English. *Perception Psychophysics*, 1985, 37 (6).

[④] Kong Lingyue, Zhang John Xuexin, Ho Connie Suk – Han, Kang Cuiping. Phonology and Access to Chinese Character Meaning. *Psychological Reports*, 2010, 107 (3).

套的 Experiment Builder 软件编制。

2. 被试

16 名汉语母语的正常人、8 名英语母语的正常人、3 名有阅读障碍的汉语失语症患者参与了本实验。汉语正常被试平均年龄为 20.50（SD = 1.51），英语正常被试平均年龄 20.80（SD = 1.70），均为在校大学生，男女各一半，文科和理工科各占一半。视力（或矫正视力）大于或等于 0.8，汉语被试的英语水平为四级中等，英语被试的汉字阅读水平基本为零，两组被试的母语阅读能力均为正常大学生水平。

3 名失语症患者依据以下纳入和排除标准招募。纳入标准：年龄 60 岁以下者；根据中国康复研究中汉语标准失语症检查法（Chinese rehabilitation research center aphasia examination，简称 CRRCAE）诊断，并结合临床综合判断为失语症；右利手；病情稳定，意识清醒者；志愿参加本课题研究。排除标准：有认知障碍，不能配合检查和治疗者；有既往语言功能障碍史、视和听障碍、其他脑病者；重度昏迷、严重脑疝或并发肌梗死或并发严重肝肾功能障碍、重症感染、严重的糖尿病等患者。3 名汉语失语症患者在试验前认读测试中，均能认读材料所用汉字的 70%；在预实验中，阅读测试正确率为 50～60%。

3. 实验材料

本实验使用汉、英两组内容对照的 8 篇说明文语料，分为难易 2 组，每组各 4 篇。内容主题平均分布在自然、人文、社会、哲理 4 个领域。8 篇语料来自在汉语出版物中公开发表过的自然篇章语料，篇章选取参考了《汉语水平词汇与汉字等级大纲》（国家汉语水平考试委员会办公室考试中心，2001），保证篇章中字词难度等级适中，没有生僻字，经《现代汉语频率词典》查询，实验材料 95% 的所用字均在 "使用度最高的 8000 词" 内，使用度均为 6 以上。汉语实验材料每篇平均 167 词（SD = 1.73），均作为 8 行文段显示。汉语为微软雅黑 24 号字体，英文为微软雅黑 20 号字体。

所有篇章的最终选定都经过前期问卷做出，问卷对象是与汉语正常被试阅读水平相当的 50 名在校大学生，并兼顾了性别、学科差异，问卷设计了 60 篇难度各异的说明文语篇材料，要求被调查人从 1（易）到 5（难）给语篇进行难度定级，最后选取平均定级难度为 2 级和 4 级的 8 篇语料作为实验材料。

英语实验材料由英汉双母语华人将汉语版材料翻译成内容对照的英文文本，再由汉语母语者（英语专业8级）翻译回汉语以核实翻译正确。由于翻译不可避免的字数差异，英语篇章单词数并不完全一致，每篇平均单词数为109.375（SD = 10.18），平均12行（SD = 0.71）。

4. 实验流程

在正式实验之前，主试向被试讲解实验的任务和操作过程。被试经过9点校准后进入练习环节，以熟悉实验流程和键盘操作。在练习环节，被试阅读与正式实验类似的篇章1篇。被试认真阅读后，按空格进入下一页的相关阅读理解选择题，根据篇章段落内容用四选一的方式选择，选择正确则通过练习环节进入正式实验。在正式实验中，被试将会阅读到8篇语段，具体实验操作同练习环节，8篇实验篇章随机出现。设置题后选择题的目的仅为控制被试阅读质量，所有的题目难度均偏低，仅就文章显著内容进行提问。如果被试出现眼部疲劳等问题，可以进行短时间的休息。实验开始之前或者结束之后，对失语症患者被试进行识字量测验。

汉、英语正常母语者被试完成全部实验过程需要大约15分钟，汉语母语失语症患者需要大约15～40分钟。

5. 实验设备

实验设备为加拿大SR Research公司生产的Eyelink 1000 plus眼动仪，该仪器的采样率为1000Hz。实验材料在一台19英寸的DELL显示器上呈现，屏幕分辨率为1024×768，刷新率为150Hz。实验时被试将头部固定在一个距离屏幕78cm的头托上，被试与显示屏间的距离保持在75cm。所有实验篇章材料使用宋体字并在同一页出现，每个汉字的大小为1.2cm×1.2cm，相邻汉字之间有0.1cm的距离，每个汉字对应的视角为0.9°。所有被试双眼阅读，但实验只记录被试单眼（右眼）的数据。

6. 兴趣区设定及数据分析

实验的全部数据由加拿大SR Research公司生产的Eyelink 1000 plus眼动仪采集得到，利用Data Viewer眼动数据分析软件进行分析，分析结果导出成Excel工作表，并使用软件SPSS25.0对表格数据进行统计检验。在实验过程中，部分被试由于头部移动、眼睛疲劳或其他生理原因，使眼动仪无法记录到眼动数据或致使数据记录不准确。在进行结果分析处理时，这些数据被剔除。最终，1 名汉语母语者、2 名英语母语者、2 名汉语母语失语症患者被剔除。计入实验数据统计的为 16 名汉语母语的正常人、8 名英语母语的正常人、3 名有阅读障碍的汉语失语症患者。

兴趣区（Area of interest，AOI，或者 Region of interest，ROI）指的是在眼动研究中，研究者根据研究需要所确定分析的目标区域。数据分析时，我们以语言学意义上的词为单位划分兴趣区[①]，并进一步进行无注视点的兴趣区比例、兴趣区内注视点中心偏离度、兴趣区平均注视点数量等眼动参数的计算，探究三组被试不同的眼动表现。

汉、英语实验材料的兴趣区数量见表 1。

表 1　汉、英实验材料的兴趣区数量

指标	实验材料	篇目							
		1	2	3	4	5	6	7	8
兴趣区数量	汉语	122	110	119	106	110	124	108	119
	英语	111	124	106	94	107	109	101	124

二、实验结果

1. 汉、英语母语者阅读眼动模式相关指标对比

我们依据上文所述的兴趣区，对以下几个眼动指标进行了分析，发现汉、英语母语者在本实验中眼动模式呈现一系列差异。

（1）无注视点兴趣区。汉语母语者相较于英语母语者未投射注视点的兴趣区的比例更大。$F(2, 21) = 20.635$，$P < 0.001$。见图 1。

---

① "词"的划分采取语言学定义，此处采纳黄伯荣、李炜（2016）的界定方法：词由语素构成，是语言中能够独立运用的最小的音义结合体。

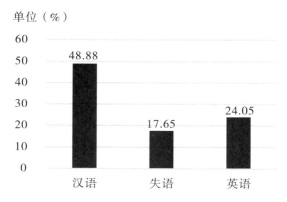

图 1　三类被试未投射注视点兴趣区比例

（2）注视点中心偏离度。兴趣区内汉语母语者在单词上注视点的中心偏离度（距离词组中心区的横纵坐标距离综合值，Horizontal and vertical offset of the current fixation relative to the center of the interest area）更低，F（2，21）=56.735，P<0.001。见图 2。

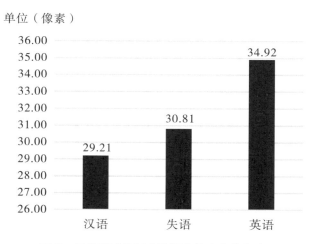

图 2　三类被试单词上注视点的中心偏离度

（3）平均注视点数量。有注视点的兴趣区，汉语母语者比英语母语者的平均注视点数量更少，F（2，21）=24.423，P<0.001。见图 3。

一目十行——汉、英母语者篇章加工的模式差异及其在语言障碍诊疗中的价值   335

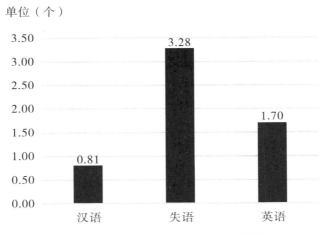

图3　三类被试兴趣区平均注视点数量

（4）平均注视时长。汉语母语者比英语母语者的平均注视时长更短，F（2，21）=56.882，P<0.001。见图4。

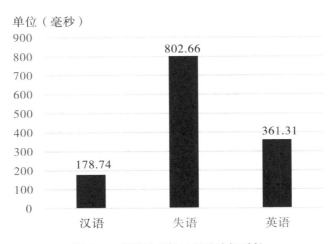

图4　三类被试兴趣区平均注视时长

（5）眼跳数量及幅度。汉语母语者比英语母语者的平均眼跳数量更少，被试类型主效应显著 F（2，21）=70.748，P<0.001；汉语母语者眼跳幅度更大，被试类型主效应显著，F（2，21）=67.253，P<0.001。见图5。

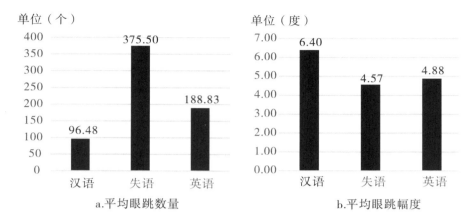

图5　三类被试平均眼跳情况

（6）眼跳长度。汉语母语者比英语母语者眼跳长度更长，被试类型主效应显著，F（2，21）＝68.744，P＜0.001。见图6。

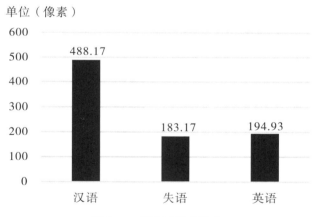

图6　三类被试眼跳长度

2. 汉语失语症患者的阅读眼动模式相关指标

（1）汉语失语症患者相比汉语母语正常被试在平均注视点数量、平均注视时长、平均眼跳数量上显著增加，被试类型主效应显著。平均注视点数量 F（2，21）＝19.328，P＜0.001；平均注视时长 F（2，21）＝34.225，

P<0.001；平均眼跳数量 F（2，21） =20.635，P<0.001。见图7。

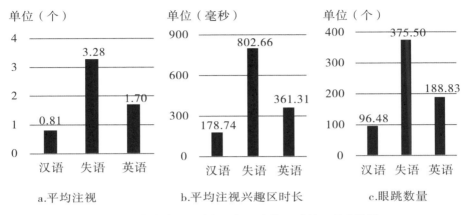

图7 三类被试平均注视兴趣区个数、时长、眼跳数量

（2）与汉语母语正常被试相比，汉语失语症患者在中心偏离度、眼跳幅度上变化较小（甚至低于英语母语正常被试），被试类型主效应显著。中心偏离度 F（2，21） =54.63，P<0.001；眼跳幅度 F（2，21） =23.315，P<0.001。见图8。

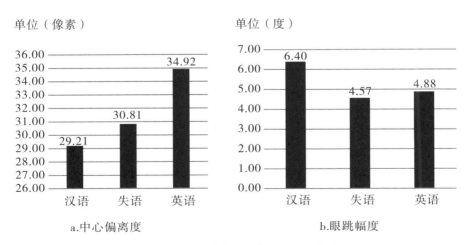

图8 三类被试的中心偏离度与眼跳幅度

三、结论与讨论

根据以上指标综合分析,我们发现汉语母语者、汉语失语症患者在汉字阅读眼动模式中有以下三个特征。

第一,汉语母语者在篇章阅读中是以单词或词组,而非单字为加工单位。本研究实验结果发现,汉语母语者的眼跳幅度更大,眼跳长度更长,注视点间的距离远大于词的单位。

第二,汉语母语者篇章阅读加工相对英语母语者具备一定的效率优势。本实验中,汉语母语者比英语母语者无注视点兴趣区更多,平均眼跳数量更少,而在有注视点的兴趣区,汉语母语者比英语母语者的平均注视点数量更少,平均注视时长更短,预示着汉语母语者在汉字阅读中知觉广度(Perceptual span)① 要大于英语母语者的英文阅读模式,能够更大程度上接近"一目十行"。

第三,汉语母语者发生阅读障碍后,会显著增加词之间的组合加工努力,即使单词辨认障碍也并不会增加其对词内语素的加工努力。比较两组的眼动测量结果,我们发现失语症参与者在阅读加工效率上有很大的差异。在注视点维度上,在两种难易度的文本中,失语症组的所有试验和兴趣区的固定平均数都显著增加。更重要的是,他们往往没有固定的兴趣区。在眼跳维度上,两种类型文本中的回视频率和每行眼跳幅度的显著下降都表明失语症个体在处理词与词之间的语言意义时存在困难。上述不同的眼动测量方法与以前的报道②相同。

上述特征可能是失语症患者阅读理解困难的基本表现和重要原因,希望能为失语症和其他语言障碍患者的阅读模式异常提供眼动模式的参考。以上发现可能为汉语失语症康复训练提出一个启示:在汉语失语症康复中,应该

---

① 阅读的知觉广度(Perceptual span)是指阅读者在阅读过程中每次注视能获取有用信息的范围,它是阅读研究中的最基本问题之一。McConkie & Rayner(1975)首次采用"呈现随眼动变化技术"(Eye movement contingent display changes technique)研究阅读的知觉广度。这一技术在研究不同语言的阅读知觉广度时被普遍采用。(闫国利、白学军,2005)

② Jürgen Klingelhöfer, Bastian Conrad. Eye Movements during Reading in Aphasics. *European Archives of Psychiatry and Neurological Sciences*,1984,234(3); Sophie Chesneau, Yves Joanette, Bernadette Ska. Text Comprehension and Eye Movements After Aphasia Recovery. *Brain and Language*,2007,103(1)。

较早开始词汇级别以上的任务（如句子、语篇）的训练，可以更高效地提升汉字认读、语法、逻辑加工能力。

参考文献

［1］ Chee M W, Caplan D, Soon C S, Sriram N, Tan E W, Thiel T, Weekes B. Processing of Visually Presented Sentences in Mandarin and English studied with fMRI ［J］. Neuron, 1999, 23（1）.

［2］ Chee M W, Tan E W, Thiel T. Mandarin and English Single Word Processing Studied with Functional Magnetic Resonance Imaging ［J］. The Journal of Neuroscience, 1999, 19（8）.

［3］ Chen Yiping, Fu Shimin, Iversen Susan D, Smith Steve M, Matthews Paul M. Testing for Dual Brain Processing Routes in Reading: A Direct Contrast of Chinese Character and Pinyin Reading Using fMRI ［J］. Journal of Cognitive Neuroscience, 2002, 14（7）.

［4］ Darley, F. L.. Aphasia ［M］. Philadelphia: W. B. Saunders, 1982.

［5］ Gao, X. R.. Aphasia ［M］. Beijing: Peking University Medical Press, 1993.

［6］ He Alex G, Tan Li Hai, Tang Yiyuan, James G Andrew, Wright Paul, Eckert Mark A, Fox Peter T, Liu Yijun. Modulation of Neural Connectivity during Tongue Movement and Reading ［J］. Human Brain Mapping, 2003, 18（3）.

［7］ Hsuan-Chih Chen, Giovanni B. Flores d'Arcais, Sim-Ling Cheung. Orthographic and Phonological Activation in Recognizing Chinese Characters ［J］. Psychological Research, 1995, 58（2）.

［8］ Inhoff A W, Liu W. The Perceptual Span and Oculomotor Activity During the Reading of Chinese Sentences ［J］. Journal of Experimental Psychology: Human Perception and Performance, 1998, 24（1）.

［9］ Jürgen Klingelhöfer, Bastian Conrad. Eye Movements During Reading in Aphasics ［J］. European Archives of Psychiatry and Neurological Sciences, 1984, 234（3）.

［10］ Keung H S, Hoosain R. Right Hemisphere Advantage in Lexical Decision with Two-character Chinese Words ［J］. Brain and Language, 1989, 37（4）.

［11］ Kong Lingyue, Zhang John Xuexin, Ho Connie Suk-Han, Kang Cuiping. Phonology and Access to Chinese Character Meaning [J]. Psychological Reports, 2010, 107 (3).

[12] Laurie Beth Feldman, Witina W. T. Siok. Semantic Radicals Contribute to the Visual Identification of Chinese Characters [J]. Journal of Memory and Language, 1999, 40 (4).

[13] Li Xingshan, Gu Junjuan, Liu Pingping, Rayner Keith. The Advantage of Word-based Processing in Chinese Reading: Evidence from Eye Movements [J]. Journal of Experimental Psychology: Learning, Memory, and Cognition, 2013, 39 (3).

[14] Li Xingshan, Rayner Keith, Cave Kyle R. On the Segmentation of Chinese Words During Reading [J]. Cognitive Psychology, 2009, 58 (4).

[15] Linebarger Marcia C., Schwartz Myrna F., Saffran Eleanor M.. Sensitivity to Grammatical Structure in So-called Agrammatic Aphasics [J]. Elsevier, 1983, 13 (3).

[16] Love T, Nicol J, Swinney D, et al. The Nature of Aberrant Understanding and Processing of Pro-forms by Brain-damaged populations [J]. Brain and Language, 1998, 65 (1): 59-62.

[17] Perfetti Charles, Cao Fan, Booth James. Specialization and Universals in the Development of Reading Skill: How Chinese Research Informs a Universal Science of Reading [J]. Scientific Studies of Reading : the Official Journal of the Society for the Scientific Study of Reading, 2013, 17 (1).

[18] Rayner K, Fischer M H. Mindless Reading Revisited: Eye Movements During Reading and Scanning Are Different [J]. Perception & Psychophysics, 1996, 58 (5).

[19] Rayner K. Eye Movements in Reading and Information Processing: 20 Years of Research [J]. Psychological Bulletin, 1998, 124 (3).

[20] Rayner Keith. Eye Movements and Attention in Reading, Scene Perception, and Visual Search [J]. Quarterly Journal of Experimental Psychology (2006), 2009, 62 (8).

[21] Rayner, K., & Liversedge, S.. Linguistic and Cognitive Influences on Eye Movements During Reading [C]. Oxford Handbook of Eye Movements, Oxford: Oxford University Press, 2011: 751-766.

[22] Rayner, K., Pollatsek, A., Ashby, J., & Clifton Jr, C.. Psychology of Reading [M]. London: Psychology Press, 2012.

[23] Sophie Chesneau, Yves Joanette, Bernadette Ska. Text Comprehension and Eye Movements after Aphasia Recovery [J]. Brain and Language, 2007, 103 (1).

[24] Sun F, Morita M, Stark L W. Comparative Patterns of Reading Eye Movement in Chinese and English [J]. Perception & Psychophysics, 1985, 37 (6).

[25] Susan Edwards, Spyridoula Varlokosta. Pronominal and Anaphoric Reference in Agrammatism [J]. Journal of Neurolinguistics, 2007, 20 (6).

[26] Tan L H, Feng C M, Fox P T, Gao J H. An fMRI Study with Written Chinese [J]. Neuroreport, 2001, 12 (1).

[27] Tan L H, Liu H L, Perfetti C A, Spinks J A, Fox P T, Gao J H. The Neural System Underlying Chinese Logograph Reading [J]. NeuroImage, 2001, 13 (5).

[28] Tan L H, Spinks J A, Gao J H, Liu H L, Perfetti C A, Xiong J, Stofer K A, Pu Y, Liu Y, Fox P T. Brain Activation in the Processing of Chinese Characters and Words: A Functional MRI Study [J]. Human Brain Mapping, 2000, 10 (1).

[29] Tan Li Hai, Laird Angela R, Li Karl, Fox Peter T. Neuroanatomical Correlates of Phonological Processing of Chinese Characters and Alphabetic Words: A Meta-analysis [J]. Human Brain Mapping, 2005, 25 (1).

[30] Tan Li Hai, Spinks John A, Feng Ching-Mei, Siok Wai Ting, Perfetti Charles A, Xiong Jinhu, Fox Peter T, Gao Jia-Hong. Neural Systems of Second Language Reading Are Shaped by Native Language [J]. Human Brain Mapping, 2003, 18 (3).

[31] Thompson Cynthia K, Choy Jungwon Janet. Pronominal Resolution and Gap Filling in Agrammatic Aphasia: Evidence from Eye Movements [J]. Journal of Psycholinguistic Research, 2009, 38 (3).

[32] Vitu, F.. On the Role of Visual and Oculomotor Processes in Reading [C]. The Oxford Handbook of Eye Movements, Oxford: Oxford University Press, 2011, 731-749.

[33] Webster, Morris, Connor, Horner, McCormac, Potts. Text Level Read-

ing Comprehension in Aphasia: What do we know about therapy and what do we need to know? [J]. Aphasiology, 2013, 27 (11).

[34] Weekes N Y, Capetillo-Cunliffe L, Rayman J, Iacoboni M, Zaidel E. Individual Differences in the Hemispheric Specialization of Dual Route Variables [J]. Brain and Language, 1999, 67 (2).

[35] Yeh, S., & Chen, Y.. Perceptual Organization of Chinese Characters: What Is the Entry-level Unit for Skilled Readers? [J]. Perception, 2003, 32 (27).

[36] Yi Xu. Psycholinguistic Implications for Linguistic Relativity: A Case Study of Chinese [J]. Language and Speech, 1992, 35 (3).

[37] Yonglin Pu, Ho-Ling Liu, John A Spinks, Srikanth Mahankali, Jinhu Xiong, Ching-Mei Feng, Li Hai Tan, Peter T Fox, Jia-Hong Gao. Cerebral Hemodynamic Response in Chinese (first) and English (second) Language Processing Revealed by Event-related Functional MRI [J]. Magnetic Resonance Imaging, 2001, 19 (5).

[38] Zhang Qingfang, Damian Markus F. Effects of Orthography on Speech Production in Chinese [J]. Journal of Psycholinguistic Research, 2012, 41 (4).

[39] 郭可教,孙勇. STROOP 色词干扰课题中汉字认知与大脑两半球关系的实验研究 [C]. //中国语言——认知科学第五届国际研讨会论文选编,[出版者不详],1992:136-142.

[40] 郭可教,杨奇志. 汉字认知的"复脑效应"的实验研究 [J]. 心理学报,1995 (01):78-83.

[41] 何华,张武田. 右半球语言功能研究概述 [J]. 心理学动态,2000 (02):61-66.

[42] 何金彩. 视空间注意障碍对汉字认知的影响 [J]. 中华神经科杂志,2000 (03):18-20.

[43] 胡超群. 脑损伤病人汉语阅读认知障碍的神经语言学研究——附21例个案分析 [C]. //全国第七届心理学学术会议文摘选集. 中国心理学会:中国心理学会,1993:131-132.

[44] 李恩中. 语言与音乐刺激下脑功能活动的磁共振功能成像研究 [C]. //面向21世纪的科技进步与社会经济发展(下册). 中国科学技术协会、浙江省人民政府:中国科学技术协会学会学术部,

1999：100.
- [45] 马恒芬，刘桂华，李恩中. 语言文字加工神经机制的 fMRI 研究进展 [J]. 中国生物医学工程学报，2008，27（06）：922-925.
- [46] 伍建林，何立岩，宋清伟，张清，张竟文. 功能磁共振成像在人脑数字及汉字认知加工中的初步研究 [J]. 中国临床康复，2003（19）：2690-2691.
- [47] 闫国利，白学军，陈向阳. 阅读过程的眼动理论综述 [J]. 心理与行为研究，2003（02）：156-160.
- [48] 闫国利，白学军. 汉语阅读的眼动研究 [J]. 心理与行为研究，2007（03）：229-234.
- [49] 杨亦鸣，曹明. 汉语皮质下失语患者主动句式与被动句式理解、生成的比较研究 [J]. 中国语文，1997（04）：282-288.
- [50] 张华宁，孙吉林，吴杰，李素敏，吴晶，赵华东，吴育锦. 磁源成像对中、英文语言功能区的研究 [J]. 中国医学影像技术，2003（02）：161-163.

作者其他论著

论　　文

李炜. 香港公文中出现的语法、修辞、词汇、欧化等问题及其解决方法[C] // 深圳市语言文字工作委员会办公室,深港澳语言研究所. 双语双方言（六）. 香港：汉学出版社,1999：141-153.

李炜. 香港公文中的语言问题[J]. 中山大学学报（社会科学版）,2000（5）.

李炜. 对"知识分子"一词的反思[J]. 社会科学战线,2004（3）.

李丹丹,李炜. 琉球官话课本的"官话"性质[J]. 吉林大学社会科学学报,2008（1）.

王琳,李炜. 琉球官话课本的使役标记"叫""给"及其相关问题[J]. 中国语文,2013（2）.

石佩璇,李炜. 早期客话文献《客话读本》中的双标式差比句及其相关问题[J]. 方言,2014（3）.

张荣荣,李炜. 粤方言词"焗"来源考辨[J]. 语文研究,2017（3）.

专　　著

李炜,石佩璇,刘亚男,等. 清代琉球官话课本语法研究[M]. 北京：北京大学出版社,2015.

论 文 集

李炜，庄初升. 基于域外文献的南方汉语研究论集［M］. 北京：商务印书馆，2019.

教 材

李炜，黄伯荣. 现代汉语（上）［M］. 北京：北京大学出版社，2012.（于2014年10月入选第二批"十二五"普通高等教育本科国家级规划教材）

李炜，黄伯荣. 现代汉语（下）［M］. 北京：北京大学出版社，2012.（于2014年10月入选第二批"十二五"普通高等教育本科国家级规划教材）

李炜，黄伯荣. 现代汉语（上）［M］. 2版. 北京：北京大学出版社，2016.

李炜，黄伯荣. 现代汉语（下）［M］. 2版. 北京：北京大学出版社，2016.

李炜，黄伯荣. 现代汉语学习参考（模拟题与练习答案）［M］. 北京：北京大学出版社，2013.

编 后 记

2019年5月6日，李炜教授与世长辞。

哲人其往，风范长存。为缅怀李炜教授，中山大学中国语言文学系现代汉语及语言学教研室提议编辑出版《李炜汉语语言学论集》与《李炜教授追思集》。2019年11月6日，经中山大学中国语言文学系学术委员会审议与系党政联席会议审批，《李炜汉语语言学论集》纳入2019年度"中国语言文学文库"之"学人文库"系列出版计划。现在，《李炜汉语语言学论集》一书的编写工作进入了尾声，我们由衷地感谢中山大学中国语言文学系的领导与老师们对本书出版工作的关心与支持。

本书的总体编辑原则由现代汉语及语言学教研室商议，具体编辑工作由李炜教授生前的弟子执行：李丹丹负责统筹，黄燕旋负责收集论文、整理目录，于晓雷负责联系出版社，杨靖雯负责申请论文版权，王旭、张佳浩负责录入，张荣荣、范培培、林梦虹、沈冰负责校对。衷心感谢各位学生所做出的贡献，愿李炜教授的学术精神永载此书，薪火有承！

特别感谢李炜教授的博士生导师唐钰明先生担任本书的学术顾问，并为本书作序。本书将成为唐钰明先生与李炜教授师生之谊永远的纪念。

本书的编辑和出版得到中山大学出版社的大力支持，编辑王旭红老师为本书付出了大量的时间和精力，谨致谢忱。

选入本书的论文，大多曾在国内外学术期刊上发表过，因各期刊的要求不同，体例也略有不同。其中有些论文或发表年代较早、或发表于国外、或未被期刊网所收录，为学界参考、引用之便利，我们对全书收录的论文都尽量保持原来的内容，不做添加，对于部分采用尾注形式注解的论文，统一改为脚注的体例，特此说明。对所有论文的原载期刊，我们表示诚挚的感谢。

中山大学中国语言文学系
现代汉语及语言学教研室
2020年3月14日